*Questões sobre a liberdade,
a necessidade e o acaso*

FUNDAÇÃO EDITORA DA UNESP

Presidente do Conselho Curador
Mário Sérgio Vasconcelos

Diretor-Presidente / Publisher
Jézio Hernani Bomfim Gutierre

Superintendente Administrativo e Financeiro
William de Souza Agostinho

Conselho Editorial Acadêmico
Divino José da Silva
Luís Antônio Francisco de Souza
Marcelo dos Santos Pereira
Patricia Porchat Pereira da Silva Knudsen
Paulo Celso Moura
Ricardo D'Elia Matheus
Sandra Aparecida Ferreira
Tatiana Noronha de Souza
Trajano Sardenberg
Valéria dos Santos Guimarães

Editores-Adjuntos
Anderson Nobara
Leandro Rodrigues

THOMAS HOBBES

Questões sobre a liberdade, a necessidade e o acaso

Tradução, apresentação e notas

Celi Hirata

Título original: *The Questions Concerning Liberty, Necessity, And Chance*

© 2022 Editora Unesp

Direitos de publicação reservados à:
Fundação Editora da Unesp (FEU)
Praça da Sé, 108
01001-900 – São Paulo – SP
Tel.: (0xx11) 3242-7171
Fax: (0xx11) 3242-7172
www.editoraunesp.com.br
www.livrariaunesp.com.br
atendimento.editora@unesp.br

Dados Internacionais de Catalogação na Publicação (CIP) de acordo com ISBD
Elaborado por Vagner Rodolfo da Silva – CRB-8/9410

H682q
Hobbes, Thomas
   Questões sobre a liberdade, a necessidade e o acaso / Thomas Hobbes; traduzido por Celi Hirata. – São Paulo: Editora Unesp, 2022

   Tradução de: *The Questions Concerning Liberty, Necessity, And Chance*
   ISBN: 978-65-5711-092-8

   1. Filosofia. 2. Thomas Hobbes. I. Hirata, Celi. II. Título.

2021-3480   CDD 100
                                                                CDU 1

Editora afiliada:

Sumário

Apresentação – O debate entre Hobbes e Bramhall sobre a liberdade, a necessidade e o acaso . 9
Celi Hirata

Questões sobre a liberdade, a necessidade e o acaso, claramente formuladas e debatidas por dr. Bramhall, bispo de Derry, e Thomas Hobbes de Malmesburry . 35

Prólogo de Thomas Hobbes ao leitor . 37
    As circunstâncias da controvérsia . 39
    O estado da questão . 40
    As fontes dos argumentos nesta questão . 44

Epístola de John Bramhall ao Marquês de Newcastle . 61

Epístola de John Bramhall ao leitor . 65

N. 1 . 71
N. 2 . 79

N. 3 . *81*
N. 4 . *100*
N. 5 . *110*
N. 7 . *117*
N. 8 . *123*
N. 9 . *141*
N. 10 . *145*
N. 11 . *150*
N. 12 . *161*
N. 14 . *198*
N. 15 . *246*
N. 16 . *269*
N. 17 . *276*
N. 18 . *286*
N. 19 . *295*
N. 20 . *320*
N. 21 . *352*
N. 22 . *356*
N. 23 . *367*
N. 24 . *379*
N. 25 . *398*
N. 26 . *411*
N. 27 . *413*
N. 28 . *417*
N. 29 . *421*
N. 30 . *426*
N. 31 . *433*
N. 32 . *438*
N. 33 . *443*
N. 34 . *460*

N. 35 . 478
N. 36 . 482
N. 37 . 487
N. 38 . 490

Apresentação
O debate entre Hobbes e Bramhall sobre a liberdade, a necessidade e o acaso

Celi Hirata

No seu ensaio sobre John Bramhall, T. S. Eliot refere-se à querela do clérigo com Thomas Hobbes como uma controvérsia entre duas personalidades fortes e opostas, algo indicativo da situação da filosofia e da teologia da época, e que jamais recebeu a atenção que merecia.[1] Versando sobre a questão clássica da liberdade e da necessidade, além de outros temas essenciais da filosofia – como a natureza do bem e do mal, da justiça, do fundamento do poder político, entre outros –, este debate é um precioso documento histórico do confronto entre um religioso, adepto da tradição escolástica, e um filósofo, partidário da ciência moderna nascente. Poucos textos apresentam de maneira tão direta e desenvolvida esse embate que, diferentemente dos famosos diálogos de Giordano Bruno e de Galileu Galilei, envolve dois debatedores reais.

A controvérsia tem início em 1645, durante o exílio do clérigo e do filósofo no período da guerra civil inglesa. Bramhall,

---

[1] Eliot, *For Lancelot Andrewes*: Essays on Style and Order. Londres: Faber and Gwyer, 1970. p.35.

nomeado bispo de Derry em 1634, era um nome ligado à ortodoxia anglicana e à defesa do episcopado, bem como a William Laud – arcebispo de Canterbury e decano da capela real sob Carlos I, que foi acusado de traição em 1640 pelo Longo Parlamento e decapitado em 1645. Após a derrota dos monarquistas na batalha de Marston Moor, em 1644, Bramhall se refugia primeiro em Hamburgo, Alemanha, e depois em Bruxelas, na Bélgica, onde reside na maior parte do tempo até 1648. Nesse mesmo período, Hobbes se exila em Paris, local em que reside de 1640 a 1651. É nessa circunstância que William Cavendish, marquês de Newcastle e ex-general das forças reais sob Carlos I, convida Bramhall e Hobbes, em 1645, para sua casa em Paris, a fim de promover uma discussão filosófica sobre a liberdade e a necessidade. Após o debate oral, Bramhall envia a Cavendish um texto com as suas posições, intitulando-o *Of Liberty and Necessity against Some Opinions of T. Hobbes*.[2] Em resposta a esse discurso, Hobbes redige, ainda em 1645,[3] uma carta endereçada ao marquês, o texto *Of Liberty and Necessity*.[4] Contra esse texto,

---

2 O manuscrito se encontra na British Library, na Coleção Sloane Manuscripts, 1012, ff. 1-16. Disponível em: https://www.bl.uk/collection-guides/sloane-manuscripts#. Acesso em: 12 fev. 2022.

3 De acordo com a estimativa bem fundamentada de Frank Lessay, na introdução à tradução francesa desse texto (*De la liberté et de la nécessité*. Paris: Vrin, 1993, p.31-38).

4 Esse texto, conhecido também como carta de Rouen, foi publicado em 1654 contra a vontade de Hobbes (*vide* a sequência da introdução), tendo recebido o título: *Of Liberty and Necessity: a Treatise wherein All Controversy Concerning Predestination, Election, Free-Will, Grace, Merits, Reprobation, etc. is Fully Decided and Cleared in Answer to a Treatise Written by the Bishop of Londonderry, on the Same Subject*. Em edições hodiernas pode ser encontrado no quarto volume do *The English Works* da edição de

o bispo, por sua vez, escreve em 1646 uma tréplica intitulada *A Vindication of True Liberty from Antecedent and Extrinsecal Necessity*.[5] No entanto, a querela teve outros desdobramentos além dos previstos, motivando a redação de textos ulteriores. Desde o início do debate os dois contendores estavam de acordo de que a querela não deveria ser publicada, o que, contudo, veio a acontecer. Um amigo francês de Hobbes solicita o acesso a seu tratado da liberdade e da necessidade, que fora escrito em resposta a Bramhall, e, como não conhecia a língua inglesa, o filósofo comunica o texto a um jovem inglês a fim de que ele pudesse traduzi-lo para o francês. O jovem, John Davies de Kidwelly, produz secretamente uma cópia e a publica na Inglaterra quase uma década depois, em 1654, acrescentando, além disso, um prefácio que desqualifica os clérigos, acusando-os de enriquecerem ilicitamente e de causarem grandes distúrbios — o que foi interpretado pelo bispo como uma traição de Hobbes, que teria publicado a querela contra sua vontade. Em resposta a isso, Bramhall publica em 1655 o seu *Vindication*, que havia sido redigido nove anos antes, sob um novo título: *A Defense of True Liberty from Antecedent and Extrinsecal Necessity being an Answer to a Late Book of Mr. Thomas Hobbes of Malmesbury, intituled A Treatise of Liberty and Necessity* — que retoma seu primeiro texto e a resposta de Hobbes, adicionando uma réplica. Por seu turno, Hobbes responde com a obra *The Questions concerning Liberty, Necessity and Chance*, de 1656. Esse é o texto mais completo dessa querela, pois retoma integralmente o texto *A Defense*

Molesworth e na coletânea editada por Vere Chappell *Hobbes and Bramhall on Liberty and Necessity* (Cambridge: Cambridge University Press, 1999).
5 Sloane Manuscripts. 1012, ff. 117-164.

of *True Liberty* e desenvolve ulteriormente o debate, exibindo integralmente as posições de ambos os contendores.

Tal como o livro de Bramhall, esta obra está organizada em 38 debates numerados, nos quais há: 1) a exposição do texto de Bramhall de 1645; 2) a resposta de Hobbes apresentada em *Of Liberty and Necessity*; 3) a réplica de Bramhall de 1655; e, por fim, 4) a tréplica de Hobbes com a crítica das posições defendidas por Bramhall, que é a parte propriamente nova da querela e que compõe a parte mais extensa do texto, na maioria das vezes. Em alguns números (2, 3, 8, 25-38), o texto se inicia com a posição de Hobbes de 1645, pois foi assim que Bramhall retomara a controvérsia em sua *Defense*.

Dois anos mais tarde, em 1658, Bramhall publica os *Castigations of Mr. Hobbes his last Animadversions in the Case Concerning Liberty and Universal Necessity*, com o *The Catching of the Leviathan or the Great Whale*, no qual o bispo de Derry formula objeções contra a doutrina política e a exegese bíblica de Hobbes, tal qual é apresentada no *Leviatã*. Tomando conhecimento desses escritos apenas dez anos mais tarde, em 1668, Hobbes redige o *Answer to the Catching of the Leviathan*, que responde, alguns anos após a morte do bispo, às acusações que Bramhall endereçara ao *Leviatã*, deixando de lado a obra que dizia respeito à questão da liberdade e da necessidade.

* * *

Mordaz, como bem nota Leibniz em seu comentário,[6] a querela sobre a liberdade e a necessidade entre Hobbes e Bramhall

---

6 "O Sr. Hobbes raciocina sobre esse assunto com seu espírito e sutileza habituais; mas é uma pena que ambas as partes se detenham

tem múltiplos horizontes e desdobramentos. Trata-se de um debate filosófico que adentra questões lógicas, epistemológicas, físicas, morais e teológicas, opondo uma visão predominantemente escolástica sobre a liberdade, a necessidade, a contingência, os atributos divinos, a deliberação, as paixões e as virtudes, o bem e o mal, o pecado, a lei, a justiça e a punição, e uma concepção materialista e mecanicista desses e de outros temas. Para além disso: constitui uma controvérsia de teor eclesiástico e político que tem como pano de fundo a questão da graça e da predestinação, além de outros problemas clericais, como a relação entre o poder temporal e o espiritual, e o fundamento do direito dos bispos, e seus intrincados desdobramentos na turbulenta época da guerra civil inglesa.

Hobbes alude a essa dimensão do debate ao apresentar as circunstâncias da querela. Segundo ele, a doutrina do livre-arbítrio não existia nem entre os antigos nem entre as primeiras autoridades do Cristianismo, mas foi introduzida pela Igreja Romana e renovada por Jacó Armínio – de quem Bramhall era partidário. Tendo se tornado dominante no meio eclesiástico e uma maneira expedita para promoção na carreira sacerdotal (Hobbes alude à atuação de William Laud, que exerceu muita influência no reinado de Carlos I, advogando a favor do episcopado e de doutrinas que eram vistas como arminianas e

---

em pequenas chicanas, como acontece quando se está obstinado. O bispo fala com muita veemência e certa arrogância. O Sr. Hobbes, por seu turno, não costuma poupá-lo, e demonstra um desprezo que é um pouco excessivo pela teologia e pelos termos da Escola, aos quais o bispo parece estar vinculado (Leibniz, "Réflexions sur l'ouvrage que M. Hobbes a publié en anglais, de la liberté, de la nécessité et du hasard". In: Leibniz, *Essais de Théodicée*, Paris: Garnier Flammarion, 1969, p. 375).

perseguindo puritanos), essa doutrina descontentou os partidários da posição oposta e constituiu uma das principais causas da guerra. Hobbes situa, assim, o debate sobre o livre-arbítrio no centro da guerra civil inglesa e repercute a acusação puritana de que os seguidores de Armínio, como Laud e Bramhall, corromperam a Igreja inglesa com sua associação ao papismo[7] – algo um tanto injusto em relação a Bramhall, que o rejeita de modo veemente.[8] A sua posição estaria, ao contrário, respaldada em Lutero, Calvino e outras autoridades da Igreja Reformada, que defendem a doutrina da predestinação e rejeitam aquela do livre-arbítrio, pois a vontade humana não pode ser subtraída do domínio da onipotência divina.

Hobbes, assim como Bramhall, mobiliza passagens da Bíblia para defender sua posição. Como o filósofo escreve na introdução à controvérsia, as Escrituras constituem, junto com as autoridades humanas, uma das quatro fontes de argumentos na querela, além da razão natural, os atributos divinos e as inconveniências decorrentes das opiniões. A exegese bíblica, que Hobbes empregara amplamente alguns anos antes no *Leviatã*, é

---

7 Fizeram esse tipo de acusação tanto Alexander Leighton em *An Appeal to the Parliament*, de 1628, como William Prynne. Em uma petição de 11 de dezembro de 1640, assinada por 15 mil londrinos e apresentada à Casa dos Comuns, exigia-se a erradicação do episcopado, e um dos argumentos para tanto era a doutrina do livre-arbítrio de teor arminiano defendida pelos prelados (In: Jackson, N. *Hobbes, Bramhall and the Politics of Liberty and Necessity*, Cambridge: Cambridge University Press, 2007, p.92).

8 Bramhall escreveu obras em que defende a Igreja anglicana, a fim de combater a acusação de papismo, por exemplo, em *Bishop Bramhall's Vindication of himself and the Episcopal Clergy, from the Presbyterian Charge of Popery*, publicado postumamente em 1672.

utilizada pelo filósofo tanto para provar que a vontade humana é inteiramente determinada pela divina, como para provar que a justiça divina é inteiramente compatível com a necessidade, bem como para neutralizar os argumentos de Bramhall, mostrando como as passagens citadas pelo bispo não provam que o homem é livre para querer, mas apenas livre para fazer o que quer.

O bispo de Derry, ao contrário, cita as Escrituras, além de outros argumentos, para provar que os homens são livres não apenas para fazerem o que querem, mas também para determinarem sua própria vontade, dependendo a salvação em boa parte dos homens e sendo os pecados de sua exclusiva responsabilidade. Sem o livre-arbítrio, os homens seriam moralmente inimputáveis e a justiça, junto com as sociedades, seria destruída.

Liberdade em Bramhall

No debate de número 4 (N. 4, p.100),[9] Bramhall delimita o campo da liberdade sobre o qual discursa:

> entendo por liberdade não uma liberdade em relação ao pecado, nem uma liberdade em relação à miséria, nem uma liberdade em relação à servidão, nem uma liberdade em relação à violência, mas sim uma liberdade em relação à necessidade ou, antes, em relação à necessitação; isto é, uma imunidade universal em relação a toda inevitabilidade e determinação para uma única coisa.

---

9 Em todos os números dos Debates, a página se refere às páginas desta edição. (N.E.)

A liberdade em questão não é física, moral ou política, mas uma liberdade em relação à necessidade, que é condição para a imputabilidade moral, na opinião de Bramhall.

Mais precisamente, a liberdade é definida pelo bispo como a *potência eletiva da vontade racional*. É a potência que os seres racionais têm de se autodeterminarem em relação a suas ações e que diz respeito tanto ao exercício ou liberdade de contradição – praticar ou não determinada ação – como à determinação de quais ações praticar – denominada liberdade de especificação ou de contrariedade, na terminologia escolástica empregada pelo bispo. Assim, a liberdade defendida por Bramhall nas *Questões sobre a liberdade, a necessidade e o acaso* é a liberdade da vontade, ou seja, a doutrina do livre-arbítrio, conforme a qual a vontade racional é livre para determinar seus atos, o querer, de maneira autônoma em relação aos objetos que lhe são externos.

Os atos livres, sendo próprios de seres racionais, envolvem condições que os distinguem dos atos naturais e espontâneos. No debate de número 8, Bramhall distingue atos livres de atos voluntários (ou espontâneos), atos voluntários de involuntários e não voluntários, e naturais de violentos, em função da presença ou não da deliberação, do conhecimento do fim (e do grau desse conhecimento) e da origem da causa, isto é, se a causa do ato é intrínseca ou extrínseca. Respaldando-se na tradição aristotélico-escolástica, o bispo primeiro diferencia os *atos violentos*, que são provenientes de uma causa extrínseca à coisa movida, como uma violação ou o lançamento de uma pedra para cima, dos *atos naturais*, que se originam de uma causa intrínseca, sua forma, mas não envolvem nenhum conhecimento do fim do ato. Quando, além de se originarem de um princípio interno, os atos envolvem um conhecimento imperfeito do fim, isto é, um apetite sem deliberação ou reflexão, eles são *voluntários* ou *espontâneos*. Apenas quando é acompanhado de deliberação e de um conhecimento mais perfeito do fim o ato, além de voluntário, é *livre*. Assim como Aristóteles,[10] o bispo define os atos voluntários como aqueles que se originam de um princípio intrínseco e envolvem o conhecimento da ação (embora para Bramhall o conhecimento em questão seja relativo ao fim da ação e não a suas circunstâncias), e os distingue das ações deliberadas, considerando a *deliberação*, numa definição próxima à do estagirita, o *exame racional dos meios para se atingir um determinado fim* — ao passo que o *querer* diz respeito aos *fins*.

Ao defender que a essência da liberdade reside na escolha e que o requisito da escolha é a deliberação, e que a deliberação consiste no exame realizado pela razão dos meios em relação ao fim que é objeto do querer, poderia parecer que Bramhall tem uma concepção intelectualista da liberdade, isto é, que a liberdade depende prioritariamente do conhecimento do fim e do exercício da razão. Entretanto, para Bramhall, na escolha da ação, o papel da vontade é preponderante, tanto porque o exercício do entendimento depende de seu comando, como também porque a vontade resguarda o poder de aceitar ou não o que o entendimento lhe apresenta, assentindo ou não. Assim, embora afirme que a razão é a raiz da verdadeira liberdade ao julgar e representar para a vontade o que é mais conveniente (N. 3), Bramhall se opõe àqueles que afirmam que a vontade é determinada necessariamente pelo intelecto ou que a escolha das ações é completamente dependente das representações mentais.

---

10 Aristóteles, *Ética a Nicômaco*, livro III, cap. 3, 1111 a 21-23.

Há uma relação complexa entre a vontade e o entendimento, e, nessa relação, a vontade tem um papel análogo ao da soberania. Desenvolvendo uma argumentação semelhante à de Tomás de Aquino na *Suma teológica*,[11] segundo a qual a vontade move o intelecto e todas as potências da alma, pelo fato de que cabe à potência que tende ao fim universal (o bem em geral) atualizar as potências que possuem fins particulares, e de que a vontade é essa potência, Bramhall (N. 7, p.117) afirma que

> É a vontade que, desejando algum bem particular, engaja e ordena ao entendimento se informar e deliberar a respeito de quais meios são convenientes para atingir aquele fim. E, apesar de a vontade ser em si mesma cega, seu objeto é, contudo, o bem em geral, que é o fim de todas as ações humanas em geral. Portanto, cabe à vontade, assim como ao general do exército, fazer com que as outras potências da alma passem a seus atos, e, junto com o restante, o entendimento também, empregando-o e transformando sua potência em ato. Deste modo, é pelo consentimento da vontade e por sua potência – a qual não foi determinada de maneira necessária a solicitar o conselho do entendimento – que se origina qualquer obrigação que o entendimento impõe à vontade. A vontade é, desta maneira, a senhora e mestra das ações humanas; o entendimento é o seu conselheiro de confiança, que dá conselhos apenas quando é requisitado pela vontade.

Além disso, cabe à vontade aceitar ou não o que o entendimento lhe apresenta: para Bramhall, ela guarda o poder de

---

[11] Cf. Santo Tomás de Aquino, *Suma teológica*, Iª parte, questão 82, artigo 4.

consentimento, suspensão ou rejeição dos julgamentos do entendimento. Dessa forma, a vontade dá a primeira e a última palavra na escolha de uma ação.

O exercício dessa potência eletiva da vontade racional que está na origem dos atos livres é incompatível com a determinação necessária das ações. Mas não é qualquer necessidade que é inconciliável com a liberdade, mas apenas a necessidade *natural* (por oposição à *moral*, que consiste na determinação com base em razões persuasivas, sem eliminar as alternativas contrárias), *extrínseca* (e não *intrínseca*, que é compatível com a autodeterminação), *antecedente* (e não apenas *concomitante*), *absoluta* (em contraste com a necessidade meramente *por suposição* ou *hipotética*, pela qual é necessário que algo que é produzido seja produzido), ou, ainda, necessidade do *consequente* ou do próprio evento e não meramente uma necessidade de *consequência*, que diz respeito à relação entre a causa e seu efeito. Para Bramhall, a vontade racional, por sua natureza incorporal, encontra-se fora da esfera da atividade dos objetos corporais, que só podem influenciar a vontade por meio da mediação da representação pelo entendimento — influência que é moral e não natural, concomitante e não antecedente. O que tornaria a liberdade impossível é a *determinação para uma única coisa*, isto é, uma determinação que é anterior e externa ao agente e que elimina a possibilidade entre alternativas contrárias. Trata-se de uma determinação que é compatível com os atos violentos, os atos naturais e até mesmo os atos espontâneos, mas não com as ações livres.

Bramhall não exclui, assim, a necessidade natural do mundo, mas a reserva para certas classes de eventos. Para o bispo (N. 16, p.269), a ordem, a beleza e a perfeição do mundo requerem que no universo haja agentes de todos os tipos, alguns necessários, alguns livres e alguns contingentes. Quem faz todas as coisas serem necessárias, guiadas pelo destino, ou todas as coisas livres, governadas pela escolha, ou todas as coisas contingentes, ocorrendo pelo acaso, destrói a beleza e a perfeição do mundo.

Não se trata, pois, de um universo homogêneo e regido por leis físicas universais, mas de um cosmos hierarquizado e teleológico, no qual "os elementos são para as plantas, as plantas, para as bestas brutas, e as bestas brutas, para os homens" (N. 14, p.198), sendo os diferentes atos expressões de diferentes naturezas. Entre o ato violento, que é contrário à natureza, e o ato livre, passando pelos atos contingentes (que podem ocorrer ou não em virtude do concurso acidental de causas), naturais e espontâneos, há uma hierarquia que segue do menos ao mais perfeito, uma gradação que reflete a ordem e a beleza do mundo.

Necessidade e liberdade em Hobbes

Hobbes frequentemente desdenha da terminologia escolástica utilizada por Bramhall: todas essas distinções entre atos violentos, naturais, espontâneos e livres, necessidade intrínseca e extrínseca, movimento natural e moral, entre outras inúmeras, não passariam de jargões. Para o filósofo, ao contrário, toda a realidade pode ser descrita como corpos em movimento, sendo todo movimento determinado mecanicamente a partir de outros movimentos precedentes, o que inclui não apenas os movimentos dos corpos inanimados, mas também os movimentos voluntários dos seres vivos e as ações humanas.

E é com base em argumentos extraídos da Física mecanicista (Hobbes trabalhava à época também em seu *De Corpore*), conjugados com outros argumentos, inclusive de teor teológico, que Hobbes defende a necessidade de todos os eventos e refuta a doutrina do livre-arbítrio com a qual é incompatível, definindo a liberdade não como o poder de se autodeterminar racionalmente, mas como a ausência de impedimentos à ação voluntária. Assim, se Bramhall parte da noção de liberdade e de sua imprescindibilidade para a moralidade a fim de negar a tese da necessidade de todos os eventos, Hobbes, por seu turno, refuta a doutrina do livre-arbítrio com base na afirmação da determinação necessária de todos os eventos.

* * *

Hobbes é herdeiro de uma tradição que interpreta a causa como uma condição *sine qua non*. Segundo Vicent Carraud,[12] essa tradição surge do comentário tanto de Avicena, como depois de Tomás de Aquino, do livro α da *Metafísica* de Aristóteles. Em seu argumento contra a regressão infinita, Tomás de Aquino defende que, se não há causa primeira, não há causas intermediárias e, sem causas intermediárias, não há efeito.[13] Ou seja, uma vez removida a causa, remove-se o efeito, estabelecendo-se aí uma fórmula negativa, que define a causa não apenas como aquilo que é seguido por um efeito, mas como aquilo sem o qual o causado não ocorre. Essa interpretação de

---

12 Carraud, *Causa sive ratio. La Raison de la cause, de Suarez à Leibniz.* Paris: PUF, 2002, p.78 e 79.
13 Aquino, *Suma contra os gentios*, livro I, cap. 13.

causa alcança Hobbes por meio de Ockham, que define causa em geral como aquilo que, uma vez posto, sendo o restante destruído, segue-se o efeito e que, não posto, sendo todo o restante posto, o efeito não ocorre.[14] Entretanto, à diferença de Ockham, que distingue causa *sine qua non* e causa eficiente real, na medida em que a primeira constitui uma condição necessária para a produção do efeito, mas não produz o efeito, expressando negativamente a razão pela qual um efeito não ocorre, Hobbes identificará a totalidade das causas *sine quibus non* ou dos *requisitos* com a causa suficiente de um efeito, que não só é eficaz por si mesma para produzir o efeito como, mais do que isso, não pode deixar de produzi-lo. E é por meio dessa definição de causa que Hobbes defende que todo efeito possui uma causa necessária, sendo todo evento determinado de maneira necessária (N. 31, p.433).

> Sustento ser uma causa suficiente aquela para a qual nada que seja indispensável para a produção do efeito esteja faltando. A mesma é também uma causa necessária, pois, se for possível que uma causa suficiente não produza o efeito, então faltava algo que era indispensável para a sua produção; e assim a causa não era suficiente. Mas se for impossível que uma causa suficiente não produza o efeito, então uma causa suficiente é uma causa neces-

---

14 Cf. Goddu, "William of Ockham's Distinction between 'Real' Efficient Causes and Strictly *sine qua non* Causes". In: *The Monist*, vol. 79, 1996, p.358. O melhor exemplo de causa *sine qua non* para Ockham é o sacramento em relação à graça, pois não constitui causa natural nem instrumental da graça, mas sim uma condição sem a qual esta não pode se dar, mas que é por si insuficiente para produzi-la.

sária, pois se diz que produz um efeito necessariamente o que não pode senão produzi-lo. Assim, é evidente que tudo o que é produzido é produzido necessariamente, pois tudo o que é produzido tem uma causa suficiente para produzi-lo ou então não teria sido *produzido*.

Causa suficiente e causa necessária se tornam conceitos intercambiáveis, pois uma causa *suficiente* não pode, por definição, ser *deficiente*, sendo *necessária* a produção do efeito, uma vez que a causa é dada. Hobbes se opõe, desse modo, à tradição aristotélica retomada por Bramhall, de acordo com a qual os conceitos de *causa suficiente* e de *causa necessária* são geralmente opostos, na medida em que a primeira é compatível com a contingência e proveniente de uma perspectiva teleológica, sendo suficiente a causa que produz o efeito esperado, e a segunda indica uma causalidade mecânica desprovida de fins (N. 31).

Em sua defesa da necessidade de todos os eventos por meio da identificação semântica entre causa suficiente e causa necessária, Hobbes insiste na questão da inteligibilidade: a causa suficiente ou integral é aquela em cuja presença não se pode *entender* que o efeito proposto não se siga. A produção do efeito torna *manifesta* a sua causa e a sua não produção, a ausência desta, de modo que *causa e efeito não podem ser separados na mente*. É isso que Hobbes argumenta não apenas a partir de definições, mas do funcionamento da imaginação e da representação: sem a representação de uma causa, não se poderia imaginar o início nem o término de qualquer fenômeno. Numa palavra, não se poderia representar ou conceber qualquer alteração na natureza (N. 33, p.443):

Que um homem não pode imaginar nada começando sem uma causa [...] só pode ser mostrado pela tentativa de imaginá-lo. Mas, se ele tentar fazê-lo, encontrará razões iguais para conceber que a coisa deveria começar tanto num determinado momento como em outro, se não houver causa para ela. Isto é, ele teria razões iguais para pensar que ela deveria começar em todos os momentos, o que é impossível. Por conseguinte, deve-se pensar que houve alguma causa especial em virtude da qual ela começou em tal momento ao invés de antes ou depois; ou, então, que a coisa nunca começou, mas era eterna.

Para Bramhall, com base no argumento amiúde retomado de que o efeito mostra que as causas que o produziram eram suficientes para sua produção e, portanto, necessárias, Hobbes prova apenas uma necessidade hipotética ou, como ele denomina, necessidade por suposição (N. 15, p.246):

> é verdadeiro, a respeito de todas as coisas, que é necessário que sejam produzidas como são, no momento em que são produzidas, isto é, por uma necessidade de infalibilidade ou de suposição, supondo que sejam produzidas assim; mas não se trata daquela necessidade absoluta e antecedente, que está em questão no debate entre ele e mim.

Ou ainda: "nossa questão é se o concurso e a determinação das causas eram necessários antes de concorrerem, ou se eram determinados. Ele prova que o efeito é necessário depois de as causas terem concorrido e serem determinadas" (N. 24, p.379). Suposta a causa, o efeito se segue, mas disso, argumenta Bramhall, não se pode concluir que o evento ou ação efetuada era necessário antes do concurso das causas que o determinam (ou seja, não se pode provar uma necessidade antecedente), nem que o efeito seja absolutamente necessário, pois só se efetua a partir de sua causa.

Hobbes rejeita as distinções tradicionais apresentadas por Bramhall de diferentes graus de necessidade. Como aparece no *Short Tract on First Principles*, manuscrito anônimo que é atribuído a Hobbes, a "necessidade não tem graus. Pois o que é necessário é impossível ser de outro modo [...] e o que é impossível é *non-ens*; e um *non-ens* não pode ser mais *non-ens* do que outro; portanto, um necessário não pode ser mais necessário do que outro".[15] Assim como um impossível não é mais impossível que outro, seu oposto, o necessário, não possui graus: é necessário "o que é impossível ser de outro modo, ou o que não pode ocorrer de outro modo" (N. 1, p.71).[16] Hobbes afirma que seu "necessário *era necessário desde toda a eternidade*" (N. 1, p.71), antecedente ao efeito e independente das modalidades do tempo (N. 3, p.81):

> O bispo poderia ter visto facilmente que a necessidade que defendo é a mesma necessidade que ele nega, a saber, uma necessidade das coisas futuras, isto é, uma necessidade antecedente proveniente do primeiro início dos tempos e que considero a necessidade a impossibilidade de não ser e que essa impossibilidade, assim como a possibilidade, só podem ser verdadeiramente enunciadas em relação ao futuro. Sei tão bem quanto ele que

---

15 Hobbes, *Short Tract on First Principles*, §14. Paris: Vrin, 1988, p.22.
16 Trata-se de uma definição de "necessário" muito próxima da definição de Aristóteles (In: *Metafísica*, livro V, cap. 5, 1015a, p.34-35).

a causa, quando é adequada, como ele a denomina, ou inteira, como a denomino, é simultânea ao seu efeito. Mas, apesar disso tudo, a necessidade pode anteceder e antecede o efeito, tanto quanto qualquer necessidade o faz. E, ainda que ele a denomine uma necessidade de suposição, ela não o é, assim como qualquer outra necessidade.

Diante dos argumentos de Bramhall de que estaria provando apenas uma necessidade concomitante e por suposição, e não uma necessidade antecedente das ações, Hobbes apresenta argumentos em favor da necessidade que estão ausentes em outros textos que tratam da causalidade, como o *Short Tract* e o *De Corpore*. Nesses textos, Hobbes deixa em aberto a questão da origem primeira da necessitação dos eventos e da união das infinitas cadeias causais numa única causa inteira e suficiente, por se tratar de questões que ultrapassam o domínio da razão natural. Já nas *Questões sobre a liberdade, a necessidade e o acaso*, o filósofo adentra o terreno dos atributos divinos, sendo um dos argumentos mais utilizados por Hobbes a favor da necessidade o de que a doutrina dos futuros contingentes e do livre-arbítrio é incompatível com a presciência divina, de modo que a tese da necessidade de todos os eventos nada mais é do que a consequência da confissão da presciência eterna (p.58).

Dessa posição, que um homem é livre para querer, segue-se que a presciência de Deus é completamente eliminada. Pois como pode ser conhecido previamente que vontade um homem terá se essa vontade não advir de causas necessárias, mas estiver em seu poder querer ou não querer? Assim, também essas coisas chamadas futuros contingentes, se não vierem a ocorrer com certeza, isto é, a partir de causas necessárias, nunca podem ser objeto de presciência, de forma que a presciência divina será algumas vezes de coisas que nunca ocorrerão, o que é o mesmo que dizer que a sua presciência é nula, o que é uma grande desonra para o poder onisciente.

A doutrina dos futuros contingentes é incompatível com a presciência divina porque a indeterminação dos fatos futuros torna impossível a atribuição de um valor de verdade a uma proposição qualquer, impossibilitando todo conhecimento determinado do futuro. O princípio de bivalência, pelo qual se estabelece que de duas proposições opostas uma é verdadeira e a outra falsa, seria, assim, destruído pela indeterminação dos eventos (N. 34, p.460):

> É necessário que amanhã chova ou não chova. Se, portanto, não for necessário que chova, é necessário que não chova. Caso contrário, não é necessário que a proposição "choverá ou não choverá" seja verdadeira. Sei que há alguns que dizem que pode ser necessariamente verdadeiro que um dos dois ocorrerá, mas não singularmente que choverá ou não choverá. O que é o mesmo que dizer que uma das duas é necessária, mas que nenhuma delas o é. Assim, para parecer evitar esse absurdo, eles fazem uma distinção pela qual nenhuma delas é verdadeira de maneira determinada, mas indeterminada. Distinção que só pode significar uma destas coisas: uma delas é verdadeira, mas não sabemos qual, e, assim, a necessidade permanece, embora não a conheçamos.

Se, por um lado, as doutrinas dos futuros contingentes e do livre-arbítrio são incompatíveis com a presciência e com o princípio de bivalência, por outro, tanto a presciência (assim como qualquer tipo de conhecimento) como o valor de verdade das proposições dependem, por seu turno, das causas que determinam necessariamente um evento e impossibilitam outros. Como Hobbes afirma na passagem citada anteriormente, só pode ser conhecido aquilo que é precedido de causas necessárias, sendo que os eventos futuros, se não ocorrerem com certeza, isto é, a partir de causas necessárias, nunca poderiam ser conhecidos de antemão por Deus. Assim, essa prova da necessidade pelas proposições subordina-se àquela prova da necessidade pelas causas:[17] a "necessidade das proposições, em função da qual dizemos que um tal evento ocorrerá, segue-se da necessidade que exige que os eventos procedam de causas".[18] É a relação de causa e efeito que produz a certeza e torna o conhecimento dos fatos possível, na medida em que o valor de verdade das proposições está na dependência da determinação dos fatos por meio de suas causas. As causas dos eventos são igualmente as causas do conhecimento e não o contrário: "mas não se pode dizer verdadeiramente que a presciência de Deus deve ser a causa de qualquer coisa, visto que a presciência é conhecimento e o conhecimento depende da existência das coisas conhecidas e não estas daquele" (N. 11, p.150).

Do mesmo modo que o conhecimento não é causa das coisas conhecidas, mas o contrário, a presciência divina fundamenta-se na sua vontade (que, por sua vez, não se diferencia de sua onipotência), sendo que a necessidade com que Deus conhece todos os eventos e ações é proveniente de seu decreto. Assim,

---
17 Cf. Foisneau, "De la nécessité des choses et des actions", in: *La découverte du principe de raison*. Paris: PUF, 2001, p.109.
18 Hobbes, *Critique du* De Mundo, XXXV, 13. Paris: Vrin, 1973, p.393.

a causa inteira de um efeito qualquer – causa que consiste na totalidade de todas as condições requisitadas para a produção do efeito, que, por sua vez, consiste no agregado de todas as coisas em movimento, sendo que cada movimento, por mais ínfimo, tem seu devido efeito e, reciprocamente, cada evento, por mais casual que pareça ser, é causado pelo concurso de tudo que está *in rerum natura* (N. 21, p.352) – não consiste numa "única cadeia ou concatenação simples, mas um número incalculável de cadeias unidas, não em todas as partes, mas no primeiro elo, Deus Todo-Poderoso" (N. 11, p.150). E ainda em N. 11:

> Aquilo que digo determinar de maneira necessária toda ação [...] é a soma de todas as coisas que, existindo agora, conduzem e concorrem posteriormente para a produção daquela ação, sendo que o efeito não poderia ser produzido se a essa soma estivesse faltando uma única coisa. Esse concurso de causas, no qual cada uma é determinada a existir tal como existe por semelhantes concursos de causas precedentes, pode bem ser denominado – visto que todas foram estabelecidas e ordenadas pela causa eterna de todas as coisas, Deus Todo-Poderoso – o decreto de Deus.

A necessidade com a qual todos os eventos e ações se produzem é antecedente e absoluta porque é proveniente de Deus: é seu decreto que constitui a causa inteira e suficiente de todos os efeitos que serão produzidos no mundo. Da eficácia da primeira causa decorre a eficácia das demais causas a ela subordinadas (N. 18, p.286):

> Pois o que eu denomino a causa necessária de um efeito é a junção de todas as causas subordinadas à primeira numa causa

total. Se alguma dessas, [...] especialmente a primeira, produz seu efeito necessariamente, então todo o resto é determinado, e o efeito também é necessário. Ora, é coisa manifesta que a primeira causa é uma causa necessária de todos os efeitos que lhe são próximos e imediatos; por conseguinte, [...] todos os efeitos são necessários.

Desse modo, Hobbes abole a distinção tradicional entre a necessidade absoluta de Deus e a necessidade das causas segundas, afirmando que toda necessidade é proveniente da onipotência divina, antecedente e derivada do começo dos tempos. Nesse sentido, o filósofo radicaliza em dois aspectos uma corrente determinista do aristotelismo, vigente na alta Idade Média e representada por Avicena e Ockham:[19] em primeiro lugar, defende haver apenas *um* tipo de necessidade, contrapondo-se, assim, à doutrina dos graus de necessidade, que distingue entre uma necessidade simples ou absoluta, que só cabe a Deus como ser necessário, e graus menores de necessidade, como a hipotética e a física. Em segundo, ao contrário dessa corrente, que relegava o determinismo das causas eficientes à esfera dos agentes naturais, excluindo dela a vontade humana, Hobbes estende a necessidade a todos os domínios, considerando a determinação da volição e da ação humana tão necessária quanto um evento regular da natureza – de modo que "a escolha que farei de algo futuramente é agora tão necessária quanto é necessário que o fogo, que existe agora e continuará a existir, queime qualquer matéria combustível que lhe seja lançada futuramente" (N. 20, p.320).

---

19 Leijenhorst, *The Mechanisation of Aristotelianism: the Late Aristotelian Setting of Thomas Hobbes' Natural Philosophy*. Leiden: Brill, 2002, p.184-186.

Na sua resposta à objeção de Bramhall de que as punições, censuras, elogios e recompensas seriam completamente supérfluas se as ações fossem necessárias, Hobbes retraça a cadeia causal que liga a primeira causa às ações humanas, cadeia que remonta da ação à escolha, da escolha à memória, da memória aos sentidos, dos sentidos às ações dos objetos nos órgãos sensoriais, e, por fim, dos movimentos dos corpos à ação divina (N. 24, p.379):

> Há causas determinadas e necessárias que fazem todo homem querer o que quer [...] Vemos diariamente que o elogio, a censura, a recompensa, a punição e as consequências boas e ruins das ações dos homens retidas na memória nos fazem escolher tudo que escolhemos, e que a memória de tais coisas são provenientes dos sentidos, e os sentidos, das operações dos objetos dos sentidos, que são externos a nós e governados exclusivamente por Deus Todo-Poderoso; por conseguinte, todas as ações, incluindo a de agentes livres e voluntários, são necessárias.

Uma vez que todo evento é necessário, a doutrina do livre-arbítrio defendida por Bramhall, segundo a qual a vontade pode se autodeterminar independentemente das cadeias causais, é contraditória (N. 32, p.438):

> a definição corrente de agente livre, a saber, que um agente livre é aquele que, estando presentes todas as coisas que são indispensáveis para a produção do efeito, pode, não obstante, não produzi-lo, implica contradição e é sem sentido, sendo o mesmo que dizer que a causa pode ser suficiente, isto é, necessária, e que, mesmo assim, o efeito não se siga.

Mas nem por isso Hobbes nega que haja ações livres. Pelo contrário, para o filósofo, *a necessidade e a liberdade são completamente compatíveis*, desde que se compreenda corretamente a liberdade, que nada mais é do que a *ausência de obstáculos ou impedimentos ao movimento* que não estejam contidos no agente, o que se aplica tanto ao movimento dos corpos inanimados, como um rio que é livre para seguir seu curso, se não houver barreiras, como aos movimentos voluntários dos animais, incluindo as ações humanas (N. 29) – definição que Hobbes considera estar de acordo com o uso aceito do termo. É livre aquele que não é impedido de fazer o que quer e, assim, ação voluntária e ação livre são o mesmo. Restringida a uma negação de impedimentos à ação, a liberdade é completamente desvinculada da modalidade dos eventos, sendo indiferente se a ação é necessária ou indeterminada.

Essa definição negativa de liberdade, que tanto escandaliza Bramhall, é acompanhada pelas definições de deliberação e de vontade que se opõem às concepções escolásticas do bispo. É *livre* a ação voluntária não impedida, e *voluntária*, toda ação que é proveniente da vontade. A *vontade*, por sua vez, é o último apetite ou aversão numa *deliberação*, e esta nada mais é do que a alternância de imagens na mente concernentes às boas ou más consequências de determinada ação. Tudo se passa no campo da imaginação, que depende das sensações, e estas, das pressões dos corpos exteriores nos órgãos dos sentidos. A vontade não é, então, uma faculdade incorporal, uma potência de contrários que pode dar origem a diferentes atos, mas é a própria volição. Se se trata da faculdade de querer, só pode ser a faculdade de querer algo em particular, já que não há ações universais (N. 30). Ou seja, é propriamente um *ato* e não uma *potência*, e consiste em um afeto ou apetite. Ao contrário de Bramhall, que opõe a *vontade*, que é racional, ao *apetite sensível* e às *paixões*, que não apenas são irracionais como podem constituir um entrave à ação verdadeiramente livre, para Hobbes, a vontade é precisamente um *apetite* que depende de como os corpos exteriores nos afetam.

Da mesma maneira, a *deliberação* não é concebida por Hobbes como um exame racional dos meios em vista de determinado fim, mas como uma sequência de apetites e aversões ou *alternância de imaginações* que seria comum aos seres racionais e aos demais seres dotados de movimentos animais, incluindo crianças, loucos e animais (N. 28). Ela deixa de ser uma atividade que distingue os virtuosos dos viciosos, bem como os seres humanos dos outros animais. Aliás, nesta querela transparece constantemente como Hobbes desconstrói as distinções e as hierarquias estabelecidas por Bramhall: se para este há uma hierarquia que se estabelece não apenas no mundo natural, entre os elementos, plantas, animais e os homens, sendo estes senhores das demais criaturas, como também entre as partes do homem, sendo a razão superior ao apetite sensível, para Hobbes, não há tais hierarquias e, se podemos estabelecer uma vantagem dos homens em relação aos outros animais, ela se reduz ao uso de suas *mãos* e da *linguagem*, pela qual pode marcar os seus pensamentos e comunicá-los a outros (N. 14).

Mas se os homens são, no que diz respeito às suas ações, tão determinados quanto o restante dos animais e dos corpos em geral, se não possuem uma faculdade racional pela qual podem se autodeterminar, como assegurar a possibilidade da moralidade e da justiça? Como se poderia imputar um crime a alguém e puni-lo se a ação era necessária? A partir dessas objeções formuladas por Bramhall, desenvolve-se um interessantíssimo embate de posições sobre o fundamento da moral e do poder político, a natureza do bem e do mal, do pecado, da punição e da justiça, tanto humana como divina, da lei natural e sua relação com a lei positiva. Embate e não um debate, já que se trata de posicionamentos completamente incompatíveis entre si: enquanto Bramhall é um herdeiro declarado da escolástica que defende a primazia de valores absolutos e transcendentes, um mundo teleológica e hierarquicamente organizado, a superioridade das leis naturais em relação às positivas, o patriarcalismo como fundamento do poder soberano, Hobbes rejeita a existência de realidades incorporais e de valores transcendentes, sendo o consentimento e o contrato os fundamentos do poder político, na ausência de hierarquias naturais – o que paradoxalmente abre um espaço quiçá inédito para a liberdade humana.

A tradução

A presente tradução foi realizada com base na edição original de 1656 que pertencera a Kenelm Digby – cortesão inglês e filósofo natural que também se exilara na França – e atualmente se encontra na biblioteca de Sorbonne[20] e da edição de Molesworth que está encerrada no quinto volume dos *English Works* de Hobbes, sendo que as divergências mais significativas entre as edições foram indicadas em notas. Além disso, confrontei a tradução com a versão francesa (*Les Questions concernant la liberté, la nécessité et le hasard*), realizada por Luc Foisneau e Florence Perronin, e publicada pela editora Vrin, única tradução do *The Questions Concerning Liberty, Necessity and Chance* de que possuo conhecimento.

---

20 Agradeço vivamente a Luc Foisnau, que me possibilitou o acesso a essa versão.

Questões sobre a liberdade, a necessidade e o acaso, claramente formuladas e debatidas por dr. Bramhall, bispo de Derry, e Thomas Hobbes de Malmesburry

Ao leitor

Encontrareis neste pequeno volume discutidas de maneira ampla e clara as questões sobre a *necessidade*, a *liberdade* e o *acaso*, que em todos os tempos deixaram perplexas as mentes dos homens curiosos, bem como os argumentos de todos os lados, extraídos da autoridade das Escrituras, da doutrina das Escolas, da razão natural, e das consequências que dizem respeito à vida comum, expostos com veracidade e ponderados diversamente por duas pessoas que afirmam em comum que os homens são livres para *fazerem* o que *querem* e *se absterem de fazer*, caso *queiram*. As coisas nas quais eles discordam é que um defende que não está no poder do homem de agora escolher a vontade que terá em breve; que o acaso não produz nada; que todos os eventos e ações possuem as suas causas necessárias; que a vontade de Deus faz a necessidade de todas as coisas. O outro, ao contrário, afirma que não apenas o *homem* é livre para escolher o que *fará*, como também a *vontade* o é para escolher o que *quererá*; que, quando um homem quer uma ação boa, a vontade de Deus concorre com a sua, caso contrário, não; que a vontade pode escolher se quer *querer* ou não; que muitas coisas ocorrem sem necessidade, pelo acaso; que apesar de Deus conhecer previamente que algo ocorrerá, não é necessário que a coisa ocorra, na medida em que Deus não vê o futuro a partir de suas causas, mas no presente. Em suma, ambos seguem as Escrituras, mas um deles é um douto teólogo da Escola, e o outro, um homem que não admira muito esse tipo de saber.

Isso é o suficiente para informá-lo no início, o que será explicado mais detalhadamente em breve na formulação da questão e na divisão dos argumentos em seus vários capítulos. O restante compreendereis por meio das próprias pessoas quando elas se apresentarem. Adeus.

T.H.

As circunstâncias da controvérsia

Se tudo que ocorre é proveniente da *necessidade* ou se algumas coisas, do *acaso*, foi uma questão debatida pelos filósofos antigos, muito antes da encarnação de nosso Salvador, sem que ambos os lados levassem em conta a onipotência da Deidade. Mas o terceiro modo de fazer as coisas ocorrerem, distinto da *necessidade* e do *acaso*, a saber, o *livre-arbítrio*, nunca foi mencionado nem por eles nem pelos Cristãos no início do Cristianismo. Pois São Paulo, que debate ampla e expressamente essa questão, nunca usou o termo *livre-arbítrio*, nem sustentou qualquer doutrina equivalente àquela que agora é denominada doutrina do livre-arbítrio, mas fez todas as ações decorrerem da vontade irresistível de Deus e nada da vontade daquele que *corre* ou *quer*.[21] Mas faz alguns séculos que os doutores da Igreja Romana eximiram a vontade do homem desse domínio da vontade de Deus e estabeleceram uma doutrina segundo a qual não apenas o homem, mas também sua vontade é livre, e determinada a esta ou àquela ação não pela vontade de Deus, nem por causas

---

21 Cf. Romanos, 9, 16.

necessárias, mas pelo poder da própria vontade. E, embora essa opinião fosse rejeitada pelas Igrejas reformadas instruídas por Lutero, Calvino e outros, poucos anos depois ela começou a ser reintroduzida por Armínio e seus seguidores, e se tornou a maneira mais rápida para a promoção dentro do clero – o que, ao descontentar aqueles que sustentavam o contrário, foi em grande parte a causa dos problemas que se seguiram. Esses problemas constituíram as circunstâncias do meu encontro com o bispo de Derry em Paris, no qual discorremos as teses ora em causa. A partir desse debate, cada um de nós desenvolveu sua própria opinião e, pelo que me lembre, sem que trocássemos nenhuma palavra ofensiva, tais quais "blasfemo", "ateu" ou semelhantes, seja porque o bispo não estava tomado pela paixão, seja porque ele a ocultou, por estar na presença do meu senhor de Newcastle.

Mas, posteriormente, o bispo enviou à sua Senhoria sua opinião concernente à questão por escrito e solicitou-lhe que me persuadisse a enviar também uma resposta por escrito. Havia algumas razões pelas quais pensava que poderia ser inconveniente deixar as minhas respostas circularem. Entretanto, as várias obrigações que eu tinha para com ele me fizeram escrever esta resposta, que foi posteriormente publicada, não apenas sem o meu conhecimento, mas também contra a minha vontade, por alguém que conseguiu uma cópia clandestinamente. E assim sabeis as circunstâncias desta controvérsia.

O estado da questão

A questão é formulada de maneira geral pelo próprio bispo (por volta do fim do número 3) nestas palavras:

se todos os eventos naturais, civis e morais (pois não falamos agora sobre a conversão de um pecador, que não diz respeito a essa questão) são predeterminados de maneira extrínseca e inevitável, independentemente do concurso daquele que age, de modo que todas as ações e eventos que ocorrem ou ocorrerão não podem deixar de ocorrer, nem podem ocorrer de outro modo ou de outra maneira ou em outro lugar, tempo, número, medida, ordem, nem para outro fim diferente. E tudo isso em relação à causa suprema ou ao concurso de causas extrínsecas, determinando-as a uma única coisa.[22]

Apesar de ter assim elaborado para a sua própria vantagem, com tanto zelo como se se tratasse de um arrendamento, estou,

---

22 Aqui foi adotada uma solução de tradução para "be determined to one" próxima àquela utilizada por Luc Foisneau e Florence Perronin ("déterminé à une seule chose"). Cita-se aqui a explicação de L. Foisneau para tal tradução: "a expressão inglesa é a transposição literal da expressão escolástica *determinatum ad unum*, que designa a determinação a um dos dois opostos, por oposição à potência de dois opostos que caracteriza a liberdade da vontade. Mais explícita que 'determinado a um' e mais exata que 'determinado ao único possível', essa tradução é, ademais, autorizada pela explicitação que o bispo lhe dá ao substituí-la, mais adiante, por 'precisely predetermined to the choice of this object' (p.53 da edição de 1656 e p.70 da edição de Molesworth). O pastor calvinista francês, Pierre du Moulin, favorável às teses gomaristas, utiliza a expressão 'determined to one thing' numa perspectiva análoga à de Bramhall (*The Anatomy of Arminianism, or The opening of the Controversies lately handled in the Low-Countryes, Concerning the Doctrine of Providence, of Predestination, of the Death of Christ, of Nature and Grace*, cap. XXXII, art. 2, Londres: Nathaniel Newbery, 1620, p.24); ele utiliza igualmente a expressão 'determined and appointed to any one thing only' (ibid., cap. XXII, art. 15, p.287)". (Foisneau, in Hobbes, *Les Questions concernant la liberté, la nécessité et le hasard*. Paris: Vrin, 1999, p.49).

excetuando aquilo que não é ininteligível, disposto a aceitar. Ininteligível é, em primeiro lugar, "que a conversão de um pecador não diga respeito à questão". Se ele pretende dizer com isso que a conversão de um pecador ocorre por necessidade e é predeterminada, então ele é da mesma opinião que eu, na medida em que a questão diz respeito à religião; se ele estiver se referindo a outra coisa nessa objeção, não posso adivinhar do que se trata. Em segundo lugar, essas palavras "independentemente de seu próprio concurso" são sem sentido, a não ser que ele queira dizer que os próprios eventos devam concorrer para a sua produção, como o fogo necessariamente não queima sem o concurso da queima — como as palavras propriamente implicam — ou, ao menos, sem o concurso do combustível. Excetuando-se essas duas proposições, concordo com ele na formulação da questão, tal como é colocada universalmente. Mas quando a questão é colocada acerca da necessidade de algum evento particular, como a vontade de escrever, ou algo semelhante, então se trata da formulação daquela questão particular — mas a resolução desta está compreendida na resolução da questão universal.

Ele formula a mesma questão novamente em outra passagem assim: "essa é precisamente a questão na qual divergimos: se há tal liberdade isenta de necessitação e determinação extrínseca a uma única coisa ou não". E admito que isso também está bem formulado.

Ademais, ele diz: "numa palavra, há tão grande diferença entre a eficácia natural e a moral quanto há entre a sua opinião e a minha". De modo que a formulação da questão se reduz a isto: "há uma eficácia moral que não seja natural?". Digo que não há; ele diz que há.

Ademais, ele escreve assim: "e, assim como seria ridículo dizer que o objeto da vista é a causa da visão, também o é dizer que a proposição do objeto pelo entendimento à vontade é a causa do querer". Aqui também a questão é conduzida a esse problema: "o objeto da vista é a causa de ele ser visto?". Mas quanto a estas palavras, "a proposição do objeto pelo entendimento à vontade", não as compreendo.

Ademais, ele frequentemente utiliza palavras como estas: "a vontade quer; a vontade suspende seu ato (*id est*, a vontade não quer); o entendimento propõe; o entendimento entende". Nisso também reside toda a questão. Se essas expressões forem verdadeiras, eu estou errado, se falsas, é ele que está.

Ademais, a questão inteira está decidida quando isto estiver decidido: "aquele que voluntariamente permite que alguma coisa se realize, quando poderia tê-la impedido sem esforço, perigo ou distração da mente, não quer que ela se realize?".

Ademais, a questão inteira do livre-arbítrio está incluída nesta: "a vontade se determina a si mesma?".

Ademais, ela está incluída nesta: "há uma graça universal que homens particulares podem receber sem que haja uma graça particular para receber?".

Enfim, restam duas questões: a primeira, "se um homem é livre para fazer o que quer no domínio de coisas que estão em seu poder"; a outra, "se ele é livre para querer". O que é o mesmo que dizer (porque a vontade é apetite) que, na primeira questão, se pergunta se quem tem um apetite é livre para comer, e na outra, se é livre para ter um apetite. Quanto à primeira, "se um homem é livre para fazer o que quer", concordo com o bispo. Quanto à última, "se ele é livre para querer", discordo dele. Assim, todas as passagens das Escrituras que ele alega para provar que um homem tem liberdade para fazer o que quer são impertinentes para a questão. Se ele não foi capaz de distinguir essas duas questões, não fez bem de se intrometer em ambas. Se as compreendeu, tratou os seus leitores de maneira dissimulada e fraudulenta ao apresentar argumentos para provar que um homem é livre para fazer se quiser. E isso é o suficiente no que diz respeito à formulação da questão.

As fontes dos argumentos nesta questão

Os argumentos por meio dos quais essa questão é debatida são extraídos de quatro fontes. 1. Das *autoridades*. 2. Das *inconveniências decorrentes de ambas as opiniões*. 3. Dos *atributos de Deus*. 4. Da *razão natural*.

As *autoridades* são de dois tipos: *divina* e *humana*. *Divinas* são aquelas que são extraídas das sagradas Escrituras. As *humanas* são também de dois tipos: primeiro, as autoridades dos homens que se considera em geral terem sido sapientes, especialmente nessas questões, como os padres, os escolásticos e os filósofos antigos. O outro tipo consiste nas opiniões vulgares e mais comumente aceitas no mundo.

Responderei da melhor maneira que posso às suas razões e às passagens das Escrituras; mas só admitirei e aceitarei as suas autoridades humanas na medida em que estiverem de acordo com as Escrituras e com a razão, e nada além disso.

E quanto aos argumentos provenientes dos atributos de Deus, admiti-los-ei como argumentos na medida em que forem argumentativos, isto é, na medida em que os seus significados forem concebíveis. Mas onde eles forem utilizados apenas para honrar e significar tão somente a intenção e esforço para enaltecer e magnificar tanto quanto podemos Deus Todo-

-Poderoso, considerá-los-ei não como argumentos, mas como oblações; não como linguagem, mas como (tal como as Escrituras as denominam) as doçuras de nossos lábios, que não significam nada de verdadeiro ou de falso, nem qualquer opinião de nosso cérebro, mas a veneração e a devoção de nossos corações. Portanto, não são premissas suficientes para inferir a verdade ou provar a falsidade.

As passagens das Escrituras[23] que são favoráveis a mim são estas. Em primeiro lugar (Gênesis, 45, 5), José diz a seus irmãos que o venderam: "não vos afligis nem vos zangais convosco mesmos por me terdes vendido para cá, pois Deus me enviou adiante de vós para preservar a vida". E, de modo semelhante (verso 8), "assim não fostes vós que me enviastes para cá, mas Deus".

E quanto ao Faraó, Deus disse (Êxodo, 7, 3): "endurecerei o coração de Faraó". E quanto a Sion, rei de Heshbon, Moisés disse (Deuteronômio, 2, 30): "o senhor teu Deus endureceu seu espírito e tornou o seu coração obstinado".

E de Shimei, que amaldiçoou Davi, disse o próprio Davi (2 Samuel, 16, 10): "deixe-o amaldiçoar, porque o Senhor disse para ele 'amaldiçoe Davi'". E (1 Reis, 12, 15): "o Rei não ouviu o povo, pois a maldição provinha do Senhor".

E Jó, debatendo essa mesma questão, disse (Jó, 12, 14): "Deus aprisiona o homem e não pode haver escapatória"; e

---

[23] As citações bíblicas utilizadas por Hobbes e Bramhall são provenientes da *Authorized King James Version*, de 1611. Comparei as minhas traduções para o português com as passagens da Bíblia da editora Paulus, edição de 2003, e da tradução para o português da versão King James (2002). Quando os debatedores não apresentam a referência no próprio texto, indico em nota.

verso 16: "o enganado e aquele que engana lhe pertencem"; e verso 17: "ele torna os juízes loucos"; e verso 24: "ele arranca o coração dos chefes dos povos da Terra e os faz vaguear num deserto onde não há estradas"; e verso 25: "ele os faz cambalear como um homem embriagado".

E sobre o rei da Assíria, Deus disse "dar-lhe-ei uma ordem para saquear, despojar e pisá-los como a lama das ruas" (Isaías, 10, 6).

E Jeremias disse (Jeremias, 10, 23): "ó senhor, sei que não pertence ao homem o seu caminho, que não pertence ao homem que caminha dirigir os seus passos!".

E para Ezequiel, que Deus enviou como sentinela à casa de Israel, Deus disse assim: "se um homem justo se afastar de sua justiça, praticando iniquidade, e eu puser um tropeço diante dele, ele morrerá; porque não o advertiste, ele morrerá em seu pecado" (Ezequiel, 3, 20). Note aqui que Deus coloca o tropeço no caminho, mas aquele que caiu morre por seu pecado, o que mostra que a justiça de Deus não depende apenas do pecado.

E o nosso Salvador disse (João, 6, 44): "ninguém pode vir a mim, se o Pai, que me enviou, não o atrair".

E São Pedro, a respeito da entrega de Cristo aos judeus, disse assim (Atos, 2, 23): "este homem, entregue segundo o desígnio determinado e a presciência de Deus, vós o matastes" etc.

Ademais, aqueles cristãos com os quais Pedro e João se encontraram, quando foram liberados dos tormentos decorrentes do milagre da cura do homem coxo, louvando a Deus pelo mesmo, disseram assim: "de fato, contra a criança sagrada Jesus, a quem ungiste, tanto Herodes e Pôncio Pilatos, como os gentios e o povo de Israel, reuniram-se para executarem tudo o que a tua mão e teu desígnio determinaram antes de ser executado" (4 Atos, 27-28).

E São Paulo (Romanos, 9, 16): "não depende, portanto, daquele que quer, nem daquele que corre, mas de Deus, que faz misericórdia". E (versos 18, 19 e 20):

> portanto, ele faz misericórdia a quem quer fazer misericórdia e endurece a quem quer. Dir-me-ás então: por que ele ainda se queixa? Pois quem resistiu à sua vontade? Ou melhor, quem és tu, ó homem, para discutires com Deus? Acaso a coisa criada deve dizer ao criador: por que me fizeste assim?

Igualmente em I Coríntios, 4, 7: "quem te distingue de outros? Que possuis que não tenhas recebido?". E em I Coríntios, 12, 6: "há diversas operações, mas é o mesmo Deus que realiza tudo em todos". E em Efésios, 2, 10: "Pois somos obras dele, criados em Cristo Jesus para as boas obras que Deus dispusera de antemão para que nelas andássemos". E em Filipenses, 2, 13: "pois é Deus quem opera em vós o querer e o fazer, segundo o seu bel-prazer".

A essas passagens podem ser acrescentadas todas as passagens que fazem de Deus o doador de todas as graças, isto é, de todos os bons hábitos e inclinações, e todas as passagens nas quais se diz que os homens estão mortos em pecado, pois todas essas evidenciam que, embora um homem possa viver piedosamente se *quiser*, *querer* é obra de Deus, e não é passível de escolha pelo homem.

Há um segundo tipo de passagens que são igualmente a favor do bispo e de mim. São as passagens que afirmam que um homem possui escolha e pode fazer muitas coisas *se quiser*, e também *se quiser* pode não fazê-las, mas não dizem que Deus Todo-Poderoso opera de maneira natural ou sobrenatural em todos os nossos atos da vontade, como é minha opinião, nem que ele não opera, como na opinião do bispo; não obstante, ele utiliza essas passagens como argumentos para seu partido.

As passagens são como estas a seguir (Deuteronômio, 30, 19): "hoje tomo o céu e a terra como testemunhas contra vós de que vos propus a vida ou a morte, a bênção ou a maldição. Escolhe, pois, a vida, para que vivas tu e a tua descendência". E (Eclesiástico, 15, 14): "no princípio Deus criou o homem e o deixou nas mãos de seu próprio desígnio". E (versos 16 e 17): "ele colocou diante de ti o fogo e a água; para o que quiseres estenderás tua mão. Diante do homem está a vida e a morte, e ser-lhe-á dado o que preferir".

E aquelas passagens que o bispo cita: "se uma mulher casada faz um voto, é deixado à escolha de seu marido validá-lo ou anulá-lo" (Números, 30, 14).[24] E Josué, 24, 15: "escolhei hoje a quem quereis servir etc. Mas quanto a mim e a minha casa serviremos ao Senhor". E 2 Samuel, 24, 12: "eu te ofereço três coisas; escolhe qual delas devo executar". E Isaías, 7, 16:[25] "antes que a criança saiba rejeitar o mal e escolher o bem". E, além dessas, várias outras passagens para o mesmo efeito.

O terceiro tipo de textos é constituído por aqueles que parecem ser contrários a mim. Como Isaías, 5, 4: "o que restava a fazer à minha vinha que não tenha feito?".

---

24 Na edição de Molesworth, a referência é Números, 30, 13.

25 Referência da edição de Molesworth. A referência que consta na edição de 1656 é Isaías, 7, 10.

E Jeremias, 19, 5: "eles também construíram lugares altos a Baal para queimarem os seus filhos em holocausto a Baal, o que eu não tinha ordenado, nem falado, nem jamais pensado".

E Oseias, 13, 9: "Ó Israel, a tua destruição advém de ti mesmo, mas em mim está o teu auxílio".

E I Timóteo, 2, 4: "quem quer que todos os homens sejam salvos e cheguem ao conhecimento da verdade".

E Eclesiástico, 15, 11-12: "não digas 'é o senhor que me fez cair', pois não devias fazer aquilo que ele odeia. Não digas 'é ele que me fez errar', porque ele não tem necessidade de ti, homem pecador". E muitas outras passagens para o mesmo propósito.

Vedes quão grande é a contradição aparente entre o primeiro e o terceiro tipo de textos, os quais, sendo ambos oriundos das Escrituras, podem e devem ser conciliados e tornados compatíveis; o que é impossível se o rigor da letra em um deles ou em ambos não for molificado com interpretações inteligíveis e razoáveis.

Os Escolásticos, para manterem o sentido literal do terceiro tipo de texto, interpretam assim o primeiro tipo: as palavras de José "não fostes vós que me enviastes para cá, mas Deus" são interpretadas por eles desta maneira: "fostes vós que me vendeste ao Egito, Deus apenas o permitiu; mas foi Deus que me enviou e não vós"; como se a *venda* não fosse o *envio*. Essa interpretação é de Suarez.[26] Pois bem, eu gostaria de indagar-

---

26 A esse respeito, Luc Foisneau escreve na nota da tradução francesa: "Talvez Hobbes se refira aqui à passagem do *De Concursu et efficaci auxilio Dei ad actus liberi arbitrii necessario libri tres*, no qual Francisco Suarez examina a opinião dos escolásticos sobre a questão do concurso divino no ato mau: 'Quid Scholastici senserint de concursu

-lhe e ao Bispo se a *venda* de José se seguiu de maneira infalível e inevitável daquela permissão. Se se seguiu, então aquela *venda* foi determinada de maneira necessária anteriormente por uma permissão eterna. Se não, como pode, então, ser atribuída a Deus uma presciência disso, quando poderia ter sido frustrado pela *liberdade da vontade humana*? Eu gostaria também de saber se a *venda* de José no Egito foi um pecado. Se foi, por que José diz "não vos afligis nem vos zangais convosco mesmos por me terdes vendido para cá"? Um homem não deve se afligir e se zangar consigo mesmo por pecar? Se não for pecado, então traição e fratricídio não são pecados.

De resto, vendo que a *venda* de José consistiu nestes atos *amarrar, falar, entregar*, os quais são todos movimentos corporais, se Deus quis que eles não ocorressem, como então eles puderam ser realizados? Ou ele apenas os permitiu, e não os *quis* nem *não quis* os movimentos locais e corporais? Como Deus pode, então, ser o primeiro motor e causa de todo movimento

---

Dei ad actum malum' (*De concursu*, in *Varia Opuscula Theologica*, Madri: 1559, livro I, cap. 3, p.70a-72a).
Essa distinção entre a causa da ação e a permissão divina não foi inventada por Suarez. Ela pode ser encontrada já muito claramente formulada por Clemente de Alexandria: 'Sei que muitos [dos meus adversários] se encarniçam obstinadamente e objetam que não impedir um fato é ser sua causa; é causa do roubo, dizem, aquele que não vigiou ou não impediu o roubo [...] Pois se o fato se realiza é porque a faculdade de impedi-lo não age e não constitui obstáculo. Ora, respondo-lhes que a causa de um ato reside na sua execução, sua atualização, sua realização. Isso posto, não impedir não é participar no ato' (In: *Les Stromates*, livro I, cap. 17, Paris: Cerf, 1951, p.109-110)" (Foisneau, in Hobbes, *Les Questions concernant la liberté, la nécessité et le hasard*, op. cit., p.56-57).

local? Ele causa o movimento e *quer* a lei que lhe é contrária, mas não a irregularidade? Como isso pode acontecer, visto que, se o movimento e a lei existem, a contrariedade ao movimento e à lei coexiste necessariamente?

Assim, estas passagens — "ele endureceu o coração do faraó, ele tornou o coração de Sion obstinado" — são interpretadas assim por eles: "ele permitiu-lhes tornarem os seus próprios corações obstinados". Mas visto que o coração do homem não é passível de inclinação ao bem sem a graça de Deus, a *necessidade* da dureza do coração tanto do faraó quanto de Sion pode ser deduzida com a mesma facilidade tanto da *permissão* de Deus, isto é, da recusa de sua graça, como de seu *decreto positivo*. E, ao dizerem que Ele *quer* ações devotas e livres condicionalmente e consequentemente — isto é, se o homem as *quer*, então Deus as *quer*, caso contrário não — e não *quer* as ações más, mas as *permite*, não atribuem absolutamente nada a Deus na causação de qualquer ação, seja boa ou má.

Ora, no que diz respeito ao terceiro tipo de passagem, que parece contradizer o tipo anterior, vejamos se não pode ser conciliado com uma interpretação mais inteligível e razoável do que aquela empregada pelos Escolásticos ao primeiro tipo.

Não constitui um tipo extraordinário de linguagem chamar os mandamentos, exortações e as outras maneiras de significar a *vontade* pelo nome de *vontade*; embora a *vontade* seja um ato interno da alma e as ordens sejam apenas palavras e signos externos do ato interno. De modo que a *vontade* e a *palavra* são coisas diversas e diferem entre si como a *coisa significada* e o *signo*. Assim, ocorre que a palavra e o mandamento de Deus, a saber, as Escrituras sagradas, são geralmente denominados vontade divina pelos cristãos, mas se trata apenas da sua vontade revelada, reconhecendo-se que a vontade mesma de Deus, que eles denominam seu desígnio e decreto, é outra coisa. Pois a vontade revelada de Deus a Abraão foi a de que Isaac deveria ser sacrificado, mas era a sua vontade que ele não deveria. E a sua vontade revelada a Jonas, que Nineveh deveria ser destruída em quarenta dias, mas não seu decreto e desígnio. Seu decreto e desígnio não podem ser conhecidos previamente, mas podem sê-lo posteriormente por meio do evento, pois, a partir do evento, podemos inferir a sua vontade. Mas a sua vontade revelada, que é a sua palavra, deve ser conhecida previamente, porque deve ser a regra de nossas ações.

Portanto, quando se diz que "Deus quer que todos os homens sejam salvos",[27] não se indica com isso a sua vontade interna, mas seus mandamentos e vontade revelada, como se tivesse sido dito que "Deus deu mandamentos pelos quais todos os homens, se os seguirem, podem ser salvos". Assim, quando Deus diz "ó Israel quantas vezes teria eu te acolhido etc., como uma galinha faz com seus pintos, mas tu não quisestes",[28] deve-se compreender: "quantas vezes te dei por meio de meus profetas esse conselho, que, se fosse seguido, tu terias sido acolhido" etc. E interpretações semelhantes devem ser dadas a passagens como esta. Pois não é cristão pensar que, se Deus tivesse o desígnio de salvar todos os homens, qualquer homem pudesse ser condenado, porque seria sinal de falta de poder não efetuar o que ele queria. Então, se estas palavras "que me resta-

---

27 Timóteo, 2, 4.
28 Mateus, 23, 37.

va fazer à minha vinha que não tenha feito"[29] fazem referência à onipotência, pode-se dar a seguinte resposta: "ele poderia ter preservado os homens do pecado". Mas quando medimos Deus por sua vontade revelada é como se ele tivesse dito: "que direções, que leis, que ameaças poderiam ter sido utilizadas que não utilizei?". Deus não quer nem nos ordena a inquirir qual é a sua vontade e desígnio, nem, por conseguinte, a executá-los (pois executá-los-emos, queiramos ou não), mas sim a examinar seus mandamentos, isto é, a lei de Moisés para os judeus e, para outros povos, as leis de seus países.

"Ó Israel, tua destruição advém de ti mesmo, mas em mim está o teu auxílio":[30] ou como algumas traduções inglesas o apresentam "ó Israel, tu destruístes a ti mesmo" etc. é literalmente verdadeira, mas não é contrária a mim, pois o homem que peca voluntariamente, independentemente da causa de sua vontade, se não for perdoado, destruiu-se a si mesmo, já que se trata de seu próprio ato.

Onde se diz que "eles ofereceram seus filhos a Baal, o que eu não tinha ordenado, nem falado, nem jamais pensado",[31] estas palavras "nem jamais pensado" são vistas insistentemente por muitos como significando que eles o fizeram sem a vontade de Deus. Pois o que quer que seja feito vem à mente de Deus, isto é, a seu conhecimento, o que implica a certeza da ação futura, e essa certeza, um desígnio precedente de Deus de fazer isso suceder. Portanto, essa passagem não pode indicar que Deus não o queria, mas apenas que não tinha a vontade de ordená-lo.

---

29 Isaías, 5, 4.
30 Oseias, 13, 9.
31 Jeremias, 19, 5.

Mas, a propósito, deve ser notado que, quando Deus fala com os homens a respeito de sua vontade e de outros atributos, ele fala deles como se fossem semelhantes aos dos homens a fim de ser compreendido. Portanto, à ordem de sua obra, o mundo, na qual uma coisa se segue à outra de maneira tão conveniente como homem nenhum poderia fazê-lo intencionalmente, ele dá o nome de vontade e desígnio. Pois aquilo que nós denominamos intenção, que é raciocínio e pensamento após pensamento, não pode propriamente ser atribuído a Deus, em cujos pensamentos não há *antes* nem *depois*.

Mas o que devemos responder às palavras no Eclesiástico? "Não digas é o senhor que me fez cair; não digas é ele que me fez errar."[32] Se não constasse "não digas", mas sim "não penses", eu teria respondido que o Eclesiástico é apócrifo e uma autoridade meramente humana. Mas é bem verdadeiro que tais palavras não devem ser ditas. Em primeiro lugar, porque São Paulo as proíbe: "a coisa criada deve", diz ele, "dizer àquele que o criou por que me fizeste assim?"[33] Entretanto, é verdade que ele o fez assim. Em segundo lugar, porque devemos atribuir a Deus apenas o que concebemos ser honroso e só julgamos ser honroso aquilo que assim consideramos em nós próprios, e porque a acusação de um homem não é honrosa, tais palavras não devem ser usadas em relação a Deus Todo-Poderoso. E pela mesma razão, não é legítimo dizer que alguma ação pode ser feita, quando Deus tem o desígnio de que não seja feita, pois isso seria sinal de falta de poder para impedi-la. Assim, nenhuma delas pode ser afirmada, ainda que uma delas tenha

---

32 Eclesiástico, 15, 11.
33 Romanos, 9, 20.

de ser verdadeira. Vedes, assim, como debater sobre a natureza divina, que é incompreensível, leva os homens a um desses dois embaraços. E essa era a razão pela qual não queria que a minha resposta à doutrina do bispo sobre a liberdade fosse publicada.

E isso é o bastante no que diz respeito à comparação de nossas duas opiniões com as Escrituras; se elas favorecem mais a sua opinião ou a minha, deixo para ser julgado pelo leitor. E agora passo a compará-las novamente a partir das *inconveniências que se pode pensar seguir delas*.

Em primeiro lugar, o bispo diz que essa convicção de que todas as coisas ocorrem por "necessidade" pode destruir todas as sociedades e repúblicas no mundo. As leis, diz ele, que proíbem aquilo que um homem não pode possivelmente evitar são injustas.

Em segundo lugar, que ela torna supérfluas e vãs todas as deliberações, artes, armas, livros, instrumentos, professores e medicamentos, e, o que é pior, a piedade e todos os outros atos de devoção. Pois, se o evento for necessário, ocorrerá, independentemente do que façamos, estejamos dormindo ou despertos.

Essa inferência poderia ser admitida como verdadeira, se não houvesse igualmente uma necessidade dos meios como há do evento. Mas, de acordo com a minha opinião, tanto o evento como os meios são igualmente determinados de maneira necessária. Mas, supondo que a inferência seja verdadeira, ela vai contra tanto aquele que nega como aquele que afirma essa necessidade. Pois acredito que o bispo considera *"o que será será"* uma verdade tão certa como *"o que é é"* ou *"o que foi foi"*. E, assim, o raciocínio do homem doente seria um bom raciocínio: "se eu me curarei, de que uso será para mim essa poção insossa? Se não me curarei, que bem fará para mim?". Mas o bispo afirma que é necessário que ele se cure ou não. Portanto, segue-se da opinião do bispo, assim como da minha, que o medicamento é supérfluo. Mas assim como o medicamento está para a saúde, do mesmo modo estão a piedade, as consultas, artes, armas, livros, instrumentos e professores para os seus diversos fins. Com base na opinião do bispo segue-se, assim como na minha, que o medicamento é supérfluo para a saúde. Portanto, a partir de sua opinião, assim como da minha, segue-se (se tal raciocínio não fosse defeituoso) que a piedade, as deliberações etc. são também supérfluas para os seus respectivos fins. E quanto à superfluidade das leis, independentemente da verdade da questão debatida entre nós, não são supérfluas, porque, por meio da punição de um ou de alguns homens injustos, são a causa da justiça de muitos.

Mas a maior inconveniência de todas que o bispo alega poder ser derivada dessa opinião é "que Deus não pode com justiça punir um homem com tormentos eternos por fazer aquilo que nunca esteve em seu poder não fazer". É verdade que, dado que o nome de punição tem relação com o nome de crime, só pode haver punição para os crimes que poderiam não ter sido cometidos. Mas se, em vez de "punição", ele tivesse dito "aflição", não posso dizer que Deus pode afligir sem que haja pecado? Ele não aflige aquelas criaturas que não podem pecar? E algumas vezes aquelas que podem pecar, mas não por causa do pecado, como Jó e o homem no Evangelho que nasceu cego, a fim de manifestar o poder que possui sobre as suas criaturas, poder que não é menor, mas, ao contrário, maior do que o oleiro possui sobre a sua argila para fazer dela o que lhe apraz? Mas, embora Deus possua o poder de afligir sem injustiça um homem sem que seja em razão do pecado, devemos pensar que Deus é cruel a ponto de afligir um homem com tormentos extremos e infindáveis sem que seja em razão do pecado? Não é crueldade? Não mais do que fazê-lo em razão do pecado, quando aquele que assim aflige poderia tê-lo impedido de pecar sem qualquer dificuldade. Mas que evidência infalível tem o bispo de que um homem será, depois desta vida, eternamente atormentado e não morrerá jamais? Ou quão certo é que não há uma segunda morte, quando as Escrituras afirmam que há?[34] Ou onde as Escrituras afirmam que uma segunda morte é uma vida sem fim? Ou isso é afirmado apenas pelos doutores? Então talvez apenas eles afirmem isso, e por razões que são mais bem conhecidas somente por eles próprios.[35] Não há injustiça nem crueldade naquele que dá a vida em dar junto com ela a doença,

---

34 Ao tratar do tema do Inferno no capítulo 38 do *Leviatã*, Hobbes defende que há nas Escrituras suporte textual apenas para afirmar a morte perpétua ou a segunda morte dos condenados e não para a doutrina de um tormento eterno. Para tanto, ele cita Apocalipse 20, 13: "porque quando a morte e o sepulcro tiverem entregue os mortos que lá estavam, e cada homem tiver sido julgado conforme as suas ações, a morte e o sepulcro serão também lançados ao lago de fogo. Isto é a segunda morte". (Hobbes, *Leviatã*, cap. 38. Trad. J. P. Monteiro e M. B. Silva. São Paulo: Martins Fontes, 2014, p.386). Cf. também idem, cap. 44, p.513 e 514.

35 Para Hobbes, a doutrina do Inferno compreendido como castigo pelo tormento eterno dotaria o clero de um poder superior ao da autoridade civil, já que tal tormento é um mal maior e uma motivação mais poderosa do que qualquer castigo corporal — o que colocaria a preservação da sociedade civil em risco (cf. *Leviatã*, cap. 38, op. cit., p.375). Para além desse incremento geral de poder do clero, Hobbes afirma que essa doutrina, bem como a do purgatório, é o que alimenta o sistema das indulgências (Idem, cap. 44, p.515).

a dor, os tormentos e a morte; nem naquele que dá a vida em dar a mesma miséria duas vezes também. E isso é o bastante para responder aos inconvenientes que se alega se seguirem da doutrina da necessidade.

Por outro lado, dessa posição, que um homem é livre para querer, segue-se que a presciência de Deus é completamente eliminada. Pois como pode ser conhecido previamente que vontade um homem terá se essa vontade não advir de causas necessárias, mas estiver em seu poder querer ou não querer? Assim, também essas coisas chamadas futuros contingentes, se não vierem a ocorrer com certeza, isto é, a partir de causas necessárias, nunca podem ser objeto de presciência, de forma que a presciência divina será algumas vezes de coisas que nunca ocorrerão, o que é o mesmo que dizer que a sua presciência é nula, o que é uma grande desonra para o poder onisciente.

Ainda que esta seja toda a inconveniência que decorra do *livre-arbítrio*, tanto quanto posso agora me lembrar, a defesa dessa opinião levou o bispo e outros de seus defensores a vários inconvenientes e conclusões absurdas, e os fez lançar mão de um número infinito de palavras sem sentido. Dentre elas está uma conclusão que se encontra em Suarez de que Deus concorre da seguinte maneira com a vontade do homem: "se o homem quer, então Deus presta o seu concurso" – o que é sujeitar não a vontade do homem a Deus, mas a vontade de Deus ao homem. Mostrarei outras conclusões inconvenientes quando passar às minhas observações relativas às réplicas do bispo. Eis o que havia para ser dito quanto aos inconvenientes que decorrem de ambas as opiniões.

O atributo de Deus que ele introduz no debate é a sua *justiça*, dizendo que Deus não pode ser justo ao punir um homem por aquilo que era necessário que ele fizesse. A isso já respondi antes, visto que é um dos inconvenientes que pretensamente decorrem da doutrina da necessidade. Ao contrário, a partir de outro atributo divino, que é a sua *presciência*, devo evidentemente concluir que todas as ações, independentemente se elas advêm da vontade ou da fortuna, eram necessárias desde a eternidade. Pois tudo o que Deus conhece previamente deve ocorrer, não pode senão ocorrer, isto é, é impossível que não ocorra ou ocorra de maneira diversa da presciência. Mas tudo que era impossível ser de outro modo era necessário, pois a definição de *necessário* é: o que não pode absolutamente ser de outro modo. E pouco importa para a questão aquele argumento, apresentado por aqueles que distinguem a *presciência* divina de seu *decreto*, de que a presciência não faz a necessidade sem o decreto. Para mim, basta que tudo o que Deus conhecia previamente era necessário: mas todas as coisas eram conhecidas previamente por Deus; portanto, todas as coisas eram necessárias. E, quanto à distinção entre a presciência e o decreto em Deus Todo-Poderoso, não a compreendo. Eles são atos coeternos e, por conseguinte, um único ato.

E quanto aos argumentos extraídos da razão natural, eles são amplamente apresentados no fim do meu discurso ao qual o bispo faz sua réplica. O quão bem ele respondeu deve aparecer em seu devido tempo. Por ora, as ações que ele pensou se originarem da liberdade da vontade devem ser ou determinadas de maneira necessária ou se originarem da fortuna, sem nenhuma outra causa; pois certamente é impossível *querer* sem se pensar naquilo que se quer. Mas homem nenhum pode escolher aquilo que ele pensará em qualquer momento determinado. E considero isso suficiente para esclarecer o entendimento do leitor, a fim de que ele possa se tornar mais capaz de julgar o debate a seguir. Encontro naqueles que escrevem sobre esse tema, especialmente nos Escolásticos e seus seguidores, tantas palavras estranhas à nossa linguagem, tanta confusão e despropósito na sua ordenação, que a mente de um homem, na sua leitura, não distingue nada. E seus discursos são como as coisas eram no início, antes de o Espírito de Deus ter se agitado acima do abismo: *tohu* e *bohu*, isto é, confusão e vazio.

Ao mui honorável Marquês de Newcastle[36]

Senhor,
se eu pretendesse compor um tratado completo a respeito deste tema, não poderia repudiar esses grandes reforços de razões e autoridades que se oferecem para servir à causa de Deus e dos homens, da religião e da política, da Igreja e da República (a) contra a opinião blasfema, escandalosa e perniciosa do destino fatal. Mas como (b) o meu objetivo no primeiro discurso era exprimir por escrito aquilo que foi debatido por nós oralmente (uma via que deve ser preferida a conferências verbais, na medida em que é mais isenta de paixões e tergiversações,

---

[36] Neste ponto, Hobbes começa a inserir o texto que será objeto de sua crítica, o *A Defence of True Liberty from Antecedent and Extrinsecall Necessity being an Answer to a Late Book of Mr. Thomas Hobbs of Malmsbury, intituled, A Treatise of Liberty and Necessity. Written by the Right Reverend John Bramhall D.D. and Lord Bishop of Derry*, publicado em 1655 e que se inicia com esse prefácio endereçado ao Marquês de Newcastle, promotor inicial dessa disputa em torno da liberdade e da necessidade. Sobre a história da controvérsia, ver a "Apresentação" deste volume.

menos sujeita a erros e relações errôneas, na qual paralogismos são detectados mais rapidamente, impertinências são descobertas e a confusão, evitada), meu propósito presente é apenas defender esse discurso e, junto com ele, (c) aquelas luzes das Escolas, que nunca foram menosprezadas senão quando não foram compreendidas. Em que medida cumpri isso, deixo para o leitor judicioso e imparcial julgar, estando de minha parte bem contente de ter satisfeito a mim mesmo.

Do mais obrigado e devotado servo de vossa Senhoria,

J.D.[37]

Crítica da epístola do bispo ao meu senhor de Newcastle

(a) "Contra a opinião blasfema, escandalosa e perniciosa do destino fatal."

Isto não passa de cólera, como geralmente sucede àqueles que enfrentam dificuldades maiores do que esperavam.

(b) "o meu propósito no primeiro discurso era exprimir por escrito aquilo que foi debatido por nós oralmente, uma via que deve ser preferida a conferências verbais, na medida em que é mais isenta de paixões etc."

Creio que ele se engana aqui; pois em nossa conferência verbal não houve uma palavra apaixonada sequer, nem qualquer objeção de blasfêmia ou ateísmo, nem qualquer outra palavra

---

37 Bramhall assina com as iniciais J.D., que correspondem a John de Derry (Londonderry), onde fora nomeado arcebispo em 1634.

incivilizada, as quais, ao contrário, há em abundância em seu escrito.

(c) "Aquelas luzes das Escolas, que só foram menosprezadas quando não foram compreendidas."

Confesso que não sou capaz de admirar, nem, contudo, de menosprezar o que não compreendo. E, embora o bispo não menospreze tanto os Escolásticos quanto eu, não obstante, ouso dizer que ele compreende os seus escritos tão pouco quanto eu. Pois eles são na maior parte das vezes ininteligíveis.

Ao leitor

Leitor cristão, o seguinte tratado (a) não foi escrito nem visado para a publicação, mas foi iniciado no âmbito privado, a fim de que, pela ventilação, a questão pudesse ser verdadeiramente expurgada de erros. O mesmo era o desejo do Sr. Hobbes na época, como aparece em quatro passagens de seu livro, nas quais solicita e roga que fosse mantido seu âmbito privado. Mas seja por esquecimento, seja por mudança de entendimento, ele publicou ou permitiu que fosse publicado seu livro na Inglaterra,[38] sem anexar o meu primeiro discurso (para o qual ele escreveu essa resposta) nem mencionar essa réplica, que tem em mãos há oito anos. A data de sua carta, no ano de

---

[38] Trata-se do *Of Liberty and Necessity: a Treatise wherein all Controversy Concerning Predestination, Election, Free-will, Grace, Merits, Reprobations, etc. is fully Decided and Cleared. In Answer to a Treatise written by the Bishop of Londonderry, on the Same Subject*, que foi publicado em 1654 à revelia de Hobbes (cf. a história da controvérsia na "Apresentação" deste volume e a crítica de Hobbes a essa epístola ao leitor). Essa obra se encontra no quarto volume do *English Works of Thomas Hobbes of Malmesburry* (p.229-278).

1652, está longe de ser verdadeira e sua maneira de lidar comigo nessa matéria é pouco sincera, se a edição foi produzida com seu consentimento. De qualquer modo, eis tudo o que se passou entre nós concernente a esse assunto, sem nenhuma adição ou a menor variação em relação ao original.

Com relação ao autor sem nome do prefácio,[39] que segura um ramo de heras diante desta rara peça de sublime estoicismo para convidar os passantes a comprá-la, como não sei quem é, não lhe dou muita atenção, nem levo em consideração as suas censuras ignorantes ou expressões hiperbólicas. A Igreja da Inglaterra está tão acima de sua difamação quanto ele está abaixo dessa questão. Deixe-o lamber a epístola de Dionísio sozinho, como os seus bajuladores servis o fizeram, e bradar que ela é mais doce que o néctar. Não o invejamos; que lhe faça bem! Seu frontispício é uma refutação suficiente de seu prefácio inteiro, no qual ele conta ao mundo, de maneira tão ignorante e falsa quanto convencida, que "toda a controvérsia concernente à predestinação, eleição, livre-arbítrio, graça, mérito, reprovação etc., é completamente resolvida e esclarecida". Assim, ele acostumou a sua pena a ir além de todos os limites da verdade e do discernimento, revelando-nos que seu conhe-

---

[39] Trata-se de John Davies de Kidwelly (1625-1693), que traduziu o *Of Liberty and Necessity* para o francês e o publicou anos mais tarde com um prefácio de sua autoria. O prefácio exalta a obra, que conteria mais teorias evidentes do que todos os volumes publicados por padres, jesuítas e pastores reunidos. Além disso, nesse prefácio Kidwelly ressalta a discrepância entre a teoria dos clérigos, que pregam a renúncia ao mundo material, com as suas práticas e busca de riqueza e luxo ("To the Sober and Discreet Reader", in: Hobbes, *English Works*, v. 4, p.231-238).

cimento em controvérsias teológicas é, afinal de contas, nulo e como é miserável o tempo no qual nos precipitamos, no qual os cegos serão os únicos juízes das cores. "*Quid tanto dignum feret hic promissor hiatu.*"[40]

Há ainda algo que desejo advertir ao leitor. (b) Visto que o Sr. Hobbes menciona as minhas objeções a seu livro *De Cive*, digo que é verdade que há dez anos fiz em torno de sessenta objeções àquele livro, metade delas política, a outra metade teológica, e cada objeção justificada por um número de razões, às quais ele nunca se dignou a responder. Tampouco o desejo, já que a partir de então ele publicou seu *Leviatã*, *Monstrum horrendum, informe, ingens, cui lumen ademptum*,[41] que dá muito mais ocasião a objeções. E fui informado de que já há dois homens, um de nossa própria Igreja, o outro, um estranho, que reduziram a destroços o edifício inteiro de sua cidade, que foi construída no ar, e reduziram aquela enorme massa de seu simulacro de *Leviatã* a um novo nada, e que seus trabalhos serão publicados em breve. Mas se essa informação não se mostrar verdadeira, não deixarei de satisfazer seu desejo, se Deus quiser, demonstrando que seus princípios são perniciosos tanto para a piedade quanto para a política, e destrutivos para todas as relações humanas, seja entre príncipe e súdito, pai e filho, mestre e servo, marido e mulher, e que aqueles que os afirmam obstinadamente

---

40 "Quem promete tanto cumpre o que fala no exórdio?" (Horácio, *Arte Poética*, verso 138. Trad. Guilherme Flores. Belo Horizonte: Autêntica, 2020, p. 58.)

41 "Monstro horrendo, informe, ingente, a quem vazou-se o olho." (Virgílio, *Eneida*, livro III, versos 682-3. Trad. Manoel Odorico Mendes. Publio Virgilio Maronis, 2005 [1854], p.97.) O monstro em questão é Polifemo, que fora cegado por Ulisses.

são mais aptos a viver em árvores ocas entre bestas selvagens do que numa sociedade cristã ou política. Que Deus nos abençoe.

Crítica da epístola do bispo ao leitor

(a) "não foi escrito nem visado para a publicação, mas foi iniciado no âmbito privado, a fim de que, pela ventilação, a questão pudesse ser verdadeiramente expurgada de erros. O mesmo era o desejo do Sr. Hobbes na época, como aparece em quatro passagens de seu livro etc."

É verdade que não era a minha intenção publicar nada a respeito dessa questão. E o bispo poderia ter percebido, ao não deixar de fora essas quatro passagens, que o livro foi impresso sem o meu conhecimento; mas lhe agradou mais tomar essa pequena vantagem para me acusar de falta de lisura. Ele também poderia ter percebido, a partir da data da minha carta (1652), que foi escrita em 1646 (erro que não poderia trazer nenhuma vantagem para mim), que não sabia nada a respeito de sua impressão. Admito que, antes de receber a réplica do bispo, um gentil-homem francês, de meu círculo de conhecidos em Paris, ao saber que eu tinha escrito algo sobre este tema, mas não compreendo a língua, pediu-me para dar-lhe para ser traduzido por um jovem inglês de seu círculo, o que permiti. Mas esse jovem, aproveitando a oportunidade, e sendo um ágil copiador, fez uma cópia para si mesmo e imprimiu aqui tudo, exceto o pós-escrito,[42] sem o meu conhecimento e (como ele sabia) contra a minha vontade, pelo que me pediu perdão posterior-

---

[42] Esse pós-escrito foi retomado por Hobbes na presente obra, no N. 38 (p.490)

mente. Mas que o bispo não a tenha visado para a publicação não é muito provável, porque ele disse que a escreveu a fim de "que, pela ventilação, a questão pudesse ser verdadeiramente expurgada de erros", escopo que ele não obteria mantendo-a em âmbito privado.

    (b) "Visto que o Sr. Hobbes menciona as minhas objeções a seu livro *De Cive*, digo que é verdade que há dez anos fiz em torno de sessenta objeções àquele livro etc."

Eu realmente tinha a intenção de responder a essas objeções, uma vez que não as considerava políticas nem teológicas, tampouco julgava que ele tivesse alegado alguma razão pela qual se justificassem. Mas, pouco tempo depois, como pretendia escrever em inglês e publicar meus pensamentos relativos à doutrina civil naquele livro que intitulei *Leviatã*, pensei que, pela clareza do meu método, as suas objeções iriam sucumbir sem a necessidade de uma resposta. Ora, esse *Leviatã* foi denominado por ele "*Monstrum horrendum, informe, ingens, cui lumen ademptum*", palavras que ele foi buscar não muito longe e que não se aplicam mais ao meu *Leviatã* do que a qualquer outro escrito que possa ofendê-lo. Pois, embora se possa aceitar a palavra "*monstrum*" (porque parece que ele o toma por um peixe monstruosamente grande), ele não pode dizer nem que é *informe*, pois, mesmo aqueles que não aprovam a doutrina, aceitam seu método, nem que ele é *ingens*, pois não é um livro de grande volume. Tampouco *cui lumen ademptum*,[43] pois ele encontrará

---

43 Em tradução livre, "de quem a luz foi suprimida". Na tradução de Odorico Mendes da *Eneida*, citada na nota 40, o complemento "*cui lumen ademptum*" foi traduzido por "a quem vazou-se o olho", perdendo a referência à luz e à claridade.

muito poucos leitores que não o acharão mais claro do que seu jargão escolástico. E visto que ele disse que "há dois homens da sua própria Igreja" (como ele ouve dizer) que lhe estão respondendo, e que "ele próprio", caso eu deseje, "demonstrará que meus princípios são perniciosos tanto para a piedade quanto para a política, e destrutivos para todas as relações humanas" etc., minha resposta é que *eu* desejo que ele ou eles não desperdicem assim seu tempo. Mas se precisarem, posso dar-lhes um título adequado para os seus livros, *Behemoth contra Leviatã*. Ele termina sua epístola com "que Deus nos abençoe". Palavras que são boas em si mesmas, mas fora de propósito aqui – um abuso grotesco do nome de Deus para caluniar.

Apologia da verdadeira liberdade contra a necessidade antecedente e extrínseca

N. 1

J.D. Ou sou livre para escrever este discurso a favor da liberdade e contra a necessidade ou não sou livre. Se sou livre, ganhei a causa e não devo ser condenado pela verdade. Se não sou livre, não devo ser censurado, já que o faço não em razão de uma escolha voluntária, mas de uma necessidade inevitável.

T.H. Mui honorável senhor, outrora resolvi responder primeiramente à objeção de J.D. ao meu livro *De Cive*, na medida em que me diz mais respeito, e depois examinar este *Discurso da liberdade e da necessidade*, o qual me dizia menos respeito, por eu nunca ter emitido minha opinião sobre isso. Mas, vendo que era tanto o desejo de vossa Senhoria quanto o de J.D. de que eu deveria iniciar pelo último, fiquei satisfeito em fazê-lo. E aqui o apresento e submeto ao julgamento de vossa Senhoria.

J.D. (a) O primeiro dia que li por inteiro a defesa de T.H. da necessidade de todas as coisas foi em 20 de abril de 1646, o que não ocorreu por nenhuma falta de respeito por ele, pois, se todos os seus discursos fossem demonstrações geométricas, capazes não apenas de persuadir, mas também de compelir o assentimento, todos teriam o mesmo valor para mim. Mas a minha viagem e depois algumas outras bagatelas que chamamos de negócios me desviaram da leitura até então. Pouco depois, quando os meus negócios me permitiram e o aviso de um amigo me alertou a esse respeito, empenhei-me numa séria investigação dela. Vemos com frequência que aqueles que se deleitam com paradoxos, quando escrevem o suficiente, refutam a si mesmos, e as suas especulações e práticas habituais se opõem.

(b) Precisamente as primeiras palavras da defesa de T.H. fazem cambalear sua causa inteira: "outrora resolvi". *Resolver* pressupõe deliberação. Mas como pode haver deliberação daquilo que é determinado inevitavelmente por causas exteriores a nós, antes de deliberarmos? Um homem condenado pode deliberar se deve ser executado ou não? Isso teria tanto sentido como um homem consultar a si mesmo e ponderar se deveria respirar ou crescer.

Em segundo lugar, (c) *resolver* implica um domínio do homem de suas próprias ações e a determinação efetiva de si mesmo. Mas aquele que sustenta a necessidade absoluta de todas as coisas renunciou a esse domínio de si mesmo e, o que é pior, renunciou a isso em favor das causas segundas e extrínsecas, pelas quais assevera que todas as suas ações seriam determinadas. *Resolver* ou determinar de outro modo aquilo que já está determinado seria algo tão fácil como fazer o passado retornar. (d) Examinei cuidadosamente este tratado, ponderei as respostas de T.H., considerei suas razões, e concluí que ele perdeu de vista a questão e a desviou, que as respostas são evasões, que seus argumentos são paralogismos, que a opinião da necessidade absoluta e universal não passa do resultado de alguns princípios sem fundamento e mal escolhidos, e que o defeito não se encontra nele próprio, já que sua causa não admite defesa melhor. Desse modo, com sua licença, estou decidido a aderir à minha primeira opinião. Talvez algum outro homem, lendo este discurso, com outros olhos, julgue-o pertinente e bem fundamentado. Como isso pode ocorrer? O tratado é o mesmo, as causas exteriores são as mesmas; no entanto, a resolução é contrária. Será que as causas segundas agem de maneira desregrada? Será que elas me determinam necessariamente a condenar e o determinam a concordar? O que é isso, então? A diferença precisa residir em nós próprios, ou em nossos intelectos, porque um vê mais claramente do que o outro, ou em nossas afecções, que traem nossos entendimentos e produzem uma adesão implícita num mais do que em outro. Seja como for, a diferença está em nós próprios. As causas exteriores por si mesmas não me prendem a uma resolução, nem ele à outra resolução.

Mas T.H. pode dizer que as nossas respectivas e diferentes deliberações e afecções são em parte as causas de nossas decisões contrárias e que elas se unem com as causas exteriores para compor uma causa total e adequada para a produção necessária desse efeito. Se for assim, ele teceu uma bela narrativa, fazendo todo esse rebuliço para provar uma tal necessidade que homem nenhum jamais negou ou duvidou. Quando todas as causas efetivamente se determinaram, então o efeito ocorre, pois, ainda que haja uma prioridade de natureza da causa em relação ao efeito, eles ocorrem simultaneamente. E a regra antiga é (e) "tudo o que é, quando é, é necessário tal como é".[44] Não é por uma

---

44 "É necessário então ser isso o que é, quando é" (Aristóteles, *Da interpretação*, IX, 19a25. Trad. José V. da Mata. São Paulo: Editora Unesp, 2013, p.21).

necessidade absoluta, mas apenas por uma necessidade de suposição que um homem determinou sua própria liberdade. Quando questionamos se todos os acontecimentos são necessários, não questionamos se são necessários quando são, nem se são necessários *in sensu composito*,[45] depois que decidimos e finalmente determinamos o que fazer, mas se são necessários antes de serem determinados por nós próprios, pelas causas precedentes, antes de nós, ou pelas causas exteriores, fora de nós. Não é inconsistente com a verdadeira liberdade determinar a si próprio, mas o é ser determinado por outro, exterior a si.

T.H. diz adiante "que, pelo meu desejo e de vossa Senhoria, ele estava satisfeito em iniciar com este discurso da Liberdade e da Necessidade", isto é, em mudar sua decisão anterior. (f) Se a cadeia da necessidade for fraca a ponto de poder ser rom-

---

45 Tomás de Aquino insere a distinção entre sentido composto e diviso em seu tratamento do problema da conciliação da presciência divina com a contingência. "Se cada coisa é conhecida por Deus enquanto vista presencialmente, então será necessário que Sócrates esteja sentado, porque é visto sentado. Tal, porém, não é absolutamente necessário ou, como se expressam alguns, por necessidade consequente, mas sob condição, ou seja, por necessidade de consequência. Assim, pois, é necessária esta condicional: 'se o vemos sentado, está sentado'. Porém, se essa condicional for vertida em categórica, dizendo-se: 'o que vemos sentado, é necessário que esteja sentado', é manifesto que ela, entendida do dito e em sentido composto é verdadeira. Entendida, porém da coisa, e em sentido diviso, é falsa" (Aquino, *Suma contra os gentios*, v. I, cap. 67, §7. Trad. Dom Odilão Moura. Porto Alegre: Escola Superior de Teologia São Lourenço de Brindes, 1990, p.122). A distinção entre a necessidade de consequência e a necessidade de consequente também será empregada por Bramhall na sua refutação da tese hobbesiana da necessidade de todos os eventos.

pida tão facilmente, se a sua vontade não foi determinada fora de si, mas apenas pela expressão do desejo de vossa Senhoria e por meu modesto pedido, então podemos concluir facilmente que os negócios humanos não são sempre governados pela necessidade absoluta, que um homem é senhor de suas próprias ações, senão no principal, subordinado que é ao Senhor supremo do céu e da terra, ainda assim nos meios; e que nem todas as coisas são determinadas absolutamente pelas causas exteriores e precedentes, mas que pedidos justos e persuasões morais podem operar sobre uma boa natureza, de modo a impedir o que de outro modo teria ocorrido, e produzir o que de outro modo não teria ocorrido. Quem conseguir conciliar isso com a necessidade antecedente de todas as coisas e com uma determinação física ou natural de todas as causas será um grande Apolo para mim.[46]

Quando T.H. diz que nunca emitiu sua opinião nesta questão, suponho que ele queira dizer que nunca o fez por escrito: não tive conversação frequente com ele, mas me recordo bem que, quando esta questão foi discutida por nós dois na casa de vossa Senhoria por vossa ordem, ele se expressou sim em palavras tanto a favor da necessidade absoluta de todos os eventos quanto pelo fundamento dessa necessidade, o fluxo ou a concatenação das causas segundas.

CRÍTICA DA RÉPLICA DO BISPO N. 1

(a) "O primeiro dia que li por inteiro a defesa de T.H. da necessidade de todas as coisas," etc.

---

46 Cf. Virgílio, *Bucólicas*, III, verso 104.

Seu adiamento da leitura da minha defesa da necessidade não deve, diz ele, ser interpretada como falta de respeito. Tudo bem, mas não consigo imaginar por que ele teme que se pense que me desrespeitou. "Ele estava distraído", disse ele, "por bagatelas que chamamos de negócios." Parece, então, que ele reconhece que a vontade pode ser distraída por negócios. O que, ainda que seja dito de passagem, é contrário, penso eu, a seu mote principal de que a vontade é livre, pois livre ela não é, se pode ser distraída por outra coisa que não ela própria.

(a) "Precisamente as primeiras palavras da defesa de T.H. fazem cambalear sua causa toda etc." Como assim? "Outrora resolvi", diz ele. "Resolver pressupõe deliberação. Mas como pode haver deliberação daquilo que é determinado inevitavelmente por causas exteriores a nós?"

Não há ninguém que duvide que um homem pode deliberar o que ele próprio fará, seja a coisa impossível ou não, no caso de não saber da sua impossibilidade, embora não possa deliberar sobre o que outro lhe fará. Assim, seu exemplo do homem condenado, do homem que respira, e daquele que cresce são impertinentes, porque a questão não é o que eles farão, mas o que sofrerão. Isso é tão evidente, que me pergunto como ele, que foi antes tão engenhoso a ponto de dizer que as minhas primeiras palavras fizeram cambalear a minha causa, e que, escrevendo o bastante, eu refutaria a mim mesmo, poderia presentemente ser tão limitado a ponto de não ver que seu argumento era demasiado fraco para sustentar uma linguagem tão triunfante. E se ele parece se ofender com paradoxos, que agradeça aos Escolásticos, cujos escritos desprovidos de sentido fizeram um grande número de verdades importantes parecerem paradoxos.

(c) Este argumento a seguir não é melhor. "Resolver", diz ele, "implica um domínio do homem sobre as suas próprias ações e a determinação efetiva de si mesmo" etc.

Se ele compreende o que é *resolver*, sabe que não significa nada mais que *querer* depois da deliberação. Ele julga, portanto, que *querer* é ter domínio de suas ações e determinar efetivamente a sua vontade. Mas nenhum homem pode determinar a sua própria vontade, pois a vontade é um apetite. Tampouco pode um homem determinar sua vontade mais do que qualquer outro apetite, isto é, mais do que pode determinar quando estará com fome ou não. Quando um homem está com fome, está em sua escolha comer ou não comer: esta é a liberdade desse homem. Mas estar com fome ou não, que é aquilo que afirmo ser proveniente da necessidade, não está em sua escolha. Além disso, estas palavras, "domínio de suas ações", e "determinação de si mesmo", quando são providas de sentido, contradizem sua posição. Pois, onde quer que haja domínio de coisas, estas não são livres e, por conseguinte, as ações dos homens não são livres. E, se um homem determina a si mesmo, a questão permanecerá, a saber, o que o determinou a determinar a si mesmo dessa maneira.

(d) "Li cuidadosamente este tratado, ponderei as respostas de T.H., considerei suas razões etc."

Isso e o que se segue é uma conversa à toa dele consigo próprio, até ele declarar o que denomina uma antiga regra, que é:

(e) "Tudo o que é, quando é, é necessário tal como é. Não é por uma necessidade absoluta, mas apenas por uma necessidade de suposição que um homem determinou sua própria liberdade etc."

Se o bispo pensa que sustento apenas a necessidade que é expressa nessa tola regra antiga, ele não compreende nem a mim nem o que a palavra "necessário" significa. *Necessário* é o que é impossível ser de outro modo, ou o que não pode ocorrer de outro modo. Portanto, *necessário, possível* e *impossível* não têm significado em referência ao tempo passado ou presente, mas apenas ao tempo vindouro. O seu *necessário* e seu *in sensu composito* não significam nada; já o meu *necessário* era necessário desde toda a eternidade, e, não obstante, não é inconsistente com a verdadeira liberdade, que não consiste em determinar a si mesmo, mas em fazer aquilo que a vontade está determinada a fazer. Este "domínio de si próprio", e este "necessariamente é, quando é" são palavras confusas e vazias.

(f) "Se a cadeia da necessidade for fraca a ponto de poder ser rompida tão facilmente etc.; pela expressão do desejo de vossa Senhoria e pelo meu modesto pedido, então podemos concluir facilmente que os negócios humanos etc."

Quanto a saber se o desejo de minha Senhoria e o modesto pedido do bispo foram suficientes para produzir em mim uma *vontade* de escrever uma resposta a seu tratado, sem o concurso de outras causas, não estou certo. A obediência à vossa Senhoria fez bastante, a minha civilidade em relação ao bispo fez um outro tanto e talvez houvesse outras imaginações minhas que contribuíram com a sua parte. Mas disto estou certo: que todas juntas foram suficientes para formar esta minha vontade. E tudo o que é suficiente para produzir algo o produz tão necessariamente como o fogo necessariamente queima o combustível que lhe é lançado. E, embora o modesto pedido do bispo não tenha tido parte na causa da minha concordância em escrever a resposta, teria, contudo, certamente sido causa bastante para um homem civilizado que tivesse me solicitado com uma linguagem mais apropriada do que aquela que utilizou ao longo desta réplica.

N. 2

T.H. Primeiro, asseguro a vossa Senhoria que não encontro neste discurso nenhum argumento novo, seja a partir das Escrituras seja a partir da razão, que eu não tenha ouvido anteriormente, o que é o mesmo que dizer que não encontro nenhuma surpresa.

J.D. (a) Apesar de eu ter a infelicidade de não poder apresentar nenhuma novidade a T.H., tenho este consolo de que, se ele não encontra nenhuma surpresa, posso, então, com razão esperar dele uma resposta mais madura; e, quando ele falha, posso atribuir isso à fraqueza da sua causa e não à falta de preparação. Mas, nesta causa, gosto muito do conselho de Epíteto de que (b) os carneiros não devem se jactar do quanto comeram ou de quão excelente é a pastagem que frequentam, mas mostrá-lo por meio de seu cordeiro e sua lã. Respostas adequadas[47] e argumentos diretos favorecem uma causa. É vão relatar o que ouvimos ou vimos. Quando aquele que responde deixa muitas coisas intocadas, como se fossem quentes demais para os seus dedos, esquiva-se diante do peso de outras coisas e altera o verdadeiro estatuto da questão, é um sinal certo de que ou ele não ponderou todas as coisas maduramente, ou então que defende uma causa desesperada.

---

47 Na edição original de 1656, bem como na de Molesworth, consta "opposite", mas se trata de um erro tipográfico, pois em *A Defence of True Liberty* se encontra "apposite".

CRÍTICA DA SUA RÉPLICA N. 2

(a) "Apesar de eu ter a infelicidade de não poder apresentar nenhuma novidade a T.H., tenho este consolo de que, se ele não encontra nenhuma surpresa, posso, então, com razão esperar dele uma resposta mais madura etc."

Embora eu não tenha encontrado nenhuma surpresa, não vejo razão para ele dizer que pode esperar uma resposta mais madura de mim ou alguma outra resposta simplesmente. Pois, visto que escrevi isso em virtude de sua modesta solicitação, não é uma expectativa modesta esperar tantas respostas quanto lhe apraz exigir.

(b) "Os carneiros não devem se jactar do quanto comeram, mas mostrá-lo por meio de seu cordeiro e sua lã."

Não é grande jactância dizer que não encontrei nenhuma surpresa; pois todos que calharam de ler as *Opuscula* de Suarez, nas quais escreve sobre o livre-arbítrio e o concurso de Deus na vontade do homem,[48] encontrarão grande parte, senão tudo, o que o bispo argumentou nessa questão. Mas, quanto ao que o bispo disse sobre as razões e autoridades que ele, em sua epístola, disse servirem a essa causa, e quanto a muitas outras passagens de seu livro, posso, penso eu, antes de terminar com ele,

---

48 Hobbes refere-se aos *Opuscula Theologica* (1600), de Francisco Suárez. Os seis opúsculos que compõem a obra são: 1) *De concursu et efficaci auxilio Dei ad actus liberi arbitrii necessario*, 2) *De scientia quam Deus habet de futuris contingentibus*, 3) *Brevis resolutio quaestionis de concursu et efficaci auxilio Dei ad actus liberi arbitrii necessario*, 4) *Delectio theologica de libertate voluntatis divinae in actionibus sui*, 5) *Relectio de meritis motificatis et per poenitentiam reparatis*, 6) *Disputatio de justitia qua Deus reddit proemia meritis et poenas pro peccatis*.

mostrar que são muito jactanciosas e nada mais. E, embora ele diga ser o conselho de Epíteto de que os carneiros devem mostrar o que comem em seu cordeiro e sua lã, não é provável que Epíteto utilize uma metáfora do cordeiro e da lã, pois isso não poderia vir facilmente à mente dos homens que não estavam familiarizados com o pagamento do dízimo.[49] Ou, se ele o fez, teria dito cordeiros no plural, como os leigos costumam falar. Quanto àquilo que se segue, que eu teria deixado coisas intocadas e alterado o estatuto da questão, não me lembro de tal coisa, a menos que ele exija que eu responda não apenas a seus argumentos, mas também às suas sílabas.

N. 3

T.H. O prefácio é bonito, mas parece que até mesmo nesse ele cometeu um erro no que diz respeito à questão; pois nego que seja verdadeiro o que ele diz: "se eu for livre para escrever este discurso, ganhei a causa". Pois basta para a sua liberdade de escrever que só tenha escrito seu discurso se quis; se ele quer ganhar a causa, precisa provar que, antes de escrevê-lo, não era necessário que o escrevesse posteriormente. Talvez ele pense que é a mesma coisa dizer "sou livre para escrevê-lo" e "não era necessário que eu o escrevesse". Mas penso de outra forma, pois é livre para fazer algo quem pode fazê-lo se tiver a vontade de fazê-lo, e pode se abster de fazê-lo se tiver a vontade de se

---

49 Há várias passagens das Escrituras nas quais se menciona o cordeiro (assim como produtos de colheita e de gado) como dízimo ou oferenda nos rituais de sacrifício. Cf., por exemplo, Levítico, 27, 30.

abster. Não obstante, se houver a necessidade de que tenha a vontade de fazê-lo, a ação deve necessariamente se seguir; e se houver uma necessidade de que ele tenha a vontade de se abster, a abstenção também será necessária. A questão, portanto, não é se um homem é um agente livre, isto é, se ele pode escrever ou não, falar ou ficar em silêncio de acordo com a sua vontade; mas se a vontade de escrever e a vontade de se abster lhe advêm de acordo com a sua vontade ou de acordo com algo que está fora de seu poder. Admito esta liberdade de que posso fazer se quero; mas considero que dizer que posso querer se eu quiser é um discurso absurdo. Por isso, não posso dar-lhe a causa como ganha nesse prefácio.

J.D. Tácito fala de um tipo difícil de adversário que sempre começa com o enaltecimento de um homem. A crise ou a catástrofe de seus discursos se dá quando chegam a seu *"mas"*; por exemplo, "ele é um homem de boa natureza, *mas* tem uma qualidade perversa"; ou "ele é um homem sábio, mas cometeu uma das maiores loucuras". De mesma maneira, ele diz "o prefácio é bonito, mas parece que até mesmo nesse ele cometeu um erro no que diz respeito à questão". Isso é o mesmo que estender a mão a alguém para levar seu braço sem levantar suspeitas; é o mesmo que enaltecer a beleza do pórtico para ganhar crédito para difamar a casa. Quanto a quem de nós cometeu erro no que diz respeito a essa questão, delego ao leitor judicioso. (a) Defenderei que o que ele denomina necessidade não é uma necessidade verdadeira; tampouco o que ele denomina liberdade, liberdade; tampouco o que ele apresenta como a questão, a questão.

Em primeiro lugar, quanto à liberdade, o que ele denomina liberdade não é a verdadeira liberdade.

Para esclarecer isso, compete a nós conhecer a diferença entre estas três: *necessidade, espontaneidade* e *liberdade*.

A necessidade e a espontaneidade podem por vezes coexistir; do mesmo modo, podem-no a espontaneidade e a liberdade; mas a necessidade real e a verdadeira liberdade jamais podem coexistir. Algumas coisas são necessárias, mas não são voluntárias nem espontâneas; algumas coisas são ao mesmo tempo necessárias e voluntárias; algumas coisas são voluntárias, mas não são livres; algumas coisas são ao mesmo tempo voluntárias e livres; mas as coisas que são verdadeiramente necessárias jamais podem ser livres e as coisas que são verdadeiramente livres jamais podem ser necessárias. A necessidade consiste numa determinação antecedente a uma única coisa; espontaneidade consiste numa conformidade do apetite, seja intelectual seja sensitivo, ao objeto; a verdadeira liberdade consiste no poder eletivo da vontade racional. O que é determinado sem o meu concurso pode concordar o bastante com minha imaginação ou meus desejos e obter meu consentimento subsequente, mas o que é determinado sem o meu concurso ou consentimento não pode, todavia, ser objeto de escolha minha. Posso gostar daquilo que é inevitavelmente imposto a mim por outro, mas, se for inevitavelmente imposto a mim pelas causas extrínsecas, é tanto insensato deliberar a seu respeito como impossível escolher se devo me submeter a ele ou não. A razão é a raiz, a fonte, a origem da verdadeira liberdade, que julga e apresenta à vontade que isto ou aquilo é conveniente, ou que isto ou aquilo é mais conveniente. Julgue então que bela espécie de liberdade é aquela que é defendida por T.H., uma liberdade igual àquela que se encontra em crianças pequenas antes que tenham uso da razão, antes que possam refletir ou deliberar sobre qualquer coisa. Não se trata de uma liberdade pueril e de uma liberdade igual àquela das bestas brutas, como das abelhas e aranhas, que não adquirem as suas faculdades como nós aprendemos os nossos afazeres, por experiência e reflexão? Trata-se de uma liberdade bestial, igual àquela que um pássaro possui para voar quando as suas asas são cortadas ou, para utilizar a sua própria comparação, que um homem coxo, que perdeu o uso de seus membros, tem para andar. Não é uma liberdade ridícula? Por último (o que é pior do que tudo isso), uma liberdade igual àquela que um rio possui para seguir seu curso. O quê?! Atribuirá ele liberdade a criaturas inanimadas também, que não possuem nem razão, nem espontaneidade, nem mesmo apetite sensível? Tal é a liberdade de T.H.

(b) A sua necessidade é, na verdade, outra: uma necessidade de suposição, proveniente do concurso de todas as causas, incluindo o último ditado do entendimento em criaturas racionais. A causa adequada e o efeito são simultâneos, e quando todas as causas que participam do concurso são determinadas, o efeito também é determinado, e torna-se necessário, existindo efetivamente; mas há uma grande diferença entre determinar e ser determinado. Se todas as causas colaterais que concorrem para a produção de um efeito fossem determinadas antecedentemente quanto ao que devem necessariamente produzir e quando devem produzi-lo, então não há dúvida de que o efeito é necessário. (c) Mas se essas causas operaram de modo livre ou contingente, se poderiam ter suspendido ou negado o seu concurso, ou ter concorrido de outra maneira, então o efeito não era necessário de maneira verdadeira e antecedente, mas livre ou contingente. Isso se tornará ainda mais claro na consideração de seu exemplo do *lançamento de um par de dados com o número um*, ainda que este indique mais a contingência do que a liberdade. Supondo-se que a posição das partes da mão de quem lançou os dados, a figura da mesa e dos próprios dados, a quantidade da força aplicada e todas as outras coisas que concorreram para a produção desse lançamento sejam exatamente as mesmas que eram, não há dúvida de que, nesse caso, o lançamento é necessário. Mas, ainda assim, trata-se apenas de uma necessidade de suposição; pois, se todas essas causas que participam do concurso ou se algumas delas forem contingentes ou livres, então o lançamento não era absolutamente necessário. Para começar com o lançador, ele poderia ter negado o seu concurso e não ter lançado; ele poderia ter suspendido o seu concurso e não ter lançado tão cedo; ele poderia ter dobrado ou diminuído a sua força no lançamento, se assim quisesse; ele poderia ter lançado os dados em outra mesa. Em todos esses casos o que acontece com o *seu par de dados com o lado um*? As mesmas incertezas se apresentam para o fabricante das mesas, para o fabricante dos dados, para aquele que cuida das mesas, para o tipo de madeira e não sei quantas outras circunstâncias. Numa tal multidão de contingências é impossível que o efeito seja necessário de maneira antecedente. T.H. apela para a experiência de cada um. Isso me satisfaz. Que cada um reflita sobre si mesmo e não encontrará nenhuma razão convincente e muito menos coerciva que o necessite a algum desses atos particulares mais do que a outros, mas apenas a sua própria vontade ou determinação arbitrária. Assim, a necessidade de T.H. não é absoluta, antecedente e extrínseca, mas apenas uma necessidade de suposição.

(d) Em terceiro lugar, aquilo que T.H. coloca como a questão não é a questão. "A questão não é", diz ele, "se um homem pode escrever se quiser, ou abster-se se quiser, mas se a vontade de escrever e a vontade de se abster de escrever lhe advém de acordo com a sua vontade ou de acordo com algo que está fora de seu poder". Eis uma distinção que não apresenta uma diferença. Se a sua vontade não lhe advém de acordo com a sua vontade, então ele não é um agente livre, nem mesmo um agente voluntário, que é a liberdade de T.H. Sem dúvida, toda a liberdade do agente é proveniente da liberdade da vontade. Se a vontade não tem poder sobre si mesma, o agente não é mais livre do que um bastão na mão de um homem.

Em segundo lugar, ele não produz senão uma demonstração vã da potência da vontade para escrever ou para não escrever. (e) Para que serve essa potência, se o que um homem quererá e o que não quererá, o que escreverá e o que não escreverá for determinado em todas as ocasiões de maneira precisa e inevitável? Deus e a natureza nunca fizeram nada em vão; mas vã e frustrante é essa potência que nunca foi nem será transformada em ato. Ou o agente é determinado antes de agir em relação ao que quererá e o que não quererá, o que fará e o que não fará, e disso decorre que não é mais livre para agir do que é para querer; ou ele não é determinado, e, então, não há necessidade. Nenhum efeito pode exceder em virtude sua causa;[50] se a ação for livre para escrever ou para não escrever, a potência ou faculdade de querer ou não querer deve ser necessariamente mais livre. *Quod efficit tale, illud magis est tale.*[51] Se a vontade for

---

50 Cf. Aquino, *Suma contra os gentios*, I, cap. 67, §4, op. cit., p.120: "não deve acontecer que o efeito ultrapasse a perfeição da causa".

51 Trata-se de uma citação modificada dos *Segundos Analíticos*, de Aristóteles. A citação latina completa é: *"semper enim propter quod est unumquodque, illud magis est"*. "A causa da inerência de um atributo

determinada, a ação de escrever ou não escrever é igualmente determinada e, assim sendo, ele não deve dizer "ele pode escrever ou pode se abster de escrever", mas sim "ele deve escrever ou deve se abster de escrever".

Em terceiro lugar, esta resposta de que a vontade do homem é determinada por algo exterior à sua vontade ou por algo fora de seu poder contradiz o bom senso do mundo inteiro. Por que perguntamos aos homens se farão ou não alguma coisa? Por que lhes apresentamos razões? Por que lhes rogamos? Por que lhes suplicamos? Por que os culpamos, se a sua vontade não se lhe advêm de acordo com a sua vontade? "Queres te curar?", disse o nosso salvador ao paralítico (João, 5, 6). De que isso serviria se a sua vontade estivesse extrinsecamente determinada? Cristo se queixa (Mateus, 11, 17): "tocamos flauta para vós e não dançastes". Como eles poderiam ter evitado isso se as suas vontades foram determinadas extrinsecamente a suas vontades a se absterem de dançar? E (Mateus, 23, 37): "eu teria acolhido os teus filhos como a galinha acolhe os seus pintos sob as suas asas, mas tu não quiseste". Como seria fácil para eles responder de acordo com a doutrina de T.H.! "Ai de nós! Não nos culpe; as nossas vontades não estão em nosso poder ou à nossa disposição; se estivessem, aceitaríamos com toda gratidão um tão grande favor." Santo Agostinho disse de maneira muito verdadeira que "nossa vontade sequer seria mais

---

num sujeito é sempre mais inerente ao sujeito do que o atributo." (Aristóteles, *Segundos Analíticos*, I, 2, 72a29-30). Nessa passagem, Aristóteles está fundamentando seu argumento de que as premissas devem ser mais conhecidas do que a conclusão, já que aquelas são as causas desta.

uma vontade, se não estivesse em nosso poder".⁵² (f) Essa é a convicção de toda a humanidade, convicção que não aprendemos com nossos tutores, mas que está impressa em nossos corações por natureza; não precisamos ler nenhum livro obscuro para descobrir essa verdade. Os poetas a entoam nos teatros e os pastores, nas montanhas; os clérigos a ensinam nas igrejas e os doutores, nas universidades; as pessoas comuns nos mercados e toda a humanidade no mundo inteiro a admite, exceto um punhado de homens que envenenaram os seus intelectos com princípios paradoxais.

Em quarto lugar, essa necessidade que T.H. inventou e que é fundamentada na necessitação da vontade de um homem pelo que está fora de sua vontade é a pior de todas, e está muito longe de diminuir aquelas dificuldades e absurdos que decorrem do destino fatal dos estoicos, tonando-os, ao contrário, maiores e irrefutáveis. (g) Ninguém culpa o fogo por queimar cidades inteiras; ninguém acusa o veneno por destruir homens, mas sim as pessoas que os aplicam para tais fins perniciosos. Se a vontade do homem não estiver à sua própria disposição, ele não é um agente mais livre do que o fogo e o veneno. Três coisas são requeridas para fazer um ato ou omissão culpável. Primeiro, que esteja em nosso poder realizá-lo ou se abster de realizá-lo; segundo, que sejamos obrigados a realizá-lo ou a se abster de realizá-lo, respectivamente; terceiro, que não omitamos aquilo que deveríamos ter feito ou façamos aquilo que deveríamos omitir. (h) Ninguém peca ao fazer coisas que não poderia evitar nem ao se abster de fazer coisas que nunca estiveram em seu poder fazer. T.H. pode dizer que, independente-

---

52 Santo Agostinho, *Do livre-arbítrio*, livro III, cap. 3, § 8. Trad. Nair de Oliveira. São Paulo: Paulus, 2015, p.158.

mente do poder, os homens possuem também um apetite para objetos maus que os tornam culpados. É verdade; mas se esse apetite for determinado por outro, não por eles próprios, ou se não possuem o uso da razão para frear ou restringir os seus apetites, não pecam mais do que uma pedra que desce para baixo, de acordo com seu apetite natural, ou as bestas brutas, que cometem erros voluntários ao seguirem seus apetites sensíveis, sem que por isso pequem.

(i) A questão, então, não é se um homem é determinado necessariamente a querer ou a não querer, ainda que seja livre para agir ou se abster de agir. Mas, deixando de lado a acepção ambígua da palavra "livre", a questão é claramente esta: se todos os agentes e todos os eventos naturais, civis e morais (pois não falamos agora da conversão de um pecador, o que não diz respeito a essa questão) são predeterminados de maneira extrínseca e inevitável, sem seu próprio concurso na determinação, de modo que todas as ações e eventos que ocorrem ou ocorrerão não podem senão ocorrer, nem podem ser diferentes do que são, nem de outra maneira ou em outro lugar, tempo, número, medida, ordem, nem para outro fim diferente. E tudo isso com respeito à causa suprema ou a um concurso de causas extrínsecas que os determina a uma única coisa.

(k)[53] Assim, o meu prefácio permanece sem resposta. Ou fui predeterminado de maneira extrínseca e inevitável a escrever este discurso, sem qualquer concurso de minha parte na sua determi-

---

53 A letra "j" não constava no alfabeto inglês arcaico. Embora já tivesse sido utilizada na primeira versão revisada da Bíblia King James, que é de 1629, e seja empregada nesta controvérsia em diversas palavras, a letra não foi incorporada para enumerar os argumentos. Assim, a letra "k" sempre sucede a letra "i" nesta enumeração.

nação e sem nenhum poder em mim para modificar ou me opor a isso, ou não estava predeterminado a isso. Se eu estava, então não devo ser acusado, pois ninguém pode ser acusado de maneira justa por fazer o que nunca esteve em seu poder evitar. Se eu não estava predeterminado a isso, então as minhas ações e a minha vontade para agir não são nem compelidas nem determinadas necessariamente por quaisquer causas extrínsecas, mas elejo e escolho escrever ou me abster de acordo com a minha própria vontade e o meu próprio poder. E, quando me decidi e escolhi, trata-se de uma necessidade de suposição, que pode ser e é compatível com a verdadeira liberdade, e não uma necessidade real e antecedente. Os dois flancos desse dilema são tão rígidos que nenhum meio-termo pode ser dado e que não há possibilidade de se passar de um ao outro. E as duas consequências são tão evidentes que, em vez de responder-lhes, ele é forçado a refutá-las.

CRÍTICA DA SUA RÉPLICA N. 3

(a) "Defenderei que o que ele denomina necessidade não é uma necessidade verdadeira; tampouco o que ele denomina liberdade, liberdade; tampouco o que ele apresenta como a questão, a questão etc. Para esclarecer isso, compete a nós conhecer a diferença entre estas três: *necessidade*, *espontaneidade* e *liberdade*."

Eu esperava que, para o conhecimento da diferença entre *necessidade*, *espontaneidade* e *liberdade*, ele estabelecesse as suas definições. Pois, sem essas, a sua diferença não pode de modo nenhum aparecer. Pois, como um homem pode saber como as coisas diferem entre si, a não ser que saiba primeiro o que são? – o que ele não se propõe a mostrar. Ele nos diz que a *necessidade* e a *espontaneidade* podem coexistir, assim como a *espontaneidade* e a *liberdade*; mas jamais a *necessidade* e a *liberdade*, e muitas outras coisas fora de propósito. Dada a extensão do discurso, remeto o leitor à sua passagem correspondente. Observo apenas isto: que *espontaneidade* é uma palavra que não é utilizada na nossa linguagem comum e que aqueles que compreendem latim sabem que ela não designa outras coisa senão *apetite* ou *vontade* e se encontra apenas em criaturas vivas. E, visto que ele diz que a *necessidade* e a *espontaneidade* são compatíveis, posso igualmente dizer que a *necessidade* e a *vontade* são compatíveis, de modo que a vontade não é, como ele gostaria, livre em relação à necessitação. No que se segue, há muitas outras coisas que prefiro que sejam consideradas pelo leitor nas suas próprias palavras, para as quais lhe remeto, em vez de aturdi-lo repetindo-as novamente. Pois não temo que seja quente demais para os meus dedos mostrar a futilidade de palavras como estas: *apetite intelectual, conformidade do apetite ao objeto, vontade racional, poder eletivo da vontade racional*. Tampouco compreendo como a razão pode ser a raiz da verdadeira liberdade, se o bispo, como disse no início, teve a liberdade para escrever este discurso. Compreendo como os objetos e as suas conveniências e inconveniências podem ser representadas para um homem com o auxílio dos seus sentidos; mas como a razão representa qualquer coisa para a vontade não compreendo, não mais do que o bispo compreende como pode haver liberdade em crianças, bestas e criaturas inanimadas. Pois ele parece se perguntar como se pode deixar as crianças em liberdade, como bestas na prisão podem ser libertadas e como um rio pode ter um curso livre e diz: "o quê?! Atribuirá ele liberdade a criaturas inanimadas também?". E, desse modo, ele pensa que esclareceu como a necessidade, a espontaneidade e a liberdade diferem entre si. Se o leitor acha isso, estou satisfeito.

(b) "A sua necessidade é, na verdade, outra: uma necessidade de suposição, proveniente do concurso de todas as causas, incluindo o último ditado do entendimento em criaturas racionais etc."

O bispo poderia ter visto facilmente que a necessidade que defendo é a mesma necessidade que ele nega, a saber, uma necessidade das coisas futuras, isto é, uma necessidade antecedente, proveniente do primeiro início dos tempos e que considero a necessidade a impossibilidade de não ser e que essa impossibilidade, assim como a possibilidade, só podem ser verdadeiramente enunciadas em relação ao futuro. Sei tão bem quanto ele que a causa, quando é adequada, como ele a denomina, ou inteira, como a denomino, é simultânea a seu efeito. Mas, apesar disso tudo, a necessidade pode anteceder e antecede o efeito, tanto quanto qualquer necessidade o faz. E, ainda que ele a denomine uma necessidade de suposição, ela não o é, assim como qualquer outra necessidade. O fogo queima necessariamente, mas não sem a suposição de que há combustível que lhe foi lançado. E ele queima o combustível quando este lhe é lançado necessariamente; mas isso supõe que o curso ordinário da natureza não seja impedido, pois o fogo não queimou as três crianças no forno.[54]

(c) "Mas se essas causas operaram de modo livre ou contingente, se elas poderiam ter suspendido ou negado o seu concurso, ou ter concorrido de outra maneira, então o efeito não era necessário de maneira verdadeira e antecedente, mas era livre ou contingente."

De acordo com essa passagem, parece que ele não compreende o que estas palavras, "livre" e "contingente", significam. Um pouco antes, ele se admirava com o fato de que

---

54 Daniel, 3, 23.

atribuo liberdade a criaturas inanimadas, e eis que agora ele coloca as causas dentre aquelas coisas que operam livremente. Por essas causas ele parece compreender apenas os homens, ao passo que mostrei anteriormente que a liberdade é geralmente atribuída a todos os agentes que não são impedidos. E, quando um homem faz alguma coisa livremente, pode haver muitos outros agentes imediatos que concorrem para o efeito visado por ele e que não operam livremente, mas necessariamente. Assim, quando o homem move a espada *livremente*, a espada fere necessariamente, não podendo suspender ou negar o seu concurso. Desse modo, se o homem não se move a si mesmo, não pode negar o seu concurso. A isso ele não pode responder a não ser que diga que um homem pode originalmente se mover a si mesmo — para o que não encontrará nenhuma autoridade dentre aqueles que apreciaram a ciência do movimento.

Quanto a *contingente*, ele não compreende o que significa. Pois é o mesmo dizer "*é contingente*" e dizer simplesmente "*é*", salvo que, quando dizem simplesmente "*é*", não consideram como nem por quais meios a coisa existe; mas ao dizer "*é contingente*", dizem-nos que não sabem se a coisa existe necessariamente ou não. Mas como o bispo pensa que contingente é aquilo que não é necessário, nega a própria necessidade em vez de negar o nosso conhecimento da necessidade das coisas futuras. Além disso, supõe que causas livres e contingentes poderiam ter suspendido ou negado o seu concurso. Disso decorre que as causas livres e as causas contingentes não são causas de si mesmas, mas concorrem com outras causas, e, por conseguinte, não podem produzir nada a não ser na medida em que são guiadas por essas causas com as quais concorrem. Pois é estranho que ele diga que elas poderiam ter concorrido de outra maneira, pois não concebo como se possa dizer que, quando uma correu numa direção e a outra, numa outra, concorreram, isto é, correram juntas. E esse seu concurso de causas contingentes faz com que, diz ele, o lançamento de um *par de dados com o lado um* não tenha sido absolutamente necessário. O que não pode ser concebido, a não ser que esse concurso tenha impedido esse lançamento; e, então, teria tornado outro lançamento necessário, talvez de um *duplo dois*, o que também serve para mim. Pois o que ele disse sobre suspender seu concurso, de lançar antes ou depois, de alterar a força do lançador, e acidentes semelhantes não serve para tirar a necessidade do lançamento do *par de dados com o lado um*, a não ser constituindo a necessidade do *duplo-dois*, ou de outro lançamento que será jogado.

(d) "Em terceiro lugar, aquilo que T.H. coloca como a questão não é a questão" etc.

Ele tem muito pouca razão para dizer isso. Ele me solicitou relatar a minha opinião sobre o livre-arbítrio por escrito. O que fiz, e dei a conhecer-lhe que um homem é livre, relativamente às coisas que estão em seu poder, para seguir sua vontade, mas que não era livre para querer, isto é, que a sua vontade não se seguia de sua vontade, o que expressei por meio destas palavras: "A questão é se a vontade de escrever e a vontade de se abster de escrever advêm a um homem de acordo com a sua vontade ou de acordo com algo que está fora de seu poder." Quem não consegue compreender a diferença entre *livre para fazer, se quiser* e *livre para querer* não está apto, como disse na exposição da questão, a escutar essa controvérsia e muito menos a escrever a esse respeito. A consequência que ele extrai a partir disso — "se um homem não for livre para querer, não é nem livre nem um agente voluntário" – e a sua afirmação – "a liberdade do agente reside na liberdade da vontade" – são apresentadas aqui sem prova; tampouco há qualquer prova considerável disso na sequência inteira do livro. Por quê? Ele nunca ouviu antes, creio eu, nenhuma distinção entre ser livre para fazer e ser livre para querer, o que faz com que ele diga também "se a vontade não tem poder sobre si mesma, o agente não é mais livre do que um bastão na mão de um homem". Como se não fosse liberdade bastante para um homem fazer o que ele quer, a menos que tenha também poder sobre a sua vontade e que a sua vontade não seja o próprio poder, mas contenha em si um outro poder para fazer todos os atos voluntários.

(e) "Para que serve essa potência, se o que um homem quererá e o que não quererá, o que escreverá e o que não escreverá for determinado em todas as ocasiões de maneira precisa e inevitável? etc."

É para este propósito: que tudo o que Deus predeterminou desde a eternidade possa ser produzido. Assim, de nada serve dizer aqui que Deus e a natureza não fazem nada em vão. Mas veja que argumentos fracos ele apresenta em seguida, os quais, embora tenham sido respondidos anteriormente, farão com que ele diga, caso eu não os responda novamente, que eram quentes demais para os meus dedos. Um deles é: "se o agente for determinado sobre o que quererá e o que fará, então ele não é mais livre para agir do que é para querer", como se do fato de que a vontade é determinada de maneira necessária decorresse que fazer o que queremos não fosse liberdade. Outro deles é: "se um homem for livre para agir, ele é tanto mais livre para querer, porque *quod efficit tale, illud magis est tale*". É como se ele dissesse: "se eu o irrito, então estou mais irritado, porque *quod efficit*" etc. O terceiro é: "se a vontade for determinada, a ação de escrever é igualmente determinada, e, assim sendo, ele não pode dizer que *pode* escrever, mas sim que *deve* escrever". É verdade: decorre que ele deve escrever, mas não que eu deveria dizer que ele deve escrever, a não ser que ele queira que eu diga mais do que sei, como ele próprio frequentemente faz nesta réplica.

Após seus argumentos vêm suas questões difíceis. "Se a vontade do homem for determinada por algo exterior a sua vontade ou por algo que está fora de seu poder, por que perguntamos aos homens se eles querem fazer alguma coisa ou não?" Respondo que é porque desejamos saber e não podemos saber a não ser por meio da declaração deles – embora nem mesmo assim adquiramos esse saber, na maior parte das vezes. "Por que lhes apresentamos razões? Por que lhes rogamos? Por que lhes suplicamos?" Respondo que é porque pensamos fazer, por meio disso, com que eles adquiram uma vontade que não possuem. "Por que os culpamos?" Respondo que é porque não estamos satisfeitos com eles. Posso lhe perguntar se culpar não é senão dizer que a coisa culpabilizada é ruim ou imperfeita. Não podemos dizer que um cavalo é coxo, ainda que a sua coxeadura seja proveniente da necessidade? Ou que um homem seja um néscio ou patife, se assim ele for, mesmo que não possa evitá-lo? "Com que propósito disse o nosso salvador ao paralítico *'queres te curar?'* se a sua vontade estava extrinsecamente determinada?" Respondo que não é porque ele queria saber, pois já o sabia antes, mas porque extrairia dele uma confissão da sua carência. "'Tocamos flauta para vós e não dançastes'; como eles poderiam ter evitado isso?" Respondo que eles não poderiam tê-lo evitado. "'Eu teria acolhido os teus filhos como a galinha acolhe os seus pintos sob as suas asas, mas tu não quiseste.' Como seria fácil para eles responderem de acordo com a doutrina de T. H.! 'Ai de nós! Não nos culpe; as nossas vontades não estão em nosso próprio poder.'" Respondo que eles devem ser culpados, mesmo que as suas vontades não estivessem em seu próprio poder. Não é o bem bom e o mal, mau, mesmo que eles não estejam em nosso poder? E não devo chamá-los assim? E não é isso louvor e censura? Mas parece que o bispo considera a censura não como o contrário do louvor de algo, mas como um pretexto de malícia e vingança contra aquele que ele censura. E quando ele diz que as nossas vontades estão em nosso poder, não vê que fala de maneira absurda, pois deveria dizer que a vontade é o poder, e por ignorância ele detecta a mesma falha em Santo Agostinho, que diz "nossa vontade sequer seria mais uma vontade, se não estivesse em nosso poder".[55] Isto é, se ela não estivesse em nossa vontade.

(f) "Essa é a convicção de toda a humanidade, convicção que não aprendemos de nossos tutores, mas que está impressa em nossos corações por natureza etc."

Essa peça de eloquência foi utilizada por Cícero na sua defesa de Milão para provar que era legítimo um homem resistir pela força à força ou de se defender do assassinato.[56] O bispo,

---

55 Agostinho, *Do livre-arbítrio*, livro III, cap. 3, § 8, op. cit., p.158.
56 "Há, portanto, senhores juízes, esta lei que não é escrita, mas natural, que não aprendemos, adquirimos ou lemos, mas arrebatamos, haurimos, extraímos da própria natureza, na qual não fomos instruídos, mas constituídos; não fomos ensinados, mas dela imbuídos, de tal forma que, se nossa vida fosse vítima de alguma armadilha, da violência e das armas de salteadores ou de inimigos, qualquer método seria honesto para assegurar nossa salvação." (Cícero, *Pro Milone*, III, § 10. Trad. Marlene L. Borges. Dissertação (Mestrado em Letras Clássicas) – Departamento de Letras, Universidade de São Paulo. 2011, p.111). Trata-se da defesa em 8 de abril de 52 a. C. de Tito Ânio Milão, amigo de Cícero, que foi acusado de assassinar Públio Clódio Pulcro.

julgando-se capaz de fazer com que uma coisa que prova algo determinado prove qualquer coisa, traduziu-o para a nossa língua e o trouxe para cá para provar o livre-arbítrio. É verdade que muitos poucos aprenderam dos tutores que um homem não é livre para querer; tampouco se encontra isso com frequência nos livros. O que eles encontram nos livros, o que os poetas entoam em seus teatros e os pastores, nas montanhas, o que os clérigos ensinam nas igrejas e os doutores, nas universidades, e o que as pessoas comuns nos mercados e toda a humanidade no mundo inteiro admitem é o mesmo que admito, a saber, que um homem tem liberdade para fazer, se ele quiser. Mas se ele tem liberdade para querer parece ser uma questão sobre a qual nem o bispo nem eles refletiram.

(g) "Ninguém culpa o fogo por queimar cidades, nem acusa o veneno por destruir homens etc."

Aqui novamente ele utiliza argumentos de censura aos quais já respondi antes; e nós os censuramos tanto quanto aos homens. Pois dizemos que o fogo feriu e que o veneno matou um homem, assim como dizemos que o homem agiu injustamente; mas não buscamos ser vingados do fogo e do veneno porque não podemos fazer com que peçam perdão como faríamos os homens fazerem quando nos prejudicam. De modo que a censura de um e de outro, isto é, a declaração de que a ação realizada por eles prejudica e é ruim é a mesma para ambos; mas a malícia do homem é apenas contra o homem.

(h) "Ninguém peca ao fazer coisas que não poderia evitar."

Ele poderia igualmente dizer que nenhum homem hesita quando só pode escolher hesitar, ou cambaleia, quando só pode escolher cambalear. Pois o que é pecar senão hesitar ou cambalear no caminho dos mandamentos de Deus?

(i) "A questão, então, não é se um homem é determinado de maneira necessária a querer ou a não querer, ainda que seja livre para agir ou se abster de agir. Mas deixando de lado a acepção ambígua da palavra 'livre', a questão é claramente esta etc."

Eu já havia registrado textualmente e admitido a questão que o bispo expôs nessa passagem. E se trata da mesma questão que a minha, embora ele não perceba. Mas, visto que nada mais fiz senão registrar por escrito a minha opinião ante sua solicitação, não pode haver nenhuma outra questão entre nós nesta controvérsia além de saber se a minha opinião é a verdade ou não.

(k) "Assim, o meu prefácio permanece sem resposta. Ou fui predeterminado de maneira extrínseca e inevitável a escrever este discurso etc."

O que ele diz no prefácio é "que se ele não for livre para escrever este discurso, não deve ser censurado; mas, se for livre, ganhou a causa".

Eu teria lhe concedido a primeira consequência, se ele tivesse escrito seu discurso de maneira racional e civilizada; nego a última e mostrei que ele deveria ter provado que um homem é livre para querer. Pois o que ele afirma seria concebido por qualquer outra coisa que soubesse que se movia e não soubesse o que a movia. Se um pião de madeira que é jogado pelos meninos e que se volta algumas vezes para uma parede, outras, para outra parede, às vezes girando e às vezes acertando as canelas dos homens, fosse sensível ao seu próprio movimento, pensaria que este se originou de sua própria vontade, a não ser que sentisse o que o lançou. E será um homem mais sábio do que isso quando corre de um lugar para o outro atrás de um benefício, para outro, atrás de uma barganha, e perturba o mundo, ao escrever doutrinas falsas e exigir respostas, porque crê fazer isso sem nenhuma outra causa, além de sua própria vontade, e não vê quais impulsos causam a sua vontade?

N. 4

J.D. Assim, para abordar a questão sem proêmios ou prefácios ulteriores, entendo por liberdade não uma liberdade em relação ao pecado, nem uma liberdade em relação à miséria, nem uma liberdade em relação à servidão, nem uma liberdade em relação à violência, mas sim uma liberdade em relação à necessidade ou, antes, em relação à necessitação; isto é, uma imunidade universal em relação a toda inevitabilidade e determinação para uma única coisa, seja de *exercício* apenas, o que os escolásticos denominam liberdade de *contradição*, e se encontra em Deus e nos anjos bons e maus, isto é, não uma liberdade para fazer tanto o bem como o mal, mas uma liberdade para fazer ou não este ou aquele bem, este ou aquele mal, respectivamente; seja uma liberdade de *especificação e exercício* também, o que os escolásticos denominam liberdade de *contrariedade*, e se encontra em homens dotados de razão e entendimento, isto é, uma liberdade para fazer e não fazer o bem e o mal, isto ou aquilo. Assim, uma vez afastada a ameaça etc.

T.H. Na passagem a seguir, ele faz certas distinções relativas à liberdade, e diz que não está se referindo à liberdade em relação ao pecado, nem em relação à servidão, nem em relação à violência, mas sim em relação à necessidade, necessitação, inevitabilidade e determinação para uma única coisa. Teria sido melhor definir a liberdade do que distingui-la assim, pois ainda não compreendo o que ele entende por liberdade. E, embora ele diga que esteja se referindo à liberdade em relação à necessitação, não entendo como tal liberdade possa existir, e é o mesmo que dar a questão como resolvida sem provas. Pois qual é a questão entre nós senão a de saber se tal liberdade é possível ou não? Há na mesma passagem outras distinções, como liberdade de exercício apenas, o que ele denomina uma liberdade de contradição, notadamente a de fazer não simplesmente o bem ou o mal, mas de fazer este ou aquele bem, ou este ou aquele mal, respectivamente; e uma liberdade de especificação e exercício também, o que ele denomina liberdade de contrariedade, a saber, uma liberdade não apenas para fazer ou não fazer o bem e o mal, mas também para fazer ou não fazer este ou aquele bem ou mal. E com essas distinções, diz ele, afasta a ameaça, quando, na verdade, obscurece seu significado, não apenas com o jargão do exercício apenas, como também o da especificação, da contradição, da contrariedade, mas também com distinções imaginárias onde não há nenhuma. Afinal, como é possível existir a liberdade de fazer ou não fazer este ou aquele bem ou mal, como ele diz existir em Deus e nos anjos, sem uma liberdade de fazer ou não fazer o bem ou o mal?

J.D. (a) É uma regra em arte que palavras homônimas e que possuem significados variados e ambíguos devem, em primeiro lugar, ser distinguidas. Nenhum homem se deleita com generalidades confusas, mas apenas sofistas ou ineptos. *"Vir dolosus versatur in generalibus"*, "homens embusteiros não gostam de descer até as coisas particulares". E quando arqueiros ruins atiram, o caminho mais seguro é correr para o alvo. A liberdade é por vezes oposta à escravidão do pecado e dos hábitos viciosos, como em Romanos 6, 22: "Agora, libertados do pecado". Por vezes, à miséria e à opressão (Isaías, 58, 6): "pôr em liberdade os oprimidos". Por vezes, à servidão, como Levíticos, 25, 10: "no ano de jubileu proclamaremos liberdade em toda a terra". Outras vezes, à violência, como em Salmos, 105, 20: "O príncipe de seu povo o libertou". No entanto, nenhuma dessas é a liberdade agora em questão, mas sim uma liberdade em relação à necessidade, isto é, à determinação para uma única coisa, ou, antes, à necessitação, isto é, uma necessidade imposta por outro ou por uma determinação extrínseca. Essas distinções implicam virtualmente uma descrição da verdadeira liberdade, que se aproxima mais de sua essência do que a definição errante de T.H., como veremos em seu devido lugar. E, embora ele diga que "ainda não compreende o que entendo por liberdade", está claro, por sua confissão sincera, que ele a compreende e que se trata da questão mesma na qual divergimos, que é saber se há uma tal liberdade livre de toda necessitação e determinação extrínseca para uma única coisa. O que, não sendo senão a exposição da questão, é impropriamente qualificada por ele como "dar a questão como resolvida". Seria muita fraqueza cometer uma petição de princípio nesta questão, para a qual há abundância de elementos e demonstrações.

(b) É estranho ver com quanta ousadia os homens particulares hodiernos insultam todos os escolásticos, filósofos e autores clássicos de épocas passadas, como se não fossem dignos de desamarrar os cadarços de algum autor moderno,[57] ou esperassem, no escuro e na sombra da morte, que algum terceiro

---

57 Alusão a Marcos, 1, 7. Neste versículo, João Batista proclama que, depois deles, virá o Salvador, de quem não é digno de desatar a correia das sandálias.

Catão desça do céu,[58] a quem todos os homens devem se dirigir, tal como o altar de Prometeu, para acender suas tochas. Nunca me admirei em ouvir um padre inculto se declarar no púlpito contra a teologia escolástica a seus ouvintes igualmente ignorantes. É como a raposa na fábula que, tendo perdido o rabo por um infortúnio, teria persuadido todos os seus seguidores a cortar os seus também e jogá-los fora, como se fossem fardos imprestáveis. Mas me perturba ver um letrado, que há muito foi admitido no reduto mais íntimo da natureza e que viu os segredos ocultos do saber mais sutil, esquecer tanto de si mesmo a ponto de designar o saber escolástico como nada mais do que um jargão puro e simples, isto é, algaraviada sem sentido ou uma linguagem empolada, como o barulho da trepidação de tamancos. Suponhamos que eles de fato tenham estilhaçado demais a verdade em pedaços ou se deleitado com expressões abstrusas, não obstante esta distinção da liberdade em liberdade de *contrariedade* e liberdade de *contradição*, ou o que é o mesmo, de *exercício apenas*, ou *exercício e especificação juntos*, que T.H. rejeita com tanto desprezo, é certamente tão verdadeira, necessária e aceita de maneira geral, que quase não há um escritor digno de nota, tanto teólogo como filósofo, que tenha tratado desse assunto e que não a tenha utilizado.

Bem e mal são contrários ou coisas de espécies opostas. Por conseguinte, ser capaz de escolher tanto o bem como o mal

---

58 "Que século feliz te presta ao mundo,
Para os costumes reformar presentes!
Envergonhe-se Roma; os Céus enviam
Um terceiro catão!"
(Juvenal, *Sátiras*, II. Trad. Francisco Antônio Bastos. Rio de Janeiro: Ediouro, 1991, p.24.)

constitui uma liberdade de contrariedade ou de especificação. Escolher isto e não escolher isto são contraditórios ou, o que é o mesmo, um exercício ou suspensão do poder. Portanto, ser capaz de realizar ou de se abster de realizar a mesma ação ou escolher ou não escolher o mesmo objeto, sem variação da espécie, constitui uma liberdade de contradição ou de exercício apenas. Ora, um homem não é apenas capaz de realizar ou de se abster de realizar o bem apenas ou o mal apenas, mas é capaz tanto de realizar como de se abster de realizar tanto o bem como o mal. Assim, ele tem não apenas a liberdade de ação, mas também uma liberdade em relação a objetos contrários; não apenas uma liberdade de exercício, mas também de especificação; não apenas uma liberdade de contradição, mas também de contrariedade. Em contrapartida, Deus e os anjos bons podem realizar ou não este ou aquele bem; mas não podem realizar ou não tanto o bem como o mal. Eles possuem, pois, apenas uma liberdade de exercício ou contradição, mas não uma liberdade de especificação ou contrariedade. Parece, então, nitidamente, que a liberdade do homem é maior em extensão do objeto, que é tanto o bem como o mal, do que a liberdade de Deus e dos anjos bons, cujo objeto é apenas o bem. Contudo, quanto ao poder, a liberdade do homem é insuficiente para atingir suas intenções. O homem não é tão livre em relação ao bem exclusivamente como Deus e os anjos bons, porque (para não falar de Deus, cuja liberdade é inteiramente de outra natureza) o entendimento dos anjos é mais claro, seu poder e domínio sobre as suas ações é maior; eles não possuem apetites sensíveis para distraí-los e nenhum órgão para ser perturbado. Observamos, então, como essa definição é expurgada de toda obscuridade.

E quando T.H. pergunta como é possível a liberdade de realizar ou não este ou aquele bem ou mal residir em Deus e nos anjos sem uma liberdade de realizar ou não o bem ou o mal, a resposta é óbvia e fácil, *referendo singula singulis*, "atribuindo todo ato a seu objeto próprio respectivamente". Deus e os anjos bons possuem um poder para realizar ou não este ou aquele bem, anjos maus têm um poder de realizar ou não este ou aquele mal; portanto, ambos, considerados em conjunto, possuem poder respectivamente para realizar o bem ou o mal. E, não obstante, de acordo com as palavras do meu discurso, Deus e os anjos bons e maus, sendo considerados singularmente, não possuem o poder de realizar o bem ou o mal, isto é, indiferentemente, como os homens possuem.

CRÍTICA DA RÉPLICA DO BISPO N. 4

Ele pretende justificar aqui as distinções entre a liberdade de *exercício* e a liberdade de *contradição*; entre a liberdade de *contrariedade* e a liberdade de *especificação e exercício*. E ele começa assim:

(a) "É uma regra em arte que palavras homônimas e que possuem significados variados e ambíguos devem, em primeiro lugar, ser distinguidas etc."

Não sei que arte é essa que dita essa regra. Tenho certeza de que não é a arte da razão que os homens denominam lógica. Pois a razão e o exemplo daqueles que raciocinam exclusivamente de maneira metódica (que são os matemáticos) ensinam que um homem, quando quer demonstrar a verdade do que está dizendo, deve, em primeiro lugar, determinar o que precisa ser entendido mediante suas palavras, cuja determinação é denominada definição e por meio das quais os significados de suas palavras são estabelecidos tão claramente que não possam redundar em ambiguidade. Por conseguinte, não haverá necessidade de distinções. Assim, a sua regra de arte é um preceito precipitado de algum homem ignorante que ele e outros seguiram.

O bispo nos diz que, por vezes, a liberdade é oposta ao pecado, à opressão, à servidão, o que é o mesmo que nos dizer que aqueles que ele leu em relação a esse assunto são incoerentes quanto ao significado de suas palavras e não se lhe atêm. E essa diversidade de significados ele denomina distinções. Os homens que, pela mesma palavra, designam num lugar uma coisa e em outro, outra coisa, e nunca nos advertem, distinguem? Creio antes que eles confundem. Não obstante, ele diz que "essas distinções implicam virtualmente uma descrição da verdadeira liberdade, que se aproxima mais de sua essência do que a definição errante de T.H." – definição que era: "a liberdade consiste na ausência de impedimento externo". De modo que, em sua opinião, um homem deve antes entender a liberdade pela leitura destas palavras (Romanos, 6, 22): "libertados do pecado"; ou estas palavras (Isaías, 58, 6): "pôr em liberdade os oprimidos"; ou por estas palavras (Levíticos, 25, 10): "proclamarás liberdade em toda a terra", do que por estas minhas palavras: "liberdade é a ausência de impedimentos externos ao movimento". Ele quer também me desabonar dizendo que compreendo o que ele entende por meio destas distinções de liberdade de *contrariedade*, de *contradição*, de *exercício apenas*, de *exercício e especificação conjuntamente*. Se ele pretende dizer que compreendo

Questões sobre a liberdade, a necessidade e o acaso

a sua intenção,⁵⁹ em um sentido é verdadeiro: pois, graças a essas distinções, ele pretende fugir do descrédito de ser incapaz de dizer qualquer coisa sobre a questão; assim como aqueles que, simulando conhecer a causa de tudo, dão como a causa do ímã atrair o ferro a simpatia e a qualidade oculta, fazendo o *não saber dizer* (tornado agora oculto) figurar no lugar da causa real desse efeito muito admirável. Mas que essas palavras significam uma distinção, continuo a negar. Não basta para uma definição ter uma bifurcação, mas deve ter por significado uma concepção distinta. Há uma grande diferença entre distinções duais⁶⁰ e patas divididas.

(b) "É estranho ver com quanta ousadia os homens particulares hodiernos insultam todos os escolásticos, filósofos e autores clássicos de épocas passadas etc."

Esta expressão "homens particulares" é empregada aqui, em minha opinião, com pouco discernimento, sobretudo por um homem que se pretende sapiente. Será que o bispo pensa que ele próprio é ou que há algum homem universal? Pode ser

---

59 Aqui há um jogo de palavras com o verbo "to mean" e o termo "meaning", que podem denotar tanto o que se entende por algo que é dito como a intenção. Nesse caso, diante da acusação de Bramhall de que Hobbes compreenderia o que ele entende por liberdade de contrariedade, contradição etc., Hobbes retruca dizendo que compreende a sua *intenção*: "also he will face me down, that I understand what he *means* by his distinctions of liberty of contrariety, of contradiction, of exercise only, of exercise and specification jointly. If he mean I understand his *meaning*, in one sense it is true. For by them he *means* to shift off the discredit of being able to say nothing to the question".

60 Na edição original, de 1656, figura "luade distinctions". Provavelmente, é um erro de tipografia, tratando-se de "dual distinctions".

que ele queira dizer homem privado. Será que ele pensa, então, que há algum homem não privado além daquele que é investido de poder soberano? Mas é mais provável que ele me trate como homem particular porque não possuo a autoridade que ele tem para ensinar a doutrina que julgo ser a correta. Mas agora não sou mais particular do que ele e posso desprezar os escolásticos e alguns dos filósofos antigos tanto quanto ele pode me desprezar, a menos que mostre ser mais capaz que eu para examinar suficientemente essas questões, que requerem meditação e reflexão sobre os pensamentos próprios — ele, que foi obrigado a empregar a maior parte de seu tempo na pregação para o povo e, para esse fim, ler aqueles autores que podem provê-lo com o que precisa dizer, e estudar a retórica de suas expressões, e que gastou uma parte considerável de seu esparso tempo (que é muito pouco para um bom pastor) na busca de promoções e aumento de riquezas — do que eu, que praticamente não fiz outra coisa, nem tive muita outra coisa para fazer a não ser meditar sobre esta ou aquela questão natural. Perturba-o muito que eu tipifique a doutrina escolástica como jargão. Não caracterizo toda a doutrina escolástica assim, mas aquela que assim é, isto é, aquela que eles afirmam ao defender inverdades, especialmente na defesa do livre-arbítrio, quando falam em *liberdade de exercício, especificação, contrariedade, contradição, atos elícitos e exercitórios*, e semelhantes, os quais, embora ele os retome nesse lugar, procurando explicá-los, continuam sendo tanto aqui como lá meros jargões ou o que (se ele preferir) as Escrituras denominam *tohu* e *bohu* no primeiro caos.

Mas porque ele considera tão abominável que um homem particular censure tão severamente a teologia escolástica, gostaria de saber com quanta tolerância ele pode ouvir Martinho Lutero e Felipe Melanchton falando da mesma coisa. Martinho Lutero, que foi o primeiro a iniciar a nossa libertação da servidão do clero romano, teve estes três artigos censurados pela Universidade de Paris. O primeiro deles era: "a teologia escolástica é uma falsa interpretação das Escrituras e sacramentos, que afastou de nós a verdadeira e genuína teologia". O segundo é: "no momento em que a teologia escolástica, isto é, um simulacro da teologia, apareceu, no mesmo momento a teologia da cruz de Cristo entrou em declínio". O terceiro é: "faz agora quase trezentos anos desde que a Igreja tolera a licenciosidade dos doutores escolásticos em corromper as Escrituras".[61] Além disso, o mesmo Lutero, em outra passagem de sua obra, disse isto: "a teologia escolástica não é senão a ignorância da verdade e um obstáculo no qual tropeçar ante as Escrituras".[62] E sobre Tomás de Aquino em particular, disse que "foi ele que estabeleceu o reinado de Aristóteles, o destruidor da doutrina divina".[63] E da filosofia a que São Paulo nos convida nos acautelarmos, disse-nos se tratar da teologia escolástica.[64] E Melanchton, um teólogo que já foi outrora muito estimado na nossa Igreja, disse a esse respeito:

> é sabido que aquela doutrina escolástica profana, que eles pretendem que seja denominada teologia, começou em Paris; a qual,

---

[61] *Ein Urtheil der Theologen zu Paris über dis Lehre Doctor Luthers* (1521), in: Lutero, *Werke*, Kritische Gesamtausgabe, v. 8. Weimar: Hermann Böhlau, 1889, p.289. Trata-se, respectivamente, do terceiro, quinto e sexto artigos de Lutero sobre a filosofia e a teologia escolásticas, que foram condenados pela Universidade de Paris.
[62] *Rationis Latomianae confutatio* (1521), ibidem, p.127.
[63] Idem, ibidem.
[64] Idem, ibidem.

sendo admitida, faz com que nada permaneça são na Igreja: o Evangelho é obscurecido, a fé, extinta, a doutrina das obras, aceita e, em vez do povo de Cristo, tornamo-nos menos o povo da lei e mais o povo da ética de Aristóteles.[65]

Não se tratava de padres incultos, dos quais falou, que pregavam a seus ouvintes igualmente ignorantes. Poderia acrescentar a estes a depreciação da teologia escolástica por Calvino e outros sábios doutores protestantes; entretanto, todos eram apenas homens privados, que, assim parece ao bispo, esqueceram-se de si mesmos, assim como eu.

N. 5

J.D. Deste modo, sendo a ameaça afastada, a próxima coisa a ser feita é aumentar as nossas forças contra o inimigo. E por se dividirem em dois esquadrões, um dos cristãos, e o outro, dos filósofos pagãos, será melhor dispor os nossos também em dois corpos, o primeiro extraído das Escrituras, e o segundo, da razão.

T.H. A próxima coisa que ele faz, depois de afastar a ameaça, é a divisão das suas forças, como ele as chama, em dois esquadrões, um das passagens das Escrituras, e o outro, das razões, alegoria que ele utiliza, suponho eu, porque ele endereça o

---

65 Melanchton, *Determinatio theologicae facultatis Parisiensis super doctrina Lutheriana hactenus per eum visa. Apologia pro Luthero adversus decretum Parisiensum* (1521), in Lutero, *Opera Latina*, v. 6. Frankfurt: Sumptibus C. Heyderi et H. Zimmeri, 1872, p.59. Essa obra constitui uma apologia de Melanchton em favor de Lutero, contra a acusação da Universidade de Paris.

discurso à vossa Senhoria, que é um militar. Tudo o que tenho a dizer no tocante a isso é que observo uma grande parte dessas suas forças olhar e marchar em direções opostas e algumas delas lutarem entre si.

J.D. Dividir minhas forças e fazer com que elas lutem entre si seria o único meio que T.H. teria para conquistá-las. Mas ele verá que essas contradições imaginárias que ele pensa ter avistado em meu discurso não passam de fantasias e que as minhas supostas impertinências provarão os seus próprios erros reais.

T.H. Em seu quinto número não há nada dele ou meu que seja pertinente à questão, portanto, nada que necessite ser repetido.

PROVAS DA LIBERDADE A PARTIR DAS ESCRITURAS – N. 6

J.D. Primeiro, quem tem poder de escolha detém a verdadeira liberdade, pois o ato próprio da liberdade é a escolha. A espontaneidade pode ser compatível com a determinação para uma única coisa, como vemos nas crianças, néscios, loucos e bestas brutas, cujas fantasias são determinadas para agir espontaneamente em determinadas coisas, como as abelhas ao produzir o mel, e as aranhas, as teias. Mas nenhum deles possui a liberdade de escolha, que é um ato do juízo e do entendimento e não é de modo nenhum compatível com a determinação para uma única coisa. Daquele que é determinado por algo anterior ou exterior a si não se pode dizer que elege ou escolhe, a não ser que seja como o calouro em Cambridge que, no refeitório, escolhe se terá a menor parte ou nada. E nem mesmo tanto quanto este.

Mas os homens possuem liberdade de escolha. Isso está claro em Números, 30, 13: "Se uma mulher faz um voto, é deixado à escolha de seu marido ratificá-lo ou anulá-lo". E Joshua, 24, 15: "Escolhas neste dia a quem irás servir etc. Mas eu e a minha casa serviremos ao Senhor". Ele faz a sua própria escolha e lhes deixa a liberdade para escolher. E 2 Samuel, 24, 12: "Ofereço-te três coisas, escolhe qual delas devo fazer". Se alguma dessas três coisas fosse necessariamente determinada e as outras duas fossem impossíveis, como lhe foi facultado escolher, qual deveria ser feita? Portanto, temos liberdade verdadeira.

T.H. E a primeira passagem das Escrituras extraída de Números, 30, 13, é uma daquelas que olha para a direção contrária. As palavras são: "Se uma mulher faz um voto, é deixado à escolha de seu marido ratificá-lo ou anulá-lo". Pois ela prova apenas que o marido é um agente livre ou voluntário, mas não que a sua escolha não é determinada de maneira necessária ou determinada para o que escolherá a partir de causas precedentes e necessárias.

J.D. Meu primeiro argumento com base nas Escrituras tem a seguinte forma:

Quem tem liberdade ou poder de escolha não é determinado a uma única coisa pelas causas precedentes e necessárias.

Mas os homens têm liberdade de escolha.

A suposição ou proposição menor é provada por três passagens das Escrituras: Números, 30, 13; Joshua 24, 15; 2 Samuel 24, 12. Não preciso insistir nessas passagens porque T.H. reconhece "que está claramente provado que há escolha no homem".

Mas ele nega a proposição maior, porque, diz ele, "o homem é determinado de maneira necessária para o que escolherá a partir de causas precedentes e necessárias". Invalido essa resposta de três maneiras.

Em primeiro lugar, pela razão. A escolha é sempre ou de coisas possíveis, ou, ao menos, de coisas que são concebidas como possíveis, isto é, caso se trate de uma escolha eficaz, quando um homem espera ou pensa obter o objeto. O que quer que a vontade escolha, ela escolhe conforme a noção de bem, seja o honesto, seja o agradável ou o proveitoso. Mas não se pode perceber um bem real naquilo que se sabe ser impossível. É verdade que pode haver alguns desejos errantes e oscilantes a respeito de coisas que são reconhecidamente impossíveis, assim como um homem que cometeu um delito pode desejar que não o tivesse cometido. Mas escolher de modo eficaz uma impossibilidade é tão impossível como a própria impossibilidade. Ninguém pode pensar em obter aquilo que sabe ser impossível de ser obtido; mas aquele que sabe que todas as coisas são determinadas de maneira antecedente, a partir de causas necessárias, sabe que é impossível para qualquer coisa ser diferente do que é. Portanto, atribuir-lhe um poder de escolha para escolher isso ou aquilo indiferentemente é fazer com que a mesma coisa seja determinada a uma única coisa e não seja determinada a uma única coisa, o que é contraditório. Novamente, quem quer que possua um poder eletivo ou uma liberdade de escolha possui também uma liberdade ou poder de recusa. Isaías, 7, 16: "antes que a criança saiba recusar o mal e escolher o bem". Aquele que escolhe isto de preferência àquilo recusa aquilo de preferência a isto. Assim, Moisés, ao escolher sofrer as aflições com o povo de Deus, recusou, com isso, os prazeres do sentido (Hebreus, 11, 25). Mas ninguém tem poder para recusar aquilo que é necessariamente predeterminado a ser, a não ser que seja como a raposa que recusou as uvas que estavam fora de seu alcance. Quando uma de duas ou três coisas é absolutamente determinada, as outras são, com isso, tornadas absolutamente impossíveis.

(a) Em segundo lugar, provo isso por meio de exemplos e daquela noção universal que o mundo tem de escolha. Qual é a diferença entre um reino eletivo e hereditário senão que num reino eletivo se tem o poder ou a liberdade para escolher este ou aquele homem indiferentemente, ao passo que, num reino hereditário, não se tem tal poder nem tal liberdade? Onde a lei estabelece determinado herdeiro, há uma necessitação para uma única coisa; onde a lei não nomeia determinado herdeiro, não há necessitação para uma única coisa e, nesse caso, tem-se o poder ou a liberdade para escolher. Um príncipe hereditário pode ser tão reconhecido e conveniente para os seus súditos e ser aceito de tão bom grado por eles (de acordo com aquela liberdade que é oposta à compulsão ou violência) quanto aquele que é escolhido: contudo, isso não faz dele um príncipe eletivo. Na Alemanha, toda a nobreza e os plebeus podem concordar com a escolha do imperador ou estarem satisfeitos com ela quando é concluída; contudo, nenhum deles elege ou escolhe o imperador, mas apenas aqueles seis príncipes que possuem um poder consultivo, deliberativo e decisório em sua eleição. E se os seus votos ou sufrágios são iguais, três para três, então o rei da Boêmia possui a voz decisiva. De maneira semelhante, em corporações ou repúblicas, por vezes o povo, por vezes o conselho geral possui o poder para nomear tantas pessoas para tal ofício, e o magistrado supremo, ou senado, ou conselho restrito, para escolher um deles. E tudo isso é feito com tanta cautela e sigilo, por meio de bilhetes e outros meios, que nenhum homem sabe em quem cada um votou ou com quem ficar ofendido. Se fosse predeterminado de maneira necessária e inevitável que essa pessoa individual e nenhuma outra deveria e seria escolhida, qual seria a necessidade de toda essa circunscrição e cautela para fazer aquilo que não é possível ser feito de outro modo, que pode ser feito por um assim como por mil, e que não pode ofender nenhum homem racional, se os eleitores fossem necessariamente predeterminados a eleger este homem e não outro? E embora T.H. não tenha se dignado a considerar o meu exemplo universitário, eu, no entanto, não posso ignorá-lo até que eu veja o que ele é capaz de dizer a seu respeito. O calouro do refeitório em Cambridge divide a carne em quatro partes; o veterano mais antigo escolhe em primeiro lugar, e, então, o segundo e o terceiro, em sua ordem. O calouro é determinado a uma única coisa e não lhe é facultada escolha, a não ser para escolher se irá tomar aquela parte que o restante rejeitou ou nenhuma. Pode ser que essa parte seja mais agradável para sua mente do que teria sido para qualquer um dos outros; mas nem por isso se pode dizer que ele a escolheu, uma vez que é determinado exclusivamente para ela. Tal é a liberdade de escolha estabelecida por T.H.; ou até mesmo muito pior em dois aspectos. O calouro possui ainda uma liberdade de contradição para escolher se tomará aquela parte ou se não tomará nenhuma parte; mas aquele que é predeterminado à escolha desse objeto precisamente não tem liberdade para rejeitá-lo. Em segundo lugar, o calouro, ao dividir cuidadosamente, pode preservar para ele um quinhão igual; mas aquele que é totalmente determinado por causas extrínsecas é deixado completamente à mercê e à disposição de outro.

Em terceiro lugar, provo isso com base nos textos citados. Números, 30, 13: "Se uma mulher faz um voto, é deixado à escolha de seu marido ratificá-lo ou anulá-lo". Mas se for predeterminado que ele deva ratificá-lo, não está em seu poder anulá-lo. Se for predeterminado que ele deva anulá-lo, não está em seu poder ratificá-lo. E não importa como isso estiver determinado, sendo, no entanto, determinado, não está em seu poder ratificá-lo ou anulá-lo indiferentemente, a seu bel-prazer. Do mesmo modo Joshua, 24, 15: "Escolhas neste dia a quem irás servir etc. Mas a minha casa e eu serviremos ao Senhor". É tarde demais para escolher *este dia* o que foi determinado ontem de outra maneira relativamente "a quem servirás, se aos deuses a quem teu pai serviu ou aos deuses dos amoritas". Onde há uma escolha disto ou daquilo, estes deuses ou aqueles deuses, precisa haver ou uma indiferença a ambos os objetos ou, ao menos, uma possibilidade para ambos. "A minha casa e eu queremos servir ao Senhor." Se ele fosse predeterminado extrinsecamente, não deveria dizer *quero* servir, mas sim *devo* servir. E 2 Samuel, 24, 12: "Ofereço-te três coisas, escolhe qual delas devo fazer". Como Deus oferece três coisas para a escolha de Davi se ele o predeterminou para uma das três por meio de um concurso de causas necessárias e extrínsecas? Se um príncipe soberano se rebaixasse a ponto de oferecer escolha a alguém que cometeu delito, se deve ser multado, ou preso, ou banido, e tivesse secretamente assinado a sentença de seu banimento, o que isso seria senão uma evidente pilhéria ou zombaria? Esse é o argumento que, na opinião de T.H., olha em outra direção. Se isso se aplica, é como os partas costumavam lutar: fugindo.[66] Seu raciocínio vem a seguir e será examinado.

---

66 Bramhall refere-se a uma técnica de combate utilizada por arqueiros no império Parta (247 a.C.-224 d.C.), que consistia em galopar na direção contrária do combatente, como se estivessem fugindo, e disparar flechas com o corpo voltado para trás.

CRÍTICA DA RESPOSTA DO BISPO N. 6

Neste número, ele apresenta três passagens das Escrituras para provar o *livre-arbítrio*. O primeiro é: "se uma mulher faz um voto, é deixado à escolha de seu marido ratificá-lo ou anulá-lo". E "escolhas neste dia a quem irás servir etc. Mas a minha casa e eu serviremos ao Senhor". E "ofereço-te três coisas, escolhe qual delas devo fazer". Ele se empenhou na fundamentação dessas passagens em sua resposta, mas não precisava, já que elas não provam senão que um homem é livre para fazer, se quiser, o que não nego. Ele deveria provar que é livre para querer, o que nego.

(a) Em segundo lugar, "provo isso por meio de exemplos e daquela noção universal que o mundo possui de escolha".

Os seus exemplos são, em primeiro lugar, da diferença entre um reino hereditário e eletivo, e, a seguir, da diferença entre o calouro e o veterano no refeitório ao tomar as suas porções. Ambos provam a liberdade de fazer o que querem, mas não uma liberdade para querer. Pois, no primeiro caso, os eleitores são livres para nomearem quem quiserem, mas não para querer; e, no segundo, se o veterano possui um apetite, escolhe o que lhe apetece, mas não escolhe seu apetite.

N. 7

T.H. Pois se vier à mente do marido que há um bem maior na ratificação do que na revogação de um tal voto, a ratificação se seguirá necessariamente. E se, na opinião do marido, o mal que resultará de tal voto sobrepuser-se ao bem, o contrário deve ocorrer. Não obstante, é nessa sucessão das esperanças e medos de alguém que consiste a natureza da escolha. De modo, então, que um homem ao mesmo tempo pode escolher isto e não pode escolher senão isto. Dessa forma, a escolha e a necessidade estão unidas.

J.D. (a) Nessa causa, não há nada que seja dito com mais aparência de razão pelos patronos da necessidade e adversários da verdadeira liberdade que isto: que a vontade segue sempre infalivelmente o último ditado do entendimento ou o último julgamento da reta razão. E nisso, e apenas nisso, T.H. é, confesso eu, bem secundado. Contudo, a opinião comum e reconhecida é a contrária, e com justiça.

Pois, em primeiro lugar, esse ato mesmo do entendimento é um efeito da vontade e um testemunho de seu poder e liberdade. É a vontade que, desejando algum bem particular, engaja e ordena ao entendimento se informar e deliberar a respeito de quais meios são convenientes para atingir aquele fim. E, apesar de a vontade ser em si mesma cega, seu objeto é, contudo, o bem em geral, que é o fim de todas as ações humanas em geral. Portanto, cabe à vontade, assim como ao general do exército, fazer com que as outras potências da alma passem a seus atos, e, junto com o restante, o entendimento também, empregando-o e transformando sua potência em ato. Desse modo, é pelo consentimento da vontade e por sua potência — a qual não foi determinada de maneira necessária a solicitar o conselho do entendimento — que se origina qualquer obrigação que o entendimento impõe à vontade. A vontade é, dessa maneira, a senhora e mestra das ações humanas; o entendimento é seu conselheiro de confiança, que dá conselhos apenas quando é requisitado pela vontade. E se a primeira consulta ou deliberação não for suficiente, a vontade pode incitar uma revisão e exigir que o entendimento se informe melhor e tome conselho de outros, donde ocorrer muitas vezes que o julgamento do entendimento sofra alteração.

Em segundo lugar, a maneira pela qual o entendimento determina a vontade não é natural, mas moral. A vontade é movida pelo entendimento não à maneira de uma causa eficiente que possui uma influência causal no efeito, mas apenas pela proposição e representação do objeto. Portanto, assim como seria ridículo dizer que o objeto da vista é a causa da visão, é ridículo dizer que a proposição do objeto pelo entendimento para a vontade é a causa da volição; portanto, o entendimento não tem lugar no concurso das causas, o qual, segundo T.H., determina de maneira necessária a vontade.

Em terceiro lugar, o julgamento do entendimento não é sempre *practice practicum*, nem de tal natureza que obriga e determina por si mesmo a vontade a uma única coisa. Por vezes, o entendimento propõe dois ou três meios igualmente disponíveis para a obtenção de um e mesmo fim. Por vezes, dita que este ou aquele bem particular pode ser escolhido ou convém ser escolhido, mas não que é necessário escolhê-lo ou que deve ser escolhido. O entendimento pode julgar que este ou aquele é um meio conveniente, mas não o único para a obtenção do fim desejado. Nesses casos, ninguém pode duvidar de que a vontade pode escolher ou não escolher este ou aquele meio indiferentemente. Mesmo que o entendimento julgue que um desses meios é mais vantajoso do que outro, se a razão do bem for encontrada no menos vantajoso, a vontade pode, no que diz respeito àquele domínio que possui sobre si mesma, aceitar aquilo que o entendimento julga como sendo menos vantajoso e rejeitar aquilo que ele julgou ser mais vantajoso.

Em quarto lugar, por vezes a vontade não quer o fim de modo tão eficaz, de forma que pode e frequentemente é dissuadida de realizá-lo por causa da dificuldade dos meios; e, a despeito do julgamento do entendimento, a vontade pode ainda suspender seu próprio ato.

Em quinto lugar, supondo-se, mas não concedendo que a vontade siga necessariamente o último ditado do entendimento, mesmo assim isso não prova uma necessidade antecedente, mas coexistente com o ato; não uma necessidade extrínseca, posto que a vontade e o entendimento não são senão duas faculdades da mesma alma; não uma necessidade absoluta, mas meramente por suposição. Assim, esses mesmos autores que sustentam que o julgamento do entendimento determina necessariamente a vontade opõem-se ainda mais à necessidade absoluta de tudo o que ocorre de T.H. Suponhamos que a vontade solicite ao entendimento deliberar e que não exija um novo exame. Suponhamos que o ditado do entendimento seja absoluto, não este ou aquele indiferentemente, nem este de preferência àquele comparativamente, mas este positivamente; não este livremente, mas este necessariamente. E suponhamos que a vontade queira de maneira eficaz e não suspenda seu próprio ato. Então, nesse caso, há uma necessidade de fato, mas não absoluta nem extrínseca, nem antecedente, decorrente de um concurso de causas exteriores a nós próprios, mas por suposição, ao que concedemos prontamente. Assim, T.H. está longe da verdade quando sustenta que a apreensão de um bem maior determina de maneira necessária a vontade ou que isto é uma necessidade absoluta.

(b) Por fim, quando ele diz que "a natureza da escolha consiste em seguir as nossas esperanças e medos", não posso deixar de observar que não há um único termo de arte neste tratado inteiro que ele utilize no sentido correto; espero que isso não proceda de um desejo de singularidade, nem de um desprezo pelos escritores precedentes, nem de um desejo de destruir todo o edifício do saber e moldá-lo de uma forma nova de acordo com a sua própria opinião. Seria desejável que ele ao menos nos desse um novo dicionário para que pudéssemos entender o que quer dizer. Mas como isso é tratado aqui apenas de maneira parca e incidental, abster-me-ei de abordar esse assunto até reencontrá-lo novamente em seu lugar próprio. Por ora, basta dizer que as esperanças e os medos pertencem igualmente às bestas brutas, mas a escolha é um ato racional e pertence apenas ao homem, que é "*sanctius his animal mentisque capacius altae*".[67]

T.H. A segunda passagem das Escrituras é Joshua, 24, 15; a terceira é 2 Samuel, 24, 12, pelas quais é claramente provado que o homem escolhe, mas não que essa escolha não tenha sido determinada de maneira necessária pelas esperanças, medos e considerações do bem e mal futuros, o que não depende da vontade, nem é passível de escolha. Assim, uma resposta serve para todas as passagens desse tipo, mesmo se existissem mil delas.

J.D. Dado que essa resposta é exatamente a mesma que a precedente, palavra por palavra, que já foi suficientemente destruída, ela não necessita de uma nova réplica.

CRÍTICA DA RÉPLICA DO BISPO N. 7

(a) "Nessa causa, não há nada que seja dito com mais aparência de razão pelos patronos da necessidade e adversários

---

[67] A frase completa é: "Sanctius his animal mentisque capacius altae/ deerat adhuc et quod dominari in cetera posset". "Faltava ainda um ser mais nobre do que estes, mais capaz, de uma alta inteligência, e que sobre todos pudesse dominar." (Ovídio, *Metamorfoses*, I, v. 76-8. Trad. D. Dias. São Paulo: Editora 34, 2017, p.49.)

da verdadeira liberdade que isto: que a vontade segue sempre infalivelmente o último ditado do entendimento ou o último julgamento da reta razão etc. Contudo, a opinião comum e reconhecida é a contrária, e com justiça; pois, em primeiro lugar, esse ato mesmo do entendimento é um efeito da vontade etc."

Observo aqui, em primeiro lugar, que o bispo se engana ao dizer que eu ou qualquer outro patrono da necessidade são da opinião de que a vontade segue sempre o último julgamento da reta razão. Pois ela segue igualmente o julgamento tanto de um raciocínio errôneo como de um verdadeiro; e a verdade em geral é que ela segue a última opinião de bondade ou maldade do objeto, seja a opinião verdadeira ou falsa.

Em segundo lugar, observo que, ao fazer o entendimento ser um efeito da vontade, ele pensa que um homem pode ter uma vontade de alguma coisa sobre a qual não pensa. E ao dizer que "é a vontade que, desejando algum bem particular, engaja e ordena ao entendimento se informar etc.", ele pensa não apenas que a vontade deseja um bem particular, antes que o homem o conceba como um bem, mas também que estas palavras – "ordena ao entendimento" – e estas – "cabe à vontade, assim como ao general do exército, fazer com que as outras potências da alma passem a seus atos", além de muitas outras que as sucedem – possuem sentido, o que não possuem, mas são mera confusão e vacuidade, por exemplo, "o entendimento determina a vontade não de maneira natural, mas moral", e "a vontade é movida pelo entendimento", que são expressões ininteligíveis. "Movida não à maneira de uma causa eficiente" é sem sentido. E, quando diz que "é ridículo dizer que o objeto da vista é a causa da visão", mostra tão claramente que não entende absolutamente nada de filosofia natural, que me sinto arrependido de ter tido a má fortuna de estar comprometido com ele numa disputa desse tipo. O mais simples dos camponeses não poderia dizer algo tão absurdo com relação ao entendimento como essa sentença do bispo: "o julgamento do entendimento não é sempre *practice practicum*". Um camponês admitirá que há julgamento nos homens, mas falar de um julgamento do entendimento é o mesmo que falar de um julgamento do julgamento. E se *practice practicum* tivesse sentido, ele poderia ter traduzido essa expressão para a nossa língua. Seguem-se muitas outras coisas desse tipo.

(b) "Por fim, quando ele diz que 'a natureza da escolha consiste em seguir as nossas esperanças e medos', não posso deixar de observar que não há um único termo de arte neste tratado inteiro que ele utilize no sentido correto; espero que isso não proceda de um desejo de singularidade, nem de um desprezo pelos escritores precedentes" etc.

Ele poderia ter dito que não há um único jargão ou palavra sem sentido; e que isso é proveniente de um desejo de verdade, de um desprezo de escritores metafísicos e de um desejo de reconstruir o saber que eles tornaram confuso e desordenado.

N. 8

T.H. Supondo-se, parece, que eu possa responder, como já fiz, que a necessidade e a escolha podem ser compatíveis e dar como exemplo disso as ações das crianças, dos tolos e das bestas, cujas fantasias, poderia dizer, são determinadas de maneira necessária e para uma única coisa, ele deseja, antes de apresentar suas provas a partir das Escrituras, antecipar e frustrar tais exemplos e diz, assim, que a ação das crianças, tolos, loucos e bestas brutas são de fato determinadas, mas não se originam da escolha nem de agentes livres, mas sim de agentes espontâneos, como a abelha, que, ao produzir o mel, o faz espontaneamente, e a aranha, que, ao produzir suas teias, o faz espontaneamente e não por escolha. Embora eu jamais tivesse a intenção de fundamentar qualquer resposta na experiência do que as crianças, tolos, loucos e bestas fazem, a fim de que vossa Senhoria possa compreender o que pode ser entendido por espontâneo e sua diferença em relação a voluntário, responderei a essa distinção e mostrarei que ela entra em conflito com os argumentos que dela decorrem. Vossa Senhoria considere, pois, que todas as ações voluntárias, quando a coisa que induz a vontade não é o medo, são também denominadas espontâneas e se diz que são feitas de moto próprio. Assim, quando um homem dá dinheiro voluntariamente a outro em troca de mercadorias ou por afeição, diz-se que ele o faz de moto próprio, o que em latim é *sponte*, e a ação é, portanto, espontânea. Ao contrário, dar voluntariamente o próprio dinheiro para um ladrão para evitar o assassinato ou lançá-lo ao mar para evitar o afogamento,[68] quando o motivo é o medo, não são consideradas ações espontâneas. Mas nem toda ação espontânea é por isso voluntária; pois "voluntário" pressupõe alguma deliberação precedente, isto é, alguma consideração e meditação sobre o que é plausível se seguir tanto da realização como da absten-

---

68 Trata-se do exemplo apresentado por Aristóteles de uma ação mista, que não é involuntária (já que o princípio da ação está no agente e a ação não é praticada por ignorância) nem totalmente voluntária, uma vez que ninguém escolheria esse ato (lançar seus bens ao mar) por si mesmo (*Ética a Nicômaco*, III, 1, 1110a7-19).

ção da ação deliberada, ao passo que muitas ações são realizadas de nosso próprio moto e são, portanto, espontâneas, as quais, contudo, nunca foram, como ele pensa, objeto de consulta ou deliberação nossa. Assim, não se coloca nenhuma questão ou a menor dúvida do mundo se o que estamos prestes a fazer é bom, como quando comemos, andamos ou, sob a raiva, golpeamos ou insultamos – ações que ele julga serem espontâneas, mas não voluntárias nem eletivas. E ele diz que tal tipo de ação é compatível com a necessitação, mas não o são aquelas que são voluntárias e provenientes da escolha e deliberação. Ora, se eu vos mostrar que mesmo essas ações que ele diz serem provenientes da espontaneidade e que atribui apenas aos tolos, crianças, loucos e bestas resultam da deliberação e da escolha, e que essas ações irrefletidas, precipitadas e espontâneas se encontram ordinariamente naqueles que são considerados por eles próprios e por tantos outros sábios ou mais sábios do que os homens ordinários, vereis que seu argumento possui como conclusão que a necessidade e a escolha são compatíveis, o que é contrário ao que ele queria provar por meio do restante de seus argumentos.

E, em primeiro lugar, a experiência de vossa própria Senhoria supre-o com provas suficientes de que cavalos, cães e outras bestas hesitam muitas vezes em relação ao caminho que devem tomar, como o cavalo, que recua de alguma figura estranha que vê, e retoma a marcha, para evitar a espora. E o que o homem que delibera faz senão isso, sendo que enquanto um continua em direção à ação, outro recua dela, na medida em que a esperança de um bem maior o atrai ou o medo de um mal maior o afasta? Uma criança pode ser jovem a ponto de fazer tudo o que faz sem nenhuma deliberação, mas isso ocorre apenas até se ferir por acidente ao fazer algo ou até ter idade para entender a varinha de açoite; pois as ações nas quais sofreu alguma vez um revés devem ser objeto de deliberação numa segunda vez. Claramente tolos e loucos não deliberam menos do que os homens mais sábios, embora não façam uma escolha tão boa, posto que as imagens das coisas são alteradas pelas doenças. Quanto às abelhas e às aranhas, se ele tivesse tão pouco a fazer a ponto de poder ser o espectador de suas ações, teria admitido haver não apenas escolha, mas também arte, prudência e diretrizes de conduta nelas quase tanto quanto nos homens. Sobre as abelhas, Aristóteles diz que a sua vida é civil.[69] Ele se engana se pensa que uma ação espontânea que já foi estorvada difere de uma ação voluntária e eletiva, pois mesmo a colocação de um pé no ato de caminhar e a ação de comer ordinária foram em algum momento deliberadas, para se determinar como e quando devem ser feitas. E embora tenham posteriormente se tornado fáceis e habituais, a ponto de serem realizadas sem pensamento prévio, isso não impede que a ação seja voluntária e resultante da escolha. Do mesmo modo, as ações mais precipitadas das pessoas coléricas são voluntárias e partem de deliberação. Pois quem, senão crianças muito jovens, não considera quando e quanto pode atacar ou insultar com segurança? Visto que ele concorda comigo que tais ações são determinadas de maneira necessária e que a fantasia daqueles que as cometem é determinada para as ações que realizam, segue-se da sua doutrina que a liberdade de escolha não elimina a necessidade de escolher esta ou aquela coisa particular. Assim, um de seus argumentos entra em conflito com outro.

---

[69] Aristóteles, *História dos animais*, I, 1, 488a5-10.

J.D. Observamos antes em parte como T.H. cunhou uma nova espécie de liberdade, uma nova espécie de necessidade, uma nova espécie de escolha, e, agora, nesta seção, uma nova espécie de espontaneidade e uma nova espécie de ações voluntárias. Embora ele diga que aqui não há nada de novo para ele, começo a suspeitar que ou bem há aqui muitas coisas novas para ele, ou bem a sua escolha não é o resultado de uma deliberação séria e madura.

(a) A primeira coisa que pretendo mostrar é o quão frequentemente ele confunde o sentido do que digo nesta única seção. Em primeiro lugar, para mim, as ações voluntárias e as ações espontâneas são uma e mesma coisa; ele disse que eu as distingo, de modo que as ações espontâneas podem ser necessárias, mas não as ações voluntárias. Em segundo lugar (b), distingo as ações em livres e voluntárias. Aquelas são sempre deliberadas, estas podem ser indeliberadas; todas as ações livres são voluntárias, mas nem todas as voluntárias são livres. Mas ele diz que eu as confundo e as trato como sendo a mesma. (c) Em terceiro lugar, ele diz que atribuo espontaneidade apenas aos tolos, crianças, loucos e bestas, mas admito que a espontaneidade tem lugar nos homens racionais, tanto quando está compreendida na liberdade como quando se distingue dela.

(d) Contudo, não tenho razões para ficar ofendido com isso, pois ele não procede comigo de outra maneira do que faz consigo mesmo. Aqui ele nos diz que "voluntário pressupõe deliberação". Mas no debate n. 25 ele nos diz o contrário, "que tudo o que decorre do último apetite é voluntário, e, quando há apenas um apetite, este é o último" e que "jamais se pode dizer que uma ação de um homem ocorre sem deliberação, por mais repentina que seja". Da mesma maneira (n. 33), ele nos diz que "por espontaneidade se entende uma maneira de proceder irrefletida, ou então nada"; não obstante, ele nos diz aqui que "todas as ações voluntárias que não se originam do medo são espontâneas", das quais muitas são deliberadas, como aquela que ele próprio exemplificou: "dar dinheiro em troca de mercadoria". Em terceiro lugar, quando eu disse que crianças agem espontaneamente antes de possuírem o uso da razão, como quando mamam no peito, mas não agem livremente, porque não possuem juízo para deliberar ou escolher, T.H. trata de provar que elas deliberam e escolhem sim; e, não obstante, logo depois admite novamente que "uma criança pode ser jovem a ponto de fazer o que faz sem nenhuma deliberação".

Além desses equívocos e contradições, ele comete também outros erros nesta seção. Como este: que nenhuma ação resultante do medo é espontânea. Aquele que lança seus bens ao mar para evitar o afogamento, fá-lo não apenas *espontaneamente*, mas mesmo *livremente*. Aquele que quer o fim, quer os meios conduzindo àquele fim. É verdade que se a ação for considerada apenas em si mesma, sem todas as circunstâncias, nenhum homem lança seus bens ao mar voluntária ou espontaneamente. Mas se considerarmos a ação, como neste caso particular, investida com todas as circunstâncias, e em vista do fim, isto é, a salvação de sua própria vida, não apenas é voluntária e espontânea, mas eletiva e escolhida por ele como o meio mais adequado para sua própria conservação. Assim como há uma vontade antecedente e uma subsequente, há uma espontaneidade antecedente e subsequente. Seu argumento gramático, fundamentado na derivação de espontâneo a partir de *sponte*, nada vale; aprendemos nos rudimentos da lógica que a relação entre cognatos está por vezes apenas no nome e não na coisa. Aquele que lança os seus bens ao mar pode fazê-lo de moto próprio e em vista do fim. Em segundo lugar, ele erra também nisto, que nada é oposto à espontaneidade a não ser o medo. Ignorância invencível e antecedente destrói a natureza da espontaneidade ou voluntariedade ao remover aquele conhecimento que poderia e teria impedido a ação. Como um homem que pensa atirar em uma besta selvagem num arbusto e atira em seu amigo, o que, se soubesse, não teria feito. Esse homem não mata o seu amigo de moto próprio.

A fim de compreender mais claramente essas coisas e saber o que é espontaneidade, consultemos por ora as Escolas sobre a diferença entre as ações voluntárias e involuntárias. Alguns atos são totalmente provenientes de uma causa extrínseca, como o lançamento de uma pedra para cima, uma violação ou quando um cristão é arrastado ao templo do ídolo por pura força; esses são denominados atos violentos. Em segundo lugar, alguns se originam de uma causa intrínseca, mas sem nenhum tipo de conhecimento do fim, como a queda de uma pedra para baixo: esses atos são denominados naturais. Em terceiro lugar, alguns se originam de um princípio interno, com um conhecimento imperfeito do fim, no qual há um apetite do objeto, mas nenhuma deliberação ou escolha, como os atos dos tolos, crianças, bestas e os atos irrefletidos dos homens de juízo. Esses atos são denominados voluntários ou espontâneos. Em quarto lugar, alguns se originam de uma causa intrínseca, com um conhecimento mais perfeito do fim, e são escolhidos a partir de uma deliberação. Esses atos são denominados livres. Desse modo, a razão formal da liberdade é a escolha. O requisito necessário da escolha é a deliberação. A deliberação implica o uso atual da razão. Mas a deliberação e a escolha não podem subsistir com uma predeterminação extrínseca para uma única coisa. Como um homem poderia deliberar ou escolher qual caminho tomar se sabe que todos os caminhos, com exceção de um, estão fechados e impossibilitados para ele? Este é o sentido genuíno destas palavras *"voluntário"* e *"espontâneo"* nesta questão. Embora elas sejam tomadas de vinte maneiras diferentes, vulgar ou metaforicamente, como quando dizemos "úlceras espontâneas", onde não há absolutamente nenhum apetite, isso não tem nenhuma importância para esta controvérsia, que não é sobre palavras, mas sobre as coisas; não sobre o que as palavras "voluntário" ou "livre" significam ou podem significar, mas sim sobre a questão de se todas as coisas são predeterminadas extrinsecamente para uma única coisa ou não.

Uma vez estabelecidas essas explicações para o esclarecimento do verdadeiro sentido das palavras, a próxima coisa a ser examinada é que contradição ele observou em meu discurso ou como esse argumento se opõe aos seus. "Se eu", diz T.H.,

> mostrar que essas ações espontâneas dos tolos, crianças, loucos e bestas resultam da deliberação e da escolha, e que essas ações irrefletidas e não deliberadas se encontram nos homens mais sábios, então esse argumento possui como conclusão que a necessidade e a escolha são compatíveis, o que é contrário a sua afirmação.

Se isso pudesse ser mostrado tão facilmente como é enunciado, dir-lhe-ia respeito no mais alto grau, ele que, devendo provar que os homens racionais não são livres da necessidade, trata de provar que as bestas brutas deliberam e escolhem, o que é o mesmo que dizer que são livres da necessidade. Mas isso não me diz respeito de modo nenhum, pois não afirmo nem possuo a opinião de que a necessidade e a escolha não podem coexistir no mesmo sujeito; atos violentos, naturais, espontâneos e deliberados ou eletivos podem coexistir no mesmo sujeito. Mas o que digo é que a necessidade e a escolha não podem coexistir juntas no mesmo ato. Aquele que é determinado para uma única coisa não é livre para escolher entre várias coisas, senão uma. Para começar com a sua última suposição de "que homens sábios podem praticar ações irrefletidas e indeliberadas", admito-a prontamente. Mas onde ele aprendeu a inferir conclusões gerais a partir de premissas particulares, como esta: dado que homens sábios praticam algumas ações indeliberadas, nenhum ato que eles praticam é livre ou eletivo? Em segundo lugar, com relação à sua suposição precedente de "que tolos, crianças, loucos e bestas deliberam e escolhem", caso pudesse justificá-la, não sou eu quem se contradiz a si mesmo ou entro em conflito com minha própria asserção, mas sim ele, que se empenha em provar aquilo que eu nego completamente. Ele bem pode encontrar uma contradição entre ele e mim; pois, caso contrário, qual fim teria esta disputa? Mas ele não poderá encontrar uma diferença entre mim e mim mesmo. Mas a verdade é que ele não consegue provar nenhuma dessas coisas e isso me conduz a minha sexta consideração de que nem cavalos, nem abelhas, nem aranhas, nem crianças, nem tolos, nem loucos deliberam ou escolhem.

 O seu primeiro exemplo é o do cavalo ou cão, mas mais especificamente do cavalo. Ele me disse que eu dividi meu argumento em esquadrões, para me acomodar à vossa Senhoria, que é um homem militar, e acredito que seja pela mesma razão que seu primeiro exemplo seja o do cavalo, por reverência a vossa experiência. Até aqui tudo bem, mas, fora isso, o exemplo é muito desvantajoso à sua causa. Os homens costumam dizer a respeito de um rapaz obtuso que ele não tem mais cérebro do que um cavalo. E o profeta Davi disse (Salmo, 32, 9): "não sejas como o cavalo e a mula, que não possuem entendimento". Como eles deliberam sem entendimento? E no Salmo, 49, 20 ele diz o mesmo a respeito de todas as bestas brutas: "o homem que está cercado de honrarias não entende e se torna semelhante às bestas que perecem". O cavalo "hesita em relação ao caminho que vai tomar". Por que não? Objetos externos ou fantasias internas podem produzir uma pausa em seu curso, embora ele não possua nenhum juízo nem para deliberar nem para escolher. "Ele recua de alguma figura estranha que vê e retoma a marcha para evitar a espora." Isso ele pode fazer, mas, mesmo assim, está longe de ser capaz de deliberação. Tudo isso resulta da paixão sensitiva do medo, que é uma perturbação que se origina da expectativa de algum mal iminente. Mas ele insiste: "o que um homem que delibera faz senão isso?". Ora, muitas coisas. O cavalo teme algum objeto externo, mas a deliberação é uma comparação de vários meios conduzindo a um mesmo fim. O medo normalmente diz respeito a uma única coisa, e a deliberação, a mais de uma; o medo diz respeito àquelas coisas que não estão em nosso poder, a deliberação, àquelas que estão em nosso poder; o medo frequentemente provém de antipatias naturais, mas com relação a essas inconveniências da natureza a deliberação não tem absolutamente lugar algum. Numa palavra, o medo é um inimigo da deliberação e trai o que poderia vir em socorro da alma. Se o cavalo efetivamente deliberou, ele deveria consultar a razão para saber se era mais vantajoso para ele ir por aquele caminho ou não. Ele teria representado a si mesmo todos os perigos tanto de ir como de ficar e comparado um com o outro, e escolhido aquele que é menos mau; teria considerado se não era melhor aceitar um pequeno risco do que falhar de maneira ingrata e desonesta com seu dever para com o seu mestre, que o adestrou e alimentou. Isso o cavalo não faz; nem é possível para ele fazê-lo.

Em segundo lugar, quanto às crianças, T.H. admite que podem ser jovens a ponto de não deliberarem nada; posteriormente, na medida em que alcançam gradualmente o uso da razão, tornam-se gradualmente agentes livres. Só então deliberam; antes disso não deliberam. A varinha de açoite pode ser um meio para fazê-las usar a sua razão, quando possuem a potência para exercê-la, mas a varinha de açoite não pode produzir a potência antes que elas a possuam.

Em terceiro lugar, quanto aos tolos e loucos, não se deve entender por tais loucos aqueles que possuem seus *lucida intervalla*, que possuem acessos de loucura e lucidez. Quando possuem o uso da razão, não são loucos, mas podem deliberar, assim como os outros. Tampouco aqueles tolos que são apenas comparativamente tolos, isto é, menos sábios do que os outros. Esses podem deliberar, embora não de modo tão claro e judicioso como os outros. Mas, quanto aos genuínos loucos e tolos de nascença, dizer que eles, que não possuem o uso da razão, deliberam ou usam a razão implica contradição.

Mas é nas suas abelhas e aranhas que ele deposita seu maior voto de confiança. Ele diz que "se eu tivesse sido espectador de suas ações, eu teria admitido haver não apenas escolha, mas também arte, prudência e sagacidade muito próximas daquelas da humanidade, cuja vida, como Aristóteles diz, é civil". Na verdade, contemplei as suas ações muitas vezes e fiquei muito surpreso com as suas curiosas obras; não obstante, os meus pensamentos não concerniam tanto a elas como a seu Criador, que é *sic magnus in magnis*, que ele não é *minor in parvis*; tão grande nas coisas grandes, que não é menor nas coisas pequenas. Sim, eu vi as mais parvas das criaturas, e, vendo as suas excelentes obras, vi o suficiente para refutar os ateus atrevidos deste tempo e as suas blasfêmias infernais. Eu as observei, mas louvei as maravilhosas obras de Deus e admirei aquele primeiro e excelente intelecto, que tanto adaptou os seus órgãos como determinou as suas imaginações para essas obras particulares. Não fui tão simplório a ponto de atribuir essas coisas excelentes à sua própria invenção, que eu sabia proceder do mero instinto da natureza. Em todas as outras coisas, elas são as mais obtusas das criaturas. A respeito das abelhas, os naturalistas escrevem que a sua imaginação é imperfeita, não sendo distinta de seu sentido comum, que está difundida por seus corpos e que percebem apenas as coisas presentes. Quando Aristóteles as denomina criaturas políticas ou sociáveis, ele não queria realmente dizer que elas vivem uma vida civil, mas o diz por analogia, porque, assim como elas fazem tais coisas por instinto, criaturas verdadeiramente políticas fazem-no pelo juízo. Tampouco concluo que eram matemáticas a partir da leitura de Santo Ambrósio sobre as suas células hexagonais ou sexangulares. Tampouco pensei que eram capazes de atos de piedade religiosa ou de virtudes teológicas quando li em Crespet[70] que elas invocam Deus para o seu auxílio quando saem de suas colmeias cruzando as suas patas na forma de uma cruz e curvando-se — elas que vi serem, em todas as outras oca-

---

70 Pierre Crespet (1543-1594) foi um padre da ordem dos celestinos e autor de diversas obras de teologia.

siões nas quais as suas imaginações não eram determinadas, as mais obtusas das criaturas, desconhecedoras não apenas da reta razão, mas de qualquer coisa que se lhe assemelha.

Em sétimo lugar, quanto àquelas ações que são feitas a partir de deliberações precedentes e passadas, elas não são apenas atos espontâneos, mas livres. Os hábitos contraídos pelo uso e experiência ajudam a vontade a agir com mais facilidade e determinação, assim como a mão do artífice é ajudada pelas suas ferramentas. E as deliberações precedentes, se forem sóbrias e sérias e se revelarem profícuas pela experiência, poupam o esforço de reflexões subsequentes: *frustra fit per plura, quod fieri potest per pauciora*.[71] Não obstante, as ações que são realizadas em virtude desses hábitos anteriormente adquiridos não são menos livres do que seriam se a deliberação fosse simultânea com esta ação particular. Aquele que adquiriu um hábito e habilidade para tocar uma determinada lição não precisa de uma nova deliberação de como tocá-la toda vez que a toca repetidamente. Contudo, estou longe de concordar com ele de que a ação de andar ou comer, universalmente consideradas, são ações livres ou provenientes da verdadeira liberdade; não tanto porque lhes falta uma deliberação particular antes de cada ato individual, mas sim porque são movimentos animais e não necessitam de nenhuma deliberação da razão, como vemos nas bestas brutas. E, no entanto, as mesmas ações, quando são consideradas individualmente e investidas com as suas devidas circunstâncias, podem e frequentemente são ações livres sujeitas à liberdade do agente.

---

71 "É em vão que se faz com mais o que se pode fazer com menos" (Guilherme de Ockham, *Summa logicae*, I, cap. 12).

Por fim, é um grande erro comparar, como faz T.H., os primeiros movimentos ou as tentativas precipitadas das pessoas coléricas com tais hábitos adquiridos. Essas tentativas precipitadas são ações voluntárias e podem ser algumas vezes facilitadas por hábitos adquiridos. Mas, não obstante, dado que as ações são frequentemente alteradas e variadas pelas circunstâncias de tempo, lugar e pessoa, o ato que em um momento é moralmente bom pode ser, em outro momento, moralmente ruim; e dado que uma deliberação geral precedente de como fazer esse tipo de ação não é suficiente para fazer esta ou aquela ação particular boa ou vantajosa, a qual, sendo em si mesma boa, pode, não obstante, em virtude das circunstâncias particulares, tornar-se inconveniente ou desvantajosa para algumas pessoas, em alguns momentos, em alguns lugares. Assim, uma deliberação geral precedente de como fazer algum ato, como escrever, não é suficiente para fazer com que um ato particular, como a minha escrita desta réplica particular, seja praticado livremente sem uma deliberação particular ulterior. Um homem aprende francês deliberadamente — esse é um ato livre. O mesmo homem, sob cólera e paixão, insulta seu amigo em francês sem nenhuma deliberação — esse é um ato espontâneo, mas não livre. Se ele tivesse tomado tempo para refletir, não teria insultado seu amigo. Embora não seja livre, também não é tão necessário como as abelhas produzindo o mel, cujas imaginações não são apenas inclinadas, mas determinadas por natureza àquele ato. Ele se engana, então, de todas as maneiras. E a sua conclusão de que a liberdade de escolha não exclui a necessidade de escolher esta ou aquela coisa particular não é uma consequência da minha doutrina, mas de sua própria. Tampouco meus argumentos entram em conflito uns com os outros, mas sua opinião pessoal entra em conflito tanto comigo como com a verdade indubitável. Um agente livre dotado de liberdade de escolha ou de uma potência eletiva pode, contudo, ser determinado de maneira necessária em certos atos particulares, mas esses atos nos quais é determinado de maneira necessária não decorrem de sua potência eletiva, assim como os atos que decorrem de sua potência eletiva não são determinados de maneira necessária.

CRÍTICA DA RÉPLICA DO BISPO N. 8

(a) "A primeira coisa que pretendo mostrar é o quão frequentemente ele confunde o sentido do que digo nesta única seção. Em primeiro lugar, para mim, as ações voluntárias e as ações espontâneas são uma e mesma coisa; ele disse que eu as distingo etc."

É bem possível que eu tenha me enganado a respeito do que ele disse, pois nem ele nem eu o compreendemos. Se essas ações são uma mesma coisa, por que ele introduz sem necessidade esta estranha palavra "espontâneo"? Ou melhor, por que os escolásticos a introduzem senão para simplesmente se esquivar da dificuldade de manter o seu dogma de livre-arbítrio?

(b) "Em segundo lugar, distingo as ações em livres e voluntárias; mas ele diz que eu as confundo e as trato como sendo a mesma."

Na sua resposta n. 2,[72] ele diz que, para esclarecer a questão, devemos conhecer a diferença entre estas três: a necessidade, a

---

72 Essa distinção entre necessidade, espontaneidade e liberdade aparece, na realidade, no N. 3 e não no N. 2.

espontaneidade e a liberdade. E porque pensei que ele soubesse que isso não poderia ser esclarecido sem a compreensão do que é a vontade, tinha motivo para pensar que "espontaneidade" era a sua nova palavra para "vontade". E, logo depois, "algumas coisas são necessárias, e não voluntárias ou espontâneas; algumas coisas são tanto necessárias como voluntárias". Estas palavras "voluntário" e "espontâneo", assim reunidas, fariam qualquer um acreditar que "espontâneo" foi introduzida para explicar "voluntário", pois isso não é nenhuma raridade na eloquência dos escolásticos. Portanto, estas palavras que são afirmadas um pouco depois – "a espontaneidade consiste numa conformidade do apetite, seja intelectual ou sensitivo" – significam que a espontaneidade é uma conformidade ou semelhança do apetite com o objeto; o que, para mim, soa como se ele tivesse dito que o apetite é semelhante ao objeto – o que é tão pertinente como dizer que a fome é semelhante à carne. Se é isso o que o bispo pretende dizer, como é o significado de suas palavras, ele é um filósofo muito sutil. Mas doravante não vou mais me aventurar a dizer que o que ele diz é isto ou aquilo, especialmente quando ele utiliza os termos de arte.

(c) "Em terceiro lugar, ele diz que atribuo espontaneidade apenas aos tolos, crianças, loucos e bestas, mas admito que a espontaneidade tem lugar nos homens racionais etc."

Decidi não tratar mais da espontaneidade. Mas desejo que o leitor observe que as pessoas comuns, de cuja arbitragem depende o significado das palavras de uso corrente, denominavam, entre os latinos e os gregos, espontâneas e αυτόματα todas as ações e movimentos cuja causa não percebiam; digo não aquelas ações que não possuíam causas, pois todas as ações possuem as suas causas, mas aquelas ações cujas causas não percebiam.

De modo, então, que "espontâneo", enquanto denominação geral, compreende muitas ações e movimentos de criaturas inanimadas, como a queda de coisas pesadas, que eles pensavam ser espontâneas, e que, se não fossem impedidas, cairiam de seu *próprio moto*. O termo "espontâneo" designava também todos os movimentos animais que se iniciavam a partir da vontade ou apetite. Porque as causas da vontade e do apetite não eram percebidas, eles supunham, como o bispo supõe, que elas eram causas de si mesmas. De modo, então, que aquilo que em geral é denominado espontâneo e se aplica aos homens e às bestas, em especial, é denominado voluntário. Contudo, a vontade e o apetite costumam ser distinguidos em certas ocasiões, ainda que sejam a mesmíssima coisa. Pois, no comércio público dos homens, no qual cada um deve julgar a vontade, bem como a regularidade e irregularidade das ações dos outros, considera-se como a vontade, no julgamento público, não todos os apetites, mas apenas o último, tampouco todas as ações resultantes do apetite, mas apenas aquela que foi precedida ou deveria ter sido precedida por alguma deliberação. E é assim que ocorre, digo eu, quando um homem deve julgar a vontade de outro. Pois todo homem sabe por si mesmo que aquilo que deseja ou para o que possui um apetite é o mesmo para o que possui uma vontade, ainda que a sua vontade possa mudar antes que tenha obtido o que deseja. Não compreendendo nada disso, o bispo poderia, se isso lhe tivesse aprazido, tê-lo denominado um jargão. Mas ele preferiu extrair disso algumas contradições no meu discurso. E, assim, diz:

(d) "Contudo, não tenho razões para ficar ofendido com isso (querendo indicar tais contradições), pois ele não procede comigo de outra maneira do que faz consigo mesmo."

É uma contradição, diz ele, que, tendo dito que "voluntário pressupõe deliberação", eu diga em outro lugar "que tudo o que decorre do último apetite é voluntário e, onde não há senão um único apetite, este é o último". Ele não observa que *"voluntário"* pressupõe *deliberação* quando o julgamento, seja a ação voluntária ou não, não está no ator, mas no juiz, que não observa a vontade do ator, se não há nada a ser acusado de malícia deliberada na ação, mas que, não obstante, sabe que, mesmo que haja apenas um único apetite, o mesmo constitui verdadeiramente a vontade naquele momento, e a ação, caso se siga, uma ação voluntária.

É também uma contradição, diz ele, que, tendo dito que "jamais se pode dizer que uma ação de um homem ocorre sem deliberação, por mais repentina que seja", eu diga posteriormente que "por espontaneidade se entende uma maneira de proceder irrefletida".

Novamente, ele não observa que a ação de um homem, que não seja uma criança, é considerada num julgamento público uma deliberação, por mais precipitada, irrefletida e repentina que seja, porque se supõe que ele deva considerar e comparar a sua ação pretendida com a lei. Tal ação repentina e irrefletida era, então, verdadeiramente voluntária.

Outra contradição que ele encontra é esta: que, tendo tratado de provar "que crianças deliberam e escolhem antes de possuírem o uso da razão", eu diga logo depois que uma "criança pode ser jovem a ponto de fazer o que faz sem nenhuma deliberação". Não vejo, entretanto, nenhuma contradição aqui, pois uma criança pode ser jovem a ponto de o apetite de algo ser seu primeiro apetite; mas, posteriormente, e frequentemente antes de ela ter alcançado o uso da razão, pode escolher uma coisa e rejeitar outra, e considerar as consequências do que irá fazer. E por que não também as bestas, os quais jamais possuem o uso da razão? Pois eles não deliberam como os homens? Pois, apesar de os homens e as bestas diferirem muito em muitas coisas, eles não se diferenciam, não obstante, na natureza da sua deliberação. Um homem pode calcular com palavras de significados gerais, fazer proposições e silogismos e computar com números, grandezas, proporções e outras coisas computáveis, o que, sendo feito com a vantagem da linguagem e das palavras de significações gerais, uma besta que não possui linguagem não pode fazer, tampouco um homem que possui linguagem, caso use de maneira errônea as palavras, que são os seus numeradores. Daí em diante, até o final deste número, ele discursa novamente sobre a espontaneidade e de como se encontra nas crianças, loucos e bestas; a esse respeito, não vou me intrometer, como resolvi anteriormente; deixe o leitor pensar e julgar como lhe apraz.

N. 9

J.D. Em segundo lugar, (a) aqueles que poderiam ter feito e podem fazer muitas coisas que não fazem e aqueles que não fazem muitas coisas que poderiam fazer não são nem compelidos nem determinados de maneira necessária a fazer o que fazem, mas possuem uma liberdade verdadeira. Mas podemos fazer muitas coisas que não fazemos e fazemos muitas coisas que poderíamos não ter feito, como aparece claramente em I Reis 3, 11: "Porque pediste isto e não pediste uma vida longa para ti mesmo, nem pediste riqueza para ti mesmo ou a vida de teus inimigos" etc. Deus deu a Salomão a sua escolha. Ele poderia ter pedido riqueza, mas então não teria pedido sabedoria, que foi o que pediu. Ele pediu sabedoria, mas poderia ter pedido riqueza, o que, não obstante, não pediu. E Atos 5, 4: "Depois que foi vendido, o dinheiro não estava em teu poder?" Estava em seu poder dá-lo e mantê--lo. Não obstante, se tivesse dado, não poderia mantê-lo; e se tivesse mantido, não poderia dá-lo. Portanto, podemos fazer o que não fazemos. E não fazemos o que poderíamos fazer. Isto é, possuímos uma liberdade verdadeira em relação à necessidade.

T.H. O segundo argumento extraído das Escrituras consiste nas histórias de homens que fizeram uma coisa quando, se quisessem, poderiam ter feito outra. As passagens são duas. Uma delas está em 1 Reis 3, 11, onde a história diz que Deus está contente com Salomão, que poderia, se quisesse, ter pedido riqueza ou vingança, mas que, não obstante, pediu sabedoria às mãos de Deus. A outra são as palavras de São Pedro a Ananias (Atos, 5, 4): "Depois que foi vendido, o dinheiro não estava em teu poder?".

A isso a resposta é a mesma que dei a passagens precedentes: elas provam que há escolha, mas não refutam a necessidade do que é escolhido por eles, necessidade que defendo.

J.D. Obtivemos exatamente a mesma resposta duas vezes antes. Parece que ela o satisfaz plenamente, caso contrário não a empunharia novamente, tão repentinamente, à força e sem nenhum propósito, se não a considerasse um pancresto, um bálsamo para todas as feridas ou um *dictamnum*, um dictamno soberano para fazer todas as armas de seus adversários largarem as feridas de sua causa, apenas pela sua mastigação, sem nenhuma aplicação à ferida. Não perderei tempo em mostrar mais como os membros de sua distinção anulam uns aos outros e um suprime o outro. Considerar que todas as escolhas são entre uma única coisa imposta pela necessidade e uma outra que é absolutamente impossível é considerar que a escolha não é escolha de modo nenhum. Mas me abstenho de insistir nisso por ora. Se posso me atrever a usar a sua frase, a sua resposta mira numa direção bem diferente do meu argumento. Minha segunda razão era esta: "aqueles que podem e poderiam ter feito muitas coisas que não fazem e aqueles que não fazem muitas coisas que poderiam fazer não são determinados de maneira necessária, tampouco determinados antecipadamente e exatamente a fazer o que fazem".

Mas poderíamos fazer muitas coisas que não fazemos e fazemos muitas coisas que poderíamos não fazer, como aparece de maneira evidente nos textos citados. Portanto, não somos determinados de modo antecedente e de maneira precisa, tampouco determinados de maneira necessária a fazer todas as coisas que fazemos. O que há de relativo à *escolha* neste argumento? A qual proposição, a qual termo T.H. responde? Nada do que ele afirma, nega ou distingue diz respeito ao que está contido no meu argumento. Aqui posso me atrever a exortá-lo a dar uma resposta mais pertinente.

CRÍTICA DA RÉPLICA DO BISPO N. 9

O bispo, para provar o livre-arbítrio, citou este texto: "Porque pediste isto e não pediste uma vida longa para ti mesmo" etc. E este outro (Atos 5, 4): "Depois que foi vendido, o dinheiro não estava em teu poder?". Disso ele infere que não havia necessidade de que Salomão devesse pedir sabedoria em vez de uma vida longa, nem de que Ananias contasse uma mentira concernente ao preço pelo qual vendeu seu terreno. E a minha resposta de que elas provam que há escolha, mas não refutam a necessidade da escolha, não o satisfez, porque, diz ele, (a) "aqueles que poderiam ter feito o que não fizeram e não fizeram o que poderiam ter feito não são determinados de maneira necessária".

Mas como ele sabe (entendendo a potência[73] na sua correta acepção) que Salomão tinha uma potência real para pedir uma vida longa? Sem dúvida Salomão não conhecia nada que contrariasse isso, mas, não obstante, era possível que Deus o tivesse impedido. Pois, embora Deus tenha dado a Salomão a sua escolha, isto é, a coisa que ele deveria escolher, não decorre que ele não lhe tenha dado também o ato da escolha. E, quanto ao outro texto, no qual é dito que o preço da terra estava no poder de Ananias, a palavra *"poder"* não significa senão a palavra "direito", isto é, o direito de fazer o que lhe apraz com aquilo que é seu, o qual não é uma potência real e natural, mas um poder civil produzido pelo pacto. Portanto, a resposta anterior

---

[73] O termo "power", na obra de Hobbes, pode ser traduzido por "poder", "potência" e, mais raramente, por "força". Nos casos em que tem uma conotação política ou jurídica, indicando um poder autorizado – o que é indicado, nos textos latinos, pelo termo *potestas* –, traduzimos por "poder". Quanto aos casos nos quais o termo denota uma capacidade de produzir efeitos futuros – o que é indicado por Hobbes, em seus textos latinos, pelo termo *potentia*, seja no contexto de sua filosofia primeira, quando trata da relação entre potência e ato, que corresponde à relação entre causa e efeito concebida no futuro (cf. *Do Corpo*, cap. 10), seja no contexto de sua antropologia, quando trata da busca dos seres humanos por "meios para obter bens futuros" (cf. versão latina do *Leviatã*, cap. 10) –, traduzimos ora por "potência" (especialmente nos casos em que está ligada a determinado ato), ora por "poder", dependendo do contexto e das expressões portuguesas correspondentes. Para um tratamento desses vocábulos, cf. Foisneau, "Le Vocabulaire du pouvoir: *potentia/potestas, power*", in: Zarka, *Hobbes et son vocabulaire*, Paris: Vrin, 1992, e Limongi, "*Potentia e potestas* no *Leviathan* de Hobbes", in: *Dois Pontos*, v. 10, n. 1, 2013.

basta, de que tais passagens, apesar de serem suficientemente claras para provar a escolha, não possuem de modo nenhum força para suprimir a necessidade.

N. 10

J.D. Em terceiro lugar, se não houver verdadeira liberdade e todas as coisas ocorrerem por uma necessidade inevitável, então o que seriam todas essas interrogações, objurgações, repreensões e expostulações, que encontramos tão frequentemente nas sagradas Escrituras (seja dito com todo o devido respeito), senão exageros fingidos e hipócritas? "Comeste da árvore que te proibi comer?" (Gênesis 3, 11). E (verso 13) ele disse a Eva: "por que fizeste isso?". E (Gênesis 4, 6) a Caim: "por que estás irritado e por que estás abatido?". E Ezequiel 18, 31: "por que haveis de morrer, ó casa de Israel?". Deus o proíbe expressamente de comer e, não obstante, determina-o de maneira necessária, por si próprio ou por meio das causas segundas, secretamente a comer? Ele o repreende por fazer o que determinara antecedentemente que ele deveria fazer? Ele propõe coisas sob condições impossíveis? Ou não seria isso pura zombaria e escárnio? Um mestre bondoso repreende seu criado porque ele não veio a seu chamado, e, no entanto, sabe que esse pobre criado está acorrentado e agrilhoado de modo a não poder se mover, em virtude da própria ordem do mestre, sem que haja nenhuma falta ou consentimento de sua parte? Aqueles que falam aqui de uma dupla face da vontade de Deus, *secreta* e *revelada*, sendo uma oposta à outra, não entendem o que dizem. Essas duas vontades concernem a várias pessoas. A vontade secreta de Deus é o que ele próprio quer fazer; a vontade revelada de Deus é o que ele gostaria que nós fizéssemos. Pode ser a vontade secreta de Deus tirar a vida do pai; não obstante, a vontade revelada de Deus é que seu filho deva desejar e rezar pela sua vida. Aqui não há contradição, posto que os agentes são distintos. Mas constituiria a maior das dissimulações (receio proferir o que eles não receiam afirmar) se uma mesma pessoa ordenasse uma coisa e, não obstante, determinasse aquele a quem a ordem é dirigida a fazer necessariamente uma outra, ou se repreendesse um homem por fazer aquilo que determinara que ele faria de maneira inevitável e irresistível. A repreensão divina prova a liberdade do homem.

T.H. Para o terceiro e o quinto argumentos darei apenas uma única resposta.

J.D. (a) Certamente, argumentos distintos como são o terceiro e o quinto – um dos quais é extraído da verdade de Deus e, o outro, da justiça de Deus; um de suas objurgações e repreensões, o outro de seus julgamentos após a morte – requerem respostas distintas. Mas a pura verdade é que nem aqui, nem na sua resposta ao quinto argumento, nem em seu tratado inteiro, há uma única palavra que solucione ou satisfaça esse argumento ou qualquer parte dele. A única coisa que parece ser uma resposta está contida no N. 12 (p.161): "o que ele faz é justo porque ele faz; justo, digo eu, com relação a ele, mas nem sempre justo com relação a nós, pelo exemplo; pois um homem que ordenasse alguma coisa expressamente e secretamente tramasse o impedimento dessa coisa, agiria de maneira injusta se punisse aquele a quem a ordem foi dada por não executá-la". (b) Não ouso insistir nisso; espero que o que ele pretende dizer não seja tão mau como as palavras parecem indicá-lo e como as compreendo, a saber, que ele imputa falsidade àquele que é a própria verdade e justifica o fingimento e a dissimulação em Deus, como ele faz para a tirania, pela infinitude de seu poder e pelo caráter absoluto de seu domínio. E, portanto, se ele me permite, devo novamente apresentar-lhe novas intimações para uma resposta completa e clara a esse argumento também. Ele nos diz que não estava surpreso. Se estava ou não, não posso saber. Mas isto vejo claramente: ou que não possui argumentos ou que sua causa não admite escolha de respostas. Os judeus agiram engenhosamente quando, se deparando com um nó difícil que não podiam desatar, atribuíram-lhe a Elias: "Elias responderá quando vier".

CRÍTICA DA RÉPLICA DO BISPO N. 10

O bispo alegou isto: "em terceiro lugar, se não houver verdadeira liberdade e todas as coisas ocorrerem por uma necessidade inevitável, então o que seriam todas essas interrogações, objurgações, repreensões e expostulações, que encontramos tão frequentemente nas sagradas Escrituras (seja dito com todo o devido respeito), senão exageros fingidos e hipócritas?". Aqui, ao reunir duas suposições repugnantes de maneira maliciosa ou (seja dito com todo o devido respeito) ignorante, ele quer fazer os homens acreditarem que, porque sustento a necessidade, nego a liberdade. Sustento tanto quanto e até mais do que ele que há uma verdadeira liberdade, pois a sustento com base na necessidade e que é preciso necessariamente haver liberdade; mas ele não a sustenta com base na necessidade e faz com que seja, assim, possível que não haja nenhuma liberdade. As suas expostulações consistiam, em primeiro lugar, em "Comeste da árvore que te proibi comer?". Em segundo lugar, "por que fizeste isso?". Em terceiro lugar, "por que estás irritado e por que estás abatido?". Em quarto lugar, "por que haveis de morrer, ó casa de Israel?". Dado que esses argumentos requerem as mesmas respostas de algumas outras, pensei que seria adequado remetê-las àquelas que lhe são semelhantes. Mas o bispo não mo permitirá. Pois ele diz:

(a) "Certamente, argumentos distintos como são o terceiro e o quinto etc., requerem respostas distintas."

Devo, portanto, prestar contas dos significados das objurgações e expostulações anteriormente expostas, não quanto ao fim em vista do qual Deus disse "comeste da árvore etc.", mas como essas palavras podem ser compreendidas de maneira que não sejam incompatíveis com a doutrina da necessidade. Estas palavras "comeste da árvore que te proibi comer" convenceram Adão de que, a despeito de Deus ter colocado no jardim um meio de impedi-lo perpetuamente de morrer caso submetesse sua vontade às ordens de Deus concernentes à árvore do conhecimento do bem e do mal, ele não era suficientemente mestre de sua própria vontade para fazê-lo. Isso significa que um homem mortal, mesmo que seja atraído pela promessa de imortalidade, não pode governar sua própria vontade, embora sua vontade governe suas ações, e essa dependência das ações em relação à vontade é própria e verdadeiramente denominada *liberdade*. E isso também pode ser dito em relação às palavras dirigidas a Eva, "por que fizeste isso?", e estas a Caim, "por que estás irritado etc." e a Israel, "por que haveis de morrer, ó casa de Israel?". Mas o bispo dirá aqui que "morrer" não significa "morrer", mas viver eternamente em tormentos; por meio dessas interpretações qualquer um pode responder qualquer coisa. E quanto a sua pergunta de se "Deus o repreende por fazer o que determinara antecedentemente que ele deveria fazer?", respondo que não, mas ele o ensina e convence de que, embora a imortalidade pudesse ser tão facilmente obtida que bastava se abster da fruta de uma única árvore, ele só poderia, não obstante, obtê-la pelo perdão e pelo sacrifício de Jesus Cristo. Tampouco há aqui qualquer punição, mas apenas a restituição de Adão e Eva à sua mortalidade original, em que a morte não constituía punição, mas um dom de Deus. Nessa mortalidade, ele viveu perto de mil anos, teve uma prole numerosa e não passou por miséria, e, acredito eu, obterá na ressurreição a imortalidade que havia então perdido. Tampouco há em tudo isso qualquer conspiração secreta, ou zombaria ou escárnio, como o bispo quer fazer os homens acreditarem. E quanto ao que ele diz, que "aqueles que falam aqui de uma dupla face da vontade de Deus, *secreta* e *revelada*, sendo uma oposta à outra, não entendem o que dizem", os doutores protestantes, tanto da nossa, como de outras igrejas, costumavam distinguir sim entre vontade secreta e revelada de Deus; eles denominavam aquela *voluntas bene placiti*, que significa absolutamente a sua vontade, e esta, *voluntas signi*, isto é, a significação de sua vontade, no mesmo sentido que denomino uma a sua *vontade* e a outra, sua *ordem*, as quais podem por vezes diferir entre si. Pois a ordem de Deus a Abraão era de que ele deveria sacrificar Isaac, mas sua vontade era de que ele não deveria fazê-lo. A condenação de Deus em relação a Nínive era de que deveria ser destruída em quarenta dias, mas sua vontade era de que não deveria sê-lo.

(b) "Não ouso insistir nisso; espero que o que ele pretende dizer não seja tão mau como as palavras parecem indicá-lo e como as compreendo, a saber, que ele imputa falsidade àquele que é a própria verdade etc."

Que abominável retórica e sutil calúnia é essa? Deus, disse eu, pode ordenar algo expressamente e, não obstante, impedir sua realização sem injustiça; mas constituiria uma injustiça se um homem ordenasse que alguma coisa fosse feita e, então, tramasse secretamente o impedimento dessa coisa, e punisse por seu não cumprimento. Isso é o que o bispo compreende como imputação de falsidade a Deus Todo-Poderoso. E, talvez, se a morte de um pecador fosse, como ele pensa, uma vida eterna na miséria extrema, um homem poderia, tanto como Jó fez, queixar-se de Deus Todo-Poderoso; não o acusando de injustiça, porque tudo o que ele faz é justo em virtude de ser feito por ele, mas de pouca ternura e amor pela humanidade. E essa expostulação será igualmente justa ou injusta, independentemente se a necessidade de todas as coisas for aceita ou for rejeitada. Pois é manifesto que Deus poderia ter feito com que o homem não fosse passível de pecado e pode agora preservá-lo do pecado ou perdoá-lo, se lhe aprouver; por conseguinte, se não lhe aprouver, a expostulação é igualmente razoável tanto nos casos de *liberdade* como de *necessidade*.

N. 11

J.D. Em quarto lugar, se tanto o decreto de Deus como a presciência de Deus, ou a influência das estrelas, ou a concatenação das causas, ou a eficácia física ou moral dos objetos, ou o último ditado do entendimento eliminam a verdadeira liberdade, então Adão não possuía uma verdadeira liberdade antes de sua queda, pois estava sujeito aos mesmos decretos, à mesma presciência, às mesmas constelações, às mesmas causas, aos mesmos objetos, aos mesmos ditados do entendimento.

Mas *quicquid ostendes mihi sic, incredulus odi*[74] — os maiores opositores de nossa liberdade são igualmente zelosos defensores da liberdade de Adão. Portanto, nenhum desses supostos impedimentos elimina a verdadeira liberdade.

T.H. O quarto argumento é nesse sentido:

se tanto o decreto de Deus, como a presciência de Deus, ou a influência das estrelas, ou a concatenação de causas, ou a eficácia física ou moral dos objetos, ou o último ditado do entendimento ou o que quer que seja eliminam a verdadeira liberdade, então Adão não possuía uma verdadeira liberdade antes de sua queda. *Quicquid ostendes mihi sic, incredulus odi*.

Aquilo que digo necessitar e determinar toda ação — a fim de que ele não possa mais ter dúvidas acerca do sentido do que digo — é a soma de todas as coisas que, existindo agora, conduzem e concorrem posteriormente para a produção daquela ação, sendo que o efeito não poderia ser produzido se a essa soma estivesse faltando uma única coisa. Esse concurso de causas, no qual cada uma delas é determinada a existir tal como existe por semelhantes concursos de causas precedentes, pode bem ser denominado — pois todas foram estabelecidas e ordenadas pela causa eterna de todas as coisas, Deus Todo-Poderoso — o decreto de Deus.

Mas não se pode dizer verdadeiramente que a presciência de Deus deve ser a causa de qualquer coisa, pois a presciência é

---

[74] "Se você me mostrar uma dessas, incrédulo odeio." (Horácio, *Arte poética*, verso 188, op. cit., p.60.)

conhecimento, e o conhecimento depende da existências das coisas conhecidas, e não estas daquele.

A influência das estrelas é apenas uma pequena parte da causa inteira, que consiste no concurso de todos os agentes.

Tampouco o concurso de todas as causas constituem uma única cadeia ou concatenação simples, mas um número incalculável de cadeias unidas, não em todas as partes, mas no primeiro elo, Deus Todo-Poderoso; por conseguinte, a causa inteira de um evento não depende apenas de uma única cadeia, mas de muitas delas juntas.

A eficácia natural dos objetos determina os agentes voluntários e determina de maneira necessária a vontade e, por conseguinte, a ação; mas, quanto à eficácia moral, não entendo o que ele quer dizer com isso. O último ditado do juízo concernente ao bem e ao mal que poderiam resultar de uma ação qualquer não é propriamente a causa inteira, mas sua última parte; não obstante, pode-se dizer que ela produz o efeito necessariamente, da mesma maneira como se pode dizer que a última pena fratura o dorso do cavalo, quando há tanto peso nele a ponto de só faltar uma pena para fraturá-lo.

Ora, quanto a seu argumento de que, se o concurso de todas as causas determina de maneira necessária o efeito, então segue que Adão não possuía uma verdadeira liberdade, nego a consequência. Pois sustento que não apenas o efeito, mas também a escolha daquele efeito particular é necessária, porquanto a própria vontade e cada propensão de um homem durante sua deliberação é igualmente determinada de maneira necessária e depende de uma causa suficiente, assim como qualquer outra coisa. Assim, por exemplo, não é mais necessário que o fogo queime do que um homem, ou outra criatura cujos membros sejam movidos pela imaginação, tenha a escolha, isto é, a liberdade para fazer o que imagina, ainda que não esteja em sua vontade ou poder escolher a sua imaginação ou escolher sua escolha e sua vontade.

Quanto a essa doutrina, visto que ele diz odiá-la, penso se não teria sido melhor tê-la refreado, como teria ocorrido se tanto vossa Senhoria como ele não tivessem me pressionado a dar uma resposta.

J.D. (a) Esse argumento foi proposto apenas para que agisse como um espião e realizasse uma descoberta mais completa sobre quais eram os verdadeiros fundamentos da necessidade suposta por T.H. Como essa incumbência foi cumprida, e foram descobertos os fundamentos sobre os quais ele a constrói, os quais denomino uma concatenação de causas e ele, um concurso de causas necessárias, seria agora para mim um trabalho supérfluo e impertinente tratar de refutar todas aquelas outras opiniões que ele não trata de defender. Desse modo, devo deixá-las agora de lado, com essas curtas críticas.

(b) Quanto ao decreto eterno de Deus, ele confunde o decreto em si mesmo com a execução de seu decreto. E, quanto à presciência de Deus, ele confunde o conhecimento especulativo que é denominado *a ciência de visão*[75] — que não produz os objetos intelectivos, assim como a visão sensível não produz os objetos sensíveis — com aquele outro conhecimento de

---

75 Em seus *Ensaios de Teodiceia* (1610; 2013), Leibniz retoma a definição de ciência de visão formulada por Luis Molina em *Sobre a concordância do livre-arbítrio com a graça* (escrito por volta de 1570, de acordo com Leibniz): conhecimento sobre os "eventos que ocorrem atualmente na sequência do Universo" (Leibniz, *Teodiceia*, I, § 40, op. cit., p.126).

Deus que é denominado ciência *de aprovação* ou *ciência prática*,[76] isto é, o conhecimento unido a um ato da vontade, a respeito do qual os teólogos dizem com verdade que constitui a causa das coisas, assim como o conhecimento do artista constitui a causa de sua obra. João 1: "Deus fez todas as coisas por meio de seu verbo", isto é, por sua sabedoria.

Quanto à influência das estrelas, esperava que ele se expressasse mais claramente. Por mais que eu aceite de bom grado que esses corpos celestes ajam sobre essas coisas sublunares não apenas por seu movimento e luz, mas também por uma virtude oculta, que denominamos influência, como vemos por meio de várias experiências no ímã e nos crustáceos etc.; ele se engana se pretende afirmar que elas determinam natural ou fisicamente a vontade por meio dessas influências, ou possuem um domínio direto sobre os desígnios humanos, seja por inteiro ou em parte, seja mais ou menos.

No que diz respeito à concatenação de causas, que, para ele, não consiste numa cadeia, mas num número incalculável de cadeias (espero que ele esteja falando de modo hiperbólico e não queira dizer que elas são atualmente infinitas), a diferença não é material, seja uma ou muitas, contanto que estejam unidas tanto no primeiro elo como no efeito. Essa concatenação de causas serve apenas para mostrar que sombra de liberdade T.H. imagina, ou melhor, que sonho de uma sombra. Como se uma

---

[76] "Ora, é manifesto que Deus causa todas as coisas por seu intelecto, pois seu ser é seu conhecer. É necessário dizer que sua ciência é a causa das coisas, conjuntamente com sua vontade. Eis por que a ciência de Deus, enquanto causa das coisas, é comumente chamada *ciência de aprovação*." (Tomás de Aquino, *Suma teológica*, I^a parte, questão 14, art. 8. Vários tradutores. São Paulo: Loyola, 2009, p.331-332).

cadeia não fosse suficiente para oprimir o pobre homem e ele devesse ser obstruído por inúmeras cadeias! Essa liberdade é exatamente igual à liberdade da qual os condenados às galés turcas usufruem. Mas me espanto que T.H., que é tão versado nessa questão, admita que ele não entende a diferença entre a eficácia física ou natural e a moral; e me espanto ainda mais que ele afirme que objetos externos determinam os agentes voluntários por uma eficácia natural. Nenhum objeto, nenhum agente segundo, anjo ou diabo, pode determinar a vontade do homem naturalmente, mas apenas Deus, com relação a seu domínio supremo sobre todas as coisas. A vontade é determinada naturalmente quando Deus Todo-Poderoso, para além de sua influência geral, da qual todas as causas segundas dependem, tanto por seu ser como por sua ação, concorre em determinadas ocasiões, quando lhe apraz fazê-lo em casos extraordinários, por meio de uma influência especial e infunde algo na vontade, na natureza de um ato ou de um hábito, pela qual a vontade é movida e excitada, e levada a querer ou escolher isso ou aquilo. A vontade é determinada moralmente quando algum objeto lhe é proposto com razões persuasivas e argumentos para induzi-la a querer. Quando a determinação é natural, a vontade é privada da liberdade para suspender o ato, mas não quando a determinação é moral. Naquele caso, a vontade é determinada extrinsecamente, neste caso, intrinsecamente; aquele produz uma necessidade absoluta, este, apenas uma necessidade de suposição. Se a vontade não suspende, mas assente, então o ato é necessário; mas porque a vontade pode suspender e não assentir, esse ato não é absolutamente necessário. No primeiro caso, a vontade é movida necessariamente e de maneira determinada; no segundo, de maneira livre e indeterminada; a primeira excitação é imediata;

a segunda é mediata *mediante intellectu* e requer o auxílio do entendimento. Numa palavra, a diferença entre eficácia natural e eficácia moral é tão grande quanto aquela entre sua opinião e a minha sobre essa questão.

Resta apenas o último ditado do entendimento, que, segundo ele, constitui a última causa que concorre para a determinação da vontade e para a produção necessária do ato, "da mesma maneira como se pode dizer que a última pena fratura o dorso do cavalo, quando há tanto peso nele a ponto de só faltar ela para fraturá-lo". Mostrei (N. 7) que o último ditado do entendimento nem sempre tem em si mesmo um caráter absoluto e nem sempre é conclusivo para a vontade; e, mesmo quando é conclusivo, não produz uma necessidade antecedente e extrínseca. Devo agora acrescentar apenas mais uma coisa: ao não atribuir ao último julgamento da reta razão mais peso do que uma única pena, ele deturpa tanto o entendimento como a vontade, e se empenha em privar a vontade de seu poder supremo de aplicação e privar o entendimento de seu poder supremo de judicatura e definição. Nem os agentes e objetos corporais nem o apetite sensível, posto que é uma faculdade inferior e afixada ao organismo do corpo, possuem um domínio ou comando direto ou imediato em relação à vontade racional. Está fora da esfera de sua atividade. Todo acesso que eles possuem à vontade é por meio do entendimento, por vezes esclarecido, por vezes perturbado, e da razão, seja ela reta ou mal informada. Sem o auxílio do entendimento, todas as suas causas segundas não seriam capazes por si mesmas de sobrecarregar o dorso do cavalo com tanto peso a ponto da menor das suas penas fazê-lo. Mas nos depararemos novamente com seu exemplo do sobrecarregamento do cavalo com penas no N. 25.

Após mencionar brevemente essas coisas, ele prossegue para suas respostas. Meu argumento era este: se qualquer uma dessas ou todas essas causas anteriormente enumeradas realmente eliminam a verdadeira liberdade (a saber, entendida como liberdade em relação à necessidade), então Adão não possuía uma liberdade verdadeira antes de sua queda.

Mas Adão tinha uma liberdade verdadeira antes de sua queda. Ele reconstitui mal o argumento e nega sua consequência, a qual é tão claramente provada que ninguém pode duvidar a seu respeito, pois Adão estava sujeito às mesmas causas que nós, ao mesmo decreto, à mesma presciência, às mesmas influências, ao mesmo concurso de causas, à mesma eficácia de objetos, aos mesmos ditados da razão. Mas se trata apenas de um erro, pois se torna claro, pela sequência de seu discurso, que ele não queria negar a consequência, mas a suposição. Pois ele considera que Adão não tem liberdade em relação à necessidade antes de sua queda; ele vai longe a ponto de afirmar que todas as vontades humanas, a sua e a nossa, e todas as propensões de nossas vontades, mesmo durante a deliberação, são tão determinadas de maneira necessária como qualquer outra coisa; que não temos mais poder para não fazer essas ações que fazemos do que o fogo tem para não queimar. Embora eu estime T.H. por sua pessoa e por seu saber, devo, não obstante, admitir francamente que odeio de coração essa doutrina. E acredito que tanto eu como outros que ponderarem seriamente sobre as consequências horríveis que dela resultam possuímos razões para fazê-lo. Ela destrói a liberdade e desonra a natureza do homem. Ela transforma as causas segundas e os objetos externos em raquetes, e os homens, em meras bolas de tênis do destino. Ela transforma a primeira causa, isto é, Deus Todo-Poderoso, no introdutor de todo mal e de todo pecado no mundo tanto quanto o homem, e até mesmo mais do que os homens, posto que o movimento do relógio se deve mais ao artífice, que o confeccionou e lhe dá corda, do que à mola, às rodas ou à corda, se Deus, por meio de sua influência especial nas causas segundas, determinou-as de maneira necessária a operar como operaram. E se elas, sendo assim determinadas, determinaram Adão de maneira inevitável e irresistível, por uma subordinação que não é acidental mas essencial, de tudo o que fez às causas, então deve seguir um desses dois absurdos: ou que Adão não pecou, e que não há nada como o pecado no mundo, posto que se ele origina de maneira natural, necessária e essencial de Deus; ou que Deus é mais culpado do pecado e mais causa do mal do que o homem, posto que o homem é determinado de maneira extrínseca e inevitável, mas não Deus. E, no âmbito das causas essencialmente subordinadas, a causa da causa é sempre a causa do efeito. Que tirano alguma vez impôs leis impossíveis de cumprir para aqueles para os quais essas leis foram impostas, e os pune pela violação dessas leis, que ele próprio os determinou de maneira necessária a violar e que não estava mais em seu poder não violar do que está no poder do fogo não queimar? Escusai-me se odeio com um perfeito ódio essa doutrina, que é desonrosa tanto para Deus como para o homem, que faz os homens blasfemarem necessariamente, roubar necessariamente, serem enforcados necessariamente e serem condenados necessariamente. Assim, devo repetir incessantemente: *quicquid ostendes mihi sic, incredulus odi*.[77] Seria melhor ser

---

[77] Ver a nota 74, p.151.

um ateu, não acreditar em nenhum deus; ou ser um maniqueu, acreditar em dois deuses, um deus do bem e um deus do mal; ou, com os pagãos, acreditar em trinta mil deuses, do que acusar o verdadeiro Deus de ser a verdadeira causa e o verdadeiro autor de todos os pecados e males que existem no mundo.

CRÍTICA DA RÉPLICA DO BISPO N. 11

(a) "Esse argumento foi proposto apenas para que agisse como um espião e fizesse uma descoberta mais completa sobre quais eram os verdadeiros fundamentos da necessidade suposta por T.H."

O argumento que ele propôs como espião é este: "se tanto o decreto de Deus, como a presciência de Deus, ou a influência das estrelas, ou a concatenação (a respeito da qual ele falsamente diz que eu a denomino um concurso) de causas, ou a eficácia física ou moral dos objetos, ou o último ditado do entendimento eliminam a verdadeira liberdade, então Adão não possuía uma verdadeira liberdade antes de sua queda". A isso respondi que todas as coisas que existem presentemente são necessárias para a produção do efeito a ser produzido; que a *presciência* de Deus não causa nada, embora a *vontade* cause; que a influência das estrelas não passa de uma pequena parte daquela causa que produz a necessidade; e que esta consequência de que "se o concurso de todas as causas determina de maneira necessária o efeito, então Adão não possuía uma verdadeira liberdade" era falsa. Mas, em suas palavras, se isso elimina a verdadeira liberdade, então que Adão não possuía uma verdadeira liberdade antes de sua queda é uma consequência boa; mas nego que a necessidade elimina a liberdade pela razão de que *a liberdade é para escolher o que queremos, não para escolher a nossa vontade*.[78] Nenhuma inculca é suficiente para fazer o bispo tomar nota disso, a despeito de ele ser, em outras ocasiões, tão engenhoso, e aqui tão astucioso a ponto de apresentar argumentos como espiões. A razão pela qual neguei sua consequência era que estimava que a sua força consistia nisto: que a necessidade, na opinião do bispo, destruía a liberdade.

(b) "Quanto ao decreto eterno de Deus" etc. Aqui começa a sua réplica. Da qual extraímos estas expressões: "ciência de aprovação"; "ciência prática"; "corpos celestes agem sobre as coisas sublunares não apenas por seu movimento, mas também por uma virtude oculta, que denominamos influência"; "eficácia moral"; "influência geral"; "influência especial", "infunde algo na vontade"; "a vontade é movida"; "a vontade é induzida a querer"; "a vontade suspende o seu próprio ato" – as quais são todas sem sentido, indignas de um homem. Mais que isso: indignas de uma besta, se uma besta pudesse falar, e não podem ocorrer a nenhuma criatura que não esteja depravada pela doutrina. Absolutamente nada restou para ser respondido. Talvez a expressão *"virtude oculta"* não deva ser taxada como ininteligível. Mas então eu poderia lhe atribuir falta de sinceridade a esse respeito, por ter preferido dizer que os corpos celestes *agem por uma virtude oculta* do que dizer que *não sabe como agem*, o que ele não admitiria, empenhando-se em fazer o *oculto* ser tomado por uma *causa*. O restante dessa réplica é uma dessas consequências, às quais respondi no início, quando comparo os inconvenientes de ambas as opiniões, isto é, "que ou Adão não pecou ou

---

78 No original: "Liberty is to choose what we will, not to choose our will".

o seu pecado procedeu necessariamente de Deus" – o que não constitui uma conclusão mais forte do que esta: de que se deva inferir, com base em "que um homem é coxo necessariamente", que *ou ele não é coxo*, ou que *a sua coxeadura procedeu necessariamente da vontade de Deus*.

Até o fim deste número não há mais argumentos. A passagem é preenchida por suposições vagas e por injúrias.

N. 12

J.D. Em quinto lugar, se não houver liberdade, não haverá o dia do julgamento, nem juízo final, nem recompensas ou punições depois da morte. Um homem não pode se tornar um criminoso se ele não for deixado em liberdade para cometer um crime. Nenhum homem pode ser punido de modo justo por fazer o que não estava em seu poder não fazer. Eliminar a liberdade põe em risco o céu, mas sem dúvida não deixa subsistir nenhum inferno.

T.H. Os argumentos que têm maior peso são o terceiro e o quinto, e ambos recaem num só, a saber: se todos os eventos forem necessários, seguir-se-á que o louvor e a repreensão, a recompensa e a punição são todos vãos e injustos; e que se Deus proibisse expressamente uma ação e secretamente tornasse a mesma necessária, punindo os homens por aquilo que não poderiam evitar, não haveria nenhuma crença entre eles no céu ou no inferno.

Para me contrapor a isso, devo emprestar uma resposta de São Paulo (Romanos 9). Exatamente a mesma objeção é apresentada no undécimo ao décimo oitavo verso do capítulo nestas palavras:

Quando eles (referindo-se a Esaú e a Jacó) ainda não haviam nascido, e nada tinham feito de bem ou de mal, a fim de que permanecesse firme o desígnio de Deus de acordo com a sua escolha, sem depender das obras, mas daquele que chama, foi-lhe dito (a Rebeca) que o mais velho serviria ao mais jovem. Que diremos então? Que há injustiça em Deus? Deus proíbe. Não depende, portanto, nem daquele que quer, nem daquele que corre, mas de Deus, que mostra misericórdia. Pois as Escrituras disseram ao Faraó: eu te ressuscitei para mostrar a minha potência em ti e para que o meu nome seja proferido em toda a Terra. Portanto, Deus tem misericórdia com quem quer e endurece a quem quer.

Observai, pois, que o caso apresentado por São Paulo é o mesmo apresentado por J.D., e a mesma objeção, nas seguintes palavras (verso 19): "Perguntar-me-ás, então, por que ele ainda se queixa?[79] Pois quem resistiu à sua vontade?". A isso o apóstolo responde, com efeito, não negando que fosse a vontade de Deus ou que o decreto de Deus a respeito de Esaú fosse anterior a seu pecado ou que Esaú fosse determinado de maneira necessária a fazer o que fez, mas deste modo (verso 20 e 21): "quem és tu, ó homem, que interrogas Deus? Acaso deve a obra dizer ao obreiro: por que me fizeste assim? O oleiro não tem poder sobre a argila para fazer da mesma massa um vaso para a honra e outro para a desonra?". De acordo, portanto, com essa resposta de São Paulo, respondo à objeção de J.D. e digo que a

---

79 No original consta "Thou wilt ask me then, why will God yet complain" ("Perguntar-me-ás, então, por que *Deus* ainda se queixa?"), mas provavelmente se trata de um erro, já que o sujeito dessa sentença nas Escrituras é o homem.

mera potência de Deus, sem nenhum outro auxílio, basta para justificar qualquer ação que ele realiza. O que os homens fazem aqui entre si por meio de pactos e de contratos, e chamam pelo nome de justiça, de acordo com a qual os homens são corretamente considerados e denominados justos ou injustos, não deve ser usado como medida a partir da qual as ações de Deus Todo-Poderoso são estimadas ou chamadas justas, da mesma maneira que seus desígnios não devem ser estimados com base na sabedoria humana. O que ele faz é justo porque ele faz; justo, digo, com relação a ele, nem sempre justo com relação a nós, pelo exemplo; pois um homem que ordenasse alguma coisa expressamente e secretamente tramasse o impedimento dessa coisa, agiria de maneira injusta se punisse aquele a quem a ordem foi dada por não executá-la. Da mesma forma, seus desígnios não são vãos porque são seus, independentemente se vemos ou não seu uso. Quando Deus afligiu Jó, ele não alegou nenhum pecado seu, mas justificou essa aflição falando-lhe de seu poder. "Possuis (diz Deus) um braço como o meu? Onde estavas quando deitei os fundamentos da terra?" e coisas semelhantes. De maneira semelhante, nosso Salvador disse, a respeito do homem que nasceu cego, que isso não era em razão de seu pecado nem do pecado de seu pais, mas que a potência de Deus deveria ser mostrada nele. As bestas estão sujeitas à morte e ao tormento e não podem, contudo, pecar. Era a vontade de Deus que fosse assim. Uma potência irresistível justifica real e verdadeiramente todas as ações de quem quer que o possua. Menos potência não. E porque tal potência se encontra apenas em Deus, ele precisa ser justo em todas as suas ações. E nós, que não compreendemos seus desígnios, cometemos injustiça quando o convocamos ao tribunal.

Não ignoro a réplica habitual a essa resposta, que repousa na distinção entre a vontade e a permissão: que Deus Todo-Poderoso permite de fato o pecado algumas vezes e que também sabe previamente que o pecado que permitiu será cometido; mas não o quer, nem o determina de maneira necessária. Sei também que eles distinguem a ação do pecado da ação, dizendo que Deus Todo-Poderoso causa de fato a ação, qualquer que seja, mas não sua pecaminosidade ou irregularidade, isto é, a discordância entre a ação e a lei. Distinções como essas confundem o meu entendimento. Não vejo a diferença entre a vontade de que alguma coisa seja feita e a permissão para fazê-la quando quem assim permite pode impedi-la e sabe que será feita, a menos que ele a impeça. Tampouco vejo qualquer diferença entre uma ação que é contrária à lei e o pecado daquela ação, por exemplo, entre o assassinato de Urias e o pecado de Davi ao assassinar Urias,[80] ou, quando um mesmo homem é causa tanto da ação como da lei, como um outro pode ser a causa da discordância entre elas — assim como não posso compreender como, quando um homem fabrica uma vestimenta mais comprida e outra mais curta, outro pode produzir a desigualdade entre elas. Isso eu sei: que Deus não pode pecar, porque seu ato de fazer alguma coisa a torna justa, e, por conseguinte, não é um pecado, e porque tudo o que pode pecar está sujeito à lei de um outro, o que não se dá com Deus. Portanto, é blasfêmia dizer que Deus pode pecar. Mas, dizer que Deus pode ordenar o mundo de modo que o pecado possa ser necessariamente causado desse modo num homem, não vejo como isso possa constituir alguma desonra a ele. Entretanto, se essa ou

---

80 2 Samuel, 11.

outras distinções podem mostrar que São Paulo não pensava que as ações de Esaú ou do Faraó eram oriundas da vontade e do desígnio de Deus, ou que, sendo oriundas da sua vontade, não poderiam ser censuradas ou punidas sem injustiça, eu me converterei, assim que as compreender, na opinião de J.D. Pois neste debate entre nós sustento apenas aquilo que não me pareceu obscuro, mas que foi mais expressamente dito nessa passagem por São Paulo. E isso basta em resposta às suas passagens das Escrituras.

J.D. T.H. pensa que mata dois coelhos com uma cajadada só e que responde a duas objeções com uma resposta, quando, na verdade, não responde a nenhuma. Em primeiro lugar, examinemos o que diz respeito à minha terceira razão. (a) Mesmo que tudo o que ele diz aqui fosse verdadeiro como um oráculo, mesmo que a punição fosse um ato de domínio e não de justiça em Deus, isso não seria uma causa suficiente para que Deus renegue seu ato ou repreenda ou se queixe dos homens por terem realizado as ações que ele os determinou a realizar necessariamente, das quais ele era mais ator do que eles – sendo estes apenas como a pedra e ele, a mão que a lança. A despeito de qualquer coisa que seja alegada aqui, essa opinião estoica atribui hipocrisia e dissimulação a Deus, que é a própria verdade.

E com relação a meu quinto argumento, que ele altera e reconstitui incorretamente, como se pode observar ao comparar meu texto com o dele, sua resposta principal consiste em contrapor uma passagem difícil de São Paulo (Romanos, 9, 11). Será que ele nunca ouviu que apresentar uma dúvida não é responder um argumento? *"Nec bene respondet qui litem lite resolvit?*"[81] Mas não vou lhe pagar na mesma moeda. Por isso, a essa passagem citada por ele, respondo que não se trata do mesmo caso. A questão que se coloca lá é: como Deus manteve sua promessa feita a Abraão de *"ser o Deus dele e de sua descendência"*, se os judeus, que eram a progenitura legítima de Abraão, foram desertados? Ao que o apóstolo responde (versos 6, 7 e 8) que aquela promessa não foi feita para a descendência carnal de Abraão, isto é, os judeus, mas para seus filhos espirituais, que eram os herdeiros de sua fé, isto é, os cristãos crentes, resposta que ele expôs primeiro pela alegoria de Isaac e Ismael, e, posteriormente, na passagem citada de Esaú e Jacó. Contudo, nessas passagens, ele fala menos de suas pessoas do que de seus descendentes. E, embora algumas palavras que são proferidas nessa passagem possam ser conciliadas com a predestinação divina, não obstante, não constitui o escopo daquele texto tratar da reprovação de algum homem ao fogo do inferno. A descendência completa de Esaú não foi eternamente reprovada, como também não foi o santo Jó e muitos outros. Mas essa questão que agora é debatida por nós é de uma natureza completamente diferente, a saber, de como um homem que não faz nada além do que é extrinsecamente determinado de maneira necessária a fazer pode ser um criminoso, ou de como Deus pode punir de modo justo um homem com tormentos eternos por fazer o que nunca esteve em seu poder não fazer; ou por que aquele que imprimiu o movimento no coração do homem

---

81 "Não responde bem quem resolve uma questão com outra." Essa é uma citação aproximada de Horácio: "Nil agit exemplum litem quod lite resolvit" ("o exemplo não serve porque responde uma questão por outra") (Horácio, *Sátiras*, II, 3, verso 103).

deve punir o homem, que apenas recebeu a impressão dele. A sua resposta, então, "olha para outra direção".

Mas porque ele se baseia tanto neste texto, a ponto de estar disposto a mudar sua opinião se puder ser esclarecido, examinarei todas as passagens que podem parecer estar a favor de sua causa. Em primeiro lugar, estas palavras (verso 11) – "quando eles ainda não haviam nascido e nada tinham feito de bem ou de mal", nas quais repousa todo o peso de seu argumento – não se referem de modo nenhum a estas palavras (verso 13) – "amei Jacó e odiei Esaú", pois essas palavras foram proferidas primeiro pelo profeta Malaquias, muitos anos depois da morte de Jacó e Esaú (Malaquias 1, 2-3), e se referem à posteridade de Esaú, que não foram resgatados do cativeiro, como foram os Israelitas. Mas elas se referem a estas outras palavras (verso 12): "o mais velho deverá servir ao mais jovem", que foram de fato proferidas antes do nascimento de Jacó e Esaú. Não obstante, mesmo que essas palavras de Malaquias tenham sido proferidas antes do nascimento de Jacó e Esaú, elas não favorecem em nada sua causa, pois "odiou", neste texto, não significa nenhuma condenação às chamas do inferno, muito menos a execução desse decreto ou a imposição atual da punição, nem qualquer ato contrário ao amor. Deus viu tudo o que fez e era muito bom. A bondade em si mesma não pode odiar o que é bom. Mas "odiou" ali significa "odiou comparativamente" ou um grau menor de amor, ou, no máximo, uma negação de amor. Como em Gênesis, 29, 31: a partir da frase "quando o Senhor viu que Lia era odiada" não podemos concluir que Jacó odiava sua esposa; o verso precedente expõe completamente o sentido (verso 30): "Jacó amou Raquel mais do que Lia". Igualmente em Mateus 6, 24: "nenhum homem pode servir a dois mestres, pois ele odiará um e amará o outro". Igualmente em Lucas, 14, 26: "se algum homem não odeia o seu pai e mãe etc., ele não pode ser o meu discípulo". São Mateus (10, 37) nos esclarece o sentido disso: "aquele que ama o pai ou a mãe mais do que a mim, não é digno de mim".

Em segundo lugar, estas palavras (verso 15): "terei misericórdia com quem terei misericórdia" não provam mais do que isto: que a preferência por Jacó em relação a Esaú e pelos Cristãos em relação aos judeus não decorria de uma dívida de Deus em relação a um ou a outro, mas de uma obra de misericórdia. E o que dizer sobre isso? Todos os homens confessam que as misericórdias de Deus excedem o que o homem merece, mas a punição de Deus nunca excede as más ações do homem. Como vemos na parábola dos trabalhadores (Mateus 20, 13-15): "amigo, não te fiz nada de errado. Não combinei contigo um denário? Não é lícito fazer o que quero com o que é meu? Vês com maus olhos que eu seja bom?". Atos de misericórdia são gratuitos, mas atos de justiça são devidos.

O que vem a seguir (verso 17) se aproxima um pouco mais da causa. As Escrituras disseram ao Faraó: "para este mesmo propósito eu te ressuscitei (isto é, eu te fiz um rei ou te preservei), para (*that*) que eu pudesse mostrar o meu poder em ti". Mas esta partícula "para" (*that*) não designa sempre o fim principal de uma ação, mas por vezes apenas sua consequência, como em Mateus 2, 15: "ele partiu para o Egito, para que (*that*) pudesse ser realizado o que foi dito pelo profeta: ao Egito chamei o meu filho". Sem dúvida, o objetivo ou o fim de José em sua jornada não era o de realizar profecias, mas o de salvar a vida da criança. Não obstante, porque a realização da profecia era uma consequência da jornada de José, ele disse "para que isso pudesse ser realizado". Do mesmo modo aqui: "eu te ressuscitei para (*that*) que eu pudesse mostrar o meu poder". Novamente, ainda que deva ser reconhecido que esta partícula "para" (*that*) denote a intenção de Deus de destruir o Faraó no Mar Vermelho, não obstante, não se tratava da intenção antecedente de Deus, que sempre respeita o bem e o benefício da criatura, mas da intenção consequente de Deus a partir da previsão da obstinação do Faraó: uma vez que ele não iria glorificar a Deus obedecendo à sua palavra, ele o glorificaria ao se submeter a seus julgamentos. Até este ponto, não encontramos nenhuma punição eterna, nem punição temporal sem justo merecimento.

Segue-se (verso 18) "ele endurece quem ele quer". De fato, a dureza do coração é o maior castigo que Deus inflige a um pecador nesta vida, pior do que todas as pragas do Egito. Mas como Deus endurece o coração? Não é por meio de uma influência natural de algum ato ou hábito mau sobre a vontade, nem pela indução da vontade com motivos persuasivos à obstinação e à rebelião (Tiago, 1, 13, 14): "Pois Deus não tenta ninguém, mas cada um é tentado quando é distraído e seduzido por sua luxúria". Diz-se então que Deus endurece o coração de três maneiras: primeiro, de modo negativo e não de maneira positiva – não por conceder perversidade, mas por não conceder graça, assim como se diz entre nós que o Sol, ao descer para o trópico de Capricórnio, é causa do inverno, isto é, não por conceder frio, mas por não conceder calor. É um ato de misericórdia de Deus dar sua graça gratuitamente, mas sustá-la não é um ato de injustiça. O apóstolo opõe, então, o endurecimento à demonstração de misericórdia. Endurecer é o mesmo que não mostrar misericórdia.

Em segundo lugar, diz-se que Deus endurece o coração de maneira ocasional e não causal ao fazer o bem (o que os pecadores incorrigíveis tornam uma ocasião para se tornarem ainda piores) e ao fazer o mal — assim como um mestre que, ao corrigir frequentemente um aluno indócil, endurece seu coração de maneira acidental e ocasional, e torna esse aluno ainda mais obstinado, a ponto de até mesmo desprezar a varinha de açoite. Ou como um pai indulgente que, por sua paciência e docilidade, encoraja um filho obstinado a se tornar mais rebelde. Assim, se consideramos tanto os frequentes castigos de Deus para o Faraó como os favores reiterados de Deus, ao eliminar e retirar esses castigos a partir do requerimento do Faraó, vemos que ambos, em seus diferentes gêneros, constituíram ocasiões de endurecimento do coração do Faraó: um tornando-o mais presunçoso e o outro, desesperadamente mais rebelde. Desse modo, o que nisto era bom provinha de Deus; o que era ruim provinha do Faraó. Deus ofereceu a ocasião, mas o Faraó foi a verdadeira causa de sua própria obstinação. Isso é claramente confirmado em Êxodo, 8, 15: "quando o Faraó viu que havia uma trégua, ele endureceu seu coração". E em Êxodo 9, 34: "Quando o Faraó viu que a chuva, a saraivada e os trovões tinham cessado, ele pecou ainda mais e endureceu seu coração, ele e os seus servos". Igualmente em Salmos 105, 25: "mudou os seus corações para que odiassem o seu povo e os tratasse com astúcia". Isto é, Deus abençoou os filhos de Israel, e isso foi tomado pelos egípcios como ocasião para odiá-los, como está claro em Êxodo 1, 7-10. Então Deus endureceu o coração do Faraó, e o Faraó endureceu seu próprio coração. Deus o endureceu ao não mostrar misericórdia para com o Faraó, como ele tinha feito a Nabucodonosor, que era um pecador tão grande quanto ele, ou Deus o endureceu de maneira ocasional; mas, mesmo assim, o Faraó era a verdadeira causa de sua própria obstinação, ao determinar sua vontade ao mal e ao se manter em sua obstinação. Assim são todos os pecadores presunçosos (Salmos 95, 8): "Não endureçais vossos corações como na provocação ou como no dia da tentação no deserto".

Em terceiro lugar, diz-se que Deus endurece o coração de maneira permissiva, mas não de maneira operativa nem efetiva, assim como se diz que aquele que solta um galgo da trela incita-o a perseguir a lebre. Quereis ver claramente o que São Paulo entende por "endurecimento"? Lede Romanos, 9, 22-23: "Se Deus, querendo mostrar sua ira e tornar conhecida sua potência (isto é, por uma vontade consequente, o que, na ordem da natureza, segue a previsão do pecado), suportou com muita paciência os vasos da ira, preparados para a perdição, para que ele possa tornar conhecidas as riquezas de sua glória nos vasos da misericórdia etc.". Há uma grande diferença entre "suportar" e "impelir" ou incitar os vasos da ira. Ele disse a respeito dos vasos da misericórdia que "Deus os preparou para a glória". Mas, quanto aos vasos da ira, ele diz apenas que eles estavam "preparados para a perdição", isto é, não por Deus, mas por eles mesmos. São Paulo diz que Deus "suportou os vasos da ira com grande paciência". T.H. diz que Deus quer e realiza por meio das causas segundas todas as suas ações boas e más, que ele os determina de modo irresistível e necessário a fazer aqueles atos que ele condena como maus e pelos quais ele os pune. Se "fazer voluntariamente e suportar" e se uma "grande paciência e necessitar" não implicam uma contradição de um em relação ao outro, *reddat mihi minam Diogenes*[82] – que aquele que me ensinou lógica devolva o meu dinheiro.

Mas T.H. diz que essa distinção entre a vontade operativa e a vontade permissiva de Deus e essa outra entre a ação e a irregularidade confundem seu entendimento. Embora ele não consiga ver a diferença que há entre essas duas, outros, ao contrário, veem. São Paulo viu (Atos 13, 18): "Durante aproximadamente quarenta anos ele tolerou os seus hábitos no deserto". E (Atos 14, 16): "Quem em tempos passados permitiu todas as nações trilhar os seus próprios caminhos". De acordo com T.H., tolerar ou permitir seria o mesmo que incitar; suas condutas seriam as condutas de Deus, suas vias, as vias de Deus. E (Atos 17, 30): "Deus fez vista grossa nos tempos dessa ignorância". Nunca se ouviu falar que alguém tenha feito vista grossa ou sido conivente com seu próprio ato. E (1 Coríntios, 10, 13): "Deus é fiel, não permitirá que sejais tentado acima do que podeis". Tentar é um ato do diabo; por isso ele é denominado o "tentador". Deus não tenta nenhum homem ao pecado, mas permite que ele seja tentado. E da mesma maneira permite que ele possa impedir Satã, se quiser. Mas, de acordo com a doutrina de T.H., tentar ao pecado e permitir que alguém seja tentado ao pecado, quando está em seu poder impedi-lo, são a mesma coisa. E, assim, ele transforma Deus – escrevo isso com horror – no diabo, e faz que a tentação seja a obra do próprio Deus, e que o diabo não passe de um instrumento seu. E naquela célebre passagem (Romanos 2, 4-5): "Desprezas as riquezas de sua bondade, tolerância e paciência, desconhecendo que a

---

[82] "Devolva-me o meu dinheiro, Diógenes." (Marco Túlio Cícero, *Academica*, II, 30.)

bondade de Deus te leva ao arrependimento. Mas, futuramente, a tua dureza e coração impenitente acumularão em ti mesmo ira para o dia da ira e da revelação do justo juízo de Deus". Nesse único texto há quase tantos argumentos convincentes contrários à opinião de T.H. quantas palavras há. Aqui tomamos conhecimento de que Deus é *rico em bondade*, e não quer punir suas criaturas pelo que é seu próprio ato; segundo, que ele *permite e tolera pacientemente os pecadores*, e não os aniquila por morte súbita, como eles merecem. Em terceiro lugar, que a razão da tolerância de Deus é *trazer os homens ao arrependimento*. Em quarto lugar, que a *dureza do coração e a impenitência* não é proveniente de Deus de maneira causal, mas de nós próprios. Em quinto lugar, que não é a oferta insuficiente da parte de Deus dos meios para a conversão que é a causa da perdição do homem, mas seu próprio desdém e desprezo por esses meios. Em sexto lugar, que a punição não é um ato de domínio absoluto, mas um ato de julgamento justo, pelo qual Deus retribui a cada homem de acordo com seus próprios feitos, ira àqueles – e apenas àqueles – que *acumularam ira em si mesmos*, e vida eterna àqueles que *persistiram pacientemente na boa conduta*. Se merecem tal punição apenas aqueles que negligenciaram a bondade e a paciência de Deus, o que dizer daqueles que negam isso completamente e sustentam que a ação de Deus e sua permissão são a mesma coisa? Rogo T.H. a considerar que grau de obstinação é contradizer a interpretação clara e corrente de toda as Escrituras com base em um texto obscuro e completamente mal interpretado. São Pedro era da mesma opinião que São Paulo (1 Pedro 3, 20): "a paciência de Deus aguardou nos dias de Noé". E 2 Pedro 3, 15: "Considerai que a paciência do Senhor é a salvação". Este é o nome que

Deus dá a si mesmo (Êxodo 34, 6): "o Senhor, o Senhor Deus, cheio de graça, de misericórdia e de paciência" etc.

(b) Contudo, reconheço o que T.H. diz ser uma verdade geral, a saber, que quem permite que alguma coisa seja feita, a qual estava sob seu poder impedir, sabendo que, se não a impedir, será feita, a quer de certa maneira. Digo "de certa maneira", isto é, por uma vontade antecedente ou vontade consequente ou vontade operativa ou vontade permissiva, ou que ele quer deixá-la ser feita, mas não quer fazê-la. Por vezes um compromisso precedente faz com que um homem permita que seja feito o que, de outro modo, ele não permitiria. É dessa forma que Dário permitiu que Daniel fosse lançado no covil do leão para cumprir o seu decreto precipitado;[83] é desse modo que Herodes permitiu que João Batista fosse decapitado para cumprir seu juramento precipitado.[84] Ora, a regra imutável da justiça em Deus e sua fidelidade em manter sua palavra não o conduz tanto mais à punição dos pecadores obstinados, embora ele quisesse antecedentemente a sua conversão? Ele ama todas as suas criaturas, mas mais ainda sua própria justiça.

Ademais, algumas vezes um homem permite que seja feito o que ele não quer diretamente em si mesmo, mas indiretamente para algum outro fim ou para a produção de um bem maior, da mesma maneira como um homem quer que um membro pútrido seja decepado de seu corpo para salvar sua vida no todo. Ou como um juiz que, tendo o desejo de salvar a vida de um malfeitor, e, tendo o poder para suspender sua pena capital, condena-o não obstante por causa do exemplo, de maneira

---

[83] Daniel, 6, 17.
[84] Mateus, 14, 10.

que, pela morte de um, ele possa salvar a vida de muitos. Não admira, portanto, que Deus permita que algumas criaturas tomem rumos que tendem à sua própria ruína, contanto que seus sofrimentos acarretem na maior manifestação de sua glória e no maior benefício para seus servos fiéis. Esta é uma verdade muito certa: que Deus não permitiria a presença do mal no mundo, se não soubesse produzir o bem a partir do mal. Não obstante, isso não deve ser entendido como se estabelecêssemos alguma prioridade ou posteridade de tempo nos atos de Deus, mas apenas de natureza. Tampouco sustentamos que a vontade antecedente e a consequente são contrárias uma a outra; pois uma diz respeito ao homem puro e não corrompido, e a outra, ao homem decaído. Os objetos são os mesmos, mas considerados conforme diferentes maneiras. Tampouco sustentamos que essas vontades sejam distintas em Deus, pois elas são o mesmo que a essência divina, que é una. Mas a distinção concerne aos objetos ou a coisas queridas. Por fim, tampouco sustentamos que essa permissão seja uma permissão pura e simples. Deus causa todo o bem, permite todo o mal e ordena todas as coisas, tanto as coisas boas como as ruins.

(c) T.H. pergunta como Deus poderia ser a causa da ação sem ser a causa da irregularidade da ação. Respondo que é porque ele concorre para a realização do mal por uma influência geral, mas não por uma influência especial. Assim, a terra fornece nutrientes a todos os tipos de planta, tanto para a cicuta como para o trigo, mas a razão pela qual um fornece alimento para nossa subsistência e a outra, veneno para nossa destruição, não resulta do fornecimento geral de nutrientes pela terra, mas da qualidade especial da raiz. Da mesma forma, o poder geral para agir advém de Deus. "Nele vivemos, nos movemos e existimos."[85] Isso é bom. Mas a especificação e a determinação desse poder geral para realizar algum mal provém de nós próprios e se origina no livre-arbítrio do homem. Isso é mau. E, para falar propriamente, o livre-arbítrio do homem não é a causa eficiente do pecado, como a raiz da cicuta é do veneno, pois o pecado não tem em si entidade verdadeira ou ser, como o veneno possui; mas é antes sua causa deficiente. Ora, nenhum defeito pode vir daquele que é a suprema perfeição.

(d) Por isso, T.H. está completamente enganado quando sustenta que o ato particular e determinado de assassinar Urias é proveniente de Deus. A potência geral para agir é proveniente de Deus, mas a especificação dessa potência geral e boa para o assassinato ou algum mal particular não advém de Deus, mas do livre-arbítrio do homem. Assim, T.H. pode claramente ver, se quiser, como alguém pode ser a causa da lei, e, igualmente, da ação, de certa forma, isto é, por uma influência geral, e, não obstante, outra causa concorrente, por uma influência especial e pela determinação dessa potência geral e boa, ser a verdadeira causa da anomia ou irregularidade. E, assim, ele pode guardar suas vestimentas mais ou menos compridas para alguma outra ocasião. Certamente elas não servirão para esse tema, a menos que ele pudesse provar que a influência geral e a influência especial são a mesma coisa.

Mas T.H. ainda insiste que se trata do mesmo caso e que a objeção utilizada pelos judeus – (verso 19) "Por que ele ainda se culpa? Quem resistiu à sua vontade?" – é completamente idêntica a meu argumento; e que a resposta de São Paulo – (verso 20) "quem és tu, ó homem, que interrogas Deus? Deve

---

[85] Atos, 27, 28.

a obra dizer ao obreiro: por que me fizeste assim? Não tem o oleiro o poder sobre a argila?" etc. – é completamente idêntica à sua resposta nessa passagem, derivada do poder irresistível e da dominação absoluta de Deus, que justificam todas as suas ações. E que o apóstolo, em sua resposta, não nega que tal era a vontade de Deus, nem que o decreto de Deus era anterior ao pecado de Esaú.

Ao que respondo, em primeiro lugar, que não se trata absolutamente do mesmo caso, mas que são, sim, bem diferentes, como se pode mostrar com base nos seguintes pormenores. Em primeiro lugar, estas palavras – "quando eles ainda nada tinham feito de bem ou de mal" – não são nem podem ser referidas a estas outras palavras "odiei Esaú". Segundo, caso pudessem, seriam, não obstante, totalmente irrelevantes, já que os pecados futuros de Esaú eram conhecidos por Deus antes que ele tivesse pecado atualmente. Terceiro, por "argila do oleiro" não deve ser entendido aqui a massa pura, mas a massa corrompida da humanidade. Quarto, o ódio aqui mencionado é apenas um ódio comparativo, isto é, um grau menor de amor. Quinto, o endurecimento do qual fala São Paulo não é uma obduração positiva, mas negativa ou uma não concessão da graça. Sexto, São Paulo não fala de uma condenação positiva à punição eterna, muito menos de uma inflicção efetiva de uma punição sem pecado – que é a questão discutida por nós e sobre a qual T.H. diverge de todos os autores que me lembro de ter lido, que reconhecem que a punição só é efetivamente infligida em razão do pecado. Se se coloca a questão de saber por que Deus faz mais bem a um do que a outro, ou por que Deus concede mais graça a um do que a outro, como é o caso aqui, a resposta justa e adequada é a de que é seu bel-prazer, e é atrevimento numa criatura responder nesse caso (Mateus 20, 15): "Não pode Deus fazer o que quer com o que é seu?". Ninguém duvida que Deus concede mais graça do que o homem merece.

(e) Mas ao se colocar a questão de por que Deus pune mais um do que outro ou por que joga um nas chamas do inferno e não o outro, que é a questão presentemente debatida por nós, dizer, junto com T.H., que é porque Deus é onipotente ou porque seu poder é irresistível ou meramente porque é seu bel-prazer, não apenas não é autorizado, mas é plenamente condenado por São Paulo nessa passagem. Assim, há muitas diferenças entre esses dois casos. Não é, portanto, contra Deus que respondo, mas contra T.H. Não convoco meu Criador ao tribunal, mas a criatura que é meu semelhante; não solicito prestação de contas dos desígnios de Deus, mas das presunções do homem. É um hábito desses tempos atribuir suas próprias fantasias a Deus, e quando não se consegue justificá-las pela razão, apelar para sua onipotência ou clamar *"O altitudo"*, que os caminhos de Deus são inescrutáveis.[86] Se eles podem justificar seus sonhos modorrentos, porque o poder e o domínio de Deus são absolutos, tanto mais podemos rejeitar essas invenções fantásticas, que são inconsistentes com a verdade, bondade e justiça de Deus, e o tornam um tirano, ele que é o pai das misericórdias e Deus de toda consolação. A inescrutabilidade dos caminhos de Deus deveria ser um freio para restringir as presunções e não um santuário para os espíritos que estão no erro.

Em segundo lugar, essa objeção contida no verso 19, à qual o apóstolo responde no verso 20, não é feita na pessoa de Esaú ou do Faraó, como supõe T.H., mas pelos judeus incrédulos, que

---

[86] Romanos, 11, 33.

pensavam demais naquela graça e favor que Deus quis conceder aos gentios ao reconhecê-los como seu povo, honra que eles gostariam que tivesse sido reservada à descendência de Abraão. E a resposta do apóstolo não é deduzida apenas do domínio soberano de Deus, pelo qual concede sua graça a quem lhe apraz, como já foi mostrado, mas também da própria obstinação e culpa dos judeus, como se vê no verso 22: "E se Deus, querendo (isto é, por uma vontade consequente) mostrar sua ira e tornar seu poder conhecido, suportou com muita paciência os vasos da ira preparados para a destruição?". Eles agiram, Deus suportou; eles foram tolerados por Deus, mas preparados para a destruição por si mesmos. É em vista de sua grande malfeitoria que se fala aqui da "grande paciência" de Deus. E isso se mostra mais claramente no verso 31 e 32: "Israel não alcançou a lei de justiça. Por quê? Porque eles a procuraram não pela fé, mas como se pudessem alcançá-la pelas obras da lei". No entanto, essa razão é estabelecida mais enfaticamente no capítulo seguinte (Romanos, 10, 3): "Eles (isto é, os israelitas), desconhecendo a justiça de Deus (isto é, pela fé em Cristo) e tratando de estabelecer sua própria justiça (isto é, pelas obras da lei), não se submeteram à justiça de Deus". E ainda mais explicitamente (cap.11, 20): "Por causa da incredulidade eles foram cortados, mas tu estás firme pela fé". Tampouco havia algum decreto precedente e obrigatório de Deus que os determinassem de modo necessário à incredulidade e, por conseguinte, à punição. Estava em seu próprio poder, com seu concurso com a graça divina, evitar esses julgamentos e recuperar o seu estado precedente – verso 23: "Se eles (isto é, os judeus incrédulos) não permanecerem na incredulidade, serão enxertados". A coroa e a espada são inamovíveis – para usar a comparação de Santo Anselmo –, mas somos nós que nos movemos e nos mudamos de lugar. Por vezes, os judeus estavam sob a coroa, e os gentios, sob a espada; por vezes, os judeus estavam sob a espada, e os gentios, sob a coroa.

Em terceiro lugar, embora eu reconheça que os pactos humanos não são a medida da justiça de Deus, pois a sua justiça reside em sua vontade imutável, de acordo com a qual está disposto a dar a cada homem aquilo que lhe é próprio, como recompensas aos bons e punições aos maus, Deus pode, não obstante, estabelecer livremente obrigações para si mesmo em relação à sua criatura. Por meio de Adão, ele fez a aliança das obras com a humanidade; por conseguinte, Deus não pune o homem de maneira contrária à sua própria aliança, mas porque o homem transgrediu seu dever. E a justiça divina não é medida pela onipotência ou pelo poder irresistível, mas pela vontade de Deus. Deus pode fazer muitas coisas de acordo com seu poder absoluto que ele não faz. Ele poderia suscitar filhos para Abraão a partir de pedras,[87] mas jamais o fez. É uma regra em teologia que Deus não pode fazer nada que contenha alguma maldade ou imperfeição, assim como Deus não pode renegar-se a si mesmo (2 Timóteo 2, 13), nem pode mentir (Tito 1, 2). Esses atos e outros semelhantes são os frutos da impotência e não da potência. Assim, Deus nem pode destruir os justos junto com os maus (Gênesis 18, 25). Ele não podia destruir Sodoma enquanto Ló estava nela (Gênesis 19, 22), não por falta de domínio ou poder, mas porque não era conciliável com a sua justiça nem com aquela lei que ele mesmo instituiu. O apóstolo disse (Hebreus 6, 10): "Deus não é injusto para esquecer o vosso trabalho". E é uma boa consequência dizer

---

[87] Mateus, 3, 9.

"isso é proveniente de Deus, portanto, é justo"; assim como é: "isto é injusto, portanto não pode ter se originado de Deus". Vemos como todas as criaturas por instinto da natureza amam sua prole, como a galinha, que ama seus pintinhos – vemos como elas estão dispostas a se exporem a si mesmas à morte por eles. E, não obstante, tudo isso não passa de uma sombra daquele amor de Deus por suas criaturas. Quão ímpio não é, então, conceber que Deus criou tantos milhares de almas para serem atormentadas eternamente no inferno, sem nenhuma falta delas senão aquela para a qual foram determinadas de modo necessário por ele próprio, simplesmente para mostrar seu domínio e porque seu poder é irresistível? O mesmo privilégio que T.H. reserva aqui ao poder absolutamente irresistível é atribuído por um amigo seu, em seu livro *De Cive*, cap. VI, p.70,[88] ao poder relativamente irresistível ou aos magistrados soberanos, aos quais atribui um poder tão absoluto como o poder de um homem sobre si mesmo, poder que não é limitado por nada, mas apenas por sua força. Os maiores defensores do poder soberano consideram suficiente que os príncipes reivindiquem imunidade em relação ao poder coercitivo, mas reconhecem que a lei possui um poder diretivo sobre eles. Mas T.H. sustenta que não há limites, a não ser sua força. O que quer que façam em virtude de seu poder fazem-no de modo justo.

Mas, diz ele, Deus não alegou qualquer pecado de Jó, mas justificou a sua inflição por sua potência. Em primeiro lugar, isso é um argumento extraído da autoridade de maneira negativa; ou seja, não vale nada. Em segundo, as aflições de Jó não eram punições vindicativas que tinham como fim se vingar de

---

[88] A paginação se refere à edição de 1642.

seus pecados (acerca do que debatemos), mas castigos probatórios para julgar suas graças. Em terceiro, Jó não era tão puro que Deus não pudesse ter estabelecido de modo justo punições maiores para ele do que aquelas aflições que sofreu. Testemunha-o sua impaciência, que o fez até mesmo amaldiçoar o dia de seu nascimento (Jó 3, 3). De fato, Deus disse a Jó (Jó 38, 4): "Onde estavas quando deitei os fundamentos da terra?", isto é, como podes tu julgar as coisas que foram feitas antes que tu nasceste ou compreender as causas secretas de meus julgamentos? E Jó 40, 9: "Possuis um braço como o de Deus?". Como se dissesse: por que estás impaciente? Pensas que tu és capaz de lutar por ti próprio contra Deus? Mas não há nenhuma menção de que Deus puna Jó sem que ele mereça.

No que diz respeito ao homem cego mencionado em João IX, sua cegueira era para ele mais uma bênção do que uma punição, constituindo o meio para tornar sua alma iluminada e levá-lo a ver a face de Deus em Jesus Cristo. A vista do corpo é comum a nós, às formigas e às moscas, mas a vista da alma, aos anjos abençoados. Lemos que alguns homens arrancaram seus olhos corpóreos, porque julgavam que eram um impedimento para o olho da alma. Além disso, nem ele nem seus pais eram inocentes, tendo nascido e sido concebidos no pecado e iniquidade (Salmos 51, 5). E todos nós cometemos faltas em muitas coisas (Tiago 3, 2). Mas a intenção de nosso Salvador é evidenciada a partir da questão do discípulo (João 9, 2). Eles não pecaram de tal modo que devessem nascer cegos, ou não eram pecadores mais cruéis do que os outros homens para merecer mais do que eles um julgamento exemplar; mas essa cegueira corporal o atingiu principalmente em virtude da providência extraordinária de Deus, para a manifestação de sua própria glória ao restituir-

-lhe a visão. Assim, seu exemplo claudica dos dois lados: não se tratava de uma punição, tampouco o homem cego era livre de pecado. Seu terceiro exemplo de morte e tormento das bestas não tem mais peso do que os dois precedentes. A morte das bestas brutas não é uma punição pelo pecado, mas uma dívida da natureza. E, embora elas sejam frequentemente abatidas para o uso do homem, há, no entanto, uma vasta diferença entre essa dor leve e momentânea e as dores insuportáveis e sem fim do inferno; entre a mera privação da vida temporal da criatura e a sua sujeição à morte eterna. Conheço as especulações filosóficas de alguns que afirmam que a existência é melhor do que a não existência, que é melhor ser miserável e sofrer os tormentos dos condenados do que ser aniquilado e cessar completamente de ser. Essa existência da qual falam é uma existência metafísica, abstraída da matéria, que é melhor do que a não existência no que diz respeito a certo bem, que não é moral nem natural, mas transcendental, que acompanha todo ser. Mas concretamente é outra coisa, cabendo frequentemente aquele dito do nosso Salvador (Mateus 26, 24): "Desgraça ao homem pelo qual o Filho do Homem foi traído. Teria sido melhor para esse homem que não tivesse nascido". Acrescento que há uma justiça e misericórdia análogas que são devidas até mesmo para as bestas. "Não amordaçarás a boca do boi que debulha o grão."[89] E "um homem justo é misericordioso com a sua besta".[90]

(f) Mas seu maior erro reside no que eu já mencionei anteriormente: fazer que a justiça seja o resultado próprio do poder. O poder não mede nem regula a justiça, mas a justiça mede e

---

[89] Deuteronômio, 25, 4.
[90] Provérbios, 12, 10.

regula o poder. A vontade de Deus e a lei eterna que reside no próprio Deus é propriamente a regra e a medida da justiça. Assim como toda bondade, tanto natural como moral, consiste numa participação da bondade divina e toda retidão criada não é senão uma participação da retidão divina, todas as leis não são senão participações da lei eterna a partir da qual derivam o seu poder. A regra da justiça é, então, a mesma em Deus como em nós, mas em Deus é como naquele que regula e mede; em nós, como naquele que é regulado e medido. Assim como a vontade de Deus é imutável, querendo sempre o que é justo, correto e bom, a sua justiça é imutável. E não é possível que aquela ação individual, que é punida de modo justo como pecaminosa em nós possa proceder da influência especial e da potência determinante de uma causa justa. Veja então quão grosseiramente T.H. entende aquele princípio antigo e verdadeiro segundo o qual a vontade de Deus é a regra da justiça, como se, ao querer coisas injustas nelas mesmas, ele as tornasse justas por causa de seu domínio absoluto e poder irresistível, assim como o fogo assimila outras coisas a si mesmo e as converte na natureza do fogo. Isso equivaleria a fazer da lei eterna uma régua de Lesbos.[91] O pecado é definido como o que é feito, dito ou pensado de maneira contrária à lei eterna. Mas, de acordo com essa doutrina, nada é feito, dito ou pensado que seja contrário à vontade de Deus. Santo Anselmo disse com muita proprie-

---

91 Trata-se de uma régua de chumbo utilizada em Lesbos, na edificação que era flexível e se ajustava às irregularidades das pedras. Aristóteles a utiliza como imagem para representar os decretos, que se adaptam aos fatos, em oposição às leis, que são universais e rígidas. (*Ética a Nicômaco*, livro V, cap. 10, 1137 b 30).

dade que "a vontade do homem é boa, justa e correta quando quer aquilo que Deus queria que ele quisesse". Mas, de acordo com essa doutrina, todo homem sempre quer aquilo que Deus queria que ele quisesse. Se isso é verdadeiro, não precisamos rezar, "Tua vontade será feita na terra como no céu". T.H. concebeu um novo tipo de céu acima da terra. O pior é que esse é um céu sem justiça. A justiça é um ato constante e perpétuo da vontade de dar a cada um o que lhe é próprio; mas infligir punição por causa de coisas que o próprio juiz determinou e necessitou que fossem feitas não é dar a cada um o que lhe é próprio. A correta justiça punitiva é uma relação de equidade e proporção entre o demérito e a punição. Mas, caso se admita a opinião da necessidade absoluta e universal, não há demérito no mundo. Costumamos dizer que o direito se origina a partir da lei e do fato; assim como neste silogismo: que todo ladrão deve ser punido, eis a lei; mas um tal indivíduo é um ladrão, eis o fato; portanto, ele deve ser punido, eis o direito. Mas essa opinião de T.H. não fundamenta o direito de ser punido nem na lei nem no fato, mas no poder irresistível de Deus. Ela subverte mesmo, tanto quanto é possível, toda lei; primeiro, a lei eterna, que é a ordenação da sabedoria divina, pela qual todas as criaturas são dirigidas para o fim que lhes é conveniente, e que não é para determiná-las de modo necessário às chamas eternas; em seguida, a lei participada, que é a ordenação da reta razão, instituída para o bem comum para mostrar ao homem o que deve e o que não deve fazer. De que serviria mostrar o caminho correto àquele que é arrastado e compelido a um caminho contrário pelos laços adamantinos da necessidade inevitável?

(g) Por fim, por mais que T.H. proteste que Deus não pode pecar, ele, na verdade, faz dele a causa principal e mais própria de todo pecado. Pois faz dele a causa não apenas da lei e da ação, mas também da própria irregularidade e da diferença entre a ação e a lei, na qual consiste a essência mesma do pecado. Ele faz Deus determinar a vontade de Davi e o determinar de modo necessário a matar Urias. Nas causas que são físicas e essencialmente subordinadas, a causa da causa é sempre a causa do efeito. Eis os frutos mortíferos que brotam da raiz venenosa da necessidade absoluta de todas as coisas. Espero que, ao observar isso e ao ver que nem os pecados de Esaú, nem os do Faraó, nem de nenhuma pessoa má procedem da vontade operativa, mas da vontade permissiva de Deus, e que a punição é um ato de justiça e não de domínio apenas, T.H. mude a sua opinião, de acordo com sua promessa.

CRÍTICA DA RÉPLICA DO BISPO N. 12

O bispo argumentara assim: "se não houver liberdade, não haverá o dia do julgamento, nem juízo final, nem recompensas ou punições depois da morte". A isso respondi que, embora Deus não possa pecar, porque o que faz é justo na medida em que ele o faz e porque não está sujeito à lei de outrem, e que, desse modo, é blasfêmia dizer que Deus pode pecar, dizer, não obstante, que Deus ordenou o mundo de tal modo que o pecado possa ser necessariamente cometido não é blasfêmia. Ademais, posso dizer que, embora Deus seja a causa de todos os movimentos e de todas as ações e que o pecado, por conseguinte – a menos que não seja nem movimento nem ação –, resulte necessariamente do primeiro motor, não se pode dizer, contudo, que Deus é o autor do pecado, porque o autor não é aquele que necessita uma ação, mas aquele que a ordena e a autoriza. E se Deus reconhece como sua uma ação, que de outro modo seria um pecado, não se trata mais agora de um pecado. O ato dos israelitas de roubar as joias dos egípcios teria constituído um roubo sem a autorização de Deus. Mas não foi nem roubo, nem fraude, nem pecado, caso se suponha que sabiam que a autorização era originária de Deus. O restante da minha resposta a essa dificuldade consistiu em contrapor seus inconvenientes à evidência dos textos de São Paulo, Romanos 9. A substância da sua réplica à minha resposta é esta que segue.

(a) "Mesmo que a punição fosse um ato de domínio e não de justiça em Deus, isso não seria uma causa suficiente para que Deus renegue seu próprio ato ou repreenda ou se queixe dos homens por terem feito o que ele próprio os determinou de modo necessário a fazer."

Jamais disse que Deus renega seu ato, mas que pode se queixar dos homens; e a razão dessa sua queixa pode ser — jamais direi diretamente que é — a de convencê-los que suas vontades não são independentes, mas sim sua dádiva pura e simples, e que agir ou não agir não depende daquele que quer, mas de Deus, que concede misericórdia ou endurece a quem quer. Mas o bispo interpretou o *endurecimento* como uma permissão de Deus. O que é atribuir a Deus em tais ações não mais do que poderia ser atribuído a algum servo do faraó: não persuadir seu mestre a deixar o povo partir. E ao comparar essa permissão com a indulgência de um pai que, por sua paciência, encoraja seu filho a se tornar mais rebelde — indulgência que é um pecado —, ele torna Deus semelhante a um homem pecador. E, de fato, parece que todos que defendem essa liberdade da vontade não concebem Deus de maneira diferente do tipo comum dos judeus, que, interpretando Êxodo 24, 10 e outras passagens literalmente, concebiam Deus como um homem, tendo sido visto por Moisés e depois pelos setenta anciões. Ele diz novamente que se diz que Deus endurece o coração *permissivamente*, mas não *operativamente*; que é idêntica à primeira distinção que ele fez, a saber, *negativamente*, não *positivamente*; e à segunda, *ocasionalmente*, e não *causalmente*. Desse modo, as três maneiras pelas quais ele diz que Deus endurece o coração dos homens maus se reduzem a essa única de "permissão"; o que é o mesmo que dizer que Deus vê, observa e não faz nada ou nunca fez algo nesse assunto. Observai, pois, como o bispo interpreta São Paulo. Deixarei, portanto, o restante de seu comentário a respeito de Romanos 9 ao julgamento do leitor, para que pense sobre o mesmo como lhe aprouver.

(b) "Contudo, reconheço o que T.H. diz ser uma verdade geral, a saber, que quem permite que alguma coisa seja feita que estava em seu poder impedir, sabendo que, se não a impedir, será feita, a quer de certa maneira. Digo de certa maneira, isto é, por uma vontade antecedente ou vontade consequente ou vontade operativa ou vontade permissiva, ou que ele quer deixá-la ser feita, mas não quer fazê-la."

Que se a denomine antecedente ou consequente, operativa ou permissiva, é suficiente para a necessidade da coisa que o coração do faraó seja endurecido; e, se Deus não quisesse fazê-lo, não consigo conceber como isso poderia ter sido feito sem ele.

(c) "T.H. pergunta como Deus poderia ser a causa da ação sem ser a causa da irregularidade da ação. Respondo que é porque ele concorre para a realização do mal por uma influência geral, mas não por uma influência especial."

Tinha pensado em passar por alto essa passagem em virtude do caráter absurdo da terminologia da influência geral e especial. Uma vez que ele diz que Deus concorre para a realização do mal, desejo que o leitor tome nota de que, se ele me censura por falar de Deus como uma causa necessitante e como se fosse o principal agente na causação de todas as ações, ele pode, com tanta mais razão, censurar a si próprio por fazer dele um cúmplice desse mesmo mal a partir de seu concurso. Com efeito, deixe os homens sustentarem tudo que quiserem contrário à verdade, se escrevem o bastante, a verdade jorrará de suas penas. Mas ele pensa dispor de uma comparação que fará essa vontade permissiva algo perfeitamente claro:

> a terra fornece nutrientes a todos os tipos de plantas, tanto para a cicuta como para o trigo, mas a razão pela qual um fornece alimento para nossa subsistência e a outra, veneno para nossa destruição não resulta do fornecimento geral de nutrientes pela terra, mas da qualidade especial da raiz.

Com base nessa comparação, parece que ele pensa que Deus quer, não operativamente mas permissivamente, que a raiz da cicuta envenene o homem que a ingere, mas que quer operativamente que o trigo o alimente – o que é completamente absurdo. Ou então ele deve admitir que os efeitos venenosos dos homens maus são queridos operativamente.

(d) "Por isso, T.H. está completamente enganado quando sustenta que o ato particular e determinado de assassinar Urias é proveniente de Deus. A potência geral para agir é proveniente de Deus, mas a especificação dessa potência geral e boa para o assassinato ou algum mal particular não advém de Deus, mas do livre-arbítrio do homem."

Mas por que estou completamente enganado? Deus não possuía a presciência de que Urias em particular seria assassinado por Davi em particular? E será possível que o que Deus sabe que ocorrerá pode não ocorrer? E o que não pode não ocorrer não ocorre necessariamente? E não é toda necessidade originária de Deus? Não consigo ver esse grande erro. "A potência geral", diz ele, "para agir é originária de Deus, mas a especificação para realizar esse ato em relação a Urias não é originária de Deus, mas do livre-arbítrio." Muito sabiamente dito. Como se existisse uma potência que não fosse a potência para realizar algum ato particular. Se a potência for para assassinar, é para assassinar aquilo que será assassinado por essa potência, seja Urias ou algum outro; e dar essa potência é aplicá-la ao ato. Potência, na realidade, não significa outra coisa senão aqueles movimentos e atos presentes dos quais se origina necessariamente o ato que não ocorre agora, mas que ocorrerá posteriormente. Assim, esse argumento é muito semelhante àquele utilizado outrora para defender o direito divino dos bispos de ordenação dos ministros. Eles dizem que não obtêm o direito de ordenação do soberano civil, mas de Cristo imediatamente. Não obstante, eles reconhecem que é ilícito ordenarem se o poder civil os proíbe. Mas como possuem direito de ordenar, se não podem exercê-lo licitamente? A sua resposta é que possuem o direito, embora não possam exercê-lo; como se o direito de ordenar e o direito de exercer a ordenação não fossem a mesma coisa. E, da mesma forma que respondem a respeito do direito, que é o poder legal, o bispo responde, a respeito da potência natural, que Davi obtinha de Deus uma potência geral para assassinar Urias, mas não a potência de aplicação dessa potência em especial para o assassinato de Urias, que é originária de seu próprio livre-arbítrio. Ou seja, ele tinha uma potência para matar Urias, mas não para exercê-la em Urias – isto é, ele tinha uma potência para matá--lo, mas não para matá-lo, o que é absurdo.

(e) "Mas se se coloca a questão de por que Deus pune mais um do que outro ou por que joga um nas chamas do inferno e não o outro, que é a questão presentemente debatida por nós, dizer, junto com T.H., que é porque Deus é onipotente ou porque seu poder é irresistível ou meramente porque é seu bel-prazer, não apenas não se fundamenta, mas é plenamente condenado por São Paulo nessa passagem.

Observo, em primeiro lugar, que ele não tem razão em dizer que a questão debatida por nós é saber se a causa pela qual Deus pune um homem mais do que outro é seu poder irresistível ou o pecado do homem. A questão debatida por nós reside em saber se um homem pode escolher agora o que será sua *vontade* em breve ou em qualquer ponto do tempo posterior. Além disso, não é verdadeiro o que ele diz, de que é minha opinião que o poder irresistível de Deus é a causa pela qual ele pune um mais do que outro. Digo apenas que, quando age assim, o poder irresistível é suficiente para fazer com que ele não seja injusto. Mas que a causa pela qual Deus pune um mais do que outro seja muitas vezes a vontade que possui de manifestar seu poder é afirmado nessa passagem por São Paulo: "Deve a obra dizer ao obreiro etc.".[92] E por nosso Salvador, no caso daquele que nasceu cego, onde diz: "Nem esse homem nem seus pais pecaram; mas é para que as obras de Deus possam se tornar

---
92 Romanos, 9, 20.

manifestas".[93] E pela queixa de Deus a Jó. Esse seu esforço para fazer o texto de São Paulo servir à sua causa não apenas é vão, mas causa de muitas frases sem significado em seu discurso, como esta: "estava em seu próprio poder, com seu concurso com a graça divina, evitar esses julgamentos e recuperar o seu estado precedente" – o que tem tanto sentido como dizer que está em seu próprio poder, com o concurso do poder soberano da Inglaterra, ser o que ele quiser. E esta: que "Deus pode livremente estabelecer obrigações para si mesmo em relação à sua criatura". Pois quem pode obrigar pode também, quando quiser, se desobrigar; e quem pode se desobrigar quando quiser não está obrigado. Além disso, ele é levado a utilizar palavras inapropriadas para quem quer falar de Deus Todo-Poderoso, pois o torna incapaz de fazer o que estava no poder ordinário dos homens fazer. "Deus", diz ele, "não pode destruir os justos junto com os maus", o que, não obstante, é algo ordinariamente realizado pelos exércitos; e "ele não poderia destruir Sodoma enquanto Ló estava nela", o que é interpretado por ele como se Deus não pudesse fazê-lo licitamente. Um dos textos é Gênesis 18, 23-25. Não há uma única menção de que Deus não poderia destruir os justos com os maus. Apenas Abraão (enquanto homem) diz: "O juiz de toda a terra não exercerá a justiça?". Outro texto é Gênesis 19, 22: "Apressa-te, refugia-te lá, pois nada posso fazer enquanto não tiveres chegado lá". Essa é uma frase ordinária para exprimir essa situação em que Deus decidiu queimar a cidade e salvar um homem particular, sem significar que Deus tivesse a obrigação de salvar Ló mais do que o restante. De maneira semelhante, no que diz respeito a

---

93 João, 9, 3.

Jó, que, queixando-se para Deus, recebeu como única resposta a exposição do infinito poder de Deus, o bispo responde que nunca houve uma única menção a Jó ser punido sem merecer – resposta que é impertinente. Pois não digo que ele foi punido sem merecer, mas que não foi em virtude de seu mérito que foi afligido – pois punido não foi de maneira nenhuma.

E, no que diz respeito ao homem cego (João IX), que nasceu cego para que o poder de Deus pudesse ser manifestado nele, ele responde que não se tratava de uma punição, mas de uma bênção. Não disse que se tratava de uma punição; mas certamente era uma aflição. Como pode então chamar isso de bênção? Muito razoável: "porque", diz ele, "tratava-se do meio para tornar sua alma iluminada e levá-lo a ver a face de Deus em Jesus Cristo. A vista do corpo é comum a nós, às formigas e às moscas, mas a vista da alma, apenas aos anjos abençoados". Isso é muito bem dito, pois ninguém duvida de que algumas aflições podem ser bênçãos, mas me questiono se o bispo, que diz ter lido a respeito de alguns homens que arrancaram seus olhos corpóreos, porque julgavam que seus olhos eram um impedimento para o olho da alma, julga que fizeram bem. Àquela parte na qual digo que as bestas, que não podem pecar, são afligidas, ele responde que "há uma vasta diferença entre essa dor leve e momentânea e as dores insuportáveis e sem fim do inferno". Como se a duração ou a intensidade da dor fizesse alguma diferença com relação à justiça ou à injustiça de afligi-la.

(f) "Mas seu maior erro reside no que eu já mencionei anteriormente: fazer a justiça ser o resultado próprio do poder."

Ele gostaria de fazer os outros acreditarem que afirmo que são justas todas as coisas que são feitas por aqueles que possuem poder suficiente para evitar a punição. Eis uma de suas belas artimanhazinhas, que me mostram em várias ocasiões a medida de sua própria sabedoria. Não disse senão que o poder que é absolutamente irresistível faz com que aquele que o possui esteja acima de toda lei, de tal modo que nada que faz pode ser injusto. Mas esse poder não pode ser outro senão o poder divino. Assim, deixe-o pregar o que quiser com base em sua má interpretação do texto; deixarei ao leitor a tarefa de considerá-lo, sem nenhuma resposta ulterior.

(g) "Por fim, por mais que T.H. proteste que Deus não pode pecar, ele, na verdade, faz dele a causa principal e mais própria de todo pecado. Pois faz dele a causa não apenas da lei e da ação, mas também da própria irregularidade etc., na qual consiste a essência mesma do pecado."

Penso que não há um homem que não entenda – não, nem o próprio bispo – que, onde há duas coisas que são comparadas, a semelhança ou dessemelhança, regularidade ou irregularidade que há entre elas reside na feitura das próprias coisas que são comparadas. Por conseguinte, o bispo, na medida em que nega que Deus seja a causa da irregularidade, nega que ele seja a causa tanto da lei como da ação. De tal modo que, segundo sua doutrina, haverá uma lei boa da qual Deus não será a causa, e uma ação, isto é, um movimento local, que dependerá de outro primeiro movente que não é Deus. O restante desse número não passa de meras invectivas.

PROVAS DA LIBERDADE A PARTIR DA RAZÃO – N. 13

J.D. O primeiro argumento é *Herculeum* ou *baculinum*, extraído daquela passagem divertida entre Zenão e seu criado. O servo tinha cometido algum pequeno furto e o mestre estava lhe dando severas bordoadas por causa disso. O servo cogita em esgueirar-se pelo ponto cego de seu mestre e se defende alegando que "a necessidade do destino o compeliu a roubar". O mestre responde que "a mesma necessidade do destino me compele a te bater".[94] Aquele que nega a liberdade é refutado mais adequadamente com açoites do que com argumentos, até que admita que aquele que lhe bate é livre tanto para continuar açoitando como para cessar, isto é, que possui uma liberdade verdadeira.

T.H. Dos argumentos provenientes da razão, o primeiro deles é aquele que ele afirma ser extraído do ato de Zenão de bater em seu criado, que é, por essa razão, denominado *argumentum baculinum*, isto é, um argumento de madeira. A estória é esta: Zenão sustentava que todas as ações eram necessárias. Assim, seu criado, ao apanhar pelo motivo de alguma falta, desculpou-se a si mesmo a partir da necessidade dessa falta. Para evitar essa desculpa, seu mestre alegou igualmente a necessidade de bater nele. Então, não é aquele que sustenta a necessidade das coisas que apanhou, mas aquele que dela zomba, contrariamente ao que ele queria insinuar. E o argumento foi antes extraviado do que extraído da estória.

J.D. Deixe que o leitor julgue se foi o argumento que se extraviou da estória ou se foi a resposta que se extraviou do argumento. T.H. se engana quanto ao alcance do argumento, já

---

94 "Conta-se que ele (Zenão), certa vez, estava castigando um servo que o havia roubado, dizendo-lhe o servo: 'Meu destino era roubar'; Zenon acrescentou: 'E também ser espancado'." (Diógenes Laércio, *Vidas e doutrinas dos filósofos ilustres*, VII, 23. Trad. Mário Kury. Brasília: UnB, 2008, p.186.)

que a sua força não reside na autoridade de Zenão, um estoico rígido, que não vale um tostão nesta causa nem no fato de que o servo é um adversário da necessidade estoica. Pois a estória não mostra que o servo zomba da necessidade, mas antes a alega seriamente para sua própria justificação. Ora, quanto à vitória da disputa, nos disseram agora mesmo que apenas um poder irresistível justifica uma ação. O poder de Zenão não o era. Portanto, essa vitória não beneficia nenhuma de suas causas, nem a de Zenão, nem a de T.H. E se o servo tivesse tirado o bordão da mão do mestre e lhe batesse fortemente, não teria o mesmo argumento servido para o criado tanto quanto serviu para o mestre, a saber, que a necessidade do destino o compeliu novamente a bater? Zenão não sofreu justamente com as consequências de seu paradoxo? E os espectadores não teriam podido censurar o apotegma do juiz concernente à disputa entre Córax e seu aluno "um ovo ruim de um pássaro ruim"?[95] Mas

---

[95] "Um jovem tomado pelo desejo pela Retórica foi até ele (Córax) e prometeu que pagaria a ele a quantia que ele cobrasse, caso ganhasse seu primeiro caso. E quando o trato foi feito, e o jovem dispunha de habilidade suficiente, Córax cobrou seus honorários, mas o outro disse 'não'. Ambos então recorreram ao tribunal e tiveram seu caso julgado; e então, é dito, Córax pela primeira vez utilizou um argumento desse tipo: que, se ele ganhou ou perdeu o caso, ele deve receber a quantia; se ele ganhou, porque ganhou, e se ele perdeu, de acordo com os termos do trato; pois seu oponente concordou em pagar-lhe a quantia se ele ganhasse seu primeiro caso, então, se ele ganhou, era assim obrigado a se desfazer o débito. E após os juízes o terem aplaudido por falar de modo justo, o jovem, por seu turno, começou seu discurso e utilizou o mesmo argumento, nada alterando: 'Se eu ganho', disse ele, 'ou se sou vencido, não sou obrigado a pagar a Córax a taxa; se ganho, porque ganhei; e se perco, de acordo com os termos do contrato; pois prometi pagar a taxa se ganhasse

a força desse argumento reside *em parte* na ignorância de Zenão, esse grande paladino da necessidade, e na indigência de sua causa, que não pode ser defendida senão com um bordão. Ninguém, diz o servo, deve apanhar por fazer o que foi compelido a fazer inevitavelmente; mas sou compelido de modo inevitável a roubar. A maior é tão evidente que não pode ser negada. Se um homem forte tomar a mão de um homem fraco pela força e cometer uma violência com ela a uma terceira pessoa, aquele, cuja mão é forçada, é inocente e é culpado apenas aquele que o compeliu. A menor era a doutrina do próprio Zenão. Que resposta deu o grande patrono do destino ao seu servo? De maneira muito sábia, ele negou a conclusão e esbordoou seu servo, dizendo-lhe que, embora não houvesse efetivamente nenhuma razão pela qual devesse apanhar, havia, não obstante, uma necessidade pela qual ele deveria apanhar. E, *em parte*, na absurdidade evidente de tal opinião, que não merece ser confutada com razões, mas com açoites. Há quatro coisas, dizia o filósofo, que não podem ser colocadas em questão. Primeiro, aquelas coisas sobre as quais seria imoral duvidar, por exemplo, se a alma é imortal, se há Deus. Tais pessoas não devem ser confutadas com razões, mas lançadas ao mar com um grande peso em seu pescoço,[96] como alguém que é indigno de respirar o ar ou contemplar a luz. Segundo, aquelas coisas que estão acima

---

meu primeiro caso, mas, se perdesse, não deveria pagar'. Os juízes, então, levados a um estado de suspensão do juízo e perplexidade quanto à equipolência dos argumentos retóricos, conduziram ambos para fora do tribunal, gritando: 'mau ovo de um mau corvo'."
(Sexto Empírico, *Contra os retóricos*, 97-99. Trad. R. Huguenin e R. Brito. São Paulo: Editora Unesp, 2013, p.43)

96 Mateus, 18, 6.

da capacidade da razão, por exemplo, entre os Cristãos, o mistério da Santíssima Trindade. Terceiro, aqueles princípios que são evidentemente verdadeiros, por exemplo, que dois mais dois são quatro, na aritmética; que o todo é maior do que a parte, em lógica. Quarto, aquelas coisas que são óbvias para os sentidos, como se a neve é branca. Aquele que negou o calor do fogo foi sentenciado de modo justo a queimar no fogo; e aquele que negou o movimento, a apanhar até que abjurasse. Assim, aquele que nega toda liberdade em relação à necessitação deveria ser flagelado até que se tornasse um humilde suplicante daquele que o açoiteia e admitisse que este tem o poder tanto para bater como para reter sua mão.

T.H. Neste número 13, que é sobre Zenão e seu criado, não está contido nada que seja necessário para a instrução do leitor. Portanto, não farei comentários a seu respeito.

N. 14

J.D. Essa convicção de que não há verdadeira liberdade pode destruir todas as sociedades e repúblicas no mundo. As leis que proíbem o que um homem não pode se abster de fazer são injustas. Todas as constituições são vãs se tudo for ou necessário ou impossível. Haverá alguém que delibere se o Sol deveria nascer amanhã ou se deveria pairar sobre as montanhas? Se todas as coisas forem necessárias, é tão vão admoestar homens de entendimento quanto tolos, crianças ou loucos. Louvores e censuras, recompensas e punições são igualmente vãs e desmerecidas se não houver liberdade. Todos os conselhos, artes, armas, livros e instrumentos são supérfluos e disparatados se não houver liberdade. Em vão trabalhamos, em vão estudamos, em vão tomamos medicamentos, em vão possuímos tutores para nos instruir, se todas as coisas ocorrem da mesma maneira, a saber, por necessidade inalterável, quer durmamos ou estejamos despertos, quer sejamos preguiçosos ou industriosos. Mas se diz que, embora os eventos futuros sejam certos, eles são desconhecidos para nós, e, por isso, proibimos, deliberamos, admoestamos, louvamos, censuramos, recompensamos, punimos, estudamos, trabalhamos e utilizamos os meios. Ai! Como o nosso desconhecimento do evento poderia ser uma razão suficiente para utilizarmos os meios enquanto acreditarmos que o evento já está certamente determinado e não pode ser alterado por todos os nossos esforços, não mais do que podemos parar o curso do céu com nosso dedo ou adicionar um cúbito a nossa estatura? Mesmo supondo que o evento seja desconhecido, ele é, não obstante, certo. Não podemos esperar alterar o curso das coisas por nossos trabalhos; deixemos as causas necessárias fazerem seu trabalho. Não temos outro remédio senão a paciência e encolher os ombros. Ou bem se reconhece a liberdade ou se destrói todas as sociedades.

T.H. O segundo argumento é extraído de certas inconveniências que ele pensa decorrerem de uma tal opinião. É verdadeiro que um uso ruim pode ser feito dela e, por isso, a sua Senhoria e J.D. deveriam, a meu pedido, manter privado o que digo aqui a seu respeito. Mas, na verdade, não há nenhuma inconveniência. E não importa o uso que pode ser feito da verdade, a verdade é, ainda assim, verdade. E a questão agora não é sobre o que é conveniente pregar, mas sobre o que é verdadeiro.

A primeira inconveniência que ele diz haver é esta: que as leis que proíbem qualquer ação são então injustas. A segunda, que todas as consultas são vãs. A terceira, que admoestações a homens de entendimento não têm mais serventia do que a tolos, crianças e loucos. A quarta, que louvor e censura, recompensa e punição são vãs. A quinta, que conselhos, artes, armas, livros, instrumentos, estudo, tutores, medicamentos são vãos. A esses argumentos, esperando que eu respondesse dizendo que a ignorância do evento seria suficiente para utilizarmos os meios, ele acrescenta estas palavras (como se fosse uma réplica a minha resposta prevista): "Ai! Como nosso desconhecimento do evento poderia ser uma razão suficiente para utilizarmos os meios?". A esse respeito, ele fala corretamente, mas minha resposta não é o que ele esperava. Respondo, então.

Em primeiro lugar, que a necessidade de uma ação não faz com que a lei que a proíba seja injusta. Isso é ignorar que não é a necessidade, mas a vontade de infringir a lei que torna a ação injusta, porque a lei observa a vontade e não outras causas antecedentes da ação, e que nenhuma lei pode jamais ser injusta, pois cada homem faz, por seu consentimento, a lei que é obrigado observar, e que, por conseguinte, deve ser justa, a menos que um homem possa ser injusto consigo mesmo. Digo que não importa quão necessária é a causa que antecede uma ação, se ela for proibida, aquele que a comete voluntariamente pode ser punido com justiça. Por exemplo, suponhamos que a lei proíba o roubo sob pena de morte e que haja um homem que, pela força da tentação, é determinado necessariamente a roubar e é, por conseguinte, morto. Essa punição não dissuade outros de roubar? Não é uma causa de que outros não roubem? Não forma sua vontade para a justiça? Fazer a lei é, portanto, fazer a causa da justiça e necessitar à justiça; por conseguinte, não é injustiça fazer tal lei.

A instituição da lei não é para afligir o delinquente pelo que se passou e não pode ser desfeito; mas para torná-lo, assim como os outros, justo, o que, de outro modo, não ocorreria – e diz respeito não ao ato mau do passado, mas ao bem futuro, pois, sem essa boa intenção quanto ao futuro, nenhum ato passado de um delinquente poderia justificar a ação de matá-lo aos olhos de Deus. Mas, dizeis, como pode ser justo matar um homem para emendar outro, se o que foi feito era necessário? A isso respondo que os homens são mortos de modo justo não porque suas ações não são determinadas de modo necessário, mas porque são poupados e preservados apenas aqueles que não são nocivos, pois, onde não há lei, nenhum assassinato nem coisa nenhuma pode ser injusta. E, pelo direito de natureza, destruímos, sem sermos injustos, tudo o que é nocivo, tanto bestas como homens. E quanto às bestas, nós as matamos de modo justo quando o fazemos em vista de nossa preservação. E, não obstante, J.D. admite que suas ações, sendo apenas espontâneas e não livres, são todas determinadas de modo necessário para aquela única coisa que farão. Quanto aos homens, quando formamos sociedades ou repúblicas, renunciamos a nosso direito de matar, exceto em determinados casos, como assassinato, roubo ou outras ações danosas. Assim, o direito que a república possui de matar um homem por crimes não é criado pela lei, mas é remanescente do primeiro direito de natureza que cada homem tem de preservar a si mesmo; pois a lei não retira esse direito no caso de criminosos, que foram excetuados pela lei. Os homens não são, portanto, mortos ou punidos pelo fato de que seu roubo resultou de uma escolha, mas porque era nocivo e contrário à preservação do homem, e a punição conduz à preservação do restante, já que punir aqueles que ferem voluntariamente, e ninguém mais, forma e produz a vontade dos homens para que seja tal como eles gostariam que ela fosse.

Assim, é manifesto que, com base na necessidade de uma ação voluntária, não se pode inferir a injustiça da lei que a proíbe ou do magistrado que a pune.

Em segundo lugar, nego que isso torne as consultas vãs – é a consulta que causa e torna necessário a um homem escolher uma coisa em vez de outra. Então, a menos que um homem diga que a causa que determina de modo necessário o efeito seja vã, ele não pode inferir a superficialidade da consulta a partir da necessidade da eleição que dela resulta. Mas parece que ele raciocina assim: se devo fazer isso em vez daquilo, então farei isso em vez daquilo, mesmo que não delibere de modo nenhum, o que é uma proposição falsa ou uma consequência falsa, tanto quanto esta: se viverei até amanhã, viverei até amanhã, mesmo que me transpasse com uma espada hoje. Se houver uma necessidade de que uma ação seja realizada ou de que algum efeito seja produzido, não procede disso que não haja nada requerido necessariamente como meio para produzi-lo. Desse modo, quando se determina que uma coisa deve ser escolhida antes que outra, determina-se também por meio de qual causa será escolhida, causa que é, na maioria das vezes, deliberação ou consultação. Assim, esta não é vã, sendo, na verdade, tanto menos vã quanto mais a eleição for determinada de maneira necessária.

A mesma resposta deve ser dada à suposta terceira inconveniência; a saber, que admoestações são vãs; pois admoestações são partes das deliberações; sendo o admoestador, enquanto admoesta, um conselheiro para aquele que é admoestado.

A quarta pretensa inconveniência é que louvor e censura, recompensa e punição, seriam vãs. Ao que respondo, quanto ao louvor e à censura, que não dependem de modo nenhum da necessidade da ação louvada ou censurada. Pois o que é louvar senão dizer que uma coisa é boa? Boa, digo, para mim ou para outrem ou para o Estado e república. E o que é dizer que uma ação é boa senão dizer que é como eu ou outrem gostaria que fosse, ou que está em acordo com a vontade do Estado, isto é, de acordo com a lei? Será que J.D. pensa que nenhuma ação que resulta da necessidade pode agradar a ele ou a mim ou ao Estado?

As coisas podem, portanto, ser necessárias e, não obstante, dignas de louvor, assim como necessárias e, não obstante, censuradas, e nenhuma das duas em vão; porque louvor e censura, e, da mesma maneira, recompensa e punição, produzem e conformam pelo exemplo a vontade para o bem ou para o mal. Era um grande louvor, em minha opinião, o que Veleio Patérculo atribui a Cato, quando diz que ele era bom por natureza, *et quia aliter esse non potuit*.[97]

Quanto às suas quinta e sexta inconveniências, de que conselhos, artes, armas, livros, instrumentos, estudo, medicamentos e semelhantes seriam supérfluos, serve a mesma resposta dada às anteriores, isto é, que essa consequência — se o efeito ocorrerá necessariamente, então ocorrerá sem sua causa — é falsa. E essas coisas chamadas conselhos, artes, armas etc. são as causas desses efeitos.

J.D. Nada é mais habitual para T.H. do que negar um argumento, mas o reduzirei a sua forma para ele. (a) A primeira

---

[97] "Que não podia ser diferente." Trata-se de uma citação inexata da *História Romana*, de Patérculo, na qual o historiador afirma, a respeito de Catão Uticense ou Catão, o jovem (político romano que viveu entre 95 e 46 a.C.), que sempre agiu com retidão, não para aparentar ser virtuoso, mas porque "não poderia agir de outra forma" — *quia aliter facere non potuerat* (Veleio Patérculo, *História Romana*, II, 35).

inconveniência é assim formulada: são injustas e tirânicas as leis que prescrevem fazer coisas impossíveis em si mesmas e que punem os homens por não fazê-las. Mas, supondo-se que a opinião de T.H. da necessidade de todas as coisas seja verdadeira, todas as leis prescrevem que sejam feitas coisas absolutamente impossíveis e pune os homens por não fazê-las. A primeira proposição é tão clara que não pode ser negada. As leis justas são os decretos da reta razão; mas as leis que prescrevem coisas absolutamente impossíveis não são os decretos da reta razão. As leis justas são instituídas para o bem público; mas as leis que prescrevem coisas absolutamente impossíveis não são instituídas para o bem público. As leis justas mostram ao homem o que deve ser feito e o que não deve ser feito; mas as leis que prescrevem coisas impossíveis não dirigem o homem ao que deve fazer e ao que não deve fazer. A menor é, assim, evidente, pois se sua opinião for verdadeira, todas as ações e todas as transgressões são determinadas, de maneira antecedente e inevitável, a serem realizadas por um fluxo natural e necessário de causas extrínsecas. Até mesmo a vontade do homem e a razão seriam assim determinadas. Portanto, o que quer que as leis prescrevam que deve ser feito e que não seja feito ou que não deve ser feito e seja feito prescrevem coisas absolutamente impossíveis e punem os homens por não fazerem coisas impossíveis. Em toda sua resposta não há uma única palavra para esse argumento, mas apenas para a conclusão. Ele disse que "não é a necessidade, mas sim a vontade de infringir a lei que torna a ação injusta". Pergunto: o que produz a vontade de infringir a lei? Não é a sua necessidade? Aonde ele chega com isso? Uma vontade perversa causa a injustiça e a necessidade causa a vontade perversa. Ele diz: "a lei observa a vontade, mas não as causas antecedentes da ação". Para qual proposição, para qual termo é dirigida essa resposta? Ele nem nega nem distingue. Em primeiro lugar, a questão aqui não é o que faz as ações serem injustas, mas o que faz as leis serem injustas. Assim, sua resposta é impertinente e, igualmente, falsa, pois, primeiro, a vontade que a lei observa não é essa vontade que T.H. imagina. Trata-se de uma vontade livre e não de uma vontade determinada e necessária; de uma vontade racional e não de uma vontade bestial. Segundo, a lei considera sim as causas precedentes, bem como a voluntariedade da ação. Se uma criança, antes que tenha sete anos ou o uso da razão, numa briga infantil, apunhala voluntariamente outra, o que já vimos ocorrer, a lei não considera isso um ato de assassinato, pois falta, nesse caso, um poder de deliberação e, por conseguinte, uma verdadeira liberdade. Um homicídio culposo pode ser tão voluntário quanto um assassinato, e é, geralmente, mais voluntário, porque, sendo cometido com sangue quente, há menos relutância. No entanto, a lei considera que aquele é realizado em virtude de alguma paixão súbita, sem deliberação séria, e este, em virtude de uma malícia premeditada e um desejo de vingança; e, assim, condena o assassinato como sendo mais voluntário e mais punível do que homicídio culposo.

(b) Ele diz "que nenhuma lei pode ser injusta"; e digo que isso é negar a conclusão – o que não merece nenhuma réplica. Mas para satisfazê-lo, segui-lo-ei também nisso. Se ele pretende apenas afirmar que as leis injustas não são leis genuínas nem obrigam a obediência ativa, porque não são ordens da reta razão, nem são instituídas para o bem comum, nem prescrevem o que deve ser feito, então disse algo que é verdadeiro, mas que de modo nenhum serve para seu propósito. Mas, se ele pretende afirmar, como faz, que não há leis *de facto* que sejam ordens da razão errônea, instituídas para o dano comum, e que prescrevem o que não deveria ser feito, está muito enganado. A lei do Faraó, para afogar as crianças do sexo masculino dos israelitas (Êxodo, 1, 22), a lei de Nabucodonosor, segundo a qual quem não se prostrasse e adorasse a imagem dourada que ele tinha erigido deveria ser lançado à fornalha (Daniel, 3, 4-6), a lei de Dario, segundo a qual todos que, no intervalo de trinta dias, dirigissem uma prece para qualquer Deus ou homem que não fosse o rei deveriam ser lançados à cova dos leões (Daniel, 6, 7), a lei de Assuero, para destruir a nação judaica, raiz e ramos (Ester, 3, 13) e a lei dos Fariseus, segundo a qual quem admitisse Cristo deveria ser excomungado (João, 9, 22), eram todas leis injustas.

(c) O fundamento desse erro é ele próprio um grande erro (tal arte provém do emprego renovado de paradoxos), a saber: "que cada homem faz por seu consentimento a lei que é obrigado a observar". Se isso fosse verdade, isso as salvaguardaria, ainda que não de serem injustas, ao menos de causarem dano. Mas isso não é verdade. A lei positiva de Deus, contida no Antigo e no Novo Testamento, a lei de natureza, escrita em nosso coração pelo dedo de Deus, as leis dos conquistadores, que se introduziram pela força da espada, as leis de nossos ancestrais, que foram feitas antes que nascêssemos, obrigam-nos todas a observá-las, embora não tenhamos dado nosso consentimento a nenhuma delas. Além de todas essas objeções, ele constrói sobre um fundamento falso, a saber, de que todos os magistrados eram, num primeiro momento, eletivos. Os primeiros governadores eram pais de família; e quando esses pequenos príncipes não podiam prover seus súditos com proteção e segurança suficientes, muitos deles entregavam seus variados e respectivos interesses nas mãos de um pai comum do país.

E mesmo que fosse verdadeiro seu fundamento de que todos os primeiros legisladores foram eletivos (o que é falso), ainda assim sua superestrutura falha, pois isso se deu pela esperança e pela confiança de que fariam leis justas. Se os magistrados, ao fazer leis tirânicas, abusam dessa confiança e frustram as esperanças do povo, isso ocorre sem seu consentimento. Um mandato anterior não justifica os erros subsequentes e abusos de um mandatário. Aquele que é eleito legitimamente um legislador pode exercer seu poder legislativo de maneira ilegítima. O consentimento implícito do povo não torna justas as leis tirânicas de seus legisladores.

(d) Mas sua resposta principal é que "se uma ação proibida, ainda que resulte de causas necessárias, foi feita voluntariamente, pode ser punida de modo justo", o que, de acordo com seu costume, ele prova por meio de um exemplo. "Se um homem determinado de modo necessário a roubar pela força da tentação rouba voluntariamente, é morto de modo justo." Aqui há duas coisas, e ambas são falsas.

Em primeiro lugar, ele se engana em sua afirmação. De fato, sofremos de modo justo por conta das necessidades que contraímos por nossa própria culpa, mas não das necessidades extrínsecas e antecedentes, que nos foram impostas sem culpa de nossa parte. Se a lei que não é proclamada não obriga com uma punição, porque o súdito é invencivelmente ignorante a seu respeito, tanto menos ainda o fará a lei que prescreve coisas absolutamente impossíveis – a não ser, talvez, que a necessidade invencível não seja uma alegação tão forte como a ignorância invencível. Quanto ao que ele acrescenta, "se foi feito voluntariamente", ainda que seja da maior importância, se é corretamente compreendido, a despeito do sentido que ele lhe atribui, isto é, se "a vontade de um homem não estiver a sua própria disposição"; e se "o seu querer não se impõe a ele de acordo com sua vontade nem de acordo com nada em seu poder", não pesa nem metade da última pena da sua carga sobre o cavalo. Pois se é injusta e tirânica a lei que ordena a um homem que faça o que é impossível ele fazer, então a lei que lhe ordena querer o que é impossível ele querer é, da mesma maneira, injusta e tirânica.

Em segundo lugar, seu exemplo supõe uma inverdade e consiste em simplesmente tomar como verdadeiro o que deveria ser provado como tal. Ninguém é determinado, de maneira necessária, extrínseca, antecedente e irresistível pela tentação de roubar. O diabo pode nos solicitar, mas não nos determinar de modo necessário. Ele tem a faculdade de persuadir, mas não o poder de compelir. *"Nos ignem habemus, spiritus flamman ciet"*,[98] como afirma Gregório Nazianzo: "ele assopra o carvão, mas o fogo é nosso". *"Mordet duntaxat sese in fauces illius objicientem"*,[99] como afirma Santo Agostinho: "ele não nos morde até que nos entreguemos a sua boca". Ele pode propor, pode sugerir, mas não pode mover efetivamente a vontade. "Resisti ao diabo e ele fugirá de vós" (Tiago, 4, 7). Pela fé somos capazes de "extinguir todos os dardos inflamados do maligno" (Efésios, 6, 16). E se mesmo Satã, que

---

98 Gregório de Nazianzo, Carmen XXXIII, verso 208, in: *Opera Omnia*, t. II, seção 2, Tetrastichae Setentiar 1840, p.609 (referência obtida com base na nota de Foisneau, op. cit., p.181).

99 A citação é, na realidade, proveniente de Flávio Magno Cassiodoro, *Expositio psalmorum*, CXLIII (referência obtida a partir da nota de Luc Foisneau, ibid., p.182).

pode tanto propor o objeto e escolher os momentos e lugares mais oportunos para operar sobre nossas fraquezas, bem como sugerir razões, não pode determinar de modo necessário a vontade, o que é deveras certo, tanto menos podem fazê-lo os objetos externos por si mesmos. Eles não têm eficácia natural para determinar a vontade. Podem muito bem propiciar as ocasiões, mas não são as causas do mal. O apetite sensitivo pode engendrar uma propensão, mas não a necessidade para o roubo. E, se deve produzir um tipo de necessidade, trata-se apenas de uma necessidade moral, não natural; hipotética, não absoluta; coexistente, não antecedente em relação a nós próprios, nem extrínseca. Essa necessidade, ou, antes, propensão, era livre em suas causas; nós próprios, por nossa negligência em não nos opormos a nossas paixões quando devíamos e podíamos, demos-lhes livremente um tipo de domínio sobre nós. Admita-se que alguma paixão súbita possa surpreender e efetivamente nos surpreenda de maneira extraordinária, e que, por isso, dizemos *motus primo primi*[100] – os primeiros movimentos não estão sempre em nosso poder, nem são livres; não obstante, isso ocorre apenas muito raramente e é por nossa culpa que elas nos surpreendem. A lei não pune o primeiro movimento ao roubo, mas o ato refletido de roubar. A intenção faz o ladrão. Mas tratarei disso mais amplamente no N. 15.

---

100 "Movimentos primordialmente primeiros." Trata-se de uma denominação de origem escolástica que distingue as paixões que são súbitas e que não estariam no poder humano (*motus primo primi*) daquelas que, em alguma medida, são controláveis, embora não sejam objeto do querer (*motus secundo primi*), e daquelas que são objetos de volição (*motus secundi*).

(e) Ele argumenta, ademais, "que a lei é uma causa da justiça", que "a lei dispõe a vontade para a justiça" e "que a punição de um conduz à preservação de muitos". Tudo isso é muito verdadeiro no que diz respeito a uma lei justa e que é executada de modo justo. Mas isso não é nenhuma redenção para a opinião de T.H. da necessidade absoluta. Se todas as ações e eventos são predeterminados de maneira natural, necessária e extrínseca, como a lei poderia dispor moralmente os homens para as boas ações? Ele não deixa nada à lei para fazer, mas apenas o que já foi feito ou o que é impossível de ser feito. Se um homem for acorrentado a cada ato singular que cometer e for apartado de cada ato que não cometer pelas amarras indissolúveis da necessidade inevitável, como a lei poderia dissuadi-lo ou dispô-lo? Se um cão for acorrentado a um poste, a visão de um açoite não pode afastá-lo daquele. Faça mil leis ordenando que o fogo não queime e ele queimará mesmo assim. E, não importa o que os homens façam, eles fazem tão necessariamente como o fogo queima, de acordo com T.H. Enforque mil ladrões, e, se um homem for determinado inevitavelmente a roubar, ele deverá roubar mesmo assim.

(f) Ele acrescenta que "os sofrimentos impostos pela lei aos delinquentes não dizem respeito ao ato mau do passado, mas ao bem futuro, e que a execução de um delinquente por um magistrado em virtude de qualquer crime não pode ser justificado ante Deus, exceto se houver uma intenção real de beneficiar outros pelo seu exemplo". A verdade é que a punição dos delinquentes pela lei diz respeito tanto ao ato mau do passado como ao bem futuro. Seu fundamento é o ato mau do passado, seu objetivo ou fim é o bem futuro. O fim sem o fundamento não pode justificar o ato. Uma intenção má pode tornar ruim uma ação boa; mas uma boa intenção não pode tornar boa uma ação ruim. Não é lícito fazer o mal porque o bem pode advir dele, nem punir uma pessoa inocente para admoestar outros; isso é cometer um crime certo por medo de um crime incerto. Além disso, mesmo se não houvesse outro fim para as penas infligidas, nem probatória, nem corretiva, nem exemplar, mas apenas a vindicativa, para satisfazer a lei por um zelo da justiça de dar a cada um o que lhe compete, a ação é justa e legítima. O ato de matar, considerado em si mesmo, na ausência de circunstâncias abusivas, jamais foi proibido ao magistrado legítimo, que é o vice-regente ou lugar-tenente de Deus, de quem deriva seu poder de vida e de morte.

T.H. apresenta mais um argumento. Assim como um homem que se afoga se agarra a cada folha do junco, ele se prende a todos os pretextos para salvar uma causa desesperada. Mas, em primeiro lugar, vale a pena observar o quanto ele se metamorfoseia nesta causa em particular. (g) Primeiro, ele nos disse que é o poder irresistível de Deus que justifica todas as suas ações, mesmo que ele ordene algo expressamente e trame outra coisa secretamente, que seja a causa não apenas da ação, mas também da irregularidade, que dê ao homem tanto a potência para agir como determine essa potência para o mal ou para o bem, que puna as criaturas porque fizeram algo que ele próprio as determinou fazer de modo necessário. Mas diante do argumento de que é tirânico determinar de modo necessário um homem a fazer a sua vontade e depois puni-lo porque a fez, ele deixa essa alegação em branco e corre para uma segunda, a saber, que um homem é punido de modo justo por aquilo que foi determinado de modo necessário a fazer, porque o ato era, de sua parte, voluntário. Esse argumento aparentaria conter mais razão do que o anterior, se ele fizesse a vontade do homem estar em sua própria disposição. Mas, visto que continua a afirmar que a vontade é determinada de maneira irresistível a querer tudo o que quer, a injustiça e absurdidade são as mesmas que há em inicialmente determinar um homem de modo necessário a querer e depois puni-lo por querer. O cão apenas morde a pedra que lhe é lançada por uma mão estranha, mas eles fazem a primeira causa punir o instrumento por aquilo que é seu próprio ato.

Não estando satisfeito com esse argumento, ele o joga fora e recorre a um terceiro expediente. "Os homens não são punidos", diz ele, "porque o seu roubo resultou de uma escolha" (isto é, porque foi feito voluntariamente, pois escolher e querer, diz ele, são a mesma coisa; isso não é soprar quente e frio com o mesmo hálito?), "mas porque era nocivo e contrário à preservação dos homens". Até então ele diz algo verdadeiro, a saber, que toda criatura por instinto de natureza procura preservar a si mesma: jogue água num lugar empoeirado e ela se contrairá em pequenos globos — isso é preservar a si mesma. E aqueles que são nocivos aos olhos da lei são punidos de modo justo por aqueles a quem a execução da lei é comissionada. Mas a lei não considera nocivas senão aquelas pessoas que o são por sua própria culpa. Ela não pune um espinho por picar, porque é da natureza do espinho e ele não pode agir de outro modo, tampouco uma criança antes do uso da razão. Se alguém tomasse a minha mão por força e desse um tabefe na orelha de alguém com ela, a minha mão é nociva, mas a lei pune o outro que é culpado. Assim, ele tem razão de propor a questão: "em que medida é justo executar um homem para emendar outro, se aquele que matou não fez senão o que foi determinado a fazer necessariamente?". Ele pode igualmente perguntar em que medida é legítimo assassinar um grupo de crianças inocentes para fazer um banho com seu sangue morno para a cura da lepra. Teria sido um caminho mais racional primeiro ter demonstrado que é assim e depois ter perguntado por que é assim. Sua asserção em si mesma não passa de um sonho e a razão que ele oferece de por que é assim é um sonho de um sonho.

A súmula disso tudo é esta:

> onde não há lei, nem o ato de matar nem qualquer outra coisa pode ser injusta; que antes da constituição das repúblicas, cada homem tinha o poder de matar outro, se considerasse que o outro fosse nocivo para ele; que, na constituição das repúblicas, os particulares abdicam parcialmente desse direito e parcialmente o conservaram para si, como no caso de roubo ou assassinato; que o direito que a república possui de executar um malfeitor não é criado pela lei, mas é remanescente do primeiro direito de natureza que cada um possui de preservar a si mesmo; que o ato de matar os homens neste caso é como o ato de matar as bestas em vista de nossa própria preservação.

Pode-se chamar isso de um enfileiramento de paradoxos.

Mas, em primeiro lugar, (h) nunca houve um tempo no qual a humanidade não tivesse governantes, leis e sociedades. O governo paternal e a lei de natureza existiam no mundo desde o começo. Pode ser que, por vezes, se encontre um grupo desses bandidos furtivos e bárbaros em certos refúgios, desertos ou cantos desocupados do mundo; mas se trataria de um abuso e degeneração da natureza do homem, que é uma criatura política. Essa opinião bárbara é profundamente prejudicial à honra da humanidade.

Em segundo lugar, nunca houve um tempo no qual fosse ordinariamente legítimo homens particulares matarem uns aos outros para sua própria preservação. Se Deus quisesse que os homens vivessem como bestas selvagens, como leões, ursos ou tigres, ele os teria armado com chifres, presas, garras ou ferrões. Mas, entre todas as criaturas, o homem é o que nasceu mais nu, sem nenhuma arma para defender a si mesmo, porque Deus lhe proveu de meios melhores para sua segurança, isto é, o magistrado.

Em terceiro lugar, o direito que os homens particulares têm de preservarem a si mesmos, mesmo que seja matando outro quando são atacados para ser assassinados ou assaltados, não é algo remanescente ou uma reserva de algum poder maior ao qual resignaram, mas um privilégio que Deus lhes deu em caso de perigo extremo e necessidade invencível: quando não possuem a possibilidade de recurso a um remédio ordinário, isto é, o magistrado, todo homem se torna um magistrado para si mesmo.

Em quarto lugar, nada pode dar aquilo que nunca teve. Os homens, enquanto estavam dispersos numa multidão (o que pode ocorrer em alguns casos raros), nunca tiveram de direito o poder de vida e de morte, e, por conseguinte, não podiam cedê-lo por uma eleição. Tudo o que fazem é preparar a matéria, mas é Deus Todo-Poderoso que infunde a potência na alma.

Em quinto lugar, enfim, fico penalizado de ouvir um homem de razão e talentos comparar o assassinato de homens com o abatimento de bestas brutas. Os elementos são para as plantas, as plantas são para as bestas brutas, as bestas são brutas para o homem. Quando Deus estendeu sua permissão precedente para o homem, e deu-lhe liberdade para comer a carne de suas criaturas para seu sustento (Gênesis, 9, 3), o homem foi expressamente excetuado (verso 6): "Quem derrama o sangue do homem pelo homem terá seu sangue derramado". E a razão disso é assinalada: "pois à imagem de Deus foi feito o homem". Antes de o pecado adentrar no mundo ou antes de qualquer criatura se tornar prejudicial ou nociva para o homem, ele tinha o domínio sobre eles como seu senhor e mestre. E, embora a posse dessa soberania tenha sido em parte perdida pelo pecado do homem, que fez não apenas com que as criaturas se rebelassem, mas também que as faculdades inferiores se rebelassem contra as superiores (donde advém que um homem seja prejudicial para o outro), o domínio ainda permanece. Com base nisso, podemos observar quão docemente a providência de Deus tempera essa provação: embora as criaturas mais fortes tenham negado sua obediência, como leões e ursos, para mostrar que o homem perdeu a excelência de seu domínio, assim como as criaturas mais fracas, como as moscas e os mosquitos, para mostrar o grau de desprezo no qual ele caiu, as criaturas mais aproveitáveis e úteis, como as ovelhas e os bois, ainda mantêm sua obediência em certa medida.

(i) O ramo seguinte de suas respostas diz respeito às deliberações, "que", diz ele, "não são supérfluas, embora todas as coisas ocorram necessariamente, pois são as causas que tornam o efeito necessário e os meios para fazê-lo se produzir". Disseram-nos (N. 11) "que o último ditado da reta razão era como a última pena que fratura o dorso do cavalo". É bom que a razão tenha ganhado algum comando novamente e tenha se tornado ao menos um quartel-mestre. Certamente, se há alguma coisa abaixo de Deus que possui o poder para determinar a vontade é a reta razão. Mas mostrei suficientemente que a razão não determina a vontade fisicamente, nem absolutamente, muito menos de maneira extrínseca e antecedente, e que, portanto, não contribui em nada para aquela necessidade que T.H. procurou provar.

(k) Ele acrescenta, ademais, que "assim como o fim é necessário, também o são os meios; e quando é determinado que uma coisa seja escolhida antes que outra, é determinado também por meio de qual causa será escolhida". Tudo isso é verdadeiro, mas não é a verdade inteira, pois, assim como Deus ordena os meios para todos os fins, ele adapta e ajusta os meios para seus respectivos fins: meios livres para fins livres, meios contingentes para fins contingentes, meios necessários para fins necessários. T.H., ao contrário, concebe que todos os meios e todos os fins são necessários. Se Deus ordenou o mundo de tal modo que um homem deve e pode usar livremente esses meios de Deus, e que negligencia, não em virtude do decreto de Deus, mas por sua própria culpa; se um homem utiliza esses meios do mal, que não deve usar, e que, pelo decreto de Deus, tinha o poder de não usar; se Deus deixou parcialmente ao homem o livre manejo dos negócios humanos, e, para esse propósito, dotou-lhe de entendimento, então as deliberações são úteis, então o cuidado providente é indispensável, então lhe compete utilizar os meios. Mas se Deus ordenou este mundo de tal modo que um homem não pode, mesmo quando quisesse, negligenciar nenhum meio do bem que, em virtude do decreto de Deus, pode utilizar, nem utilizar nenhum meio do mal, mas apenas aqueles que lhe são impostos de maneira irresistível e inevitável por um decreto antecedente, então não apenas as deliberações como também aquela nobre faculdade da razão é, em si mesma, vã. Pensamos que podemos auxiliar Deus Todo-Poderoso a fazer sua obra própria? Em vão nos preocupamos, em vão tomamos o cuidado de utilizar esses meios cujo uso ou não não estão em nosso poder. E era isso que estava contido na minha prolepse ou prevenção à sua resposta, embora lhe cause satisfação tanto apresentá-la de maneira desordenada como silenciá-la. Não podemos esperar alterar o curso das coisas estabelecido por Deus por meio de nossos esforços: que ele realize seu decreto, que as causas necessárias façam seu trabalho. Se formos essas causas, não dispomos, mesmo assim, de nós mesmos: precisamos fazer o que somos ordenados a fazer – mais não podemos fazer. O homem não possui outro remédio senão a paciência e encolher os ombros. Eis a doutrina que decorre dessa opinião da necessidade absoluta. Suponhamos que a roda maior do relógio que põe em funcionamento as rodas pequenas seja como o decreto de Deus, e que esse movimento se perpetue de maneira infalível a partir de um princípio intrínseco, assim como o decreto de Deus é infalível, eterno e todo-suficiente. Suponhamos que as rodas pequenas sejam as causas segundas e que elas sigam exatamente o movimento da roda maior, sem perder nada ou desviar dele no menor grau, assim como as causas segundas seguem a determinação da primeira causa. Nesse caso, desejo saber qual razão haveria para convocar a um conselho de relojoeiros para deliberar e ordenar um movimento que foi ordenado e determinado previamente à sua participação. São os homens mais sábios que Deus? Não obstante, todos os homens sabem que o movimento da roda menor é um meio necessário para fazer o relógio soar.

(l) Mas ele me diz com grande tristeza que "o meu argumento é igual a este outro: se viverei até amanhã, viverei até amanhã, mesmo que eu me transpasse com uma espada hoje –

o que, diz ele, é uma consequência falsa e uma proposição falsa". Isso é verdade: se por se "transpassar" ele entende o ato de matar, trata-se de uma proposição falsa ou antes tola, e implica uma contradição. Viver até amanhã e morrer hoje são inconsistentes. Mas, com sua licença, isso não é uma consequência minha, mas sua própria opinião. Ele gostaria de nos persuadir de que é absolutamente necessário que um homem viva até amanhã e que, não obstante, seja possível que ele possa se matar hoje. Meu argumento é este: se há uma liberdade e possibilidade para um homem de se matar hoje, então não é absolutamente necessário que ele viva até amanhã; mas, se há tal liberdade, não há tal necessidade. E a consequência que deduzo aqui é esta: se for absolutamente necessário que um homem viva até amanhã, então é supérfluo para ele consultar e deliberar se morrerá hoje ou não. E isso é uma consequência verdadeira. O fundamento do seu erro é este: que, embora seja verdadeiro que um homem possa se matar hoje, a partir da suposição da necessidade absoluta que ele defende, isso é impossível. Ele apresenta argumentos e exemplos com tal heterogeneidade, dos quais metade é construída sobre fundamentos verdadeiros e a outra metade, sobre fundamentos falsos.

(m) O meu ramo seguinte de argumentos concerne às admoestações, ao que ele não dá nenhuma resposta nova, e, assim, não preciso dar uma nova réplica, mas apenas lhe digo que interpreta erroneamente o meu argumento. Não digo apenas que, se todas as coisas forem necessárias, então as admoestações são vãs; mas sim que, se todas as coisas forem necessárias, admoestar homens de entendimento é tão vão quanto admoestar tolos, crianças ou loucos. Admite-se como verdadeiro que se admoestem aqueles e não os outros, e a única razão sob o céu que pode ser dada para tanto é que aquele possui o uso da razão e da verdadeira liberdade, com um domínio de suas ações, o que crianças, tolos e loucos não possuem.

No que diz respeito ao elogio e à censura, ele acaba se estendendo. O objetivo de seu discurso é defender que "coisas necessárias podem ser dignas de elogio". Não há dúvida disso; mas seu elogio concerne ao agente livre, assim como o elogio de uma estátua concerne ao operário que o fez. "Elogiar algo", diz ele, "é dizer que é bom". (n) Verdadeiro, mas essa bondade não é uma bondade metafísica, pela qual a pior das coisas e tudo o que possui ser é bom. Tampouco se trata de uma bondade natural, cujo elogio se deve completamente ao autor da natureza: *Deus viu tudo o que fez e era muito bom.* Mas se trata de uma bondade moral ou antes de uma bondade das ações do que das coisas. A bondade moral de uma ação é sua conformidade com a reta razão. A maldade moral de uma ação é sua deformidade e alienação em relação à reta razão. É do elogio e da censura moral que falamos aqui. Elogiar alguma coisa moralmente é dizer que é moralmente boa, isto é, conforme à reta razão. A censura moral de uma coisa consiste em dizer que é moralmente má ou que está em desacordo com a regra da reta razão. Assim, o elogio moral diz respeito ao bom uso da liberdade, a censura moral, ao mau uso da liberdade. Mas se todas as coisas forem necessárias, a liberdade moral é completamente eliminada e, com ela, todo elogio e censura verdadeiros. T.H., ao acrescentar que "dizer que algo é bom é dizer que é conforme ao que eu desejaria, ou ao que um outro desejaria, ou ao que o Estado quer, ou à lei do país", erra infinitamente. Ele, o outro e o Estado podem desejar o que não é realmente bom, mas apenas em aparência. Frequentemente desejamos o que é profícuo ou deleitoso sem considerar tanto quanto devemos o que é honesto. E, embora a vontade do Estado no qual vivemos ou a lei do país mereça grande consideração, não se trata de uma regra infalível de bondade moral. E, desse modo, à sua questão de saber "se nada que procede da necessidade pode me agradar" respondo que sim. A combustão do fogo me agrada quando estou com frio; e digo que é bom o fogo ou uma criatura criada por Deus para o meu uso e meu bem. Não obstante, não quero atribuir nenhum bem moral ao fogo, nem fazer-lhe qualquer elogio moral, como se estivesse no poder do próprio fogo comunicar o seu calor ou suspendê-lo; mas elogio em primeiro lugar o Criador do fogo e então aquele que o proporcionou. Quanto ao elogio que Veleio Patérculo faz a Cato, de que ele era bom por natureza, *et quia aliter esse non potuit*,[101] ele o faz mais como orador do que teólogo ou filósofo. O homem no estado de inocência decaiu e se tornou mau; que privilégio Cato possuía mais do que ele? Nenhum, com sua licença. *"Narratur et divi Catonis saepe mero caluisse virtus."*[102] Mas o verdadeiro sentido é que ele era naturalmente de bom temperamento, não tão propenso a alguns tipos de vício como outros eram. Isso é elogiar algo, não uma ação, naturalmente, não moralmente. Sócrates não era de tão bom temperamento natural, e, no entanto, revelou ser um bom homem; tanto mais se o elogia quanto maior era a dificuldade em conformar seu apetite desordenado à reta razão.

---

101 Cf. nota 97.
102 "Conta-se que o divino Catão, com todo seu rigor moral, aquecia o vinho" (Horácio, *Odes e Epodos*, III, 21, versos 11-12). Bramhall modificou o verso original, no qual consta "velho Catão" (*"prisci Catonis"*) em vez de "divino".

No que diz respeito à recompensa e à punição, ele não disse uma palavra, mas apenas que dispõem e conformam a vontade ao bem, o que foi suficientemente respondido. Eles assim fazem de fato; mas se sua opinião fosse verdadeira, eles não poderiam fazê-lo. Mas porque meu intento não é apenas responder a T.H., mas também me satisfazer, (o) embora não tenha sido objetado por ele, reconheço, não obstante, que vejo se aplicarem de maneira imprópria e analógica recompensas e punições a bestas brutas, como o caçador, que recompensa seu cão, e o mestre do pato que serve de isca, que o chicoteia quando retorna sem companhia. E, se for verdadeiro o que ele afirmara um pouco antes, que admiti "que as ações das bestas brutas são todas determinadas de modo necessário àquela única coisa que farão", a dificuldade aumenta.

Mas, em primeiro lugar, o que eu disse é relatado de maneira incorreta. Disse que certas ações, que são as mais excelentes nas bestas brutas e dão as maiores mostras de razão, como as abelhas produzindo seu mel e as aranhas tecendo suas teias, são feitas sem nenhuma consulta ou deliberação, por um mero instinto de natureza e pela determinação de suas imaginações para fazer apenas esses tipos de trabalho. Mas nunca disse nem poderia dizer que todas as suas ações individuais são necessárias e determinadas de maneira antecedente em suas causas, por exemplo, quais dias as abelhas voarão para longe e quais dias e horas cada abelha ficará na colmeia, com qual frequência buscarão o tomilho em um dia e onde. Essas ações e outras semelhantes, embora não sejam livres, porque as bestas brutas não possuem razão para deliberar, são, não obstante, contingentes, e não são, por conseguinte, necessárias.

Em segundo lugar, reconheço que, assim como as imaginações de algumas criaturas brutas são determinadas pela natureza para alguns trabalhos raros e requintados, a arte, que imita a natureza, pode, em relação a outras criaturas, nas quais se encontra uma propensão natural, formar e dispor suas imaginações de acordo com a vontade do artista em função de algumas ações e fins particulares, como vemos em cães perdigueiros, patos-iscas e papagaios; e os principais meios pelos quais efetuam isso são suas traseiras e estômagos, o chicote ou bocados de comida, que possuem de fato uma semelhança com as recompensas e punições. Mas aqui tomamos a palavra em seu sentido próprio e não como é utilizada pelo vulgo, mas como é utilizada pelos teólogos e filósofos, para designar aquela retribuição que é devida a ações honestas e desonestas. Onde não há liberdade moral, não há nem honestidade nem desonestidade, nem verdadeira recompensa ou punição.

Em terceiro lugar, (p) quando criaturas brutas aprendem tais qualidades não é pelo julgamento, deliberação ou discurso, ou pela inferência ou conclusão de uma coisa a partir de outra, de que não são capazes. Tampouco são capazes de conceber uma razão do que fazem, mas agem meramente pela memória ou medo e esperança sensitivos. Elas lembram que quando agiram de determinada maneira foram espancadas, e que quando agiram de uma outra maneira foram apreciadas, e se esforçam para agir em conformidade com isso. Mas, se suas ações individuais fossem absolutamente necessárias, nem medo nem esperança poderiam alterá-las. Certamente, se há algum mérito ou elogio devido nisto, é daqueles que os instruíram.

Por fim, no que diz respeito às artes, armas, livros, instrumentos, estudo, medicamento e coisas semelhantes, ele não respondeu uma palavra a mais do que já havia respondido. E, assim, me calo.

CRÍTICA DA RÉPLICA DO BISPO N. 14

(a) "A primeira inconveniência é assim formulada: são injustas e tirânicas as leis que prescrevem fazer coisas impossíveis em si mesmas e que punem os homens por não fazê-las."

Já esclareci, no início, quando enumero os inconvenientes que decorrem da doutrina da necessidade, que os inconvenientes que decorrem desta não são maiores do que aqueles que decorrem desta verdade: *o que será será*, que deve ser admitida por todos os homens. O mesmo também decorre disto: que *tudo que Deus prevê não pode senão ocorrer no momento e da maneira como Ele prevê*. É evidente, portanto, que esses inconvenientes não são deduzidos racionalmente a partir desses princípios. Ademais, é uma verdade manifesta a todos os homens que não está no poder do homem escolher hoje a vontade que terá amanhã, ou em uma hora ou a qualquer tempo posterior. Ocasiões e negócios que se interpõem, o que o bispo chama de bagatelas (bagatelas das quais o bispo faz aqui um grande negócio), alteram a vontade. Nenhum homem pode dizer o que quererá amanhã, a menos que saiba antecipadamente, antes de amanhã, o que ocorrerá, o que nenhum homem pode saber. E, sendo essa a substância da minha opinião, quando ele deduz a partir disso que conselhos, artes, armas, medicamentos, professores, elogio e piedade são vãos, é preciso que sua dedução seja falsa e seu raciocínio, falacioso. E, embora eu não precise dar nenhuma outra resposta a tudo que ele objeta contra mim, assinalarei aqui as causas de seus vários paralogismos.

"Aquelas leis", diz ele, "que prescrevem fazer coisas impossíveis em si mesmas e que punem os homens por não fazê-las são injustas e tirânicas." Nessas palavras se encontra um absurdo, a saber, que *uma lei pode ser injusta*, pois todas as leis são divinas ou civis, e nenhuma delas pode ser injusta. Quanto à primeira, não há dúvida. E quanto às leis civis, elas são feitas por cada um dos homens que está sujeito a elas, porque cada um deles consente com o estabelecimento do poder legislativo. Outro absurdo que se encontra nas mesmas palavras é este, a saber, que ele supõe que pode haver leis que são tirânicas. Ora, se aquele que as faz possui o poder soberano, elas podem ser régias, mas não tirânicas, se tirano não significa rei, como ele concebe. Outro absurdo se encontra nas mesmas palavras, a saber, "que uma lei pode prescrever coisas que são em si mesmas absolutamente impossíveis de serem feitas". Ao dizer *"impossíveis em si mesmas"*, não compreende o que ele próprio quer dizer. *Impossíveis em si mesmas* são apenas as contradições, como ser e não ser ao mesmo tempo, o que os teólogos dizem que não é possível para Deus. Todas as outras coisas são possíveis, pelo menos em si mesmas. Ressuscitar dos mortos, mudar o curso da natureza, fazer um novo céu e uma nova Terra são coisas possíveis em si mesmas, pois não há nada em sua natureza que seja capaz de resistir à vontade de Deus. E se as leis não prescrevem tais coisas, por que eu deveria acreditar que prescrevem outras coisas que são mais impossíveis? Será que ele já leu alguma vez em Suarez que algum tirano fez uma lei ordenando a um homem fazer e não fazer a mesma ação, ou estar e não estar no mesmo lugar e momento? Mas a partir da doutrina da necessidade segue-se, diz ele, "que todas as leis prescrevem fazer coisas absolutamente impossíveis". Aqui ele deixou de fora "em si mesmas", o que é uma falácia intencional.

Ele acrescenta que "as leis justas são os decretos da reta razão", o que é um erro que custou a vida de milhares de homens. Será que já houve um rei que tenha feito uma lei que, de acordo com a reta razão, teria sido melhor não fazer? E essas leis não deveriam ser obedecidas? Deveríamos antes nos rebelar? Penso que não, embora eu não seja um grande teólogo como ele. Antes, penso que a razão daquele que possui a autoridade soberana, e por cuja espada esperamos ser protegidos tanto da guerra do exterior como das injúrias em casa, seja ela reta ou errônea em si mesma, deve ser considerada reta para nós que nos submetemos a ela ao receber a proteção.

Mas o bispo deposita sua maior confiança nisto: tanto no caso de as coisas serem impossíveis em si mesmas como tornadas impossíveis por algum acidente imprevisto, não há razão para que os homens sejam *punidos por não fazê-las*. Parece que ele considera a punição um tipo de vingança e jamais poderá, portanto, concordar comigo, que a considera apenas uma correção ou um exemplo, que possui como fim a *disposição e necessitação* da vontade para a virtude, e que não é bom um homem aquele que, por causa de uma provocação, usa seu poder, mesmo que este tenha sido obtido legitimamente, para afligir outro homem sem ter o propósito de reformar sua vontade ou a de outros. Tampouco posso compreender, uma vez que só possuo ideias humanas, que a punição que não possui como intenção nem a correção do ofensor nem a correção de outros pelo exemplo provenha de Deus.

(b) "Ele diz que nenhuma lei pode ser injusta" etc.

Contra isso, ele replica que a lei do Faraó para afogar as crianças masculinas dos israelitas, a lei de Nabucodonosor, para adorar a imagem dourada, a lei de Dario, contra a prece a qualquer um que não fosse ele em trinta dias, a lei de Assuero, para destruir os judeus e a lei de Fariseu, para excomungar os confessores de Cristo, eram todas injustas. Na medida em que eram leis, as leis desses reis tinham relação apenas com os homens que eram seus súditos, e a *feitura* delas, que era a ação de cada um desses reis, na medida em que eram súditos de outro rei, nomeadamente, Deus Todo-Poderoso, tinha relação com a lei de Deus. Na primeira relação, não poderia haver injustiça nelas, porque todas as leis feitas por aquele a quem o povo deu o poder legislativo são os atos de cada membro daquele povo, e nenhum homem pode fazer injustiça a si mesmo. Mas, em relação a Deus, se Deus a proibiu por meio de uma lei, a feitura de uma tal lei é injustiça. Essa lei de Deus não era para esses príncipes pagãos senão o *salus populi*, isto é, o uso mais apropriado de sua razão natural para a preservação de seus súditos. Se, portanto, essas leis foram decretadas por arbitrariedade, crueldade ou inveja, para agradar um favorecido ou por algum outro desígnio sinistro (como parece que foi o caso), sua feitura foi injusta. Mas se, de acordo com a reta razão, elas eram necessárias para a preservação daquele povo do qual se encarregaram, então não eram injustas. Quanto aos fariseus, que possuíam a mesma lei escrita de Deus que possuímos, sua excomunhão dos cristãos, na medida em que se originou da inveja, foi um ato de injustiça maliciosa. Se tivesse se originado de uma má interpretação de suas próprias Escrituras, teria sido um pecado de ignorância. Entretanto, como era uma lei para seus súditos (se eles tivessem o poder legislativo, o que duvido), a lei não era injusta. Mas a sua feitura foi uma ação injusta, da qual deveriam prestar contas apenas a Deus. Receio que o bispo considerará esse discurso demasiadamente sutil, mas o julgamento cabe ao leitor.

(c) "O fundamento desse erro" etc. "é que cada homem faz por seu consentimento a lei que é obrigado a observar" etc.

A razão pela qual ele pensa que isso é um erro é que a lei positiva de Deus, contida na Bíblia, é uma lei sem nosso consentimento, que a lei de natureza foi escrita em nosso coração pelo dedo de Deus sem nosso consentimento, que as leis dos conquistadores, que chegaram ao poder pela espada, foram feitas sem nosso consentimento, e que assim eram as leis de nossos ancestrais, que foram feitas antes que nascêssemos. É uma coisa estranha que ele, que compreende os disparates dos escolásticos, não consiga perceber uma verdade tão fácil como essa que ele nega. A Bíblia é uma lei. Para quem? Para todo o mundo? Ele sabe que não. Como se tornou então uma lei para nós? Terá Deus no-la transmitido *viva voce*? Possuímos, então, outra garantia para ela além da palavra dos profetas? Teríamos visto os milagres? Possuímos outra garantia de sua certeza além da autoridade da Igreja? E a autoridade da Igreja é outra senão a autoridade da república, e aquela da república, outra senão aquela da cabeça da república, ou possui a cabeça da república outra autoridade além daquela que lhe foi dada pelos membros? Se não é assim, por que a Bíblia não deveria ser canônica também em Constantinopla e em outros lugares? Aqueles que possuem o poder legislativo não erigem um cânone que não tornem uma lei, nem uma lei que não tornem um cânone. E porque o poder legislativo provém do assentimento dos súditos, a Bíblia é tornada lei pelo consentimento dos súditos. Não foi o bispo de Roma que tornou as Escrituras lei fora de seu domínio temporal; tampouco é o clero que as torna lei em sua diocese e reitorado. Tampouco elas podem constituir uma lei por si mesmas sem a revelação especial e sobrenatural. O bispo pensa que, porque a Bíblia é lei, e ele é nomeado a ensiná-la às pessoas em sua diocese, ela é lei para todos a quem ensina — o que é um tanto grosseiro, mas não tão grosseiro como dizer que os conquistadores que chegaram pelo poder por meio da espada também fazem as suas leis sem nosso consentimento. Ele pensa provavelmente que, se um conquistador pode matar-me se quiser, estou presentemente obrigado sem mais a obedecer a todas as suas leis. Não posso preferir morrer, se pensar ser melhor? O conquistador não faz lei para os conquistados em virtude de seu poder, mas em virtude de seu consentimento, pelo qual prometeram obediência em troca da salvação de suas vidas. Mas como então é obtido o consentimento dos filhos com as leis de seus ancestrais? Ele também é obtido pelo desejo de preservação de suas vidas, que, num primeiro momento, os pais podem eliminar, quando estes são livres de toda sujeição, e onde não são, o poder civil pode fazer o mesmo, se duvida de sua obediência. Assim, se os filhos, quando tiverem crescido a ponto de ter força suficiente para fazer maldades e julgamento suficiente para saber que outros homens são impedidos de lhes fazer maldades pelo medo da espada que os protege, não renunciam abertamente à proteção, no ato mesmo de recebê-la obrigam-se por eles mesmos a obedecer às leis de seus protetores — às quais, ao receber tal proteção, consentiram. E quanto ao que ele diz, a saber, que a lei de natureza é uma lei sem nosso consentimento, trata-se de um absurdo, pois a lei de natureza é o próprio consentimento que todo homem dá aos meios de sua própria preservação.

(d) "Mas a sua resposta principal é que, se uma ação proibida, ainda que proceda de causas necessárias, foi feita voluntariamente, pode ser punida de modo justo" etc.

Isso o bispo também não compreende e, não obstante, a nega. Ele gostaria que o juiz não condenasse nenhum homem por um crime, se este for determinado de modo necessário — como se o juiz pudesse saber quais atos são necessários, o que só ocorreria se soubesse tudo o que precedeu, tanto visível quanto invisível, bem como o que cada coisa é em si mesma e os efeitos que todas em conjunto podem produzir. É suficiente para o juiz que o ato que ele condena seja voluntário. A sua punição pode, se não for capital, reformar a vontade do ofensor, e, se for capital, a vontade de outros por meio do exemplo. Pois o calor em um corpo não cria mais calor em outro do que o terror de um exemplo cria medo em outro, que, de outro modo, estaria inclinado a cometer injustiça.

Algumas poucas linhas antes, ele dissera que edifiquei sobre fundamentos errôneos, nomeadamente, "que todos os magistrados eram num primeiro momento eletivos". Esqueci de dizer-vos que nunca disse ou pensei isso. Assim, a sua réplica é impertinente quanto a esse ponto.

Não muitas linhas adiante, para justificar por que um homem não pode ser punido de modo justo quando seu crime é voluntário, ele apresenta isto: "é injusta e tirânica a lei que ordena a um homem querer o que é impossível ele querer". A partir disso parece que ele é da opinião de que uma lei pode ser criada para ordenar a vontade. O estilo da lei é "faça isso" ou "não faça isso"; ou "se fizeres isso, sofrerás isso"; mas nenhuma lei apresenta-se assim "queira isso" ou "não queira isso"; ou "se tiveres a vontade disso, sofrerás isso". Ele objeta, ademais, que suponho como verdadeiro o que eu deveria demonstrar, porque a vontade de nenhum homem é determinada de modo necessário. Nisso ele se engana, pois tudo o que digo nessa passagem é que aquele que faz o mal de modo voluntário, independentemente se o quer de maneira necessária ou não, pode ser punido de maneira justa. E, a partir desse erro, ele apresenta novamente seu disparate precedente, e que já fora respondido, dizendo que "nós próprios, por nossa própria negligência em não nos opormos a nossas paixões quando devíamos e podíamos, demos-lhes livremente um tipo de domínio sobre nós"; e, novamente, *motus primo primi* – os primeiros movimentos não estão sempre em nosso poder". Esse *"motus primo primi"* não significa nada, e "nossa negligência em não nos opormos a nossas paixões" é o mesmo que "nossa falta de vontade em opormo-nos a nossa vontade", o que é absurdo; e que "tenhamos lhes dado livremente um tipo de domínio sobre nós" ou não significa nada ou significa que dominamos as nossas vontades ou nossas vontades nos dominam, e que, por conseguinte, ou nós ou as nossas vontades não são livres.

(e) "Ele argumenta, ademais, que a lei é uma causa da justiça" etc. "Tudo isso é muito verdadeiro no que diz respeito a uma lei justa que é executada de modo justo."

Mas mostrei que todas as leis são justas como leis, e não devem, portanto, ser acusadas de injustiça por aqueles que lhes devem sujeição; e uma lei justa é sempre executada de maneira justa. Visto que ele admite que tudo ao que ele replica aqui é verdadeiro, segue-se que a réplica mesma é falsa naquilo que me contradiz.

(f) "Ele acrescenta que os sofrimentos impostos pela lei aos delinquentes não diz respeito ao ato mau passado, mas ao bem vindouro; e que a execução de um delinquente por um magistrado por qualquer crime não pode ser justificada ante Deus exceto se houver uma intenção real de beneficiar outros pelo seu exemplo."

Isso ele não confirma nem nega e, no entanto, não se abstém de discursar a respeito sem propósito; por isso passo essa.

(g) "Primeiro ele nos disse que é o poder irresistível de Deus que justifica todas as suas ações, mesmo que ele ordene algo expressamente e trame outro secretamente, que seja a causa não apenas da ação, mas também da irregularidade" etc.

A tudo isso, que já fora objetado antes, eu já respondera antes; mas quando afirma que digo "tendo ordenado algo expressamente, trame outro secretamente", não é minha, mas uma de suas frases repulsivas. E a força que possui provém de uma compreensão que ele tem de que aflição não é a correção de Deus, mas sua vingança contra as criaturas de sua própria criação, e de um raciocínio que ele usa, de acordo com o qual, "posto que não é justo para um homem matar um homem para a emenda de um outro, também não é justo da parte de Deus", não lembrando que Deus matou ou teria matado todos os homens do mundo, tanto nocentes como inocentes.

Minha asserção, diz ele, "é um sonho e a súmula disso é esta: onde não há lei, nem o ato de matar nem qualquer outra coisa podem ser injustos; que antes da constituição das repúblicas, cada homem tinha o poder de matar um outro" etc., e acrescenta "que isso pode muito bem ser chamado de um enfileiramento de paradoxos." A essas minhas palavras, ele replica: (h)

"Nunca houve um tempo no qual a humanidade não tivesse governantes, leis e sociedades".

É muito provável que seja verdadeiro que, desde a criação, nunca houve um tempo no qual a humanidade estivesse totalmente sem sociedade. Se uma parte dela estava sem leis e governantes, algumas outras poderiam ter repúblicas. Ele viu que Adão exercia um governo paternal, o que ele facilmente podia fazer, já que não se trata de uma consideração profunda. Mas nos lugares onde há guerra civil, em qualquer época que ocorra, não há mais leis, nem república, nem sociedade, mas apenas uma liga temporal, da qual qualquer soldado descontente pode sair quando quiser, já que cada um ingressou nela em vista de seu interesse particular, sem nenhuma obrigação de consciência. Dessa forma, há em quase todos os tempos multidões de homens sem leis. Mas isso era um pouco remoto demais para seu entendimento perceber.

Ademais, ele nega que tenha havido algum tempo no qual um homem particular pudesse matar outro de modo legítimo para sua própria preservação, esquecendo-se que essas suas palavras (N. 2) – "essa é a crença de toda a humanidade, convicção que não aprendemos com nossos tutores, mas está impressa em nosso coração pela natureza; não precisamos ler nenhum livro obscuro para descobrir essa verdade" etc., que são as palavras de Cícero na defesa de Milo, e traduzidas pelo bispo para a defesa do livre-arbítrio – foram utilizadas por Cícero precisamente para provar que é e sempre foi legítimo para um homem particular matar um outro em vista de sua própria preservação.[103] Mas quando ele diz que não é legítimo *ordinariamente*, ele deveria

---

103 Cf. nota 56.

ter mostrado algum caso particular no qual é ilegítimo. Pois, visto que se trata de uma "crença impressa em nosso coração", não apenas eu, mas muitos se inclinam a pensar que é a lei de natureza, sendo, por conseguinte, universal e eterna. E, quanto ao que ele diz, a saber, que esse direito de defesa, quando há, "não é algo remanescente ou uma reserva de algum poder maior ao qual resignaram, mas um privilégio que Deus lhes deu em caso de perigo extremo e necessidade invencível" etc., digo igualmente que se trata de um privilégio que Deus lhes deu, mas divergimos quanto às modalidades, que, para mim, parece isto: que Deus não considera tal ato de matar um pecado. Mas parece que o bispo gostaria que fosse assim: Deus envia um bispo ao púlpito para dizer ao povo que é legítimo um homem matar um outro quando é necessário para a preservação de sua própria vida; e quanto a saber se essa necessidade é *invencível* ou se o perigo é *extremo*, o bispo deve ser o juiz depois que o homem for morto, na medida em que é um caso de consciência. Contra essa renúncia a esse nosso poder geral de matar nossos inimigos ele argumenta isto: "nada pode dar aquilo que nunca teve. Os homens, enquanto estavam dispersos numa multidão (o que pode ocorrer em alguns casos raros), nunca tiveram de direito o poder de vida e morte e, por conseguinte, não podiam cedê-lo por uma eleição" etc. É necessária tanta perspicácia para entender que, não importa o número de homens que haja, ainda que não estejam unidos num governo, cada um deles em particular, possuindo o direito de destruir o que considera poder prejudicá-lo, pode renunciar a esse mesmo direito e dá-lo a quem quiser, quando considera isso favorável a sua própria preservação? Contudo, parece que ele não entendeu.

Ele considera má a minha comparação do "assassinato de homens com o abatimento de bestas brutas". Assim como, um pouco antes, ele dissera que a "minha opinião é profundamente prejudicial à honra da humanidade: os elementos são para as plantas, as plantas para as bestas brutas, as bestas brutas para o homem". Pergunto: quando um leão come um homem e um homem come um boi, por que o boi é mais feito para o homem do que o homem é para o leão? "Sim", diz ele, "Deus deu ao homem liberdade (Gênesis, 9, 3) para comer a carne de suas criaturas para seu sustento". Verdadeiro, mas o leão tinha a liberdade de comer a carne do homem há muito mais tempo. Mas ele dirá que não, alegando que nenhum homem de nenhuma nação e de nenhuma época podia legitimamente comer carne, a menos que tivesse essa permissão da Santa Escritura, o que era impossível para a maioria dos homens. Mas quão ofendido ele teria ficado se eu tivesse dito dos homens o que Plínio diz: *"quo nullum est animal neque miserius, neque superbius"*?[104] A verdade é que o homem é uma criatura de maior poder que outras criaturas vivas, mas sua superioridade reside especificamente em duas coisas, das quais uma é o uso da linguagem, pela qual os homens se comunicam uns com os outros, unem suas forças e pela qual também registram seus pensamentos de maneira que não pereçam, mas sejam preservados e posteriormente unidos com outros pensamentos para produzir regras gerais para a direção de suas ações. Há bestas que veem melhor, outras que ouvem melhor, e outras que superam a humanida-

---

104 "Nada é mais miserável e soberbo que o homem." Trata-se de uma citação inexata de Plínio, o Velho, *História natural*, II, cap.5 (*"nihil esse certi nec quicquam miserius homine aut superbius"*).

de em outros sentidos. O homem supera as bestas apenas na elaboração de regras para si mesmo, isto é, ao lembrar e raciocinar corretamente a partir do que lembra. Aqueles que assim procedem merecem uma honra superior à das bestas brutas. Mas aqueles que, empregando mal as palavras, enganam-se a si mesmos e a outros, introduzindo o erro e desviando os homens da verdade, devem ser menos honrados do que as bestas brutas, já que o erro é mais vil que a ignorância. Assim, não é meramente a natureza do homem que o torna mais digno que outras criaturas vivas, mas o conhecimento que adquire pela meditação e pelo uso reto da razão ao fazer boas regras para suas ações futuras.

Outra vantagem que o homem possui é o uso de suas mãos para fazer coisas que são importantes para seu bem-estar. Mas essa superioridade não é fonte de tão grande honra a ponto de se poder falar de maneira negligente a seu respeito sem nenhuma afronta. E, quanto ao domínio que um homem possui sobre as bestas, ele diz que "foi em parte perdida pelo pecado do homem, porque as criaturas mais fortes, como leões e ursos, negaram a sua obediência, mas as criaturas mais aproveitáveis e úteis, como as ovelhas e os bois, mantiveram sua obediência em algum grau". Eu gostaria de perguntar ao bispo no que consiste o domínio do homem sobre um leão ou um urso. É uma obrigação de promessa ou de dívida? Isso não pode ser, pois eles não têm senso de dívida ou obrigação. E penso que ele não dirá que eles receberam uma ordem para lhe obedecer de uma autoridade. Resta, portanto, que o domínio do homem consiste nisto: que os homens são árduos demais para leões e ursos porque, embora um leão ou um urso seja mais forte que um homem, a força, a arte e especialmente as alianças e sociedades dos homens são um poder maior do que o poder desgovernado das bestas indisciplinadas. É nisso que consiste o domínio do homem. E, pela mesma razão, um leão faminto que encontra um homem desarmado no deserto tem domínio sobre o homem – se é que se pode chamar domínio esse domínio do homem sobre leões ou sobre ovelhas e bois, o que propriamente não se pode. Tampouco se pode dizer que ovelhas e bois obedecem a nós de outra maneira que obedeceriam a um leão. E se temos domínio sobre ovelhas e bois, exercemo-lo não como domínio, mas como hostilidade; pois os mantemos apenas para o labor e para serem mortos e devorados por nós, de maneira que os leões e os ursos seriam mestres tão bons para eles quanto nós somos. A partir da curta passagem que escreve a respeito do *domínio* e da *obediência*, não tenho motivo para esperar uma resposta muito perspicaz de sua parte ao meu *Leviatã*.

"O ramo seguinte de suas respostas diz respeito às deliberações, que, diz ele, 'não são supérfluas, embora todas as coisas ocorram necessariamente, porque elas são as causas que tornam o efeito necessário, e os meios para fazê-lo se produzir'."

Sua réplica a isso é que ele "mostrou suficientemente que a razão não determina a vontade fisicamente" etc. Se não é fisicamente, como determina então? Como ele nos dissera em outro lugar, *moralmente*. Mas o que é determinar uma coisa moralmente, nenhum homem vivo entende. Não duvido que ele tenha, portanto, a vontade de escrever essa réplica somente *porque* eu respondera a seu tratado concernente à verdadeira liberdade. Minha resposta foi, assim, ao menos em parte, a *causa* de sua escrita, isto é, a causa dos movimentos locais ágeis de seus dedos. Não é física a causa do movimento local? Sua vontade foi, portanto, causada de maneira física, extrínseca e antecedente pela minha escrita, e não moralmente.

(k) "Ele acrescenta, ademais, que 'assim como o fim é necessário, também o são os meios; e quando é determinado que uma coisa seja escolhida antes que outra, é determinado também por meio de qual causa será escolhida'. Tudo é verdadeiro, mas não é a verdade inteira" etc.

Não basta que isso seja verdadeiro? Tenho de colocar toda a verdade que conheço em duas ou três linhas? Não. Eu deveria ter acrescentado que Deus adapta e adequa os meios para seus respectivos fins, meios livres para fins livres, meios contingentes para fins contingentes, meios necessários para fins necessários. Eu poderia tê-lo feito, mas isso seria vergonhoso. *Livre, contingente e necessário* não são palavras que podem ser unidas a *meios* ou *fins*, mas apenas a *agentes* e a *ações*, isto é, a coisas que se movem ou são movidas, sendo um *agente livre* aquele cujo movimento ou ação não é impedido ou detido, e uma *ação livre* aquela que é produzida por um agente livre. Um *agente contingente* é o mesmo que um *agente* simplesmente. Mas porque os homens pensam na maioria das vezes que as coisas cujas causas eles não veem se produzem sem causa, costumam denominar tanto o agente como a ação contingentes, atribuindo-as à fortuna. E, por conseguinte, quando as causas são necessárias, se eles não percebem sua necessidade, eles denominam esses agentes e ações necessários *livres*, nas coisas que possuem apetite; e, nas coisas inanimadas, *contingentes*. O restante de sua réplica a este ponto refere-se muito pouco à minha resposta. Observo apenas que, quando diz "mas se Deus ordenou assim o mundo, de tal modo que um homem não pode, se quiser, negligenciar nenhum meio de bem etc.", estaria insinuando de modo fraudulento que é minha opinião que um homem não é *livre para fazer se quiser e para não fazer se quiser*. Ao passo que, desde o início, sempre declarei que esta não é a minha opinião e que a minha opinião é apenas esta: que ele não é *livre para querer* ou, o que é o mesmo, que ele não é mestre de sua vontade futura. Depois de muito discurso desordenado, ele vem com esta: "essa é a doutrina que decorre de sua opinião da necessidade absoluta", o que é impertinente, pois dela nada decorre além do que pode ser extraído da confissão da presciência eterna.

(1) "Mas ele me diz com grande tristeza que 'o meu argumento é igual a este outro: se viverei até amanhã, viverei até amanhã, mesmo que eu me transpasse com uma espada hoje – o que, diz ele, é uma consequência falsa e uma proposição falsa'. Isso é verdade: se por se 'transpassar' ele entende o ato de matar, trata-se de uma proposição falsa ou antes tola."

O que ele disse é correto. Vejamos, pois, como isso não é semelhante a seu argumento. Ele diz "se for absolutamente necessário que um homem viverá até amanhã, então é vão e supérfluo para ele deliberar se morrerá hoje ou não". "E isto", diz ele, "é uma consequência verdadeira." Não consigo perceber como isso é uma consequência melhor do que a anterior, pois, se for absolutamente necessário que um homem viverá até amanhã e com saúde, o que também pode ser suposto, por que ele não poderia, se tiver a curiosidade, ter sua cabeça cortada para experimentar a dor? Mas a consequência é falsa, pois se houver necessidade de ele viver é necessário também que ele não tenha uma curiosidade tão tola. Mas ele ainda não consegue distinguir entre uma necessidade prevista e uma não prevista, e essa é a causa pela qual acredita que sua consequência seja boa.

(m) "O meu ramo seguinte de argumentos concerne às admoestações" etc.

O que ele diz é isto:

se todas as coisas forem necessárias, admoestar homens de entendimento é tão vão quanto admoestar tolos, crianças ou loucos. Que se admoestem aqueles e não os outros é admitido como verdadeiro, e a única razão sob o céu que pode ser dada para tanto é que aqueles possuem o uso da razão e da verdadeira liberdade, com um domínio sobre suas ações, o que crianças, tolos e loucos não possuem.

A verdadeira razão pela qual admoestamos homens e não crianças etc. é que a admoestação não consiste senão em dizer a um homem as boas e más consequências de suas ações. Aqueles que possuem experiência do bem e do mal podem perceber melhor a razoabilidade de tal admoestação do que aqueles que não a possuem; e aqueles que possuem paixões semelhantes ao do admoestador concebem mais facilmente como bom ou mau o que o admoestador disse ser assim do que aqueles que possuem paixões fortes e contrárias às dele. O primeiro aspecto, que é a falta de experiência, torna as crianças e os tolos incapazes; e o segundo aspecto, que é a força das paixões, torna os loucos relutantes a receber admoestações – pois as crianças são ignorantes e os loucos se enganam no que concerne ao bem e ao mal para eles próprios. Isto não é dizer que as crianças e os loucos não possuem uma liberdade verdadeira, isto é, a liberdade de fazer o que querem, tampouco dizer que os homens de juízo ou que o próprio admoestador possuem domínio de suas ações mais do que as crianças ou os loucos (pois suas ações também são voluntárias), ou que, quando admoesta, use sempre a razão, embora tenha o uso da deliberação, que crianças, tolos, loucos e bestas também possuem. Há, portanto, razões sob o céu que o bispo desconhece.

Quanto ao que eu dissera, que coisas necessárias podem ser dignas de elogio e elogiar algo é dizer que é bom, ele traça distinções e diz:

(n) "Verdadeiro, mas essa bondade não é uma bondade metafísica, segundo a qual a pior das coisas e tudo o que possui ser é bom. Tampouco se trata de uma bondade natural, cujo elogio se deve completamente ao autor da natureza etc. Mas se trata de uma bondade moral ou antes de uma bondade das ações do que das coisas. A bondade moral de uma ação é a sua conformidade com a reta razão" etc.

Havia nas Escolas um velho provérbio — mais propriamente do que um axioma — derivado da *Metafísica de Aristóteles*: "*ens, bonum, et verum convertuntur*".[105] A partir dele o bispo retirou essa noção de uma bondade metafísica e sua doutrina de que tudo que possui existência é bom, e, a partir disso, interpreta estas palavras de Gênesis, 1, 31: "*Deus viu tudo o que fez e era muito bom*". Mas a razão dessas palavras é que *bom* é relativo àqueles que estão contentes com a coisa em questão, e não possui significado absoluto para todos os homens. Deus, portanto, disse que tudo que fizera era muito bom porque estava contente com as criaturas de sua própria realização. Mas se todas as coisas fossem absolutamente boas, deveríamos estar todos contentes com a sua *existência*, o que não ocorre quando as ações que dependem de sua existência nos são nocivas. E, assim, para falar

---

105 "O ser, o bem e o verdadeiro são o mesmo."

propriamente, nenhuma coisa é boa ou má a não ser em vista da ação que se origina dela e em vista da pessoa a quem faz bem ou mal. Satã é mau para nós, porque busca nossa destruição, mas ele é bom para Deus, porque executa suas ordens. E, assim, sua *bondade metafísica* não passa de um termo inútil e não um elemento de uma distinção. E, quanto à bondade e à maldade naturais, trata-se apenas também da bondade e maldade das ações; assim como algumas ervas são boas porque nos alimentam e outras ruins porque nos envenenam; e um cavalo é bom porque é manso, forte e carrega um homem facilmente; outro ruim porque resiste, anda com dificuldade ou nos desagrada de outra forma; e essa qualidade de mansidão, se não houvesse mais leis entre os homens do que há entre as bestas, seria um bem moral tanto num cavalo ou em outra besta como num homem. É da lei que procede a diferença entre bondade moral e natural, de maneira, então, que ele diz bem que "a bondade moral é a conformidade de uma ação com a reta razão" — e enuncia melhor do que compreende, pois essa *reta razão*, que é a lei, se torna reta certamente apenas em virtude de nossa ação de fazê-la por meio de nossa aprovação e sujeição voluntária a ela. Pois os legisladores são homens, que podem errar e conceber que a lei que fazem é para o bem do povo, quando não é. E, não obstante, as ações dos súditos, se estiverem em conformidade com a lei, são moralmente boas, e não deixam de ser naturalmente boas, e o elogio delas é dirigido ao Autor da natureza, assim como outro bem qualquer. A partir disso, se depreende que o elogio moral não resulta, como ele diz, do bom uso da liberdade, mas da obediência às leis; tampouco a censura moral do mau uso da liberdade, mas da desobediência às leis. E a sua conclusão, a saber, "se todas as coisas forem necessárias, a liberdade moral é completamente eliminada, e, com ela, todo elogio e censura verdadeiros" não contém nenhuma verdade, tampouco é apresentado qualquer argumento para ela, pois não há nada mais necessário do que o fato de que as ações *voluntárias* resultam da *vontade*. E quanto ao que eu dissera, que dizer que algo é bom é dizer que é conforme ao que eu desejaria, ou a que um outro desejaria, ou a que o Estado quer, ou à lei do país, ele responde que "erro infinitamente". E sua razão é que "frequentemente desejamos o que é profícuo ou deleitoso sem considerar tanto quanto devemos o que é honesto". Não há nenhum homem vivo que veja todas as consequências de uma ação do início ao fim e que possa avaliar a soma total de todas as boas e más consequências. Nossa escolha é limitada por nossa capacidade de avaliação. Para cada um, é bom aquilo que, até onde pode ver, é bom. Todo bem real, que denominamos honesto e moralmente virtuoso, é o que não é repugnante à lei, civil ou natural; pois a lei é toda a reta razão que possuímos e — embora ele negue isso toda vez que ela está em desacordo com a sua própria razão — a regra infalível da bondade moral. A razão disso é esta: como nem a minha nem a razão do bispo é a reta razão apta a ser a regra de nossas ações morais, colocamos acima de nós mesmos um governador soberano e concordamos que suas leis, quaisquer que sejam, devem ocupar para nós o lugar da reta razão para nos ditar o que é realmente bom — da mesma maneira que a moralidade de homens que jogam cartas consiste, durante o jogo, em não desatender ao naipe determinado pelo trunfo, na nossa relação civil a moralidade está inteiramente contida na não desobediência às leis.

À minha questão, "se nada que resulta da necessidade pode agradá-lo", ele responde: "sim; o fogo o agrada quando está com frio e ele diz que o fogo é bom, mas não o elogia moralmente". Ele elogia, diz ele, primeiro o criador do fogo, e depois quem o proporcionou. Ele faz bem; não obstante, ele elogia o fogo quando diz que é bom, ainda que não moralmente. Ele não diz que é um fogo justo, sábio, de boas maneiras ou obediente às leis; mas parece que atribui esses atributos a Deus, como se a justiça não pertencesse à sua natureza, mas às suas condutas. E, ao elogiar moralmente aquele que proporcionou o fogo, ele parece dizer que não diria que o fogo é bom se aquele que o proporcionou não fosse moralmente bom.

Quanto ao que eu respondera sobre as recompensas e a punição, ele diz que havia dado anteriormente uma réplica suficiente e que o que discorre aqui não é apenas para me responder, mas também para satisfazer a si próprio, e diz:

(o) "Embora não tenha sido objetado por ele, reconheço, não obstante, que vejo se aplicarem de maneira imprópria e analógica recompensas e punições a bestas brutas, como o caçador, que recompensa o seu cão" etc.

De minha parte, sou estúpido demais para perceber a diferença entre essas recompensas utilizadas para as bestas brutas e aquelas que são utilizadas para os homens. Se elas não são propriamente denominadas recompensas e punições, que ele lhes dê o nome apropriado. Pode ser que ele diga que o fez ao denominá-las "analógicas"; entretanto, em vista de tudo que pode ser entendido por isso, ele poderia tê-las denominado "paragógicas" ou "típicas" ou "tópicas", se tivesse sido de seu agrado. Ele acrescenta que, quando disse que as ações das abelhas e das aranhas eram feitas sem deliberação, por mero instinto da natureza e pela determinação de suas imaginações, reconstituo mal suas asserções e digo que ele tornou suas ações individuais necessárias. Só tenho isto para responder: visto que ele diz que suas imaginações foram determinadas pelo instinto de natureza a tipos específicos de trabalhos, posso inferir de modo justo que cada uma delas foi determinada para algum trabalho, e cada trabalho é uma ação individual; pois um *tipo de trabalho* em geral não é trabalho. Mas essas ações individuais, diz ele, "são contingentes e, por conseguinte, não são necessárias", o que não é uma boa conclusão, pois, se ele entende por "contingente" o que não possui causa, ele não fala como um cristão, mas faz da fortuna uma deidade – o que, sinceramente, não acredito que ele faça. Mas se ele entende por isso aquilo cuja causa ele não conhece, a conclusão é nula.

Os meios pelos quais cães perdigueiros, patos-iscas e papagaios são ensinados a fazer o que fazem "é por suas traseiras e estômagos, pelo chicote e pelos bocados de comida, que possuem de fato uma semelhança com as recompensas e punições. Mas aqui tomamos a palavra em seu sentido próprio e não como é utilizada pelo vulgo, mas como é utilizada pelos teólogos e filósofos" etc. O bispo não sabe que o estômago ensinou a poetas, historiadores, teólogos, filósofos e artífices suas diversas artes, assim como os papagaios? Os homens não fazem sua obrigação em vista de suas traseiras, seus pescoços e seus bocados de comida, assim como os cães perdigueiros, os patos-iscas e os papagaios? Por que então essas coisas são para nós a substância, e para eles, apenas *sombras* ou *semelhanças* de recompensas e punições?

(p) "Quando criaturas brutas aprendem tais qualidades não é pelo julgamento, deliberação ou discurso, ou pela inferência ou conclusão de uma coisa a partir de outra, de que não são capazes. Tampouco são capazes de conceber uma razão do que fazem" etc., mas "lembram que quando agiram de uma determinada maneira foram espancadas, e que quando agiram de uma outra maneira foram apreciadas, e se esforçam para agir em conformidade com isso".

Se o bispo tivesse examinado as cogitações de sua própria mente, não quando disputa, mas quando segue esses negócios que chama bagatelas, ele as teria considerado semelhantes às coisas que menciona aqui, exceto que, em vez de *ser espancado* – porque está livre disso – *seja prejudicado*. Pois, tirando o discurso da língua, nas palavras de significado geral, as ideias de nossas mentes são as mesmas que das outras criaturas vivas, criadas a partir de objetos visíveis, audíveis e outros objetos sensíveis aos olhos e a outros órgãos dos sentidos, assim como as delas. Pois, assim como todos os objetos dos sentidos são individuais, isto é, singulares, as imaginações resultantes de suas operações também o são. E os homens apenas raciocinam por meio de palavras de significado universal, proferidas ou pensadas tacitamente. Mas talvez ele pense que a recordação das palavras seja a ideia das coisas que as palavras significam, e que as imaginações não sejam produzidas pela operação dos objetos nos órgãos de nossos sentidos. Mas retificá-lo nesses pontos, a não ser que ele tivesse princípios melhores, é um labor maior que a disposição ou o tempo livre que tenho para fazê-lo.

Por último, quando ele diz "se suas ações individuais fossem absolutamente necessárias, o medo ou a esperança não poderiam alterá-las", isso é verdadeiro. Pois é o medo e a esperança que fazem com que elas sejam necessariamente o que são.

N. 15

J.D. Em terceiro lugar, deixemos que essa opinião de que não há uma liberdade verdadeira e que todas as coisas ocorrem inevitavelmente se enraíze na mente dos homens e ela destruirá completamente o cuidado da piedade. Quem irá lamentar seus pecados com lágrimas? O que será daquela tristeza, daquele zelo, daquela indignação, daquela vingança santa dos quais o apóstolo fala, se os homens forem completamente persuadidos de que não podiam evitar o que fizeram? Um homem pode se entristecer por causa de alguma coisa que não podia evitar, mas jamais será levado a se lamentar, como sendo sua própria culpa, do que não decorreu de seu próprio erro, mas da necessidade antecedente. Quem será zeloso ou ávido em prestar obediência se acredita que há amarras e limites inevitáveis para todos os seus atos de devoção que não pode ultrapassar nem atingir? Para que ele irá suplicar a Deus que o afaste de males que são inevitáveis ou conferir favores que são impossíveis? De fato, não sabemos que bem ou mal ocorrerá a nós, mas sabemos isto: que, se todas as coisas forem necessárias, nossas devoções e esforços não podem alterar o que deve ser. Numa palavra: a única razão pela qual essas pessoas que trilham nesse caminho do destino fatal por vezes rezam, se arrependem ou servem a Deus é que a luz da natureza, a força da razão e a evidência das Escrituras as afastam neste momento de seus fundamentos mal escolhidos e expelem de sua cabeça essas fantasias estoicas. Um completo estoico não pode rezar, nem se arrepender, nem servir a Deus para nenhum efeito. Ou se admite a liberdade ou se destrói a Igreja, assim como a república, a religião e a política.

T.H. Seu terceiro argumento consiste em outras inconveniências que ele disse que decorreriam, a saber: a impiedade e a negligência nos deveres religiosos, no arrependimento e no zelo para o serviço de Deus. Ao que respondo, como de resto, que essas inconveniências não decorrem. Devo admitir que, se considerarmos a maior parte da humanidade, não como a humanidade deveria ser, mas como é, isto é, como homens cuja preocupação de adquirir riqueza ou nomeações ou o apetite de deleites sensuais ou a impaciência de meditar ou a adoção precipitada de princípios errôneos tornaram incapazes de discutir a verdade das coisas, a disputa acerca dessa questão prejudicará mais do que auxiliará sua piedade. Assim, se ele não tivesse desejado essa resposta, eu não a teria escrito. E só a escrevo na esperança de que vossa senhoria e ele a manterão privada. Não obstante, em toda a verdade, a necessidade dos eventos não traz consigo por si mesma nenhuma impiedade. Pois a piedade consiste apenas em duas coisas: uma, que honremos Deus em nosso coração, isto é, que consideremos seu poder o maior que podemos: pois honrar alguma coisa não é senão pensar que ela possui grande poder. A outra, que signifiquemos aquela honra e estima por nossas palavras e ações, o que é chamado *cultus* ou adoração de Deus. Aquele, portanto, que pensa que todas as coisas procedem da vontade eterna de Deus e que são, por conseguinte, necessárias não pensa que Deus é onipotente? Não estima o seu poder como o maior possível, o que é honrar a Deus tanto quanto se pode em seu coração? Ademais, aquele que assim pensa não é mais capaz de manifestá-lo por meio de atos externos e palavras do que se pensasse de outro modo? Ora, esse reconhecimento externo é o que denominamos adoração. Então, essa opinião fortalece a piedade de ambos os tipos, externa e interna, e, assim, está muito longe de destruí-la.

E quanto ao arrependimento, que não é senão um alegre retorno ao caminho correto depois da tristeza de se ter desviado, embora a causa que levou ao extravio fosse necessária, não há, no entanto, razão por que não se deva se entristecer. Além disso, embora a causa pela qual se retornou ao caminho tenha sido necessária, as causas da alegria não deixam de subsistir. De modo então que a necessidade das ações não elimina nenhuma dessas partes do arrependimento: nem a tristeza pelo erro, nem a alegria pelo retorno. E, no que diz respeito à prece, enquanto ele diz que a necessidade das coisas destrói a prece, eu o nego. Pois, embora a prece não seja uma das causas que movam a vontade de Deus, posto que a vontade de Deus é imutável, na medida em que encontramos nas palavras de Deus que ele só dará suas bênçãos aos que as pedem, o motivo para a prece é o mesmo. A prece é uma dádiva divina, não menos que as bênçãos. E a prece é decretada no mesmo decreto no qual a bênção é decretada. É manifesto que a ação de graças não é causa da bênção passada; e o que é passado é certo e necessário. Contudo, mesmo entre os homens, os agradecimentos são utilizados para reconhecer o benefício passado, mesmo que não esperemos nenhum benefício novo em virtude de nossa gratidão. E orar a Deus Todo-poderoso não é senão agradecer por suas bênçãos em geral; e, embora preceda a coisa particular que pedimos, não é sua causa ou meio, mas uma sinalização de que não esperamos nada senão de Deus, da maneira como ele quer e não como nós queremos. E nosso salvador nos incita pelas suas palavras a orar "tua vontade" e não "nossa vontade será feita". E por meio de exemplos nos ensina o mesmo, pois ele orou assim: "Pai, se for tua vontade, afasta este cálice" etc. O fim da prece, assim como da ação de graças não é mover, mas honrar Deus Todo-Poderoso, reconhecendo que o que pedimos pode ser realizado por ele apenas.

J.D. Espero que T.H. seja persuadido a tempo de que não é a cobiça, ambição, sensualidade, preguiça ou preconceito de seus leitores que tornam essa doutrina da necessidade absoluta perigosa, mas que ela é, por sua natureza, destrutiva para a verdadeira piedade. (a) E, embora sua resposta consista mais em oposições que soluções, de bom grado não deixarei nenhum grão de sua matéria escapar à minha ponderação. (b) Em primeiro lugar, ele erra ao fazer a piedade interna consistir meramente na estimação do julgamento. Se fosse assim, o que impediria que os diabos tivessem tanta piedade interna quanto os melhores Cristãos? Pois eles estimam ser o poder de Deus infinito e estremecem. Embora a piedade interna suponha, de fato, o ato do entendimento, ela consiste propriamente no ato da vontade, sendo aquele ramo da justiça que dá a Deus a honra que lhe é devida. Não há amor que se deve a Deus, nenhuma fé e esperança? (c) Em segundo lugar, ele erra ao sustentar que a piedade interna não atribui nenhuma outra glória a Deus senão a glória de seu poder ou de sua onipotência. O que será de todos os outros atributos divinos, e, em especial, de sua bondade, sua verdade, sua justiça, sua misericórdia, que geram uma honra mais verdadeira e sincera no coração do que a própria grandeza? *Magnos facile laudamus, bonos lubenter*.[106] (d) Em terceiro lugar, essa opinião da necessidade absoluta destrói a verdade de Deus, fazendo-o ordenar expressamente uma coisa e, privadamen-

---

106 "Os grandes louvamos facilmente; os bons, alegremente."

te, determinar uma outra de modo necessário, repreender um homem por ter feito o que ele o determinara fazer, professar uma coisa e ter a intenção de fazer outra. Ela destrói a bondade de Deus, tornando-o alguém que odeia a humanidade e se delicia com os tormentos de suas criaturas, ao passo que até os cães lamberam as feridas de Lázaro por piedade e comiseração por ele. Ela destrói a justiça de Deus, fazendo-o punir as criaturas em razão de seu próprio ato, em relação ao qual elas não tinham mais poder de evitar do que o fogo possui de não queimar. Ela destrói o poder mesmo de Deus, tornando-o o verdadeiro autor de todos os defeitos e males no mundo. Esses são os frutos da impotência, não da onipotência. Aquele que é a causa efetiva do pecado, tanto dele mesmo como na criatura, não é todo-poderoso. Não é preciso nenhum outro diabo no mundo para suscitar ciúmes e suspeitas entre Deus e suas criaturas ou envenenar a humanidade com a opinião de que Deus não os ama, mas basta essa opinião, que foi o encargo da serpente (Gênesis, 3, 5). Em quarto lugar, quanto à adoração externa de Deus, (e) como um homem que acredita ser Deus o maior tirano que jamais houve no mundo, que cria milhões para arder eternamente sem ser sua culpa, para expressar seu poder, poderia louvá-lo por sua bondade? Como um homem que acredita que Deus faz seu evangelho ser pregado à maior parte dos Cristãos não com a intenção de que sejam convertidos e salvos, mas meramente para endurecer seus corações e torná--los imperdoáveis, poderia ouvir sua palavra com aquela reverência, devoção e fé que são requisitadas? Como um homem que acredita que tantos milhões são terminantemente excluídos de todo fruto e benefício das paixões de Cristo antes de terem cometido males ou bens poderia receber o santo sacramento com conforto e confiança, como um selo do amor divino em Cristo?

Como alguém que compreende que comer e beber de maneira indigna não constitui causa da condenação, mas que Deus o determinou de modo necessário a comer e a beber de maneira indigna porque iria condená-lo, preparar-se-á com cuidado e consciência? Como um homem que pensa que não é capaz de fazer nada senão como é extrinsecamente e necessariamente determinado fará um voto livre a Deus sem hipocrisia patente e ridícula? Em quinto lugar, quanto ao arrependimento, como um homem que pensa ser como um relógio no qual Deus dá a corda e que não pode ir nem mais longe nem mais perto, nem mais rápido ou devagar, nem mais verdadeiramente ou falsamente do que é ordenado por Deus pode se condenar e acusar a si mesmo por seus pecados? Se Deus o ajusta corretamente, ele anda corretamente; se Deus o ajusta incorretamente, ele anda incorretamente. Como se pode dizer que um homem que jamais esteve em outro caminho senão naquele que o próprio Deus desenhou para ele retornou ao caminho correto? Qual é o propósito de emendar aquele que é destituído de todo poder, tanto quanto um homem que se propusesse a voar sem asas ou um mendigo que se propusesse a construir hospitais sem um tostão em sua bolsa?

Costumamos dizer "admita um absurdo e mil deles se seguirão". Para manter essa opinião desarrazoada da necessidade absoluta ele é determinado de modo necessário (mas hipoteticamente, pois ele poderia mudar sua opinião se quisesse) a tratar todos os escritores da Antiguidade da mesma maneira como os godos fizeram com os romanos, destruindo todas as suas magníficas obras, de tal maneira que não restasse nenhum sinal de sua grandiosidade na face da Terra. Assim, ele não deixará nenhuma de suas opiniões, definições ou termos de arte em pé. (f) Observai que descrição ele nos deu do arrependimento: "é um alegre retorno ao caminho correto depois da tristeza de se ter desviado". Fiquei surpreso de encontrar, como a primeira palavra na descrição do arrependimento, o termo "alegria". Seu arrependimento não é aquele arrependimento, nem sua piedade, aquela piedade, nem sua prece, aquele tipo de prece que a Igreja de Deus reconheceu em todas as épocas. Jejum, burel, cinzas, lágrimas e prostração costumavam ser as companheiras do arrependimento. A alegria pode ser uma consequência, mas não uma parte dele. (g) É um *retorno*: mas esse retorno é ato de quem? É de Deus sozinho? Ou a pessoa penitente coopera também livremente com a graça de Deus? Se for de Deus sozinho, então é seu arrependimento, não o arrependimento do homem. Com que propósito a pessoa penitente deveria se incomodar com isso? Deus cuidará de seu trabalho. As Escrituras nos ensinam outra coisa, que Deus espera nosso concurso (Apocalipse, 3, 19-20): "sê zeloso e arrepende-te; observa que estou à porta e bato: se algum homem ouve minha voz e abre a porta, eu entrarei em sua casa". É um "alegre retorno ao caminho correto". Como um homem ousa chamar caminho incorreto o que Deus determinou? Aquele que quer e faz o que Deus quis que ele quisesse e fizesse nunca está fora de seu caminho correto. Isso sucede a sua descrição, "depois da tristeza" etc. É verdadeiro que um homem possa se entristecer por aquilo que lhe é imposto necessariamente; mas ele não pode se entristecer como sendo uma culpa sua se nunca esteve em seu poder evitá-lo. Suponha que um mestre de caligrafia segure a mão de seu aluno na sua e escreva com ela: a parte do aluno é apenas segurar firme sua mão, independentemente se o mestre escrever bem ou mal. O aluno não tem razão nem para alegria nem para pesar em relação a si mesmo. Ninguém interpretará como seu ato, mas como o de seu mestre. Não é uma falta estar fora do caminho correto se um homem não teve a liberdade para se manter no caminho.

E depois do *arrependimento* ele deixa totalmente de lado a *nova obediência* para prosseguir com a *prece*, que é o último dever religioso que sustento aqui. Mas, de acordo com seu costume, sem responder nem mencionar o que digo, o que teria lhe mostrado claramente que tipo de prece tenho em vista: não a prece contemplativa em geral, que inclui a ação de graças, mas o tipo específico de prece que denominamos *petição*, que costumava ser definida como um ato de religião pelo qual desejamos de Deus algo que não possuímos e que esperamos obter dele – bem o contrário daquela definição à qual T.H. se refere, a saber, (h) que a prece "não é uma causa nem um meio da bênção divina, mas apenas sinaliza que a esperamos dele". Se ele tivesse apenas nos dito que a prece não é uma causa meritória da bênção divina, assim como o homem pobre que mendiga por esmolas não as merece, eu teria concordado com ele. Mas, quando, ao mesmo tempo, diz que não se trata de um meio de procurar a bênção divina e que "Deus dará suas bênçãos apenas àqueles que oram", quem poderá reconciliá-lo consigo mesmo? As Escrituras nos ensinam outra coisa (João, 16, 23): "O que pedirdes ao pai em meu nome, ele vos dará"; (Mateus, 7, 7): "Pedi e vos será dado; buscai e achareis; batei e vos será aberto". São Paulo relata aos Coríntios (2 Coríntios, 1, 11) que foi "auxiliado por suas preces". Isso não é tudo, que "a graça lhe foi concedida por esse meio". Então a prece configura um *meio*. E São Tiago disse (cap. 5, 16): "a prece fervorosa de um homem justo auxilia muito". Se é "eficaz", então é uma causa. Para mostrar essa eficácia da nossa prece, nosso salvador usou a comparação de um pai com seu filho, de um vizinho com seu vizinho, e até mesmo de um juiz injusto, para envergonhar aqueles que pensam que Deus não possui mais compaixão do que um homem mau. Isso foi sinalizado pelo combate de Jacó com Deus e sua vitória. A prece é como se fosse os instrumentos do comerciante, por meio dos quais ele ganha sua vida para si e para sua família. Mas, diz ele, "a vontade de Deus é imutável". E então? Ele poderia utilizar isso da mesma maneira contra o estudo, a medicina e todas as causas segundas, assim como contra a prece. Precisamente nisso, ele mostra quão pouco eles atribuem aos esforços dos homens. Há uma grande diferença entre estes dois: *mutare voluntatem*, mudar a vontade – o que Deus jamais faz, em quem não há a menor sombra de alteração por mudança, pois sua vontade de amar e odiar era a mesma desde a eternidade do que é agora e sempre será, e seu amor e ódio são inamovíveis, mas nós somos movidos; *non tellus cymbam, tellurem cymba reliquit*[107] – e *velle mutationem*, querer uma mudança, o que Deus frequentemente quer. Mudar a vontade demonstra uma mudança no agente; mas querer uma mudança demonstra uma mudança apenas no objeto. Não é uma inconstância no homem amar ou odiar conforme o objeto muda. *Praesta mihi omnia eadem, et idem sum.*[108] A prece não age sobre Deus, mas sobre nós; não o torna mais favorável em si mesmo, mas sim nos torna mais capazes de misericórdia. Ele

---

107 "Não é a terra que se afasta do barco, mas o barco que se afasta da terra."
108 "Proporcione a mim todas essas coisas, continuarei a ser o mesmo." (Sêneca, *De beneficiis*, IV, cap. 39, seção 4.) A citação de Bramhall modifica a ordem da original: *"Eadem mihi omnia praesta, et idem sum"*.

diz isto: "que Deus só nos abençoa se orarmos é um motivo para a prece". Por que fala de motivos, ele que não reconhece a liberdade nem admite nenhuma causa, mas apenas a necessidade absoluta? Ele diz: "a prece é uma dádiva divina, não menos que as bênçãos pelas quais oramos, e está contida no mesmo decreto que a bênção". É verdade: o espírito da prece é a dádiva de Deus. Ele concluirá com base nisso que o bom emprego de um talento ou de uma dádiva de Deus não pode proporcionar uma outra? Nosso salvador nos ensinou outra coisa: "Vem, servo bom e fiel, tu foste fiel em pouca coisa, far-te-ei regente de muitas". O excesso de luz é um inimigo da vista e o excesso de lei, um inimigo da justiça. Eu desejaria que disputássemos menos a respeito dos decretos divinos até que os compreendêssemos melhor. Mas, diz ele, "a ação de graças não é a causa da bênção passada; e a prece não é senão ação de graças". Ele pode até mesmo me dizer também que se trata da mesma coisa quando um mendigo implora por uma esmola e quando agradece por ela. Toda ação de graça é um tipo de prece, mas nem toda prece e, em particular, a petição, é uma ação de graças. No último parágrafo ele argumenta que "em nossas preces somos obrigados a submeter nossas vontades à vontade de Deus". Quem jamais duvidou disso? Devemos nos submeter à vontade preceptiva de Deus ou a suas ordens; devemos nos submeter à vontade efetiva de Deus quando declara seu bel-prazer por meio do evento ou de outra maneira. Mas negamos e negamos mais uma vez tanto que Deus quer coisas *ad extra*, fora de si mesmo, necessariamente, que seja seu bel-prazer que todas as causas segundas devam atuar necessariamente o tempo todo. Eis a questão, e aquilo que ele alega para provar o contrário não chega nem perto dela.

CRÍTICA DA RÉPLICA DO BISPO N. 15

(a) "Embora sua resposta consista mais em oposições que soluções, de bom grado não deixarei nenhum grão de sua matéria escapar à ponderação."

É uma promessa de muita exatidão e é parecida com aquela que está na epístola ao leitor: "aqui se encontra tudo o que se passou entre nós concernente a esse assunto, sem nenhuma adição ou a menor variação em relação ao original" etc. – promessas que eram desnecessárias e feitas por valentia. Assim, ele é tanto menos perdoável no caso de elas não serem observadas de maneira bem rígida. Gostaria, assim, que o leitor considerasse se essas palavras minhas – "nosso salvador nos incita por suas palavras a orar 'tua vontade', não 'nossa vontade será feita', e por meio de exemplos nos ensina o mesmo, pois ele orou assim: 'Pai, se for tua vontade, afasta este cálice' etc., o que parece ao menos implicar que nossas preces não podem mudar a vontade de Deus, nem desviá-lo de seu decreto eterno" – foram ponderadas por ele até o último grão, tal como prometera. Tampouco manteve sua outra promessa, pois, no número 8, na resposta a essas minhas palavras – "se ele tivesse tão pouco a fazer a ponto de poder ser o espectador de suas ações, teria admitido haver não apenas escolha, mas também arte, prudência e diretrizes de conduta etc." –, diz "sim, eu vi as mais parvas das criaturas, e, vendo suas excelentes obras, vi o suficiente para refutar os ateus atrevidos deste tempo e as suas blasfêmias infernais". Esta passagem foi acrescentada ao que havíamos debatido sobre esse assunto, pois não consta na cópia que tinha comigo nesses oito anos, como ele próprio admite; tampouco consta no corpo da cópia que ele enviou à prensa, mas apenas na margem, isto é, acrescentada por raiva contra mim, quem ele gostaria que os homens pensassem ser um dos ateus atrevidos desta era.

No restante desta réplica ele tenta provar que da minha opinião decorre que a piedade não tem utilidade. Minha opinião não vai nada além disto: que um homem não pode determinar hoje a vontade que terá de fazer alguma ação amanhã, pois isto implicaria que ela não poderia ser alterada por nenhum acidente externo que faria com que lhe parecesse mais ou menos vantajoso perseverar na vontade da mesma ação ou não querê-la mais. Quando um homem pretende pagar uma dívida em determinado momento, se vir que a retenção do dinheiro por um pouco mais de tempo pode ser vantajoso para ele próprio e não vir nenhuma desvantagem equivalente que oriunde da retenção, sua vontade será alterada pela vantagem; dessa maneira, ele não determinou sua vontade por si próprio. Mas quando prevê descrédito ou talvez prisão, então sua vontade permanecerá a mesma e é determinada pelos pensamentos que possui de seu credor, que é, por conseguinte, uma causa externa da determinação da vontade do devedor. Isso é tão evidente para todos os homens vivos, mesmo que nunca tenham estudado a teologia escolástica, que parecerá muito estranho ele extrair disso a grande impiedade que pretende extrair. Novamente, minha opinião se reduz a isto: que tudo que Deus conhece por sua presciência ocorrerá, não pode absolutamente não ocorrer, mas, a respeito do que não pode absolutamente não ocorrer, todos os homens dizem ocorrer necessariamente; portanto, todos os eventos que Deus conhece por sua presciência ocorrerão e ocorrerão necessariamente. Se, portanto, o bispo extrai impiedade disso, ele acaba incorrendo na impiedade de negar a presciência divina. Vejamos agora como ele raciocina.

(b) "Em primeiro lugar, ele erra ao fazer a piedade interna consistir meramente na estimação do julgamento. Se fosse assim, o que impediria que os diabos tivessem tanta piedade interna quanto os melhores Cristãos? Pois eles estimam ser o poder de Deus infinito e estremecem."

Disse que duas coisas concorrem para a *piedade*; uma é estimar seu poder como o mais elevado possível; a outra, que manifestemos essa estimação por nossas palavras e ações, isto é, que o adoremos. Este último aspecto da piedade ele deixou de lado, e assim se torna muito mais fácil concluir, como ele faz, que os diabos podem ter piedade interna. Mas nem assim a conclusão pode ser deduzida. Pois a bondade é um dos poderes divinos, a saber, o poder por meio do qual produz nos homens a esperança que eles possuem nele, e é relativa. Desse modo, a menos que o diabo pense que Deus será bom para ele, ele não pode estimá-lo por sua bondade. Não se deduz, portanto, de nenhuma opinião minha que o diabo possa ter tanta piedade interna como um cristão. Mas como o bispo sabe como os diabos estimam o poder divino? E a quais diabos ele se refere? Há nas Escrituras dois tipos de coisa que são traduzidos pelo termo "diabo". Um é o que é denominado Satã, *Diabolus* e *Abaddon*, que significam um "inimigo", um "acusador" e um "destruidor" da Igreja de Deus — sentido no qual os diabos não são senão homens maus. Como, então, ele tem certeza de que eles estimam que o poder divino é infinito? Pois a partir do *tremer* só se pode inferir que eles o concebam como sendo maior do que o seu próprio. Os outros tipos de diabo são denominados na Escritura *daemonia*, que são os deuses simulados

dos pagãos, e não são nem corpos nem substâncias espirituais, mas meras fantasias e ficções de corações aterrorizados, inventadas pelos gregos e por outros povos pagãos, que São Paulo denominava *nadas*; pois um ídolo, diz ele, não é nada. Será que o bispo quer dizer que esses nadas estimam que o poder divino é infinito e tremem? Não há nada além de Deus, do mundo e de suas partes que possua existência real; tampouco há qualquer coisa que tenha existência fictícia a não ser as ficções dos cérebros dos homens. O mundo e suas partes são corporais, dotados das dimensões da quantidade e com figura. Teria satisfação de saber em qual classes de entidades – o que é um termo que os escolásticos utilizam – o bispo classifica esses diabos que estimam tanto o poder divino e, não obstante, não o amam nem possuem esperança nele, se ele não os coloca na classe dos homens que são inimigos do povo de Deus, como os judeus o fizeram.

(c) "Em segundo lugar, ele erra ao sustentar que a piedade interna não atribui nenhuma glória a Deus senão a glória de seu poder ou onipotência. O que será de todos os outros atributos divinos, e, em especial, de sua bondade, sua verdade, sua justiça, sua misericórdia etc.?"

Ele fala da bondade e da misericórdia divinas como se não fossem partes de seu poder. Não é a bondade naquele que é bom o poder de se fazer amado e não é a misericórdia bondade? Não estão esses atributos, portanto, contidos no atributo de sua onipotência? E será a justiça em Deus outra coisa senão o poder que possui e exerce de distribuir bênçãos e aflições? A justiça não é em Deus como é no homem, a observação das leis feita por seus superiores. Tampouco a sabedoria divina é, como nos homens, um exame lógico dos meios a partir do fim, mas um atributo incompreensível dado a uma natureza incompreensível para honrá-lo. É o bispo que erra ao pensar que o poder não é senão riquezas e posições elevadas, por meio das quais domina e faz o que lhe agrada, e vexa quem não se submete a suas opiniões.

(d) "Em terceiro lugar, essa opinião da necessidade absoluta destrói a verdade de Deus, fazendo-o ordenar expressamente uma coisa e determinar uma outra privadamente de modo necessário etc. Ela destrói a bondade de Deus, tornando-o alguém que odeia a humanidade etc. Ela destrói a justiça de Deus, fazendo-o punir as criaturas em razão de seu próprio ato etc. Ela destrói o poder mesmo de Deus, tornando-o o verdadeiro autor de todos os defeitos e males no mundo."

Se a opinião da necessidade absoluta faz tudo isso, então a opinião da presciência divina faz o mesmo, pois Deus não possui presciência de nada que possa não ocorrer; mas o que não pode absolutamente não ocorrer ocorre necessariamente. Mas como a necessidade destrói a verdade de Deus, ao fazê-lo ordenar e impedir o que ordena? A verdade consiste na afirmação e negação, não no ato de ordenar e impedir; portanto, se todas as coisas que ocorrem forem necessárias, não decorre que Deus tenha proferido uma inverdade nem que ensine uma coisa e pretenda fazer outra. A Escritura, que é sua palavra, não é a declaração do que ele pretende fazer, mas uma indicação do que aqueles que escolheu salvar e aqueles que decidiu destruir necessariamente pretenderão fazer.

Mas, por outro lado, da negação da necessidade provém necessariamente a negação da presciência divina, o que é, no caso do bispo, senão ignorância, impiedade. Ou como "destrói a bondade de Deus, tornando-o alguém que odeia a humanidade e se delicia com os tormentos de suas criaturas, ao passo que até os cães lamberam as feridas de Lázaro por piedade e comiseração por ele"? Não posso imaginar que, quando criaturas vivas de todos os tipos passam frequentemente por tormentos, assim como os homens, Deus possa se desagradar com isso, pois, sem sua vontade, elas não seriam nem poderiam ser atormentadas de nenhum modo. Tampouco ele se alegra com isso, mas saúde, doença, tranquilidade, tormentos, vida e morte são dispensados por ele sem qualquer paixão; e ele coloca um fim a elas quando terminam, e um início, quando iniciam, de acordo com seu desígnio eterno, ao qual não se pode resistir. Que a necessidade demonstre uma alegria de Deus nos tormentos de suas criaturas é tão verdadeiro como dizer que foram a piedade e a comiseração nos cães que os fizeram lamber as feridas de Lázaro. Ora, como a opinião da necessidade "destrói a justiça de Deus, fazendo-o punir as criaturas em razão de seu próprio ato"? Se todas as aflições forem punições, em virtude de quais atos todas as outras criaturas que não podem pecar são punidas? Por que Deus não pode fazer da aflição, tanto dos homens que elegeu como dos que condenou, as causas da conversão necessária daqueles que elegeu, suas aflições servindo como corretivos e as aflições dos outros, como exemplos? Mas talvez ele pense que punir criaturas que não podem pecar com punições temporárias não seja injustiça, ao passo que seria injustiça atormentar as mesmas criaturas eternamente. Isso pode, de alguma maneira, ser relevante para a questão da mansidão e da crueldade, mas de maneira nenhuma para a questão da justiça e da injustiça: pois na punição do inocente a injustiça é igual, embora as punições sejam desiguais. E que crueldade pode ser maior do que aquela que pode ser derivada dessa opinião do bispo: que Deus atormenta eternamente e com os graus mais extremos de tormento todos os homens que pecaram, isto é, toda a humanidade que, desde a criação até o fim do mundo, não acreditou em Jesus Cristo, sendo que muito poucos, em relação à multidão dos outros, sequer ouviu seu nome, e que a fé em Cristo é uma dádiva do próprio Deus, assim como é conformar os corações de todos os homens em suas mãos para acreditar em tudo que quer que acreditem? Ele não tem, portanto, nenhuma razão, de sua parte, de acusar qualquer opinião de atribuir a Deus crueldade ou injustiça. Ora, como isso "destrói o poder mesmo de Deus, tornando-o o verdadeiro autor de todos os defeitos e males no mundo"? Primeiro, ele parece não ter entendido o que *autor* significa. *Autor* é aquele que reconhece uma ação como sua ou dá um mandato para executá-la. Por acaso digo que todo homem encontra nas Escrituras, que é todo o mandato que possuímos de Deus para todas as ações, um mandato para cometer roubo, assassinato ou qualquer outro pecado? Por acaso a opinião da necessidade infere que há tal mandato nas Escrituras? Talvez ele diga que não, mas que essa opinião o torna a causa do pecado. Mas o bispo não o concebe como a causa de todas as ações? E os pecados de comissão não são ações? O assassinato não é uma ação? E o próprio Deus não diz *"non est malum in civitate quod ego non feci"*,[109] e não era o assassinato um desses males? Tenha sido ou não esse o caso, digo apenas que Deus é a causa, não o autor, de todas as ações e movimentos. Não pretendo disputar se o pecado é ação, defeito ou irregularidade. Não obstante sou da

---

109 "Não há mal na cidade que eu não tenha feito." (Citação aproximada de Amós, 3, 6).

opinião que a distinção das *causas* em *eficiente* e *deficiente* é *bohu*, e não significa nada.

(e) "Como um homem que acredita ser Deus o maior tirano que houve no mundo, que cria milhões para arder infinitamente sem culpa sua, para expressar seu poder, poderia louvá-lo por sua bondade?"

Se *tirano* significa, como significou quando foi usado pela primeira vez, um rei, não é desonra pensar que Deus é o maior tirano que jamais houve no mundo, pois ele é o Rei dos reis, imperadores e repúblicas. Mas se tomamos a palavra tal como é agora usada, para designar apenas os reis com os quais estão insatisfeitos aqueles que assim os chamam, isto é, que governam não como eles gostariam que ele governasse, o bispo está mais próximo de chamá-lo um tirano do que eu, ao tomar como tirania o que não é senão o exercício do poder absoluto, pois ele sustenta, embora não o veja, que todo homem é seu próprio rei, ao extrair a vontade do homem do domínio divino. E se um homem não pode louvar a Deus por sua bondade, Deus que criou milhares para queimar eternamente sem culpa sua, como pode o bispo, que pensa que ele criou milhares e milhares para queimar eternamente, quando poderia facilmente ter evitado que eles cometessem qualquer falta, louvar a Deus por sua bondade? E quanto a seu "como um homem, que acreditasse que Deus faz que seu evangelho seja pregado à maior parte dos Cristãos sem nenhuma intenção de que sejam convertidos e salvos, poderia ouvir a palavra de Deus com aquela reverência, devoção e fé que são requisitadas?" etc., respondo que os homens que assim acreditam possuem fé em Jesus Cristo ou não possuem fé nele. Se possuem, então eles, por aquela fé, ouvirão a palavra de Deus com aquela reverência, devoção e fé que são requisitadas para a salvação. E quanto àqueles que não possuem fé, não creio que ele pergunte como ouvirão a palavra de Deus com aquela reverência, devoção e fé que são requisitadas; pois ele sabe que não ouvirão até o momento em que Deus lhes tenha dado fé. Ele também erra se pensa que eu ou qualquer outro Cristão acredita que Deus possui a intenção, ao endurecer o coração de algum homem, de tornar esse homem inescusável apenas para tornar seus eleitos mais cuidadosos.

Da mesma maneira, à sua questão "como um homem que acredita que tantos milhões são positivamente excluídos de todo fruto e benefício das paixões de Cristo antes de terem feito o bem ou o mal poderia receber com consolação o santo sacramento?", respondo: como antes, *pela fé*, se ele for um dos eleitos de Deus; se não for, não receberá o sacramento com consolação. Posso responder também que o homem fiel receberá o sacramento com consolação da mesma maneira que o bispo o recebe com consolação. Pois ele também acredita que muitos milhares são excluídos do benefício da paixão de Cristo (se positivamente ou não, isso não vem a propósito; tampouco "positivamente" significa qualquer coisa neste lugar); e isso muito antes de terem feito o bem ou o mal, já que Deus sabia, antes de eles terem nascido, que eles seriam assim excluídos.

A isso — "como deverá se preparar com cuidado e consciência aquele que pensa que comer e beber de maneira indigna não é a causa da condenação, mas que Deus o determina necessariamente dessa maneira porque quer condená-lo?" — respondo que aquele que come e bebe de maneira indigna não acredita que Deus o determinou de modo necessário a comer e beber de maneira indigna porque quer condená-lo, pois não pensa que come e bebe de maneira indigna nem que Deus possui a intenção de condená-lo, pois não acredita em tal condenação, nem tem a intenção de fazer qualquer preparação. A crença na condenação é um artigo da fé cristã; também é um artigo a preparação para o sacramento. É, portanto, uma questão vã se perguntar como aquele que não tem fé vai se preparar com cuidado e consciência para receber o sacramento. Mas à questão de como vão se preparar aqueles que se prepararão de todo modo, respondo que será pela fé, quando Deus a conceder a eles.

A isso – "como um homem que pensa que não é capaz de fazer nada senão como é extrinsecamente e necessariamente determinado pode fazer um voto livre a Deus?" –, respondo que, se ele faz um voto, é um voto livre, ou então não é um voto; e, não obstante, ele pode saber, quando fez aquele voto, embora não antes, que foi determinado de maneira extrínseca e necessária; pois a necessidade de fazer votos antes que os tenha feito não impede a liberdade de seu voto, mas a produz.

Por último, a "como um homem que pensa ser como um relógio no qual Deus dá a corda pode condenar e acusar a si mesmo por seus pecados?" etc., respondo: embora ele conceba a si mesmo como sendo determinado de maneira necessária a fazer o que fará, não obstante, se ele não concebe a si mesmo como sendo ajustado e determinado de modo necessário para a impenitência, não se originará de sua opinião da necessidade nenhum impedimento para seu arrependimento. O bispo não me contesta, mas contesta alguém que sustenta que um homem pode se arrepender – e que, ao mesmo tempo, acredita que não pode se arrepender.

(f) "Observe que descrição ele aqui nos deu do arrependimento: 'é um alegre retorno ao caminho certo depois da tristeza de estar fora do caminho'. Fiquei surpreso de encontrar, como a primeira palavra na descrição do arrependimento, o termo *alegria*."

Eu jamais poderia ser da opinião de que o arrependimento cristão poderia ser atribuído àqueles que ainda não possuem intenção de abandonar seus pecados e levar uma nova vida. Quem se entristece pelo mal que lhe ocorreu por seus pecados, mas não possui uma resolução de obedecer mais às ordens divinas no futuro, se entristece por seu sofrimento, mas não por seus feitos, o que nenhum teólogo, penso eu, chamará de arrependimento cristão. Mas quem resolve emendar sua vida sabe que há perdão para ele em Jesus Cristo; assim, um cristão não pode senão se alegrar. Antes dessa alegria, houve uma tristeza preparativa para o arrependimento, mas o arrependimento em si mesmo não era um arrependimento cristão até essa conversão, até essa feliz conversão. Assim, não vejo razão pela qual deveria surpreendê-lo encontrar a alegria como a primeira palavra na descrição do arrependimento, salvo que a luz surpreende aqueles que estiveram por longo tempo na escuridão. E "quanto ao jejum e à penitência", eles nunca foram partes do arrependimento completo, mas signos de seu início. Jejum e penitência são coisas externas, e o arrependimento, interno. Essa doutrina está ligada ao estabelecimento da penitência católica; e, observando-se que ela conduzia ao poder do clero, eles desejaram que fosse restaurada.

(g) "É um *retorno*: mas este retorno é ato de quem? Se for de Deus sozinho, então é seu arrependimento, não o arrependimento do homem; por que a pessoa penitente deveria se preocupar com isso?"

Isso é um argumento ruim, pois por qual razão se trataria mais de arrependimento divino quando ele dá arrependimento ao homem do que de fé divina quando ele dá fé ao homem? Mas ele se esforça para introduzir um concurso da vontade do homem com a vontade de Deus e um poder de Deus de dar arrependimento, se o homem aceitá-lo, mas não o poder de fazê-lo aceitar. Ele pensa que esse concurso é provado em Apocalipse, 3, 19-20: "sê zeloso e arrepende-te. Veja: estou à porta e bato. Se algum homem ouve minha voz e abre a porta, eu entrarei em sua casa". Aqui não há nada a respeito de concurso nem qualquer coisa equivalente a isso, nem qualquer menção da vontade ou do desígnio, mas sim do chamado ou voz do ministro. E, do mesmo modo que Deus dá ao ministro o poder de persuadir, ele dá também muitas vezes um concurso ao auditor para que seja persuadido pelo ministro. Aqui há, portanto, algo que é, de alguma maneira, equivalente a um concurso com o ministro, isto é, de homem com um homem; mas nada sobre o concurso do homem – cuja vontade Deus forma como lhe apraz – com Deus que a formou. E me pergunto como algum homem pode conceber, quando Deus dá a um homem uma vontade para fazer qualquer coisa, não importa qual seja, como essa vontade, quando não existe, pode concorrer com a vontade divina para produzir a si mesma.

A próxima coisa que ele objeta contra mim é isto: que sustento (h) "que a prece não é uma causa nem um meio da bênção divina, mas apenas sinaliza que a esperamos dele".

Em primeiro lugar, em vez de minhas palavras "sinaliza que não esperamos nada senão dele", ele colocou "sinaliza que a esperamos dele". Há uma grande diferença entre as minhas palavras e as dele no sentido e na intenção: pois em uma atribui-se honra a Deus e há humildade naquele que ora; mas, na outra, há presunção naquele que ora e detração da honra de Deus.

Quando digo que a prece não é causa nem meio, tomo *"causa"* e *"meio"* em um e mesmo sentido, afirmando que Deus não é movido por nada que fazemos, mas sempre tem um e mesmo desígnio eterno de fazer as mesmas coisas que ele previu por toda a eternidade que seriam feitas e julgo que não pode haver dúvidas sobre isso. Mas o bispo alega (2 Coríntios, I, 11): que "São Paulo foi auxiliado por suas preces e que a graça lhe foi concedida em virtude delas", e (Tiago, 5, 16): "a prece fervorosa de um homem correto auxilia muito". Nessas passagens, as palavras *meios*, *eficaz* e *auxiliar* não significam nenhuma causalidade; pois nenhum homem ou criatura viva pode operar qualquer efeito em Deus, no qual não há nada que já não estivesse nele eternamente nem que não deverá estar nele eternamente, mas significam a ordem na qual Deus colocou as preces humanas e sua própria bênção. E não muito depois o próprio bispo diz "a prece não age em Deus, mas em nós". Portanto, ela não constitui a causa da vontade divina de nos dar bênçãos, mas é mais propriamente um signo, não uma procuração de seu favor.

A próxima coisa que ele afirma em sua réplica é que eu faço que a prece seja uma espécie de prece de graças, ao que ele responde: "Ele pode até mesmo me dizer também que se trata da mesma coisa quando um mendigo implora por uma esmola e quando agradece por ela". Por quê? Um mendigo não move um homem por sua prece e, algumas vezes, suscita nele uma compaixão, não sem dor, e, como as Escrituras dizem, uma comoção das estranhas,[110] o que não se passa em Deus quando fazemos preces a ele? Nossa prece a Deus é uma obrigação; mas não é para o homem. Portanto, embora nossas preces para o

---
110 Gênesis, 43, 30.

homem distingam-se de nossos agradecimentos, não é necessário que seja assim em nossas preces e agradecimentos para Deus Todo-Poderoso.

Não há necessidade de outras respostas para o restante de sua réplica neste N. 15.

N. 16

J.D. Em quarto lugar, a ordem, a beleza e a perfeição do mundo requerem que no Universo haja agentes de todos os tipos, alguns necessários, alguns livres e alguns contingentes. Quem faz todas as coisas serem necessárias, guiadas pelo destino, ou todas as coisas livres, governadas pela escolha, ou todas as coisas contingentes, ocorrendo pelo acaso, destrói a beleza e a perfeição do mundo.

T.H. O quarto argumento racional é este: "a ordem, a beleza e a perfeição do mundo requerem que no universo haja agentes de todos os tipos, alguns necessários, alguns livres e alguns contingentes. Quem faz todas as coisas serem necessárias, ou livres, ou contingentes, destrói a beleza e a perfeição do mundo."

Neste argumento observo, em primeiro lugar, uma contradição. Pois, visto que quem faz alguma coisa, na medida em que a faz, faz com que exista necessariamente, aquele que faz todas as coisas faz com que todas as coisas existam necessariamente. Do mesmo modo que, se um artesão confecciona uma vestimenta, a vestimenta deve necessariamente existir. Então, se Deus faz todas as coisas, todas as coisas devem necessariamente existir. Talvez a beleza do mundo requeira, embora não o saibamos, que alguns agentes devam agir sem deliberação, o que ele denomina agentes necessários, e alguns agentes com deliberação, e esses, tanto ele como eu, denominamos agentes livres; e que alguns agentes devam agir, mas não sabemos como, e a esses efeitos nós dois denominamos contingentes. Mas isso não impede que aquele que escolhe tenha sua escolha determinada necessariamente a uma única coisa pelas causas precedentes e que o que é contingente e imputado à fortuna seja, não obstante, necessário, e dependa de causas necessárias precedentes. Pois por "contingentes" não se entende o que não possui causas, mas o que não possui como causa algo que percebamos. Como quando um viajante se depara com uma chuva. A viagem tinha uma causa, e a chuva tinha uma causa suficiente para produzi-la; mas porque a viagem não causou a chuva, nem a chuva, a viagem, dizemos que eram contingentes uma em relação à outra. Vedes, então, que, embora haja três tipos de evento – necessários, contingentes e livres –, todos podem ser, não obstante, necessários, sem a destruição da beleza e da perfeição do Universo.

J.D. A primeira coisa que ele observa em meu argumento é uma contradição, como ele a designa; mas é, na verdade, apenas uma ilusão de ótica, como por vezes uma vela parece ser duas, ou uma vareta na água, duas varetas; *quicquid recipitur, recipitur ad modum recipientis.*[111] Mas o que constitui essa contradição? Que

---

[111] "Aquilo que é recebido é recebido segundo a maneira daquele que recebe." Uma fórmula semelhante é enunciada por Santo Tomás de Aquino: "*Manifestum est enim quod omne quod recipitur in aliquo, recipi*

eu diga que quem faz todas as coisas não as faz necessárias. O quê? Uma contradição quando há apenas uma proposição! Isso seria estranho. Digo que Deus não fez todos os agentes necessários; ele diz que Deus fez todos os agentes necessários. Aqui se encontra, de fato, uma contradição; mas é entre mim e ele, não entre mim e eu próprio. Mas, embora não haja uma contradição formal, ela talvez possa implicar uma contradição *in adjecto*. Por isso, para esclarecer esse ponto e dissipar a névoa que promoveu, é verdadeiro, a respeito de todas as coisas, que é necessário que sejam produzidas como são, no momento em que são produzidas, isto é, por uma necessidade de infalibilidade ou de suposição, supondo que sejam produzidas assim; mas não se trata daquela necessidade absoluta e antecedente, que está em questão no debate entre mim e ele. Para usar seu exemplo: antes de a vestimenta ser confeccionada, o alfaiate é livre para produzi-la à moda italiana, espanhola ou francesa, indistintamente; mas depois que ela for feita, é necessário que seja à moda pela qual o fez, isto é, por uma necessidade de suposição. Mas isso não impede a causa de ser uma causa livre, nem o efeito, de ser um efeito livre, mas um produziu livremente e o outro foi livremente produzido. A contradição então desaparece.

Na segunda parte de sua resposta (a) ele admite que há alguns agentes livres e alguns, contingentes, e que talvez a beleza do mundo o requeira; mas, como uma vaca astuta, que, após ter

---

tur in eo per modum recipientis" ("É claro que o que é recebido em um outro é recebido de acordo com o modo do recipiente" (Santo Tomás de Aquino, *Suma teológica*, seção I, 1ª parte, questão 75, artigo 5, op. cit., vol. 2, p.364-365)

dado seu leite, o derruba com sua pata, ele nos diz na conclusão que, não obstante, todos eles são necessários. Essa parte de sua resposta é mera logomaquia, como é uma grande parte das controvérsias no mundo, ou uma disputa sobre palavras. Qual é o significado de ações necessárias, livres e contingentes? Mostrei anteriormente o que livre e necessário propriamente significam, mas ele deturpa seus significados. Ele diz que faço todos os agentes que não deliberam serem necessários, mas reconheço que muitos deles são contingentes. (b) Tampouco aprovo sua definição dos contingentes, embora ele diga que eu concorde com ele que sejam "tais agentes cuja operação não sabemos como se dá". Pois, segundo essa descrição, muitas ações necessárias deveriam ser contingentes, e muitas ações contingentes deveriam ser necessárias. Não sabemos como o ímã atrai o ferro e o azeviche, a palha, e, não obstante, o efeito é necessário. E é assim em todas as simpatias e antipatias ou qualidades ocultas. Do mesmo modo, quando um homem anda na rua, e uma telha cai de uma casa, a cabeça desse homem é fraturada. Sabemos todas as causas, sabemos como isso ocorreu. O homem andava naquele caminho, a cavilha se soltou, a telha caiu precisamente quando ele estava debaixo dela; e, não obstante, isso é um efeito contingente: o homem poderia não ter andado por aquele caminho e então a telha não teria caído sobre ele. Tampouco entendo aqui como contingentes tais eventos que ocorrem fora do escopo ou da intenção dos agentes, como quando um homem, ao cavar para fazer um túmulo, encontra um tesouro, embora o termo seja por vezes assim compreendido. Mas por contingente entendo todas as coisas que podem ser feitas ou não ser feitas, podem ocorrer ou não ocorrer em razão da indeterminação ou do concurso acidental das causas. E essas mesmas coisas que são absolutamente contingentes são, não obstante, necessárias hipoteticamente. Como ao supor que o transeunte tenha andado precisamente naquele caminho e precisamente naquele momento, e que a cavilha tenha se soltado precisamente naquele instante, e a telha, caído: era necessário que ela caísse na cabeça do transeunte. A mesma contestação manterá sua chuva afastada. Mas encontraremos sua chuva novamente no N. 34, para onde remeto a explicação adicional a este ponto.

CRÍTICA DA RÉPLICA DO BISPO N. 16

Neste número, ele pretendia provar com base na ordem, beleza e perfeição do mundo que deve haver agentes livres e agentes contingentes, assim como agentes necessários. Eu, que achava que a ordem, a beleza e a perfeição do mundo requeriam o que estava no mundo e não o que o bispo precisava para seu argumento, não pude ver nisso nenhum princípio de dedução para inferir o que ele denomina livre e contingente. O que se encontra no mundo é a ordem, a beleza e a perfeição que Deus deu ao mundo, e, não obstante, não há outros agentes no mundo senão os que produzem uma necessidade que se vê ou que não se vê; e, quando eles produzem uma necessidade que não se vê em criaturas inanimadas, diz-se que essas criaturas são produzidas e agem de maneira contingente; e, quando a necessidade não vista é relativa às ações dos homens, ela é usualmente chamada livre e poderia sê-lo em outras criaturas vivas, já que livre e voluntário são a mesma coisa. Mas o bispo, em sua réplica, insistiu no fato de que, para mim, é uma contradição dizer que "aquele que faz uma coisa não a faz necessariamente" e se pergunta como pode haver contradição em uma única proposição, sendo que duas ou três linhas depois acha que pode haver. E, assim, para esclarecer a questão, diz que tal necessidade não é *antecedente*, mas uma necessidade de *suposição*: o que, não obstante, é o mesmo tipo de necessidade que ele atribui à queima do fogo, na qual há uma necessidade de que a coisa jogada nele seja queimada, mesmo que ainda esteja queimando ou tenha acabado de sair da mão que a lançou ao fogo. Desse modo, a necessidade é antecedente. Algo semelhante se dá ao se confeccionar uma vestimenta: a necessidade se inicia no primeiro movimento em seu sentido, que existe desde toda a eternidade, embora o alfaiate e o bispo igualmente não o percebam. Se eles vissem toda a ordem e a conjunção de causas, eles diriam que isso é tão necessário como qualquer outra coisa pode ser; portanto, Deus, que vê esta ordem e conjunção, sabe que isso é necessário.

O restante de sua réplica é para afirmar que há uma contradição no meu discurso, pois ele diz: (a) "Eu admito que há alguns agentes livres e alguns contingentes e que talvez a beleza do mundo o requeira, mas, como uma vaca astuta, que, após ter dado seu leite, o derruba com sua pata, na conclusão eu lhe digo que, não obstante, todos eles são necessários".

É verdade que digo que alguns agentes são livres e alguns são contingentes; não obstante, eles podem ser todos necessários. Pois, de acordo com os significados dos termos "necessário", "livre" e "contingente", a distinção não é senão esta: dos agentes, alguns são necessários, alguns contingentes e alguns livres;[112] e dos agentes, alguns são criaturas vivas e alguns são

---

112 Na edição original consta "of necessary agents, some are necessary, and some are agents". Aqui se considerou a correção na edição de Molesworth: "of agents, some are necessary, some are contingent, and some are free agents".

inanimados; esses termos são impróprios, mas eis o que significam. Os homens chamam agentes necessários aqueles que eles sabem ser necessários, e agentes contingentes, aquelas coisas inanimadas que eles não sabem se agem necessariamente ou não, e agentes livres, homens que eles não sabem se agem necessariamente ou não. Toda essa confusão se origina daqueles homens presunçosos que tomam por certo que aquilo que eles não *conhecem* não *existe*.

(b) "Tampouco aprovo sua definição dos contingentes de que são tais agentes cuja operação não sabemos como se dá."

A razão é porque disso resultaria que muitas ações necessárias deveriam ser contingentes e muitas ações contingentes, necessárias. Mas o que decorre disso não é senão isto: que muitas ações necessárias são tais que não sabemos ser necessárias, e que muitas ações que não sabemos ser necessárias podem, não obstante, ser necessárias, o que é uma verdade. Mas o bispo define os contingentes assim: "todas as coisas que podem ser feitas ou não ser feitas, podem ocorrer ou não ocorrer em virtude da indeterminação ou do concurso acidental das causas". Definição segundo a qual a contingência não é nada ou é o mesmo que digo ser. Pois não há nenhuma coisa que pode ser feita e não ser feita, nada que pode acontecer e não acontecer devido à indeterminação ou ao concurso acidental das causas. Algo pode ser feito ou não ser feito por algo que ele conheça, e ocorrer ou não ocorrer a despeito de ele perceber ou não alguma determinação – e esta é a minha definição. Mas que a indeterminação possa fazer algo ocorrer ou não ocorrer é absurdo; pois a indeterminação faz tanto algo ocorrer como não ocorrer, e por conseguinte, ambos, o que é uma contradição.

Portanto, a indeterminação não produz nada e tudo o que as causas produzem é necessário.

N. 17

J.D. Em quinto lugar, eliminais a liberdade e eliminais a natureza própria do mal e a razão formal do pecado. Se a mão do pintor fosse a lei da pintura ou a mão do escritor, a lei da escrita, tudo o que um escrevesse ou o outro pintasse deveria infalivelmente ser bom. Uma vez, portanto, que a primeira causa é a regra e a lei da bondade, se ela determina de modo necessário a vontade ou a pessoa ao mal, seja por si mesma imediatamente, seja mediatamente, por meio do fluxo necessário das causas segundas, ela deixará de ser má. A essência do pecado consiste nisto: que alguém comete o que poderia evitar. Se não houver liberdade para produzir o pecado, não há algo como o pecado no mundo. Portanto, tanto as Escrituras como a razão mostram que a verdadeira liberdade existe.

T.H. Ao quinto argumento da razão, a saber, se a liberdade for eliminada, a natureza e a razão formal do pecado são eliminadas também, respondo negando a consequência. A natureza do pecado consiste nisto: que a ação praticada resulte de nossa vontade e seja contra a lei. Um juiz, ao julgar se se trata de um pecado ou não o que é praticado contra a lei, não observa uma causa mais elevada da ação do que a vontade do agente. Ora, quando digo que a ação era necessária, não digo que foi praticada contra a vontade do agente, mas com a sua vontade, e isso necessariamente, pois a vontade do homem, isto é, todo ato da vontade e do desígnio do homem, tinha uma causa suficiente, e, portanto, necessária; por conseguinte, toda ação voluntária foi determinada de maneira necessária. Assim, uma ação pode ser voluntária e um pecado e, não obstante, ser necessária. E Deus pode afligir pelo direito originado de sua onipotência, mesmo quando não houvesse pecado. E o exemplo da punição dos pecadores voluntários é a causa que produz justiça e faz o pecado ser menos frequente, pois não configura injustiça Deus punir tais pecadores, como mostrei anteriormente. Tendes assim minha resposta a suas objeções, tanto a partir das Escrituras como da razão.

J.D. *Scis tu simulare cupressum. Quid hoc?*[113] Foi um conselho astucioso que Alcebíades deu a Temístocles quando este se ocupava em prestar suas contas ao Estado: que ele deveria de preferência estudar o meio de não prestar contas.[114] Do mesmo modo, parece que T.H. julga que é mais expedito recuar de um argumento do que respondê-lo. E se ele puder colocar um Rolando contra um Oliveiros,[115] se ele puder apresentar uma

---

[113] "Sabes representar um cipreste. Que importa?" Eis a passagem completa de Horácio: "Et fortasse cupressum scis simulare: quid hoc, si fractis enatat exspes navibus, aere dato qui pingitur?" ("Você nos simula bons ciprestes: pra quê, se nada náufrago o homem desesperado que paga o afresco?" (Horácio, *Arte poética*, versos 19-20, op. cit., p.54.)

[114] De acordo com o relato de Plutarco, trata-se do conselho que Alcebíades deu a Péricles e não a Temístocles: "Um dia, com a intenção de se encontrar com Péricles, foi até a porta de sua casa, mas, ao ser informado de que não estava livre, mas pensando em como prestar conta aos atenienses, Alcebíades disse ao ir embora: 'não seria melhor pensar em como não prestar contas?'" (Plutarco, *Vida de Alcebíades*. Madri: Editorial Gredos, 2006, vol. III, p.138.)

[115] Rolando e Oliveiros são personagens do épico francês *Le Chanson de Roland*, de meados do século XI. No poema, Rolando, sobrinho de Carlos Magno, é emboscado com seu amigo Oliveiros, em Roncesvales.

razão contra uma razão, ele julga estar quite de forma justa. Mas isso não lhe servirá. E para que ele não possa alegar não tê-lo compreendido, tal como aqueles que possuem uma surdez política pela qual não ouvem senão aquilo que lhes agrada, formularei meu argumento segundo as regras formais e então ponderarei o que ele disse para respondê-la, ou melhor, opor-se-lhe. (a) Essa opinião que elimina a razão formal do pecado e, por conseguinte, o próprio pecado, não deve ser aprovada. Isso é evidente, porque tanto a razão como a religião, a natureza como as Escrituras provam e o mundo todo admite que o pecado existe. Mas essa opinião da necessidade de todas as coisas em razão da confluência das causas segundas, ordenadas é determinadas pela causa primeira, elimina sim a razão formal própria do pecado. Isso se prova assim. O que faz o pecado ser em si mesmo bom, justo e legítimo elimina a causa formal e destrói a essência do pecado; pois se o pecado for bom, justo e legítimo, não é mais mau, não é pecado, não é anomia. Mas essa opinião da necessidade de todas as coisas faz o pecado ser muito bom, justo e legítimo, pois nada pode fluir essencialmente, por meio de determinação física, da causa primeira, que é a lei e a regra da bondade e justiça, que não seja bom, justo e legítimo. Mas essa opinião faz o pecado resultar essencialmente da causa primeira, por meio da determinação física, como aparece em todo discurso de T.H. Tampouco importa se resulta imediatamente da causa primeira ou mediatamente, por meio de um fluxo necessário de causas segundas e determinadas, que o produz inevitavelmente. A essas provas ele nada responde, mas apenas nega a primeira consequência, como ele a denomina, e canta em seguida sua velha canção: "que a natureza do pecado consiste nisto: que a ação resulte de nossa vontade e seja contra a lei", o que, para nós, é muito verdadeiro se ele entende uma lei justa e uma vontade livre e racional. (b) Mas supondo, como ele faz, que a lei ordena coisas que são nelas mesmas impossíveis de serem feitas, então se trata de uma lei injusta e tirânica, e a sua transgressão não é pecado – não fazer o que nunca esteve em nosso poder fazer. E supondo, como ele faz, que a vontade é inevitavelmente determinada por uma influência especial da causa primeira, então não se trata da vontade do homem, mas da de Deus, e ela flui essencialmente da lei da bondade.

(c) O que ele acrescenta a respeito de um juiz é completamente impertinente para sua defesa. Um juiz civil não é o juiz adequado, nem a lei do país é a regra adequada do pecado. Mas isso fornece pontos fortes contra ele, pois o juiz caminha num terreno sólido; e mesmo isto que ele admite, que "o juiz não observa uma causa mais elevada da ação do que a vontade do agente", prova que a vontade do agente determina a si mesma livremente e que o malfeitor tinha liberdade para ter cumprido a lei, se quisesse. Certamente um juiz deve observar todas as circunstâncias materiais e ainda mais todas as causas essenciais. No N. 31 será examinado mais propriamente se toda causa suficiente é uma causa necessária. Para o momento deve bastar dizer que a liberdade advém da suficiência, e a contingência, da debilidade da causa. (d) A natureza nunca tem por desígnio a geração de um monstro. Se todas as causas concorrem suficientemente, uma criatura perfeita é produzida, mas, em razão da insuficiência, da debilidade ou da aberração contingente de alguma das causas, algumas vezes um monstro é produzido. Entretanto, as causas de um monstro eram suficientes para a produção do que foi produzido, isto é, um monstro; caso contrário, um monstro não teria sido produzido. De que se trata então? Um monstro não é produzido em virtude daquela ordem que é estabelecida na natureza, mas pela aberração contingente de alguma das causas naturais em seu concurso. A ordem estabelecida na natureza é que todo semelhante deveria gerar seu semelhante. Mas supondo que o concurso das causas seja tal como é na geração de um monstro, a geração de um monstro é necessária, como todos os eventos no mundo o são quando são, isto é, por uma necessidade hipotética. (e) Ele recorre então a seu velho expediente, de que Deus pode punir pelo direito de onipotência, mesmo que não haja pecado. A questão agora não é o que Deus pode fazer, mas o que Deus quer fazer de acordo com aquele pacto que ele firmou com o homem: *fac hoc et vives – faças isso e viverás*.[116] Tampouco Deus pune algum homem em desacordo com esse pacto (Oseias: 13: 9): "Ó, Israel, tua destruição provém de ti próprio, mas teu auxílio está em mim". Aquele que não quer a morte do pecador, quer menos ainda a morte de uma criatura inocente. Por *morte* ou *destruição* não se entende neste discurso a mera separação da alma e do corpo – o que é uma dívida da natureza, e que Deus, como senhor da vida e da morte, pode fazer de modo justo e tornar não uma punição, mas uma bênção para a parte concernida –, mas sim a sujeição da criatura aos tormentos eternos. Por fim, ele fala a respeito daquele benefício que a justiça exemplar redunda para os outros – o que é muito verdadeiro, mas não se coaduna com seus próprios fundamentos. Pois não é justiça punir um homem por fazer o que sempre foi impossível para ele não fazer, tampouco é legítimo punir uma pessoa inocente, por mais que

---

[116] Levítico, 18, 5.

algo bom possa advir disto. E se sua opinião da necessidade absoluta de todas as coisas fosse verdadeira, os destinos dos homens não poderiam ser alterados, nem por exemplos nem pelo medo da punição.

CRÍTICA DA RÉPLICA N. 17 DO BISPO

Quando em seu primeiro discurso ele estabelecera esta consequência "se eliminais a liberdade, eliminais a natureza própria do mal e a razão formal do pecado", neguei essa consequência. É verdadeiro que quem elimina a liberdade de fazer de acordo com a vontade elimina a natureza do pecado, mas quem nega a liberdade de querer não o faz. Mas, supondo que eu não o tinha compreendido, ele formulou seu argumento de acordo com as regras formais da seguinte maneira: (a) "Aquela opinião que elimina a razão formal do pecado e, por conseguinte, o próprio pecado, não deve ser aprovada". Isso é concedido. "Mas a opinião da necessidade faz isso." Isto eu nego. Ele prova isso assim:

> essa opinião faz o pecado resultar essencialmente da causa primeira, por meio da determinação física. Mas tudo o que resulta essencialmente da causa primeira, por meio da determinação física, é bom, justo e legítimo. Portanto, essa opinião da necessidade faz o pecado ser muito bom, justo e legítimo.

Ele poderia ter igualmente concluído que todo homem que tenha sido feito por Deus é um homem bom e justo. Ele não observa que o pecado não é uma coisa feita realmente. Essas coisas que de início eram ações não eram então pecados, embora ações da mesma natureza que essas tenham se tornado posteriormente pecados; tampouco a vontade para qualquer coisa era então um pecado, embora fosse a mesma vontade que seria um pecado agora, se a tivéssemos. As ações se tornaram pecados apenas depois do surgimento do mandamento. São Paulo disse: "sem a lei o pecado está morto", e o pecado não sendo senão a *transgressão da lei*, toda ação só pode ser transformada em pecado pela lei. Portanto, essa opinião, embora faça as ações serem essencialmente provenientes de Deus, não faz com que os pecados sejam essencialmente provenientes dele, mas relativamente e por meio do mandamento. Por conseguinte, a opinião da necessidade não suprime a natureza do pecado, mas determina de modo necessário aquela ação que a lei tornou pecado. E quando disse que a natureza do pecado consistia nisto, que "é uma ação que resulta de nossa vontade e é contra a lei", ele a admitiu como verdadeira; e assim, ele deve admitir também que a razão formal do pecado não reside na liberdade ou na necessidade de querer, mas na própria vontade, necessária ou não necessária, em relação à lei. E não serve para propósito algum a limitação que ele faz dessa verdade, à qual ele concedeu, a isto, que *a lei seja justa* e *a vontade, uma vontade livre e racional*; pois mostrei anteriormente que nenhuma lei pode ser injusta. E me parece que uma vontade racional – se não se entende por isso uma vontade após a deliberação, raciocine corretamente ou não aquele que delibera – não significa nada. É correto falar de *um homem racional*, mas de uma *vontade racional*, em outro sentido do que aquele que mencionei, é sem sentido.

(b) "Mas supondo, como ele faz, que a lei ordene coisas que são nelas mesmas impossíveis de serem feitas, então se trata de uma lei injusta e tirânica, e sua transgressão não é pecado" etc. "E supondo igualmente, como ele faz, que a vontade é inevitavelmente determinada por uma influência especial da causa primeira, então não se trata da vontade do homem, mas da de Deus." Ele me compreende mal, pois não digo que a lei ordena coisas impossíveis nelas mesmas, pois, nesse caso, eu deveria dizer que ela ordena coisas contraditórias. Mas digo que algumas vezes ocorre de o legislador, por não saber as necessidades secretas das coisas vindouras, ordenar coisas que foram tornadas impossíveis pelas causas secretas e extrínsecas a partir de toda eternidade. A partir desse erro, ele infere que as leis devem ser injustas e tirânicas, e que sua transgressão não seja pecado. Mas quem afirma que as leis podem ser injustas e tirânicas achará facilmente pretextos suficientes para negar obediência às leis sob qualquer governo no mundo, a menos que eles mesmos as façam ou aconselhem que sejam feitas. Ele diz também que suponho que a vontade é inevitavelmente determinada pela influência especial da causa primeira. É verdadeiro, exceto pela palavra sem sentido "influência", que nunca usei. Mas sua inferência "então não se trata da vontade do homem, mas da de Deus" não é verdadeira, pois pode ser a vontade tanto de um como de outro, e não, contudo, por meio de um concurso, como numa liga, mas pela sujeição da vontade do homem à vontade de Deus.

(c) "O que ele acrescenta a respeito de um juiz é completamente impertinente para sua defesa. Um juiz civil não é o juiz adequado, nem a lei do país é a regra adequada do pecado." Um juiz deve julgar crimes voluntários. Ele não tem mandato para examinar as causas secretas que as fazem ser voluntárias. E porque o bispo dissera que a lei não pode punir com justiça um crime que resulta da necessidade, não constituía uma resposta impertinente dizer que "um juiz não observa uma causa mais elevada do que a vontade do agente". E mesmo isso, como ele disse, seria suficiente para provar que "a vontade do agente determina a si mesma livremente e que o malfeitor tinha liberdade para ter cumprido a lei, se quisesse". Ao que respondo que isso prova de fato que o malfeitor tinha a liberdade para cumprir a lei, se ele quisesse, mas não prova que ele tinha a liberdade para ter a vontade de cumprir a lei. Tampouco isso prova que a vontade do agente determinou-se a si própria livremente, pois nada pode provar um disparate. Mas aqui vedes o que o bispo busca em toda sua resposta, a saber, provar que um homem tem a liberdade para fazer, se quiser, o que não nego; e que pensa, ao fazer isso, ter provado que um homem tem a liberdade para querer, o que ele denomina o ato da vontade de determinar a si mesma livremente. E quando ele acrescenta que "um juiz deve observar todas as causas essenciais", é suficiente responder que ele deve apenas observar o que ele acredita poder ver.

(d) "A natureza nunca tem por desígnio a geração de um monstro. Se todas as causas concorrem suficientemente, uma criatura perfeita é produzida, mas, em razão da insuficiência, da debilidade ou da aberração contingente de alguma das causas, algumas vezes um monstro é produzido."

Logo após dizer isso, ao encontrar seu erro, ele o retira e admite que "as causas de um monstro eram suficientes para a produção do que foi produzido, isto é, um monstro; caso contrário, um monstro não teria sido produzido", o que é tudo o que queria dizer com a suficiência da causa. Mas quanto a saber se toda causa suficiente é uma causa necessária ou não ele pretende examinar no número 31. Nesse ínterim ele apenas diz que a liberdade flui da suficiência, e a contingência, da debilidade da causa, e deixa de fora a necessidade, como se ela não se originasse de nenhuma das duas. Devo também notar que, quando ele diz que a natureza nunca possui por desígnio a geração de um monstro, não entendo se por natureza ele quer dizer o Autor da natureza, no que ele avilta Deus, ou a própria natureza, como obra universal de Deus, e então é absurdo, pois o Universo, como agregado das coisas naturais, não possui desígnio. Sua doutrina, que ele expõe a seguir, que concerne à geração de monstros, não é digna de consideração; portanto, deixo-a completamente ao julgamento do leitor.

(e) "Ele recorre então a seu velho expediente, de que Deus pode punir pelo direito de onipotência, mesmo que não haja pecado. A questão agora não é o que Deus pode fazer, mas o que Deus quer fazer de acordo com aquele pacto que ele firmou com o homem: *fac hoc et vives – faças isso e viverás*."

É evidente (desconsiderando-se que ele coloca "punição" onde coloco "aflição", tornando uma sentença verdadeira falsa) que, se um homem fizer isso, ele viverá, e ele pode fazer isso, se quiser. Quanto a isso, o bispo e eu não discordamos. Essa não é, portanto, a questão, mas sim se a vontade de fazer isso ou não fazer isso está ou não sob a escolha do homem. Quando ele acrescenta "aquele que não quer a morte do pecador, quer menos ainda a morte de uma criatura inocente", esquece por um momento que tanto os homens bons como os maus são mortais pela vontade de Deus, mas logo se corrige e diz que compreende por "morte" os tormentos eternos, isto é, a vida eterna, mas repleta de tormentos; ao que eu já respondera anteriormente neste livro e discorrera muito mais longamente em outro, ao qual o bispo deseja responder,[117] como aparece em sua epístola ao leitor. O que segue até o final deste número já foi alegado e respondido diversas vezes; deixo-os, portanto, de lado.

N. 18

J.D. Mas os patronos da necessidade, ao serem expulsos do campo pela razão, fogem para certos abrigos ou distinções que utilizam como refúgio. Primeiro, eles distinguem entre necessidade estoica e cristã, entre as quais eles fazem uma tripla distinção. Primeiro, dizem eles, os estoicos sujeitaram Júpiter ao destino, mas nós sujeitamos o destino a Deus. Respondo que o destino estoico e o destino cristão são uma e mesma coisa; *Fatum, quasi effatum Jovis*.[118] Ouça Sêneca: "O destino é a necessidade de todas as coisas e ações que dependem da disposição de Júpiter"[119] etc. Acrescento que os estoicos deixaram uma liberdade maior a Júpiter quanto ao destino do que esses cristãos estoicos deixam para Deus sobre seus decretos, quer se trate do início das coisas, como Eurípides, ou de seu progresso, como Crisipo, ou, ao menos, das circunstâncias de tempo e

---

117 Trata-se do *Leviatã*. Ver p.57 e notas 34 e 35.
118 "A proposição de Júpiter é o destino."
119 Como Foisneau indica na nota de sua tradução, a citação que mais se aproxima desta é "Quid enim intelligis fatum? Existimo necessitatem rerum omnium actionumque, quam nulla vis rumpat" ("O que compreendes por destino? Para mim, é a necessidade de toda coisa e toda ação, uma necessidade que nenhuma força pode romper." (Sêneca, *Questões naturais*, livro II, cap. 36, apud Foisneau, *Les questions concernant la liberté, la nécessité et le hasard*, op. cit., p.243, nota 2).

lugar, como todos eles, em geral. Assim se dá em Virgílio: "*Sed trahere et moras ducere,*" etc.[120] Assim, Osírio promete em Apuleio prolongar sua vida *ultra fato constituta tempora*,[121] para além do tempo estabelecidos pelos destinos.

A seguir, dizem eles que os estoicos defenderam um fluxo eterno e uma conexão necessária das causas, mas acreditaram que Deus age *praeter et contra naturam*, para além e contra a natureza. Respondo que não é muito relevante se eles atribuem necessidade a Deus ou às estrelas ou à conexão das causas, contanto que estabeleçam a necessidade.

As razões anteriores não apenas condenam o fundamento ou fundamentação da necessidade, mas sobretudo a necessidade em si mesma, qualquer que seja seu fundamento. Ou bem eles precisam cair neste absurdo de que o efeito é determinado e a causa permanece indeterminada, ou então sustentar uma conexão necessária das causas como os estoicos fizeram.

Por fim, eles dizem que os estoicos eliminaram a liberdade e a contingência, mas eles as admitem. Respondo: que liberdade ou contingência eles admitem senão uma liberdade nominal e uma sombra vazia de contingência, posto que professam obstinadamente que todas ações e eventos que existem ou existirão não podem senão existir, nem podem ser de outro modo, de uma outra maneira ou em outro lugar, tempo, número, ordem, medida, nem para outro fim – e isso em relação a Deus, que os

---

[120] "At trahere atque moras tantis licet addere rebus" ("Protrair, perturbar, não me é defeso.") (Virgílio, *Eneida*, VII, verso 315, op. cit., p.204).
[121] Apuleio, *O asno de ouro*, XI, cap. 6.

determina para uma única coisa? Que liberdade ou contingência pobre e ridícula é essa!

Em segundo lugar, eles distinguem entre a causa primeira e as causas segundas; eles dizem que em relação às causas segundas muitas coisas são livres, mas, em relação à causa primeira, todas as coisas são necessárias. Essa resposta pode ser refutada de duas maneiras.

Em primeiro lugar, dessa maneira, coisas contrárias seriam simultaneamente verdadeiras. A mesma coisa no mesmo momento deve ser determinada para uma única coisa e não ser determinada para uma única coisa; a mesma coisa no mesmo momento deve existir necessariamente e, não obstante, pode não existir. Talvez eles digam que não são no mesmo sentido. Mas o que atinge a raiz dessa questão é isto: se todas as causas forem apenas colaterais, essa objeção poderia ser plausível: mas onde todas as causas são unidas e subordinadas uma a outra, e não perfazem senão uma única causa total, se alguma causa (sobretudo a primeira) na série total ou na subordinação das causas for necessária, ela determina o restante e, sem dúvida, torna o efeito necessário. A necessidade ou a liberdade não devem ser estimadas a partir de uma causa, mas de todas as causas unidas. Se um elo na cadeia estiver fixo, torna fixo todo o restante.

Em segundo lugar, gostaria que eles me dissessem se as causas segundas são predeterminadas pela primeira causa ou não. Se forem determinadas, então o efeito é necessário, mesmo em relação às causas segundas. Se a causa segunda não for determinada, como o efeito pode ser determinado com a causa segunda permanecendo indeterminada? Nada pode dar a outra coisa algo que não possui em si. Mas eles dizem, não obstante, que a potência ou faculdade permanece livre. Verdadeiro, mas não para agir, se a ação é uma vez determinada. É livre, *in sensu diviso*, mas não *in sensu composito*. Quando um homem segura um pássaro em sua mão, ele é livre para voar para onde quiser por ter asas? Ou será um homem aprisionado ou agrilhoado livre para andar para onde quiser por possuir pés e uma faculdade locomotiva? Julgue sem preconceito que subterfúgio miserável é esse ao qual tantos homens se entregam.

CERTAS DISTINÇÕES, QUE ELE SUPÕE PODEREM SER ADUZIDAS AOS SEUS ARGUMENTOS, SÃO SUPRIMIDAS POR ELE.

T.H. Ele diz que "talvez um homem possa responder que a necessidade das coisas defendida por ele não seja uma necessidade estoica, mas cristã" etc. Contudo, não usei essa distinção, tampouco a tinha ouvido antes, na verdade. Além disso, não penso que algum homem possa fazer das necessidades estoica e cristã dois tipos de necessidade, ainda que possam constituir dois tipos de doutrina. Tampouco extraí minha resposta aos seus argumentos da autoridade de alguma seita, mas da própria natureza das coisas.

Mas aqui devo tomar nota de algumas de suas palavras neste lugar que se põem contra a sua própria doutrina. "Mas onde todas as causas", diz ele, "são unidas e subordinadas uma a outra, e não perfazem senão uma única causa total, se alguma causa, sobretudo a primeira, na série total ou subordinação das causas for necessária, ela determina o resto e sem dúvida torna o efeito necessário." Pois o que eu denomino a causa necessária de um efeito é a junção de todas as causas subordinadas à primeira numa causa total. Se alguma dessas, diz ele, especialmente a primeira, produz seu efeito necessariamente, então todo o resto é determinado, e o efeito também é necessário. Ora, é coisa manifesta que a primeira causa é uma causa necessária de todos os efeitos que lhe são próximos e imediatos; por conseguinte, de acordo com a sua própria razão, todos os efeitos são necessários. Tampouco é minha essa distinção de necessário em relação à causa primeira e necessário em relação às causas segundas – ela de fato implica contradição, como ele bem notou.

J.D. Porque T.H. repudia essas duas distinções, eu as uni num parágrafo. Ele não gosta da distinção da necessidade ou do destino em estoico ou cristão; tampouco eu. Concordamos na conclusão, mas nossos motivos são diversos. Meu argumento é que não admito tal necessidade nem de um nem de outro, e concebo que aquela dos autores cristãos, que, com justiça, detestam o destino nu dos estoicos, pois temem cair nesses absurdos grosseiros e nas consequências perniciosas que dele decorrem, introduzem-no de novo secretamente, ainda que talvez involuntariamente, pelas portas dos fundos e sob outro tipo de expressão, depois de o terem abertamente jogado fora pela porta da frente. Mas T.H. se precipita audaciosamente, sem quaisquer distinções, que ele considera apenas jargões, e sem prudência, no destino mais grosseiro de todos, isto é, o dos estoicos. Ele admite que "podem constituir dois tipos de doutrina". Podem constituir? Não, eles de fato constituem, sem nenhuma sombra de dúvida. E ele próprio é o primeiro que li que ostenta o nome de um cristão e que ressuscita esse fantasma adormecido de seu túmulo e o apresenta com seu verdadeiro caráter. Não obstante, ele não gosta dos nomes "destino estoico" e "destino cristão". Não o culpo de não querer ser considerado um estoico. Admitir a coisa e disputar sobre o nome nos tornam ridículos. Por que não posso denominar esse tipo de necessidade que é sustentado pelos cristãos "destino cristão", e aquele que é sustentado pelos estoicos, "destino estoico"? Mas não sou o inventor do termo. Se ele tivesse tido tanto cuidado ao ler as opiniões dos outros homens quanto é confiante ao estabelecer a sua própria, ele poderia ter encontrado não apenas a coisa, mas o próprio nome sendo frequentemente utilizado. Mas se o nome *fatum Christianum* o ofende, deixe-o denominá-lo *Fatum verum* junto com Lípsio, que divide o destino em quatro tipos: 1. destino matemático ou astrológico; 2. destino natural; 3. destino estoico ou violento; e 4. destino verdadeiro, que ele denomina ordinariamente *nostrum* – nosso destino, isto é, dos Cristãos; e *fatum pium*, isto é, o destino divino; e o define como T.H. define seu destino, como sendo (a) uma série ou ordem das causas dependendo do desígnio divino.[122] Embora ele seja mais cauteloso que T.H. ao desviar dessas rochas que fizeram outros naufragar, os teólogos julgaram, não obstante, que ele chegou perto demais delas, como aparece em sua Epístola ao leitor de uma edição mais tardia, e pela nota na margem de seu vigésimo capítulo: "Submeto tudo o que debato aqui ao julgamento do sábio, e, sendo admoestado, modificá-lo-ei; alguém pode me acusar de erro, mas não de obstinação" – tão grande era seu medo de errar. Não obstante, ele sustentou tanto a verdadeira liberdade como a verdadeira contingência. T.H. disse que "ele não tomou sua resposta de nenhuma seita"; e eu digo:

---

122 Sêneca, *De Constantia*, livro I, cap. XVII, XVIII, XIX.

tanto pior. É melhor ser o discípulo de uma seita antiga do que ser o líder de uma nova.

(b) No que diz respeito à outra distinção, da liberdade em relação à causa primeira e da liberdade em relação às causas segundas — mesmo que ele tenha se recusado a ver ao que deve responder, como aquelas antigas Lâmias,[123] que podiam tirar seus olhos quando quisessem, a saber, que a faculdade de querer, quando é determinada para o ato (que é toda a liberdade que ele admite) não é senão a mesma liberdade do pássaro quando está na mão do homem etc. –, ele divisou uma outra coisa na qual me contradigo, quando afirmo que, se alguma causa no conjunto das séries das causas, sobretudo a causa primeira, for necessária, todas as outras são determinadas. Mas, diz ele, "é manifesto que a causa primeira é uma causa necessária de todos os eventos que são próximos". Estou satisfeito; contudo, não sou eu que me contradigo, mas contradigo uma de suas "verdades evidentes". Que "a causa primeira seja uma causa necessária de todos os efeitos" digo que é uma falsidade evidente. As coisas que Deus quer fora de si mesmo quer livremente, não necessariamente. Toda causa que age ou opera necessariamente age ou opera em tudo que pode ou em tudo que está em seu poder. Mas é evidente que Deus não faz todas as coisas fora de

---

123 As lâmias são seres da mitologia grega que eram representadas como mulheres com calda de serpente, que devoravam as crianças e sugavam-lhes o sangue. De acordo com uma das versões do mito, Lâmia era originalmente uma rainha da Líbia, que teve relações com Zeus e foi transformada em monstro por Hera, que, além disso, matou seus filhos e a condenou a não poder fechar os olhos. A fim de amenizar seus sofrimentos, Zeus deu-lhe o poder de profecia e a capacidade de tirar os olhos quando quisesse descansar.

si mesmo que ele pode fazer ou que tem a potência de fazer. Ele teria podido ressuscitar as crianças de Abraão a partir das próprias pedras que estavam às margens do Jordão (Lucas, 3, 8), mas ele não o fez. Ele poderia ter enviado vinte legiões de anjos para o socorro de Cristo (Mateus, 26, 53), mas ele não o fez. Deus pode fazer T.H. viver os anos de Matusalém, mas não é necessário que ele o faça, nem provável que o fará. A potência produtiva de Deus é infinita, mas o mundo criado é finito. Assim, Deus poderia produzir ainda mais, se quisesse. Mas é assim quando os homens vão em uma direção confusa e não querem admitir distinções. Se T.H. tivesse considerado a diferença entre um ser necessário e uma causa necessária ou entre aquelas ações de Deus que são imanentes a ele próprio e as obras transientes de Deus, que são extrínsecas e fora de si próprio, ele nunca teria proposto um erro tão evidente para uma verdade tão evidente. *"Qui pauca considerat, facile pronuntiat."*[124]

CRÍTICA À RÉPLICA DO BISPO N. 18

O bispo, supondo que eu tenha tomado minha opinião da autoridade dos filósofos estoicos, não de minha própria meditação, cai em disputa com os estoicos; a isso eu poderia, se quisesse, não dar nenhuma atenção, mas passar diretamente ao N. 19. Mas, a fim de que ele saiba que examinei a doutrina deles sobre o destino, penso que cabe dizer pelo menos que seu erro consistia não na opinião do destino, mas em forjar um falso Deus. Quando, portanto, eles dizem *"Fatum est effatum Jovis"*, não dizem senão que "o destino é a palavra de Júpiter". Se eles

---

[124] "Quem pouco reflete, facilmente se pronuncia."

tivessem dito que era a palavra do verdadeiro Deus, não teria encontrado o que desmentir, porque sustento, como a maioria dos cristãos, que todo o mundo foi feito e é governado agora pela palavra de Deus, o que faz que a necessidade de todas as coisas e ações dependa da disposição divina. Tampouco vejo, como ele, alguma razão para considerar errôneo o que Lípsio diz, a saber, que (a) o destino é uma "série ou ordem das causas dependendo do desígnio divino", embora os teólogos julguem que ele tenha chegado perto demais das pedras, assim como ele julga que eu chegue agora. E a razão pela qual ele foi cauteloso é que, sendo um membro da Igreja Romana, ele tinha pouca confiança no julgamento e clemência no clero romano, e não porque ele pensou que errara.

(b) "No que diz respeito à outra distinção, da liberdade em relação à causa primeira e da liberdade em relação às causas segundas, embora ele se recuse a ver ao que deve responder" etc. "a saber, que a faculdade de querer" etc.

Respondo que, dado que ele alega que essa distinção não é minha, mas dos estoicos, não tenho motivos para lhe dar atenção, pois ele não discute comigo, mas com outros. E quando ele diz que concernia a mim dar aquela resposta que ele formulou nas palavras seguintes, não consigo conceber como me concernia – embora possa concernir a algum outro – falar de maneira absurda.

Disse que a causa primeira é uma causa necessária de todos os efeitos que lhe são próximos e imediatos, o que não pode ser posto em dúvida, e, embora ele o negue, ele não o refuta. Pois, quando ele diz que "as coisas que Deus quer fora de si mesmo quer livremente e não necessariamente", ele fala algo temerário e falso. Temerário porque não há nada fora de Deus, que é *infinito*, no qual *todas as coisas existem*, e no qual *"vivemos, nos movemos e existimos"*;[125] e falso porque tudo que Deus previu de toda a eternidade, ele quis de toda a eternidade e, portanto, necessariamente. Mas contra isso ele argumenta assim: "toda causa que age ou opera necessariamente age ou opera em tudo que pode ou em tudo que está em seu poder, mas é evidente que Deus não faz todas as coisas que ele pode fazer etc.". Em coisas inanimadas, a ação está sempre em conformidade com a extensão de sua potência, sem considerar a potência de querer, porque eles não a possuem. Mas, nas coisas que possuem vontade, as ações estão em conformidade com a potência inteira, incluindo a vontade e todo o restante. É verdade que Deus não faz todas as coisas que ele pode, se quiser, mas nego que ele pode *querer* o que ele não *quis* de toda a eternidade; a menos que ele possa não apenas *querer uma mudança*, mas também *mudar sua vontade*, a qual todos os teólogos dizem ser imutável. Assim, deve haver efeitos necessários que se originam de Deus. E seus textos – "Deus poderia ter ressuscitado as crianças de Abraão" etc. e "enviado doze legiões de anjos" etc. – não são argumentos contrários à necessidade dessas ações que se originam *imediatamente* da primeira causa.

N. 19

J.D. Em terceiro lugar, eles distinguem a liberdade de compulsão[126] da liberdade de necessitação. A vontade, dizem eles, é

---

125 Atos, 17, 28.
126 Traduzi os termos "compel", "compulsion" e "compulsory"/ "compelled" por "compelir", "compulsão" e "compelido", respectivamente. Embora o sentido hodierno mais usual do termo

livre da compulsão, mas não da necessitação. E isso eles reforçam com duas razões. Em primeiro lugar, porque todos os teólogos admitem que a necessidade hipotética ou a necessidade de suposição pode coexistir com a liberdade. Em segundo, porque Deus e os anjos bons necessariamente fazem o bem e, não obstante, eles são mais livres que nós. Com relação à primeira razão, admito que a necessidade de suposição pode algumas vezes ser compatível com a verdadeira liberdade quando significa apenas uma certeza infalível do entendimento naquilo que ele sabe que é ou será. Mas se a suposição não estiver no poder do agente, nem depender de alguma coisa que está em seu poder, ou se houver uma causa antecedente exterior que determina de maneira necessária o efeito, falar em liberdade é ser insano por meio da razão.

Com relação à segunda razão, admito que Deus e os anjos bons são mais livres que nós, isto é, intensivamente, quanto ao grau de liberdade, mas não extensivamente, no que diz respeito à latitude do objeto; em relação à liberdade de exercício e não de especificação. Uma liberdade de exercício, isto é, para fazer ou não fazer pode bem coexistir com uma necessidade de especificação ou uma determinação para fazer o bem. Mas uma liberdade de exercício e uma necessidade de exercício, uma liberdade de especificação e uma necessidade de especificação

---

"compulsão" seja o de um impulso interno a determinado comportamento e à sua repetição, o que não é o caso aqui, optei pelo termo como forma substantivada de "compelir". "Coação", "coartação", "coerção" serão os termos utilizados nesta tradução para os termos "coaction"/"constraint", "coarctation", "coercion" (termo utilizado por Hobbes para designar o poder coercitivo, por exemplo, em *Os elementos da lei natural e política*, cap. 20, § 6), respectivamente.

não são compatíveis, tampouco podem coexistir. Aquele que é antecedentemente e necessariamente determinado a fazer o mal não é livre para fazer o bem. Assim, esse exemplo não vem a propósito.

T.H. Por outro lado, admito a distinção da liberdade em livre de compulsão e livre de necessitação. Pois ser livre de compulsão é fazer uma coisa tal que o terror não seja a causa da vontade de fazê-la. Pois só se diz que um homem é compelido quando o medo o faz querer algo, como no caso de um homem que voluntariamente joga seus bens no mar para salvar a si mesmo ou submete-se a seu inimigo por medo de ser morto. Portanto, todos os homens que fazem algo por amor ou vingança ou concupiscência estão livres da compulsão e, não obstante, suas ações podem ser tão necessárias como aquelas que são feitas sob compulsão, pois algumas vezes outras paixões agem com tanta força como o medo. Mas livre da necessitação digo que nada pode ser. E é isso que ele tratou de refutar. Essa distinção, diz ele, costuma ser corroborada por duas razões — mas elas não são minhas. A primeira, diz ele, "que é admitida por todos os teólogos, é que a necessidade hipotética ou necessidade de suposição pode ser compatível com a liberdade". A fim de que possais compreender isso, vos darei um exemplo de necessidade hipotética. Se eu viver, alimentar-me-ei — eis uma necessidade hipotética. Certamente, trata-se de uma proposição necessária; isto é, é necessário que a proposição seja verdadeira sempre que seja proferida. Mas não se trata da necessidade da coisa; assim, não é necessário que o homem viva ou que o homem se alimente. Não costumo corroborar minhas distinções com tais razões. Que ele as refute como quiser, estou satisfeito. Mas gostaria que vossa Senhoria tomasse nota de como se pode obscurecer e dar a aparência de saber profundo a uma coisa fácil e simples, mas ainda assim falsa, com a utilização solene de tais palavras como "necessidade hipotética" e "necessidade de suposição", e outros termos semelhantes dos escolásticos.

A segunda razão que pode confirmar a distinção livre de compulsão e livre de necessitação, diz ele, é que "Deus e os anjos bons fazem o bem necessariamente e, não obstante, são mais livres do que nós". Embora eu não precise dela, por ora julgo essa razão boa, já que é verdadeiro que Deus e os anjos bons fazem o bem necessariamente e são, não obstante, livres. Mas posto que não encontro artigos da nossa fé nem decretos de nossa Igreja que estabeleçam de que maneira se deve conceber como Deus e os anjos bons agem por necessidade ou em qual sentido eles agem livremente, suspendo minha sentença neste ponto; e estou satisfeito com que possa haver uma liberdade de compulsão e, não obstante, nenhuma liberdade de necessitação, como foi provado pelo fato de que um homem pode ser determinado necessariamente a algumas ações sem ameaças e sem medo de perigo. Mas como pode ele evitar a coexistência da liberdade e da necessidade, supondo que Deus e os anjos bons são mais livres que os homens e, não obstante, fazem o bem necessariamente, é que o que devemos agora examinar.

"Admito", diz ele, "que Deus e os anjos bons são mais livres que nós, isto é, intensivamente, quanto ao grau de liberdade, mas não extensivamente, no que diz respeito à latitude do objeto; em relação à liberdade de exercício e não de especificação." Novamente temos aqui duas distinções que não são distinções, mas são apresentadas como tais, graças a termos inventados por não sei quem, para encobrir a ignorância e cegar o entendimento do leitor. Pois não se pode conceber que haja uma liberdade maior para um homem do que fazer o que quer e não fazer o que quer. Um calor pode ser mais intenso do que outro, mas não uma liberdade mais do que outra. Aquele que pode fazer o que quer tem toda a liberdade possível; e aquele que não pode, não tem nenhuma. Também a liberdade de exercício (como ele diz que os escolásticos a denominam), que é, como disse anteriormente, uma liberdade para fazer ou não fazer, não pode existir sem uma liberdade que eles denominam de especificação; isto é, uma liberdade para fazer ou não fazer isso ou aquilo em particular, pois como um homem pode conceber que ele tem liberdade para fazer qualquer coisa se não possui liberdade para isso ou aquilo ou alguma coisa em particular? Se um homem for proibido durante a Quaresma de comer isso, aquilo e todo tipo de carne, como se pode conceber que ele tem mais liberdade para comer carne do que alguém que não tem nenhuma permissão?

Assim, podeis novamente constatar a futilidade das distinções usadas nas escolas; e não duvido que sua imposição por meio da autoridade dos doutores na Igreja tenha sido uma causa considerável do esforço para livrar-se delas, mesmo que por meio de sedições e meios perversos, pois nada é mais capaz de engendrar ódio do que a tiranização da razão e do entendimento do homem, especialmente quando é feita não pelas Escrituras, mas pela presunção de saber e de juízo superior em relação a outros homens.

J.D. Quem quiser falar com alguns de nossos maiores inovadores dos fundamentos do saber deve ou bem falar por meio de um intérprete ou bem aprender uma nova linguagem (não ouso denominá-lo jargão ou calão) recentemente inventada, não para enunciar o verdadeiro, mas para encobrir a falsidade.

Ele deve aprender uma nova liberdade, uma nova necessidade, uma nova contingência, uma nova suficiência, uma nova espontaneidade, um novo tipo de deliberação, um novo tipo de escolha, uma nova eternidade, uma nova compulsão, e, concluindo, um novo nada.

(a) Esta proposição "a vontade é livre" pode ser entendida em dois sentidos: ou bem que a vontade não é compelida ou bem que a vontade não é sempre determinada de maneira necessária. Se ela for ordinariamente ou em algum momento livre de necessitação, minha asserção de que há liberdade em relação à necessidade é verdadeira. O primeiro sentido, de que a vontade não é compelida, é admitida por todo mundo como uma verdade inegável: *voluntas non cogitur*.[127] Pois se a vontade puder ser compelida, pode tanto querer e não querer a mesma coisa ao mesmo tempo e sob a mesma noção – mas isso implica contradição. Contudo, esse autor, como a boa dama que, ao se afogar, foi procurada pelo marido na cabeceira do rio, sob o pretexto de que, quando era viva, costumava ir no curso contrário das outras pessoas, sustenta que a verdadeira compulsão e medo podem fazer um homem querer o que ele não quer, isto é, de acordo com ele, podem compelir a vontade: "como quando um homem voluntariamente joga seus bens ao mar para salvar a si mesmo[128] ou se submete ao seu inimigo por medo de ser morto". Respondo que T.H. se equivoca de diversas maneiras neste discurso.

(b) Em primeiro lugar, ele comete um erro nisto: pensar que as ações resultantes do medo são propriamente ações compelidas, sendo que, na verdade, não são apenas voluntárias, mas

---

127 "Não se coage a vontade."
128 Cf. nota 68.

livres; tampouco são compelidas ou fisicamente determinadas de maneira necessária. Outro homem, no mesmo momento, no mesmo navio, na mesma tempestade, pode escolher lançar seus bens ao mar, e o mesmo indivíduo, aconselhado de outra maneira, pode escolher não jogar seus bens ao mar. É o próprio homem que escolhe livremente estes meios de preservar sua vida. É verdade que, se não estivesse em tal condição, ou se fosse liberado dos motivos de seus temores presentes, ele não teria escolhido nem o lançamento de seus bens ao mar, nem a submissão ao seu inimigo. Mas, considerando-se a exigência da ocasião presente, a razão lhe dita que de dois inconvenientes o menor deve ser escolhido como um bem comparativo. Ele não quer essa linha de ação como o fim ou objeto direto de seus desejos, mas como meio para atingir seu fim. E o que o medo faz nesses casos, amor, esperança, ódio etc. podem fazer em outros casos; isto é, podem levar um homem a escolher meios para obter seu fim desejado que não teria escolhido em outra ocasião, assim como Jacó, que preferiu servir sete anos a mais do que não desfrutar de sua amada Raquel,[129] ou o mercador, que escolhe se arriscar no mar acidentado na esperança de obter lucro. As paixões podem ser violentas a ponto de determinar de movo necessário a vontade, a saber, quando impedem deliberações; mas isso ocorre raramente e só então a vontade não é livre. Mas jamais elas a compelem propriamente. O que é compelido é contrário à vontade; e o que é contrário à vontade não é querido.

(c) Em segundo lugar, T.H. comete outro erro ao dizer que "apenas se diz que um homem é compelido quando o medo o

---

[129] Gênesis, 29, 28.

faz querer uma ação" – como se no homem a força não prevalecesse sobre o medo. Assim, devemos saber que a palavra "compelido" é tomada de duas maneiras: algumas vezes impropriamente, a saber, quando um homem é movido ou levado por ameaças ou pelo medo ou por alguma paixão a fazer o que ele não teria feito, se essas ameaças ou paixões não tivessem existido. Algumas vezes é tomada propriamente, quando fazemos algo contra nossa própria inclinação, movidos por alguma causa externa, de modo que a vontade não consente nem concorre, mas resiste tanto quanto pode, como numa violação ou quando um cristão é conduzido ou carregado com violência para o templo do ídolo. Ou como no caso de São Pedro (João, 21, 18): "um outro te guiará e te conduzirá para onde não queres". Essa é a compulsão que se entende quando se diz que a vontade pode ser obstruída, modificada ou determinada de modo necessário ou que os atos imperados da vontade,[130] isto é, as ações das faculdades inferiores que são ordinariamente movidas pela vontade, podem ser compelidos, pois é da natureza de uma ação propriamente compelida ser produzida por uma causa extrínseca, sem o concurso da vontade.

---

[130] O conceito de ato imperado é assim apresentado por Santo Tomás de Aquino: "O ato da vontade é duplo: um, que lhe é imediato, como emanado dela, querer; outro, que é por ela imperado e exercido por outra potência, como andar, falar, que são imperados pela vontade, mas exercidos por uma potência motora. Quanto aos atos imperados pela vontade, ela pode sofrer violência, enquanto os membros exteriores podem ser impedidos de exercerem o império da vontade. Mas, quanto ao próprio ato da vontade, ela não pode sofrer violência alguma". (Tomás de Aquino, *Suma teológica*, seção I, parte 2, quest. 6, art. 4, op. cit., vol. 3, p.125)

(d) Em terceiro lugar, a questão não é se todas as ações de um homem são livres, mas se são ordinariamente livres. Suponhamos que algumas paixões sejam tão repentinas e violentas a ponto de surpreenderem um homem, traírem os auxílios da alma e impedirem a deliberação, como vemos em alguns *motus primo primi* ou antipatias, quando alguns homens se precipitam para os objetos mais perigosos assim que veem alguma criatura que detestam, sem ter nenhum poder para conterem a si mesmos. Essas ações, como não são ordinárias, não são livres, porque não há deliberação nem escolha. Mas onde há deliberação e escolha, como quando um homem joga seus bens ao mar para salvar o navio, ou se submete a seu inimigo para salvar sua vida, há sempre uma liberdade verdadeira.

Apesar de T.H. menosprezar as duas razões que apresentei em favor de sua causa, aqueles que as reclamaram não mereciam ser menosprezados, a não ser porque eram escolásticos. A primeira razão é construída assim: uma necessidade de suposição pode coexistir com a verdadeira liberdade. Mas aquela necessidade que resulta da determinação natural e extrínseca da vontade é uma necessidade de suposição. A isso, minha resposta é, com efeito, que (e) uma necessidade de suposição é de dois tipos. Algumas vezes está no poder do agente fazer ou não fazer a coisa suposta, como é para um padre católico necessário fazer votos de castidade, supondo-se que ele seja um padre católico. Mas porque estava em seu poder ser ou não ser um padre, seu voto é um ato livre. Da mesma maneira, supondo-se que um homem tenha tomado um medicamento, é necessário que fique em casa; mas porque estava em seu poder tomar ou não um medicamento, sua permanência em casa é livre. Por outro lado, algumas vezes não está no poder do agente fazer ou não a coisa suposta. Supondo-se que um homem esteja extremamente doente, é necessário que ele fique em casa. Ou supondo-se que um homem tenha uma antipatia natural a um gato, ele necessariamente foge quando o vê, porque essa antipatia e essa doença não estão no poder da parte afetada; por conseguinte, esses atos não são livres. Jacó abençoou seus filhos, Balaão abençoou Israel – sendo realizados, esses dois atos são necessários por suposição. Mas ao passo que estava no poder de Jacó não abençoar seus filhos, não estava no poder de Balaão não abençoar Israel (Números, 22, 38). A vontade de Jacó foi determinada por ele próprio. A vontade de Balaão foi determinada fisicamente por Deus. Assim, a bênção de Jacó seguiu-se de sua própria escolha livre, e de Balaão, da determinação de Deus. O mesmo se aplica à profecia de Caifás (João, 11, 51): eis por que o texto diz que "ele não falou por si mesmo". Com relação a isso, T.H. não diz nada, mas apenas afirma, por meio de um exemplo impertinente, o que "hipotético" significa, e aconselha em seguida vossa Senhoria a tomar nota de como os erros e a ignorância podem ser encobertos sob o manto de termos escolásticos solenes. Da mesma maneira, rogo vossa Senhoria a tomar nota de que as maiores fraudes e as emboscadas mais enganosas frequentemente se dissimulam sob a máscara de procedimentos honestos. Vemos frequentemente malabaristas arregaçar suas mangas e prometer procedimentos extraordinariamente honestos, antes de começarem a fazer seus truques.

No que diz respeito ao segundo argumento extraído da liberdade de Deus e dos anjos bons, não posso senão aprovar sua modéstia em "suspender seu juízo no que diz respeito à maneira como Deus e os anjos bons agem necessariamente ou livremente, porque ele não a encontra nos artigos de nossa fé ou nos decretos de nossa Igreja", especialmente nesta época, que está tão cheia de ateísmo e daqueles escarnecedores que foram profetizados por São Pedro (2 Pedro, 3, 3), que não acreditavam que havia Deus ou anjos ou que não possuíam uma alma senão de sal, para proteger seus corpos da putrefação. Assim, não posso de maneira nenhuma concordar com ele no que apresenta em seguida, a saber: que ele provou que a liberdade e a necessidade do mesmo tipo podem coexistir, isto é, uma liberdade de exercício com uma necessidade de exercício, ou uma liberdade de especificação com uma necessidade de especificação. As ações que ele diz serem determinada de maneira necessária por paixões são, na maioria das vezes, ditadas pela razão, seja verdadeiramente, seja segundo a aparência de verdade, e decididas pela própria vontade. Mas perturba-o que eu diga que Deus e os anjos bons são mais livres que os homens quanto à intensidade, quanto ao grau de liberdade, mas não quanto à extensão, quanto à latitude do objeto, de acordo com uma liberdade de exercício, mas não de especificação, que ele afirma não serem distinções, mas termos forjados para encobrir a ignorância. Boas palavras. Apenas ele vê? Todos os outros homens são completamente cegos? Com sua clemência, elas são distinções verdadeiras e necessárias; e se apenas ele não as conceba é porque as distinções, como todas as outras coisas, têm diferentes destinos de acordo com as capacidades ou prejuízos de seus leitores. Mas ele apresentou duas razões: "um calor", diz ele, "pode ser mais intenso do que outro, mas não uma liberdade mais do que outra". Pergunto: por que não? Nada é mais próprio ao homem que a razão; não obstante, um homem é mais racional do que uma criança, e um homem mais racional do que outro, isto é, com respeito ao uso e ao exercício da razão. Assim como há graus de entendimento, há graus de liberdade. Os anjos bons possuem entendimento mais claro do que o nosso e eles não são estorvados com paixões como nós, e, por conseguinte, possuem um uso maior da liberdade do que nós.

(f) Sua segunda razão é: "aquele que pode fazer o que quer tem toda a liberdade, e aquele que não pode fazer o que quer não possui liberdade". Se isso for verdadeiro, então, não há, de fato, graus de liberdade. Mas isso que ele denomina liberdade é antes uma onipotência do que uma liberdade para fazer tudo que se quer. Um homem é livre para atirar ou não atirar, embora não possa acertar o alvo sempre que quiser. Fazemos o bem livremente, mas com mais dificuldade e relutância do que os espíritos bons. Quanto mais racional e menos sensual a vontade é, maior é o grau de liberdade. Sua outra objeção contra a liberdade de exercício e liberdade de especificação é um mero erro que resulta meramente de não entender corretamente o que é a liberdade de especificação ou de contrariedade. Uma liberdade de especificação, diz ele, é uma liberdade para fazer ou não fazer isso ou aquilo em particular. Se ele se informasse melhor, saberia que o que ele denomina liberdade de especificação é uma liberdade de contradição, e não de especificação nem de contrariedade. Ser livre para fazer ou não fazer este ou aquele bem particular é uma liberdade de contradição; do mesmo modo o é ser livre para fazer ou não fazer este ou aquele mal particular. Mas ser livre para fazer tanto o bem como o mal é uma liberdade de contrariedade, que se estende a objetos contrários ou diversos tipos de coisas. Assim, sua razão para provar que uma liberdade de exercício não pode se dar sem uma liberdade de especificação cai por terra. E ele pode deixar sua permissão quaresmal para outra ocasião. Estou envergonhado de insistir nessas coisas que são tão evidentes que nenhum homem que as compreenda pode questioná-las.

(g) E aqui ele recai em outra inventiva contra as distinções e expressões escolásticas e os "doutores da Igreja, que, por meio destas, tiranizaram os entendimentos dos outro homens". Que presunção é essa da parte de um homem particular que não admite a liberdade humana para os outros de assumir para si próprio uma tal permissão de regular, num tom tão professoral, e censurar os doutores da Igreja em geral, que prosperaram em todas as épocas e lugares, de grave ignorância e de tiranizar os julgamentos dos homens, acusando-os, com base apenas em umas poucas e necessárias distinções inocentes, de serem as causas dos problemas e tumultos que ocorrem no mundo! Plutarco disse com verdade que um olho inflamado se ofende com a luz do sol.[131] (h) Deveriam então os lógicos pôr de lado suas intenções primeiras e segundas, seus abstratos e concretos, seus sujeitos e predicados, seus modos e figuras, seu método sintético e analítico, suas falácias de composição e divisão etc.? O filósofo moral deveria abandonar seus meios e extremos, seus *principia congenita et acquisita*, sua liberdade de contradição e contrariedade, sua necessidade absoluta e hipotética etc.? O filósofo natural deveria abrir mão de suas espécies intencionais, seu entendimento agente e paciente, sua potência receptiva e edutora da matéria, suas qualidades *infusae* ou *influxae, symbolae* ou *dissymbolae*, seu temperamento *ad pondus* e *ad justitiam*, suas partes homogêneas e heterogêneas, suas simpatias e

---

131 Cf. Plutarco, Como distinguir um adulador de um amigo, cap. 28.

antipatias, suas antiperistases etc.? Deveriam o astrólogo e o geógrafo deixar seu *apogaeum* e *perigaeum*, seus polos ártico e antártico, seu equador, zodíaco, zênite, meridiano, horizonte, zonas etc.? Deveriam o matemático, o metafísico e o teólogo abandonar todos os seus termos de arte e idiossincrasias próprias porque não agradam ao paladar de T.H.? Mas ele dirá que elas são expressões obscuras. Que espanto há nisso, quando as coisas mesmas são mais obscuras? Que ele as expresse em linguagem clara tanto quanto puder: elas não serão de modo nenhum mais bem compreendidas por aqueles que carecem de todos os fundamentos do saber. Nada é mais claro do que uma demonstração matemática; não obstante, se alguém que é totalmente ignorante em matemática a ouvir, sustentará, da mesma maneira que T.H. ao julgar essas distinções, que se trata de puro palavreado sem conteúdo ou de um jargão. Toda arte ou profissão tem seus mistérios próprios e expressões, que são bem conhecidos para os filhos da arte, mas não tanto para aqueles que lhe são estranhos. Que ele consulte militares, médicos e navegadores, e descobrirá pela experiência que isso é verdadeiro. Que ele embarque num navio e os marinheiros não abandonarão seu estibordo e bombordo, porque eles não lhe agradam ou porque ele os considera sem sentido. Não, não: não são os teólogos escolásticos, mas os inovadores e oradores sediciosos que são as verdadeiras causas dos presentes problemas da Europa.

(i) T.H. se esqueceu do que disse em seu livro *De Cive*, no capítulo XII: "que é uma opinião sediciosa ensinar que o conhecimento do bem e do mal pertence às pessoas particulares".[132]

---

132 Esse é o título do primeiro artigo do capítulo XII de *Do Cidadão*.

E no capítulo XVII: "que, em questões de fé, os magistrados civis devem consultar os doutores eclesiásticos, que obtiveram a bênção divina pela imposição das mãos, de modo a não se enganar em verdades necessárias, a quem nosso Salvador prometeu infalibilidade".[133] Esses são os mesmos homens que ele difama aqui. Lá ele lhes atribui infalibilidade; aqui os acusa de ignorância grosseira e supersticiosa. Lá ele lhes atribui demais; aqui, demasiadamente pouco. Tanto lá como aqui ele se arroga coisas demais. (I Coríntios, 14, 32): "Os espíritos dos profetas estão sujeitos aos profetas".

CRÍTICA DA RÉPLICA DO BISPO N. 19

(a) "Esta proposição 'a vontade é livre' pode ser entendida em dois sentidos: ou que a vontade não é compelida ou que a vontade não é sempre determinada de maneira necessária etc. O primeiro sentido, de que a vontade não é compelida, é admitida por todos no mundo como uma verdade inegável."

Nunca disse que a vontade é *compelida*, mas concordo com o resto do mundo ao admitir que ela *não é compelida*. É um discurso absurdo dizer que é compelida, mas não o é dizer que é determinada de modo necessário ou um efeito necessário de alguma causa. Quando o fogo aquece, ele não compele o calor; da mesma maneira, quando alguma causa produz a vontade para algo, não a compele para isto. Muitas coisas podem compelir um homem a praticar alguma ação ao produzir a vontade, mas não se trata de um ato de compelir a *vontade*, mas o *homem*. O que

---

[133] Essa não é uma citação exata, mas uma paráfrase do vigésimo oitavo artigo do capítulo XVII do *Do Cidadão*.

eu denomino necessitação é a efetivação e criação daquela vontade que não existia antes, não o ato de compelir uma vontade já existente. A necessitação ou criação da vontade é o mesmo que a compulsão do homem, exceto que geralmente usamos a palavra "compulsão" para aquelas ações que resultam do terror. Assim, essa distinção não tem utilidade; e aquele desvario que é apresentado em seguida não acrescenta nada à questão de "se a vontade é livre", embora acrescente à questão "se o homem é livre".

(b) "Em primeiro lugar, ele comete um erro nisto: pensar que as ações provenientes do medo são propriamente ações compelidas; sendo que, na verdade, não são apenas voluntárias, mas livres."

Nunca disse nem duvidei de que tais ações eram tanto voluntárias como livres. Pois, em relação àquele que faz alguma coisa por causa do medo, mesmo que afirme verdadeiramente que foi compelido a ela, não negamos que tinha a escolha para fazê-la ou não fazê-la, e que, dessa maneira, era um agente voluntário e livre. Mas isso não impede que o terror seja uma causa necessária da escolha daquilo que, de outro modo, ele não teria escolhido, a menos que alguma outra causa potente torne necessário que ele escolha o contrário. Portanto, num mesmo navio, numa mesma tempestade, um homem pode ser determinado de maneira necessária a jogar seus bens ao mar e outro homem, a mantê-los no navio; e o mesmo homem, numa tempestade semelhante, pode ter outro parecer, se todas as causas não forem semelhantes. Mas que o mesmo homem individual que escolhe jogar seus bens ao mar possa escolher não jogar seus bens ao mar, como o bispo diz, não posso conceber, a não ser que um homem possa simultaneamente escolher jogar seus bens ao mar e não jogar ao mar, ou ter um determinado parecer e outro parecer diferente.

(c) "Em segundo lugar, T.H. comete outro erro ao dizer que 'apenas se diz que um homem é compelido quando o medo o faz querer uma ação' — como se no homem a força não prevalecesse sobre o medo" etc.

Quando digo "medo", penso que nenhum homem pode duvidar que o que se devia compreender era o medo da força. Não consigo ver, portanto, que querela ele poderia suscitar com justiça a partir da afirmação de que um homem é compelido apenas pelo medo, a não ser que ele pense que se possa falar de compulsão quando um homem agarra à força os membros de outro homem e move-os como ele próprio e não como o outro homem gostaria. Mas esse não é o significado de compulsão; tampouco a ação assim realizada é a ação daquele que sofre, mas daquele que usa a força. Mas isso o bispo nega, como se fosse uma questão de uso da linguagem, e diz que, quando um homem é movido pelo medo, é de maneira *imprópria* que se diz que é compelido. Mas, segundo ele, quando um homem é movido por uma causa externa, a vontade resistindo tanto quanto pode, diz-se *propriamente* que ele é compelido; como numa violação ou quando um cristão é levado ou carregado com violência para o templo do ídolo. Com base nessa distinção, seria uma linguagem muito apropriada dizer que uma pedra é compelida quando é lançada, ou um homem, quando é carregado numa carroça. De minha parte, entendo que o termo "compulsão" é usado corretamente apenas para criaturas vivas que se movem exclusivamente por seu próprio movimento animal, de tal maneira que não se moveriam sem o medo. Mas, dessa disputa, um leitor que seja bem formado no uso da linguagem é o juiz competente.

(d) "Em terceiro lugar, a questão não é se todas as ações de um homem são livres, mas se são ordinariamente livres."

Será que é impossível para o bispo lembrar a questão, que é "se um homem é livre para querer?". Por acaso disse alguma vez que nenhuma ação de um homem é livre? Ao contrário, disse que todas as suas ações voluntárias são livres, mesmo aquelas que são compelidas pelo medo. Mas nem por isso resulta que a vontade, da qual aquelas ações e sua escolha se originaram, não possa ter causas necessárias, afirmação contra a qual ele ainda não falou nada. O que é exposto em seguida não é apresentado como uma prova, mas como explicação, a saber, como as paixões de um homem o surpreendem. Sendo assim, deixo essa parte de lado, apontando apenas que ele explica *motus primo primi*, que eu não compreendia anteriormente, pela palavra *antipatia*.

(e) "Uma necessidade de suposição é de dois tipos; algumas vezes está no poder do agente fazer ou não fazer a coisa suposta etc.; algumas vezes não está no poder do agente fazer ou não a coisa suposta" etc.

Quando a necessidade é do primeiro tipo, então, diz ele, a liberdade pode coexistir com essa necessidade, no segundo caso, não pode. E para usar seus próprios exemplos, prestar votos de castidade para um padre católico, a partir da suposição de que ele é um padre católico, é um ato necessário, porque estava em seu poder ser um padre ou não. Por outro lado, supondo que um homem possui uma antipatia natural contra gatos, porque essa antipatia não está no poder da parte afetada, a fuga do gato não é um ato livre.

Não nego que seja um ato livre do padre católico prestar voto de castidade, não por causa da suposição de que era um padre católico, mas porque não o faria se não quisesse; se ele não fosse um padre católico, dar-se-ia o mesmo relativamente à liberdade de seu ato. Tampouco seu sacerdócio modifica alguma coisa quanto à necessidade de seu voto, a não ser pelo fato de que, se não tivesse prestado voto, não teria sido ordenado padre. Havia uma necessidade antecedente nas causas extrínsecas; primeiro, que ele tivesse a vontade de ser um padre e, depois, consequentemente, que tivesse a vontade de prestar voto. Contra isso ele não alega nada. Quanto ao seu gato, a fuga do homem é um ato livre, já que é voluntário e se origina de uma falsa apreensão – que ele, não obstante, não pode evitar – de algum mal que o gato pode lhe fazer. Assim, o ato é tão livre como o ato daquele que lança seus bens ao mar. Da mesma forma, o ato de Jacó de abençoar seus filhos[134] e o ato de Balaão de abençoar Israel[135] são igualmente livres e voluntários, embora igualmente determinados por Deus, que é o autor de todas as bênçãos e que forma a vontade dos dois de abençoar e a cuja vontade, como São Paulo disse, não se pode resistir. Portanto, as duas ações foram igualmente determinadas de modo necessário; e porque eram voluntárias, eram igualmente livres. A profecia de Caifás, a respeito da qual o texto diz que "ele não falou por si mesmo",[136] era necessária. Primeiro, porque era o dom sobrenatural de Deus aos altos sacerdotes, enquanto soberanos da república dos judeus, falar ao povo como a boca de Deus, isto é, professar; e segundo, quando não falava da parte de Deus, mas de si mesmo, era necessário que assim fizesse, não porque não podia ter ficado em silêncio se quisesse, mas

---

134 Gênesis, 49.
135 Números, 23, 20.
136 João, 11, 51.

porque sua vontade de falar o que falaria foi determinada antecedentemente a partir de toda eternidade – contra o que ele não apresentou até agora nenhum argumento.

Ele aprova minha modéstia de suspender meu juízo concernente à maneira como os anjos bons operam, se necessariamente ou livremente, porque não a encontro estabelecida nos decretos de nossa Igreja. Mas ele próprio não tem a mesma modéstia. Pois, embora ele não possa compreender nem a natureza de Deus nem a dos anjos, tampouco conceber que tipo de coisa é neles o que ele denomina vontade, ele se arroga a prerrogativa de atribuir-lhes a liberdade de exercício e negar-lhes uma liberdade de especificação; conceder-lhes uma liberdade mais intensiva do que possuímos, mas não uma mais extensiva, utilizando, de maneira não incongruente, dada a incompreensibilidade do tema, termos incompreensíveis, como liberdade de exercício e liberdade de especificação, e graus de intensão na liberdade; como se uma liberdade pudesse ser mais intensiva que outra, como o calor. É verdadeiro que há uma liberdade maior numa prisão grande do que numa pequena, mas uma dessas liberdades não é mais intensa do que a outra.

(f) "Sua segunda razão é: 'aquele que pode fazer o que quer tem toda a liberdade, e aquele que não pode fazer o que quer não possui liberdade'. Se isso for verdadeiro, então, não há, de fato, graus de liberdade. Mas isso que ele denomina liberdade é antes uma onipotência do que uma liberdade."

Uma coisa é dizer que um homem tem liberdade para fazer o que quer e outra coisa é dizer que tem poder para fazer o que quer. Um homem que está amarrado diria prontamente que ele não tem a liberdade para andar, mas ele não dirá que lhe falta o poder. Mas o homem doente dirá que carece do poder para andar, mas não a liberdade. Isso é, segundo minha concepção, falar de acordo com a nossa língua; por conseguinte, um homem que fala a nossa língua não dirá que a onipotência é a liberdade para fazer o que quer, mas sim o poder para fazer o que quer. Assim, um de nós, ou eu ou o bispo, não compreende o uso dos termos. Embora ele acrescente que eu me equivoco sobre o significado das palavras liberdade de especificação, estou seguro de que não há absurdidade na maneira que as exponho. Mas se ele diz que não compreendo o que os escolásticos entendem por esse termo, não vou contestá-lo, pois acho que eles não sabem o que eles próprios querem dizer.

(g) "E aqui ele recai em outra inventiva contra as distinções e expressões escolásticas e os doutores da Igreja, que, por meio destas, tiranizaram os entendimentos dos outros homens. Que presunção é essa da parte de um homem particular" etc.

Para que ele saiba que não sou inimigo das distinções inteligíveis, também utilizarei uma distinção na defesa de mim mesmo contra essa acusação sua. Digo, assim, que algumas distinções são apenas *escolásticas* e algumas, *escolásticas* e outrossim *sapienciais*. Contra aquelas que são apenas escolásticas posso invectivar e de fato invectivo. Mas contra aquelas que são escolásticas e sapienciais não invectivo. Alguns doutores da Igreja, como Suarez, Duns Escoto e alguns de seus imitadores, a fim de difundir nos homens as opiniões que a Igreja católica julgava adequadas a seu interesse, escreveram coisas que nenhum homem nem eles mesmos entendiam. Esses admito ter menosprezado um pouco. Outros doutores da Igreja, como Martinho Lutero, Felipe Melanchton, João Calvino, William Perkins e outros, que formularam claramente seus juízos por escrito, nunca menosprezei, mas sempre reverenciei e admirei muito. Onde, então, reside minha presunção? Se for por eu ser um homem particular, que o bispo também tenha o cuidado de não contradizer alguns daqueles que o mundo estima como dignos de mérito, para que não seja taxado de presunção, já que é um homem particular.

(h) "Deveriam então os lógicos pôr de lado suas intenções primeiras e segundas, seus abstratos e concretos etc.; o filósofo moral deve deixar seus meios e extremos, seus *principia congenita et acquisita*, sua liberdade de contradição e contrariedade, sua necessidade absoluta e hipotética etc.; o filósofo natural deveria abrir mão de suas espécies intencionais etc. porque não agradam ao paladar de T.H.?"

Admito que, entre os lógicos, *Barbara, Celarent, Darii, Ferio*[137] etc. são termos de arte. Mas se o bispo considera que palavras de primeira e segunda intenção, que abstrato e concreto, sujeitos e predicados, modos e figuras, método sintético e analítico, falácias de composição e divisão são termos de arte, não sou de sua opinião, pois estes não são mais termos de arte na lógica do que as linhas, figuras, quadrados, triângulos etc. o são nas matemáticas. *Barbara, Celarent,* e o restante que segue são termos de arte inventados para uma apreensão mais fácil entre os jovens, e são compreendidos pelos jovens. Mas os termos da Escola que considero defeituosos foram inventados para cegar o entendimento e não podem ser compreendidos por aqueles que pretendem aprender a teologia. E quanto a

---

137 *Barbara, Celarent, Darii* e *Ferio* designam, respectivamente, o primeiro, segundo, terceiro e quarto modos da primeira figura do silogismo. Essa nomenclatura foi cunhada por Pedro Abelardo para facilitar a sua memorização.

sua questão de se o filósofo moral deve abandonar seus meios e extremos, respondo que, embora não sejam termos de arte, ele deve abandoná-los quando não podem ser compreendidos; e quando podem sê-lo, deve usá-los corretamente. Portanto, embora meios e extremos sejam termos inteligíveis, eu gostaria que deixassem de situar a virtude em um, e o vício, no outro. Mas, quanto a sua liberdade de contradição e contrariedade, sua necessidade absoluta e hipotética, se algum filósofo moral as usou, que se as elimine. Elas não servem para nada a não ser para seduzir jovens estudantes. Da mesma maneira, que o filósofo natural não mencione mais suas *espécies intencionais*, seu *entendimento agente e paciente*, sua *potência receptiva e edutora da matéria*, suas *qualidades infusae* ou *influxae*, *symbolae* ou *dissymbolae*, seu *temperamento ad pondus* e *ad justitiam*. Ele pode manter suas *partes homogêneas* e *heterogêneas*; mas quanto a suas *simpatias* e *antipatias*, suas *antiperistasis* e nomes semelhantes de pretextos em vez de causas, gostaria que ele os eliminasse. E, quanto ao astrólogo (a não ser que ele queira dizer "astrônomo"), gostaria que ele banisse seu ofício por inteiro. Mas se ele está se referindo ao astrônomo, então os temos de *apogaeum* e *perigaeum*, ártico, antártico, equador, zodíaco, zênite, meridiano, horizonte, zonas etc. não são mais termos de arte na astronomia do que uma serra ou um machado na arte de um carpinteiro. Ele não cita termos de arte da geometria; temia que ele pusesse linhas ou talvez igualdade ou desigualdade como termos de arte. De modo, então, que agora não sei quais são esses termos que ele supõe que eu gostaria de excluir na geometria. Por fim, quanto ao seu metafísico, gostaria que ele abandonasse tanto seus termos como sua profissão, já que na verdade não são de modo nenhum proveitosos ao aprendizado (como Plutarco disse no início da vida de Alexandre, o Grande), mas feitos apenas como um ensaio para o aprendiz;[138] e que o teólogo só utilizasse em sua pregação e em sua escrita palavras que seus ouvintes e leitores comuns pudessem compreender. E tudo isso não para agradar ao meu paladar, mas para a promoção da verdade.

(i) "T.H. esqueceu o que disse em seu livro *De Cive*, cap. XII, 'que é uma opinião sediciosa ensinar que o conhecimento do bem e do mal pertence às pessoas particulares', e cap. XVII, 'que, em questões de fé, os magistrados civis devem consultar os doutores eclesiásticos, que obtiveram a bênção divina pela imposição das mãos, de modo a não se enganar em verdades necessárias' etc. Lá ele lhes atribui demais; aqui, demasiadamente pouco. Tanto lá como aqui ele se arroga coisas demais. 'Os espíritos dos profetas estão sujeitos aos profetas.'"

Ele julga que tem uma grande vantagem contra mim a partir de minhas próprias palavras no meu livro *De Cive*, o que ele não julgaria se as tivesse compreendido. O conhecimento do bem e do mal é judicatura, o que em latim é *cognitio causarum*, não *scientia*. Todo homem particular pode fazer seu melhor para obter um conhecimento do que é bom e mau na ação que ele está prestes a fazer; mas não lhe cabe julgar o que é bom e mau em relação aos outros, mas sim àqueles que foram indicados para tanto pelo poder soberano. Mas o bispo, não entendendo ou esquecendo que *cognoscere* é julgar, como Adão fez a respeito das ordens de Deus, citou essa passagem sem muita serventia. E quanto à infalibilidade dos doutores eclesiásticos que eu teria lhes atribuído, não é que eles não podem se enganar, mas que um súdito não pode se enganar ao obedecer-lhes quando

---

138 Plutarco, *Vida de Alexandre*, in: *Vidas paralelas*, op. cit., vol. VI, p.33.

eles são os nossos doutores legalmente instituídos. Pois o doutor eclesiástico supremo é aquele que tem o poder supremo; e, ao obedecer-lhe, nenhum súdito pode se enganar, porque o próprio Deus lhes ordena a obedecer-lhe. E o que os doutores eclesiásticos legalmente instituídos nos dizem ser necessário em matéria de religião, o mesmo nos é dito pelo poder soberano. Assim, embora possamos ser enganados por eles quanto à crença de uma opinião, não podemos ser enganados por eles quanto ao dever de nossas ações. E isso é tudo que atribuo aos doutores eclesiásticos. Se eles acham isso demais, que assumam menos. Não podem dizer que isso é pouco demais, se o consideram um fardo, tal como é. E para aqueles que buscam isso em vista de uma nomeação mundana, é demais. Eu me arrogo coisas demais, diz ele. Por quê? "Porque os espíritos dos profetas estão sujeitos aos profetas." É isso o que ele considera censurável em mim quando diz que sou um homem particular, isto é, nenhum profeta, isto é, nenhum bispo. A partir disso é evidente que o bispo sujeita seu espírito exclusivamente ao sínodo dos bispos. Admito que todo homem deveria submeter seu espírito aos profetas. Mas um profeta é aquele que fala a nós da parte de Deus, o que reconheço fazer apenas aquele que possui a devida autoridade para fazê-lo. E nenhum homem tem a devida autoridade para fazê-lo imediatamente senão aquele que tem a autoridade suprema da república; tampouco mediatamente senão aqueles que falam aquelas coisas ao povo que foram permitidas por aquele que possui a autoridade suprema. E assim como é verdadeiro nesse sentido que "os espíritos dos profetas são sujeitos aos profetas", também o é que "não devemos acreditar em cada espírito, mas testar se os espíritos

319

são de Deus, porque muitos falsos profetas vieram ao mundo" (I João, 4, I). Portanto, eu que sou um homem particular posso examinar os profetas, sendo que, para tanto, o único meio de que disponho consiste em examinar se a sua doutrina pode concordar com a lei, o que não é o caso da doutrina daqueles que dividem a república em duas repúblicas, uma civil e uma eclesiástica.

N. 20

J.D. Agora, quanto à distinção em si, digo, primeiro, que o ato próprio da liberdade é a escolha, e a escolha se opõe não apenas à coação, mas também à coartação ou determinação para uma única coisa. Necessitação ou determinação para uma única coisa podem coexistir com a espontaneidade, mas não com a escolha ou a liberdade, como foi mostrado. Os próprios estoicos admitiam a espontaneidade. Então nossos adversários ainda não saíram dos confins dos estoicos.

Em segundo lugar, para destroçar o fundamento dos adversários neste assunto, considero isto a clara solução das escolas. Há um duplo ato da vontade: um, mais remoto, denominado *imperatus*, isto é, na verdade o ato de alguma faculdade inferior sujeita ao comando da vontade, como abrir ou fechar os olhos; esses atos podem sem dúvida ser compelidos. O outro ato é mais próximo, denominado *actus elicitus*, um ato extraído da vontade, como querer, escolher, eleger.[139] Esse pode ser detido ou impedido pelo impedimento interveniente do entendimento, como uma pedra que está na mesa é obstruída de seu

---

139 Cf. nota 130.

movimento natural; caso contrário, a vontade possuiria uma espécie de onipotência. Mas a vontade não pode ser compelida a um ato repugnante a sua inclinação, como quando uma pedra é lançada para cima no ar, pois isso seria o mesmo que inclinar e não inclinar para o mesmo objeto simultaneamente, o que implica uma contradição. Assim, dizer que a vontade é determinada de modo necessário é dizer que a vontade é compelida tanto quanto é suscetível de ser compelida. Se um homem forte que segura a mão de um mais fraco matar com esta uma terceira pessoa, *"haec quidem vis est"*, "isso é violência": o mais fraco não cometeu voluntariamente o fato porque foi compelido. Mas suponhamos agora que esse homem forte tivesse a vontade do mais fraco em seu poder, assim como a mão, e não apenas inclinasse, mas a determinasse secretamente e insensivelmente a cometer esse ato: não se trata do mesmo caso? Seja quando alguém a violenta pela força, como Tarquino,[140] seja quando, por meio de poções eróticas e encantos mágicos, não apenas é seduzida, mas determinada de maneira necessária a satisfazer seu desejo, inclinando-a efetivamente e arrastando-a de maneira inevitável e irresistível a segui-lo espontaneamente, Lucrécia é, nas duas condições, digna de piedade. Mas, no segundo caso, a pessoa é mais culpada e merece punição mais severa, na medida em que, ademais, se empenha em fazer

---

140 O estupro de Lucrécia é um crime relatado por Tito Lívio em *História de Roma*, livro I, cap. 58. Lucrécia, filha de Espúrio Lucrécio Tricipitino, prefeito de Roma, e esposa de Colatino, foi estuprada por Sexto Tarquínio, filho do rei Tarquínio, o Soberbo, o que desencadeou a revolução que levou à derrubada do regime monárquico dos Tarquínios e ao estabelecimento subsequente da república em Roma.

Lucrécia participar de maneira irresistível de seu crime. Não ouso empregar este exemplo, mas apenas aponto o seguinte: prestai atenção de como se defende essas necessitações secretas e invencíveis ao mal, sob o pretexto de que são espontâneas e livres de coação.

Esses são os seus baluartes.

T.H. A seguir ele apresenta dois argumentos, distinguindo entre ser livre da compulsão e livre da necessitação. O primeiro é que a escolha se opõe não apenas à coação ou compulsão, mas também à necessitação ou determinação para uma única coisa. É o que ele devia provar desde o início, e, assim, não apresenta nenhum argumento novo para prová-lo. E àqueles argumentos apresentados anteriormente já respondi, e aqui nego novamente que a escolha se opõe a ambas. Pois quando um homem é compelido, por exemplo, a se sujeitar a um inimigo ou a morrer, ele ainda tem a escolha e a deliberação para refletir qual dos dois ele pode suportar melhor; e aquele que é levado à prisão pela força tem a escolha e pode deliberar se vai ser arrastado à força e levado ao chão ou se fará uso de seus pés.

Da mesma maneira, quando num homem não há compulsão, mas a força da tentação para cometer uma ação má que é mais forte do que as razões para não cometer, necessariamente ele é determinado a cometê-la; embora estejam operando nele algumas vezes os motivos para cometer e algumas vezes para não cometer, ele delibera, e, por conseguinte, escolhe o que quer. Mas, geralmente, quando vemos e conhecemos a força do que nos move, reconhecemos a necessidade; mas quando não vemos ou não notamos a força que nos move, pensamos que não há nenhuma, e que não são as causas, mas a liberdade que produz a ação. É por isso que se pensa que aquele que necessariamente escolheu isso não escolheu isso; mas eles poderiam igualmente dizer que o fogo não queima porque queima por necessidade.

O segundo argumento é menos um argumento do que uma distinção para mostrar em qual sentido se pode dizer que as ações voluntárias são determinadas de maneira necessária e em que sentido não. Assim, ele alega, a partir da autoridade das escolas, e que "destroça o fundamento dos adversários nesta questão", que há um duplo ato da vontade. Um, diz ele, é *actus imperatus*, um ato feito a partir do comando da vontade por alguma faculdade inferior da alma, como abrir e fechar os olhos. Esse ato pode ser compelido. O outro, diz ele, é *actus elicitus*, um ato atraído ou um ato resultante da atração da vontade, como querer, escolher, eleger. Esse, diz ele, não pode ser compelido. Quanto a isso – deixando de lado aquele discurso metafórico de atribuição de comando e sujeição às faculdades da alma, como se compusessem uma república ou família entre si e pudessem falar um com o outro, o que é muito inapropriado na busca da verdade da questão –, podeis observar, em primeiro lugar, que compelir um ato voluntário não é senão querê-lo. Pois é o mesmo dizer que minha vontade ordena o fechamento de meus olhos ou a realização de alguma outra ação e que tenho a vontade de fechar meus olhos. Assim, aquele "*actus imperatus*" pode ser facilmente denominado na nossa língua uma ação voluntária, e aqueles que criaram o termo não entendem absolutamente o que ele significa. Em segundo lugar, podeis observar que "*actus elicitus*" é exemplificado por estas palavras: querer, eleger, escolher, o que é a mesma coisa. E, assim, querer se torna aqui um ato da vontade; de fato, como a vontade é uma faculdade ou potência na alma de um homem, querer é um ato seu em conformidade com aquela potência. Mas é tão absurdo dizer que querer é um ato atraído ou resultante da potência da vontade, potência que geralmente se denomina vontade, quanto dizer que dançar é um ato resultante da atração ou derivado honestamente da capacidade de dançar. Seja como for, a súmula de suas distinções é que um ato voluntário pode ser realizado sob compulsão, isto é, por meios desonestos; ao passo que querer este ou qualquer ato só pode ocorrer por meio de atração ou meios honestos. Ora, dado que os meios honestos, as seduções e aliciamentos produzem a ação tão necessariamente como a ameaça e os meios desonestos, segue-se que o querer pode se tornar tão necessário como qualquer coisa que é feita sob compulsão. De modo que a distinção de *actus imperatus* e *actus elicitus* não passa de palavras e é de efeito nulo contra a necessidade.

J.D. Na passagem subsequente seguem dois argumentos meus contra a mesma distinção: um, que é extraído dos princípios anteriores de que a escolha não pode coexistir com a determinação para uma única coisa. A isso, diz ele, já respondera. Não, a verdade tem fundamentos sólidos. Ele esteve tão longe de triunfar sobre meu argumento, que não foi capaz de abalá-lo. (a) Novamente ele nos diz que "a escolha não se opõe a ambas", necessitação ou compulsão. Ele poderia da mesma maneira nos dizer que uma pedra lançada para cima se move naturalmente; ou que uma mulher pode ser violada com o seu próprio consentimento. O consentimento elimina a violação. Essa é a liberdade mais estranha da qual já se ouviu, que um homem é compelido a fazer o que ele não faria e, não obstante, é livre para fazer o que quer. E isso ele nos diz alegando a velha razão de que "aquele que se submete ao seu inimigo por medo de morte, escolhe se submeter". Mas vimos anteriormente que o que ele denomina compulsão não é propriamente compulsão nem determinação natural da vontade para uma única coisa, o que se opõe à verdadeira liberdade. Aquele que se submete a um inimigo para salvar sua vida ou o faz de maneira simulada, e então não há a vontade de se submeter (esse disfarce não é senão um desvio para evitar um golpe presente), ou então ele quer sinceramente a submissão, e então a vontade é mudada. Há uma imensa diferença entre compelir e mudar a vontade. Tanto Deus como o homem podem mudar a vontade do homem, seja variando o estado de coisas, seja fornecendo outras informações à parte interessada; mas compelida ela não pode ser, isto é, não pode querer e não querer uma coisa simultaneamente, quando se encontra nas mesmas circunstâncias; não obstante, se o ato estivesse sob outras circunstâncias, a vontade poderia livremente não querer o que agora livremente quer. (b) Por isso, as ações desse tipo são denominadas ações mistas,[141] isto é, em parte voluntária e em parte involuntária. Aquilo que é compelido pelo perigo ou pela presente condição de um homem não é voluntário nem escolhido. O que é escolhido como um remédio para um perigo é voluntário. Então, supondo-se hipoteticamente que um homem não esteja em perigo, elas são involuntárias. (c) Seu outro exemplo, de "um homem forçado à prisão, que pode escolher se vai ser arrastado à força e levado ao chão ou andar com seus pés", não é verdadeiro. Segundo ele próprio, essa situação não se passa como ele quer, mas como querem aqueles que o possuem em seu poder. Se eles o arrastarem, ele não é livre para andar; e se eles lhe dão permissão para andar, ele não é forçado a ser arrastado. (d) Tendo estabelecido isso, ele começa a edificar sobre esse

---

[141] Cf. nota 68.

fundamento que "outras paixões necessitam tanto quanto o medo". Mas ele erra duplamente: primeiro, em sua fundamentação. O medo não determina a vontade racional de maneira natural e necessária. Das cinco coisas terríveis, a última e a maior é a morte; não obstante, o medo da morte não pode necessitar uma mente resoluta a uma ação desonesta, que é pior do que a morte. O medo de uma fornalha ardente não poderia compelir três crianças a adorar um ídolo,[142] tampouco o medo dos leões necessitou Daniel a omitir seu dever para com Deus.[143] É fraqueza nossa termos mais medo de sombras vazias do que de perigos substanciais porque estão mais próximos de nossos sentidos; assim como crianças pequenas que temem mais um rato ou uma máscara do que o fogo ou as tempestades. Mas, do mesmo modo como um cálculo renal elimina no presente o sentido do paladar, a maior das paixões extingue a menor. O medo da ira de Deus e dos tormentos eternos expele de fato o medo corporal: "não temei aqueles que matam o corpo, mas aquele que pode jogar tanto o corpo como a alma no inferno (Lucas, 12, 4). (e) *Da veniam imperator; tu carcerem, ille gehennam minatur*" ("Escusai-me, ó Imperador, ameaçais os homens com prisão, mas ele me ameaça com o inferno").[144] (f) Em segundo lugar, ele também erra em sua edificação. Há uma grande diferença, como nesse caso, entre justificar ou não justificar uma ação, entre força e medo e outras paixões. A força não apenas diminui o pecado, mas o suprime completamente. Aquele que força uma donzela prometida deve morrer: "mas à donzela

---

142 Daniel, 3, 8.
143 Id., 6, 11.
144 Santo Agostinho, *Sermones de Scripturis*, sermão LXII.

prometida", diz ele, "nada farás, pois não há nela nenhum pecado que mereça a morte" (Deuteronômio, 22, 26). A beleza de Tamar ou o amor de Amnon não o torna inocente, mas a força de Amnon torna Tamar inocente.[145] Mas o medo não é tão dominante como a força. De fato, se o medo for grande e fundamentado de modo justo, tal qual pode ocorrer a um homem constante, embora não exima a transgressão dos preceitos negativos de Deus ou da natureza, pela razão de que obrigam em todos os tempos, diminui, não obstante, a ofensa até mesmo em relação a esses preceitos, e é pretexto para perdão. Mas exime em muitos casos a transgressão da lei positiva, tanto divina como humana, porque não é provável que Deus ou a lei obrigue o homem a observar todos os preceitos positivos com tão grande dano, como a perda da vida. A omissão da circuncisão não era pecado durante o tempo que os israelitas estavam viajando no deserto. Se T.H. me permite, (g) propor-lhe-ei um caso. Um gentil-homem envia seu criado com dinheiro para comprar um jantar. Alguns bandidos[146] o encontram no caminho e tomam-lho à força; o criado gritou por ajuda e fez o que podia para defender a si mesmo, mas nada adiantou. O criado é inocente, se for julgado em uma corte de areopagitas. Ou suponhamos que os bandidos não tenham-lho tomado à força, mas tenham sacado suas espadas e ameaçado matá-lo se ele próprio não o entregasse; nenhum homem sábio conceberá que era a intenção do mestre ou o dever do criado arriscar sua vida ou membros para salvar uma quantia tão insignificante. Mas, por

---

145 2 Samuel, 13.
146 Na edição de Molesworth consta aqui a palavra "russians", mas se trata de um erro, pois na edição original se lê "ruffians".

outro lado, suponhamos que esse criado, ao passar por algum cabaré ou quadra de tênis, onde seus camaradas estavam bebendo ou jogando, fique com eles e beba ou jogue fora seu dinheiro e, posteriormente, alegue, como T.H. faz aqui, que ele fora tomado pela mera força da tentação. Acredito que nem T.H. nem ninguém admitiria essa desculpa, mas o puniria por isso, porque ele não fora determinado de maneira necessária pela tentação, e a força que ela tinha se devia à sua própria culpa em decorrência do hábito vicioso que contraíra de beber ou de apostar (Tiago, 1, 14): "o homem é tentado quando é desviado e seduzido pela sua própria concupiscência". Se as paixões desequilibradas da raiva, ódio e concupiscência forem decorrentes – como o caso é apresentado aqui por T.H. – da deliberação e da escolha, não apenas não diminuem a falta, mas a agravam e a aumentam.

(h) Ele fala muito dos "motivos para fazer e motivos para não fazer, como eles operam e determinam um homem", como se um homem racional não passasse de uma bola de tênis a ser jogada de um lado a outro pelas raquetes das causas segundas; como se a vontade não tivesse poder para se mover a si mesma, mas fosse meramente passiva, como um papagaio artificial jogado aqui e lá pelos dardos dos arqueiros, que atiram deste lado ou do outro. O que são os motivos senão razões ou discursos formados pelo entendimento e livremente movidos pela vontade? O que são a vontade e o entendimento senão faculdades da mesma alma? E o que é a liberdade senão uma potência que resulta de ambos? Dizer que a vontade é determinada por esses motivos é o mesmo que dizer que o agente é determinado por si mesmo. Se não há necessitação antes do julgamento da reta razão ditar a vontade, então não há nenhuma necessitação antecedente e extrínseca. (i) O mundo inteiro sabe que, quando o agente é determinado por si mesmo, o efeito é determinado da mesma maneira em sua causa. Mas, se ele se determina livremente, então o efeito é livre. Os motivos não determinam naturalmente, mas moralmente, tipo de determinação que pode coexistir com a verdadeira liberdade. Mas, se a opinião de T.H. de que a vontade é naturalmente determinada pela influência física e especial das causas extrínsecas fosse verdadeira, não apenas os motivos seriam vãos, mas a própria razão e a deliberação seriam vãs. Não, diz ele, eles não são vãos porque são meios. Sim, se os meios forem supérfluos, são vãos. De que serviria um tal circuito de deliberação para aconselhar o que convém fazer quando já está extrinsecamente determinado o que deve ser feito?

(k) Ele diz "que a ignorância das verdadeiras causas e de seu poder é a razão pela qual atribuímos o efeito à liberdade; mas quando consideramos seriamente as causas das coisas, reconhecemos a necessidade". Não há tal coisa, mas justamente o contrário. Quanto mais consideramos, mais claramente entendemos, maior é a liberdade e maior é o conhecimento de nossa própria liberdade. Quanto menos consideramos, mais incapaz o entendimento é, menor é a liberdade e o conhecimento dela. E onde não há consideração nem uso da razão, não há nenhuma liberdade, nem bem moral, nem mal. Alguns homens, pela razão de que seus sentidos externos não lhe estão inteiramente sujeitos, possuem a mania de andar enquanto dormem. Suponhamos que alguém que se encontre nesse estado se jogue de um lance de escadas ou de uma ponte e quebre o pescoço ou se afogue; um júri que considerasse esse homem adjuvante de sua própria morte seria louco. Por quê? Porque não foi feito livremente. Ele não tinha o uso da razão naquele momento.

(l) Por fim, ele nos diz que "a vontade escolhe por necessidade, assim como o fogo queima por necessidade". Se ele pretende apenas dizer que a escolha é um ato próprio e natural da vontade como a combustão é do fogo ou que a potência eletiva está tão necessariamente no homem como a capacidade de ver, ele fala de maneira verdadeira, mas da maneira mais impertinente; pois a questão agora não diz respeito à potência eletiva in *actu primo*, se é uma faculdade essencial da alma, mas se o ato de escolher este ou aquele objeto particular é livre e não determinado por quaisquer causas antecedentes e extrínsecas. Mas ele erra grosseiramente se pretende dizer, em vez disso, que a vontade não tem poder para recusar o que quer, nem para suspender seu próprio apetite, assim como o fogo, que não tem o poder para suspender sua combustão, nem para distinguir entre as matérias combustíveis que lhe são lançadas, mas queima o que lhe é lançado necessariamente, caso seja combustível. A vontade tem poder tanto para querer como para não querer, bem como para suspender seu ato, isto é, nem querer nem não querer o mesmo objeto. Contudo, mesmo a queima do fogo, se for considerada com todas as suas circunstâncias particulares, não é uma ação tão necessária como T.H. imagina. (m) Duas coisas são requisitadas para tornar um efeito necessário. Primeiro, que seja produzido por uma causa necessária, como o fogo é; segundo, que seja produzido necessariamente. Protágoras, um ateu, começou assim seu livro: "Com relação aos deuses, não tenho nada a dizer sobre a questão de se existem ou não"[147] – pelo que seu livro foi condenado pelos atenienses a ser queimado. O fogo era um agente necessário, mas a sen-

---

147 Marco Túlio Cícero, *A natureza dos deuses*, I, cap. 23.

tença ou a aplicação do fogo ao livro foi um ato livre: portanto, a queima do seu livro foi livre. Muito mais livre é a vontade racional, que é um agente voluntário e age voluntariamente.

(n) Meu segundo argumento contra essa distinção da liberdade da compulsão, que não é liberdade da necessitação, é novo e demonstra claramente que determinar de modo necessário a vontade por meio de uma necessidade física é compelir a vontade tanto quanto é suscetível de compulsão; e que aquele que necessita a vontade ao mal desta maneira é a verdadeira causa do mal e deve ser mais culpabilizado do que a própria vontade. Mas, embora diga não estar surpreso, T.H. pode ter se contentado em passar em silêncio a respeito disso tudo após ter pensado melhor. E, ao esconder essa tergiversação dos olhos do leitor, ele faz uma exibição vazia de afrontamento contra essa distinção famosa e muito necessária entre os atos *elicite* e *imperate* da vontade; primeiro porque esses termos são inadequados; segundo, porque são obscuros. Que objeções triviais e gramaticais para serem usadas contra os termos universais correntes dos teólogos e filósofos! *"Verborum ut nummorum"* — "com as palavras se dá o mesmo que com o dinheiro": o uso estabelece seu valor próprio e as torna correntes. Um tirano significava a princípio um príncipe legítimo e justo; agora o uso mudou completamente o seu sentido para denotar ou um usurpador ou um opressor. A palavra *præmunire* tornou-se agora um bom termo em nossas leis inglesas pelo uso e pela passagem do tempo; e, não obstante, era a princípio tomada meramente por um *præmonere*.[148]

---

[148] O Estatuto de Præmunire foi publicado na Inglaterra no século XIV para evitar a intromissão da jurisdição do papado no poder civil. Hobbes aborda o crime contra esse estatuto na sexta seção

Os nomes de *Sunday*, *Monday* e *Tuesday*[149] foram a princípio derivados destas deidades pagãs, o Sol, a Lua e o deus guerreiro dos germanos. Agora nós os usamos apenas para a distinção, sem nenhuma relação com sua primeira origem. É excessivamente refratário aquele que rejeita uma moeda que é corrente em todo o mundo, só por não ser cunhada de acordo com seu próprio capricho. Também o é aquele que rejeita uma boa palavra porque não entende sua origem. Vemos que palavras estrangeiras são diariamente naturalizadas e transformadas em cidadãs livres em todos os países. Mas por que esses termos são inadequados? "Porque", diz ele, "atribuem comando e sujeição às faculdades da alma, como se compusessem uma república ou família entre si e pudessem falar um com o outro." "Assim", diz ele, (o) "aqueles que inventaram este termo de *actus imperatus* não entendem nada o que significa." Não; por que não? Parece-me que eles o entendem melhor do que aqueles que lhe fazem objeções. Eles sabiam que há *termos mentais*, que são apenas concebidos na mente, bem como termos vocais, que são expressos com a língua. Eles sabiam que, independentemente da maneira como um superior dá uma instrução ao seu inferior, trata-se de uma ordem. Tarquino dava ordens ao seu filho apenas cortando as cabeças das papoulas e era compreendido

---

do *Diálogo entre um filósofo e um jurista*. Com o estabelecimento dessa lei, "præmunire" (que inicialmente significa fortificar ou proteger) foi frequentemente confundido com "præmonire" ("advertir"), na medida em que o suspeito era advertido para comparecer ao julgamento.

149 "Domingo, segunda e terça." *Sunday* derivaria de "Sun" (Sol), *Monday*, de "Moon" (Lua), e *Tuesday*, de "Tyr", deus dos combates, na mitologia nórdica.

e obedecido por ele.[150] Embora não haja uma república formal ou família tanto no corpo como na alma do homem, há, não obstante, uma subordinação no corpo dos membros inferiores à cabeça e há uma subordinação na alma das faculdades inferiores à vontade racional. Está longe de ser um homem racional aquele que desonra sua própria natureza ao igualar a fantasia com o entendimento ou o apetite sensitivo à vontade racional. Há um poder de comando – isso está fora de questão, embora haja alguma dúvida sobre em qual faculdade esse comando reside principalmente, se na vontade ou no entendimento. A verdadeira solução é que o comando diretivo ou conselho reside no entendimento e o comando aplicativo ou império para colocar em execução o que foi ordenado reside na vontade.

A mesma resposta serve para sua segunda inadequação sobre a palavra *elícito*. Pois ele diz que "é tão absurdo dizer que querer ou escolher é um ato derivado do poder de escolher como dizer que dançar é um ato resultante da atração ou derivado honestamente da capacidade de dançar". Sua objeção, contudo, é muito mais inadequada que a expressão. A arte de dançar se assemelha mais ao entendimento do que com a vontade. A atração que as Escolas têm em vista claramente possui uma natureza diferente daquela concebida por ele. Por "eliciação" ele compreende uma persuasão ou sedução com palavras bajuladoras ou insinuações atraentes e doces para escolher isso ou aquilo. Mas essa eliciação

---

150 Trata-se de um episódio relatado por Tito Lívio em *História de Roma*, livro I, cap. 54. Diante do mensageiro enviado por Sexto Tarquínio, seu filho, que tinha a intenção de indagar ao pai como proceder em Gábios, o Rei Tarquínio não profere nenhuma palavra, apenas corta as cabeças das papoulas, o que é interpretado por Sexto como uma mensagem para executar os principais cidadãos daquela província.

que as Escolas têm em vista é a derivação do ato a partir da potência da vontade; aquela atração que eles mencionam diz respeito meramente à apetitibilidade do objeto ou do fim. Assim como um homem atrai uma criança com a visão de uma bela maçã, ou um pastor atrai suas ovelhas com a visão de um ramo verde, o fim atrai a vontade por um movimento metafórico. O que ele entende aqui por capacidade de dançar permanece incompreensível para mim ou para qualquer outro, até que ele se expresse em termos mais adequados, dizendo se entende a faculdade locomotiva somente ou a arte ou hábito adquirido de dançar apenas ou os dois conjuntamente. Pode se dizer acertadamente, sem nenhum absurdo, que o ato de dançar é extraído (*elicitur*) da faculdade locomotiva, auxiliada pelo hábito adquirido. Quem é tão escrupuloso com as locuções consagradas das Escolas não deveria deixar tantas expressões inadequadas brotarem de sua pena, como nessa passagem mesma, na qual confunde o ato *de compelir* uma ação voluntária com o de *ordenar* uma ação voluntária, e o de *querer* com o de *escolher*, o que, diz ele, "são a mesma coisa". Não obstante, *querer* diz propriamente respeito ao fim, e *escolher*, aos meios.

(p) Sua outra objeção contra a distinção dos atos da vontade em "elícitos" e "ordenados" é a de obscuridade. "Não se poderia", diz ele, "facilmente denominá-lo na nossa língua uma ação voluntária?" Sim, poder-se-ia facilmente, mas não de maneira verdadeira nem adequada. Tudo que se origina na vontade — não importa se de maneira imediata ou mediata, se é um ato próprio da vontade mesma, como escolher, ou um ato do entendimento, como deliberar, ou um ato das faculdades inferiores ou dos membros — é um ato voluntário; mas nem o ato da razão, nem dos sentidos, nem do apetite sensitivo, nem dos membros são os atos próprios da vontade, tampouco resultam imediatamente da própria vontade; mas os membros e faculdades são empregados para os seus atos próprios e respectivos pela potência da vontade.

"E então ele veio para calcular a soma total de minha segunda razão com a mesma fé que o administrador injusto fez suas contas" (Lucas, 16). "A súmula da distinção de J.D. é", diz ele, "que um ato voluntário pode ser feito sob compulsão" (justamente o contrário que sustentei), "isto é, por meios desonestos; mas querer este ou qualquer ato só pode ocorrer por meio da atração ou meios honestos". Admito que a distinção é minha porque a uso, assim como o sol ou o ar é meu, isto é, comum a mim e a todos que tratam deste assunto. (q) Mas seus erros são tão grosseiros, tanto ao reportar os meus pensamentos como os seus próprios, que o leitor pode concluir que ele se extraviou de seu caminho conhecido. Cumprirei o meu dever de mostrar-lhe o caminho correto. Em primeiro lugar, nenhum dos atos que propriamente se diz serem compelidos são voluntários. Em segundo lugar, os atos de terror (que ele denomina meios desonestos), que algumas vezes são denominados num sentido largo e impróprio ações compulsórias, podem ser, e na maioria das vezes são, compatíveis com a verdadeira liberdade. Em terceiro lugar, as ações oriundas de adulações ou de doces persuasões (que ele denomina meios honestos), se não forem deliberadas, como em crianças que carecem do uso da razão, não são realmente ações livres. Por fim, a força dos desejos consequentes e deliberados não diminui a culpa, nem escusa da punição, como frequentemente fazem os medos justos de perigos extremos iminentes provenientes de agentes extrínsecos. Porque a força daqueles decorre de nossa própria culpa e suas causas foram livremente escolhidas; mas nem os desejos nem os medos que são consequentes e deliberados necessitam absolutamente a vontade.

CRÍTICA DA RÉPLICA DO BISPO N. 20

(a) "Novamente ele nos diz que a escolha não se opõe a ambas, necessitação ou compulsão. Ele poderia da mesma maneira nos dizer que uma pedra lançada para cima se move naturalmente; ou que uma mulher pode ser violada com o seu próprio consentimento. O consentimento elimina a violação" etc.

Se aquilo que eu disse novamente é falso por que ele não mostra por que é falso? Aqui não há uma única palavra de argumentação contra isso. Dizer que eu poderia da mesma maneira ter dito que uma pedra lançada para cima se move naturalmente não é uma refutação, mas uma denegação. Não vou discutir com ele se uma pedra lançada para cima se move naturalmente ou não. Direi apenas aos leitores cujos julgamentos não estão desfigurados pelo abuso das palavras que, assim como uma pedra não se move para cima por si mesma, mas pelo poder de um agente externo que dá início àquele movimento, quando uma pedra cai, ela se move para baixo pelo poder de algum outro agente, que, embora seja imperceptível ao olho, não o é para a razão. Mas porque não se trata de um discurso correto para o bispo, e porque discorri expressamente a esse respeito alhures,[151] não direi nada sobre isso aqui. E, quanto ao que ele diz, que "o consentimento

---

151 Cf. Hobbes, *Do corpo*, IV, cap. 30 ("Da gravidade").

elimina a violação", talvez seja verdadeiro e penso que é, mas aqui não apenas não se infere nada disso, como também é dispensável, sendo, portanto, um exemplo indecente num texto público, embora não seja por vezes supérfluo numa corte eclesiástica. Na próxima passagem ele se pergunta como "um homem é compelido e, não obstante, livre para fazer o que quer", isto é, como um homem que foi levado a querer pode ser, não obstante, livre para fazer o que quer. Se ele tivesse dito que se perguntava como um homem pode ser compelido a querer e, não obstante, ser livre para fazer o que teria feito se não tivesse sido compelido, teria algum significado; mas tal como ele coloca, não possui nenhum.

Novamente, ele diz que "aquele que se submete a um inimigo para salvar sua vida ou o faz de maneira simulada ou então a vontade é mudada" etc. Tudo isso é verdadeiro. Mas quando ele diz que ele faz de maneira simulada, não insinua que pode simular de maneira legítima, pois isso o prejudicaria posteriormente no caso de ele precisar de quartel. Mas não vejo como isso possa ser-lhe favorável ou contrário a mim. "Há uma enorme diferença", diz ele, "entre compelir e mudar a vontade. Tanto Deus como o homem podem mudar a vontade do homem, seja variando o estado de coisas, seja fornecendo outras informações à parte interessada; mas compelida ela não pode ser" etc. Digo o mesmo: a vontade não pode ser compelida, mas o homem pode ser e é compelido quando sua vontade é alterada pelo medo da força, punição ou outro dano feito por Deus ou pelo homem. E quando a sua vontade é alterada, uma nova vontade é formada (seja por Deus ou pelo homem) e isso necessariamente; e, por conseguinte, as ações que decorrem dessa vontade são tanto voluntárias, como livres e necessárias, apesar de ele ter sido compelido a elas. O que não é favorável ao bispo, mas a mim.

(b) "Por isso, ações desse tipo são denominadas ações mistas, isto é, em parte voluntárias e em parte involuntárias. Então, supondo hipoteticamente que um homem não esteja em perigo, elas são involuntárias." Que algumas ações sejam em parte voluntárias e em parte involuntárias não é uma opinião nova, mas falsa. Pois uma e mesma ação jamais pode ser simultaneamente voluntária e involuntária. Se, portanto, partes de uma ação forem ações, ele diz apenas que algumas ações são voluntárias e algumas, involuntárias; ou que um grande número de ações pode ser em parte voluntário e em parte involuntário. Mas que uma ação seja, em parte, voluntária e, em parte, involuntária é absurdo. Trata-se da absurdidade desses autores aos quais ele dá crédito de maneira imprudente. Mas dizer, supondo-se que o homem não estivesse em perigo, que a ação teria sido involuntária é dizer que o lançamento dos bens de um homem ao mar, supondo-se que ele não estivesse sob uma tormenta, teria sido uma ação involuntária; o que também é um absurdo, pois ele não a teria feito, e, assim, não teria havido nenhuma ação. E esse absurdo é próprio dele.

(c) "Seu outro exemplo, de um homem forçado à prisão, que ele pode escolher se vai ser arrastado à força e levado ao chão ou andar com seus pés, não é verdadeiro. Segundo ele próprio, essa situação não se passa como ele quer, mas como querem aqueles que o possuem em seu poder."

É suficiente para o uso que faço desse exemplo que um homem, quando se encontra na necessidade de ir para a prisão, embora não possa escolher nem deliberar sobre ser prisioneiro na cadeia, pode, não obstante, deliberar por vezes se andará ou será arrastado.

(d) "Tendo estabelecido isso, ele começa a edificar sobre esse fundamento que outras paixões necessitam tanto quanto o medo. Mas ele erra duplamente" etc.

Primeiro, diz ele, erro ao dizer que o medo determina a vontade racional de maneira natural e necessária. Em primeiro lugar, respondo que nunca usei esse termo *vontade racional*. Não há nada racional exceto Deus, anjos e homens. A vontade não é nenhum desses. Não teria objetado contra essa expressão se ele não falasse o tempo todo da vontade e das outras faculdades como se fossem homens ou espíritos nos ventres dos homens. Em segundo lugar, ele não apresenta nada para provar o contrário. Pois quanto ao que é apresentado em seguida – "das cinco coisas terríveis, a última e a maior é a morte; não obstante, o medo da morte não pode necessitar uma mente resoluta a uma ação desonesta, o que é pior do que a morte. O medo de uma fornalha ardente não poderia compelir três crianças a adorar um ídolo, tampouco o medo de leões necessitou Daniel a omitir seu dever para com Deus" etc. – concedo-lhe que a coisa mais terrível das cinco (ou das quinze, pois ele não tem mais motivos para afirmar cinco do que quinze) não necessita sempre um homem a fazer uma ação desonesta e que o medo de uma fornalha ardente não poderia compelir as três crianças, tampouco os leões poderiam compelir Daniel a omitir seu dever, pois algo além, a saber, sua confiança em Deus, necessitou-os a cumprir seu dever. Que o medo da ira de Deus expulsa o medo corporal é bem dito e está em conformidade com o texto que ele cita; e prova fortemente que o medo do mal maior pode necessitar a coragem num homem para enfrentar o mal menor.

(e) "*Da veniam imperator; tu carcerem, ille gehennam minatur*" ("Escusais-me, ó Imperador, ameaçais os homens com prisão, mas ele me ameaça com o inferno"). Essa sentença e o que ele dissera no N. 17 – de que nem o juiz civil é o juiz próprio, nem a lei do país é a regra própria do pecado – e diversas outras afirmações de mesmo efeito tornam impossíveis para qualquer nação no mundo preservar-se a si mesma de guerras civis. Pois dado que todos os homens vivos reconhecem igualmente que Deus altíssimo e onipotente deve ser obedecido antes dos maiores imperadores, qualquer um pode fingir estar a serviço de uma ordem de Deus para justificar sua desobediência. E se um alega que Deus ordena uma coisa e outro homem que ele ordena o contrário, que equidade há em conceder à pretensão de um em detrimento da do outro? Ou que paz pode haver se se concede a ambos? Surgirão necessariamente, dessa forma, discórdia e guerra civil, a menos que haja um juiz acordado com autoridade dada por cada um deles para lhes mostrar e interpretar a palavra de Deus, intérprete que é sempre o imperador, rei, ou outra pessoa soberana, que deve ser, portanto, obedecida. Mas o bispo pensa que cabe ao clero nos mostrar e interpretar a palavra de Deus, no que não posso concordar com ele. Escusai-me, ó, bispo, ameaçais-me com aquilo que não podeis fazer; mas o imperador me ameaça com morte e é capaz de fazer o que ameaça fazer.

(f) "Em segundo lugar, ele também erra em sua edificação. Há uma grande diferença, como neste caso, entre justificar ou não justificar uma ação, entre força e medo etc. A força não apenas diminui o pecado, mas o suprime completamente" etc.

Não sei a qual ponto de minha resposta essa réplica sua se aplica. Disse que as ações dos homens que são compelidas são, não obstante, voluntárias. Parece que ele chama "compulsão" força, mas eu a chamo medo da força ou do dano feito pela força, medo pelo qual a vontade de um homem é de alguma maneira produzida para querer algo que antes não queria. A força elimina o pecado porque a ação não reside nele que é forçado, mas naquele que força. Não é sempre assim na compulsão, porque, neste caso, um homem escolhe o *mal menor* sob a noção de *bem*. Mas seus exemplos da donzela prometida que foi forçada e de Tamar podem, até onde aparece no texto, ser exemplos de compulsão e, não obstante, tanto a donzela como Tamar são inocentes. No que é apresentado logo em seguida, sobre o quanto o medo pode atenuar um pecado, não há nada para ser respondido. Noto que há aí algum reflexo da verdade, mas não os seus fundamentos. É verdade que o medo justo não exime dos preceitos de Deus ou da natureza, pois estes não podem ser suspensos, mas atenua a culpa, não pela diminuição de algo na ação, mas por não constituir uma transgressão. Pois se o medo for permitido, a ação que ele produz também será permitida. Tampouco ele exime, em caso nenhum, da lei positiva, a não ser quando torna a própria ação legítima, pois a infração da lei é sempre pecado. E é certo que os homens são obrigados a observar todos os preceitos positivos, mesmo com a perda de suas vidas, a menos que o direito que um homem tem de preservar a si mesmo faça com que eles, no caso de um medo justo, não sejam mais leis. "A omissão da circuncisão não era pecado", diz ele, "durante o tempo que os israelitas estavam viajando no deserto." Isso é bem verdadeiro, mas não tem nada a ver com a compulsão. E a causa pela qual não era pecado era esta: eles estavam prontos para obedecer a ela, assim que Deus lhes desse lazer e descanso da viagem para se tratarem, ou, ao menos, quando Deus, que falava diariamente com seu condutor no deserto, o designasse para renovar este sacramento.

(g) "Propor-lhe-ei um caso" etc.

O caso é este. Um criado é roubado e levam o dinheiro de seu mestre na estrada, mas é absolvido porque foi forçado. Outro criado gasta o dinheiro de seu mestre numa taverna. Por que ele não é absolvido também, visto que foi determinado de maneira necessária? "T.H.", diz ele, "admitiria essa desculpa?" Respondo que não, mas eu lhe faria algo que o determinaria necessariamente a se comportar melhor em outra ocasião, ou ao menos determinaria necessariamente outro a se comportar melhor por meio de seu exemplo.

(h) "Ele fala muito dos 'motivos para fazer e motivos para não fazer', como eles operam e determinam um homem, como se um homem racional não passasse de uma bola de tênis a ser jogada de um lado a outro pelas raquetes das causas segundas" etc.

Coisas grandes não podem ser produzidas pelas causas segundas, assim como as pequenas? E uma bola de futebol, produzida do mesmo modo que uma bola de tênis? Mas o bispo não se demove jamais da crença de que a vontade tem o poder de mover a si mesma, e diz que é a mesma coisa dizer que "um agente pode determinar-se a si mesmo" e que "a vontade é determinada por motivos extrínsecos". Ele acrescenta que "se não houver necessitação antes de o julgamento da reta razão dar o seu ditame à vontade, não há nenhuma necessitação antecedente nem extrínseca". Digo, de fato, que o efeito não é produzido antes do último ditado do entendimento; mas não digo que a necessidade não existia anteriormente; ele sabe que digo que ela existe desde a eternidade. Quando um canhão é disposto contra um muro, embora o impacto só se realize quando a bala atingir o muro, a necessidade, não obstante, estava presente durante todo o período no qual a bala estava a caminho, se o muro permanecer parado; e se ele desliza, o atingimento de alguma outra coisa era necessário, e isso de maneira antecedente.

(i) "O mundo inteiro sabe que, quando o agente é determinado por si mesmo, o efeito é determinado da mesma maneira em sua causa."

Sim, quando o agente é determinado por si mesmo, o efeito é determinado da mesma maneira em sua causa; e assim é qualquer outra coisa que ele queira que seja assim. Mas nada é determinado por si mesmo, tampouco há qualquer homem no mundo que possua alguma concepção que corresponda a essas palavras. Mas "motivos", diz ele, "determinam não naturalmente, mas moralmente". Isso é também sem significado, pois todo movimento é natural ou sobrenatural. Movimento moral é uma mera palavra, sem nenhuma imaginação na mente que lhe corresponda. Ouvi homens falarem de um movimento num tribunal de justiça; talvez seja isso que ele entende por movimento moral. Mas, certamente, quando a língua do juiz e as mãos dos escrivãos se movem, o movimento é natural e é proveniente de causas naturais, cujas causas também consistiam em movimentos naturais da língua do advogado. E quanto ao que ele acrescenta, que, se isso fosse verdadeiro, então "não apenas os motivos, mas a própria razão e a deliberação seriam vãs", já se respondeu suficientemente antes que elas não são vãs, porque por meio delas é produzido o efeito. Devo também observar que, frequentemente, ao citar minha opinião, ele coloca, em vez dos meus, os seus próprios termos, de cuja absurdidade me queixo todas as vezes, como aqui, em que ele me faz dizer (o que nunca disse) "influência especial das causas extrínsecas".

(k) "Ele diz que 'a ignorância das verdadeiras causas e de seu poder é a razão pela qual atribuímos o efeito à liberdade; mas, quando consideramos seriamente as causas das coisas, reconhecemos a necessidade'. Não há tal coisa, mas justamene o contrário."

Se ele não entende melhor os autores que ele lê relativos a esse ponto do que entende o que escrevi aqui, não admira que ele não entenda a verdade da questão. Não disse que, quando consideramos as causas das coisas, reconhecemos a necessidade, mas sim quando vemos e conhecemos a força que nos move. "Não há tal coisa", diz o bispo, "mas justo o contrário: quanto mais consideramos, mais claramente entendemos, maior é a liberdade" etc. Há alguma dúvida de que, se um homem dispusesse de presciência do que ocorrerá futuramente, como Deus, também veria e conheceria as causas que produzem o que ocorrerá, como operam e tornam o efeito necessário? Pois é necessário tudo de que Deus tem presciência. Mas nós, que não temos presciência a respeito delas, podemos considerá-las e tentar compreendê-las tão claramente quanto quisermos que não nos aproximaremos jamais do conhecimento de sua necessidade; e isso, disse eu, é a causa pela qual imputamos tais eventos à liberdade e não às causas.

(l) "Por fim, ele nos diz que 'a vontade escolhe por necessidade, assim como o fogo queima por necessidade'. Se ele pretende apenas dizer que a escolha é um ato próprio e natural da vontade como a combustão é do fogo etc., ele fala com verdade, mas da maneira mais impertinente; pois a questão agora não é sobre a potência eletiva in *actu primo*" etc.

Neste ponto, novamente, ele me faz dizer coisas sem sentido. Disse que "o homem escolhe com necessidade"; ele diz que digo que "a vontade escolhe com necessidade". E por quê?

Porque ele pensa que eu deveria falar como ele e dizer, como ele faz aqui, que "a escolha é o ato da vontade". Não: a escolha é o ato de um homem, assim como o poder de escolher é o poder de um homem. A escolha e a vontade são um único ato de um homem; e o poder de escolher e o poder de querer, um único e mesmo poder de um homem. Mas o bispo é confundido pelo hábito de se chamar pelo nome de vontade o poder de querer no futuro, assim como se confundiram aqueles que primeiro introduziram esse termo sem sentido de *"actus primus"*. O que digo é que a escolha que farei de algo futuramente é agora tão necessária quanto é necessário que o fogo, que existe agora e continuará a existir, queime qualquer matéria combustível que lhe seja lançada futuramente; ou, para usar os seus próprios termos, a vontade não tem mais poder para suspender seu querer que a queima do fogo para suspender sua queima; ou, mais corretamente, que o homem não tem mais poder para suspender sua vontade do que o fogo para suspender sua queima. O que é contrário ao que ele defende, a saber, que um homem teria poder para recusar o que quer e suspender seu próprio apetite. Pois recusar o que se quer implica uma contradição, o que se torna ainda mais absurdo pelo modo como ele se expressa, pois diz que a vontade tem o poder para recusar o que quer e suspender o seu próprio apetite, ao passo que *a vontade, o querer* e *o apetite* são a mesma coisa. Ele acrescenta que "mesmo a queima do fogo, se for considerada com todas as suas circunstâncias particulares, não é uma ação tão necessária como T.H. imagina". Ele não compreende suficientemente o que imagino. Pois imagino, a respeito de um fogo que queimará daqui a quinhentos anos, que posso dizer agora, de maneira verdadeira, que queimará necessariamente; e, a respeito daquele que não queimará (pois o fogo pode algumas vezes não queimar a matéria combustível que lhe é lançada, como no caso das três crianças), que é necessário que não queimará.

(m) "Duas coisas são requisitadas para tornar um efeito necessário: primeiro, que seja produzido por uma causa necessária etc.; segundo, que seja produzido necessariamente" etc.

A isso não digo nada, mas apenas que não entendo como uma causa pode ser necessária e o efeito não ser necessariamente produzido.

(n) "Meu segundo argumento contra essa distinção da liberdade da compulsão, que não é liberdade da necessitação, é novo e demonstra claramente que determinar de modo necessário a vontade por meio de uma necessidade física é compelir a vontade tanto quanto é suscetível de compulsão; e que aquele que necessita a determina ao mal desta maneira necessária é a verdadeira causa do mal" etc.

Em seu segundo argumento, que ele diz "ser novo e demonstrar" etc. não consigo encontrar a qual argumento se refere, pois não há senão dois, dos quais o último está contido nestas palavras: "em segundo lugar, para destroçar o fundamento dos adversários neste assunto, considero isto a clara solução das escolas. Há um duplo ato da vontade: um, mais remoto, denominado *imperatus* etc.; o outro ato é mais próximo, denominado *actus elicitus*" etc. Mas duvido que seja isso o que ele pretende indicar. Pois, sendo essa a solução das Escolas, não é nova; e sendo apenas uma distinção, não é demonstração, embora ele possa talvez usar a palavra demonstração, como todo homem ignorante usa hoje em dia para exprimir algum argumento lhe é próprio. Quanto à distinção mesma, posto que os termos são latinos e nunca foram usados por nenhum autor de língua latina, para mostrar sua impertinência, traduzo-os para nossa língua e deixo ao julgamento do leitor a incumbência de encontrar por si mesmo sua absurdidade. E o bispo, nessa parte de sua resposta, empenha-se em defendê-los. E primeiro ele chama uma objeção trivial e gramatical dizer que são *inadequadas* e *obscuras*. Há algo menos conveniente para um *teólogo* ou um *filósofo* do que falar de maneira *inadequada* e *obscura*, quando a verdade está em questão? Talvez isso seja mais tolerável para alguém que adivinha,[152] mas não para aquele que pretende demonstrar. Não é o uso corrente dos teólogos e filósofos que dá às palavras a sua autoridade, mas o conjunto daqueles que reconhecem compreendê-las. *Tirano* e *praemunire*, embora seus significados tenham mudado, não deixam de ser compreendidos, assim como os nomes dos dias: domingo, segunda, terça. E quando os leitores que não estão envolvidos com a teologia escolástica considerarem os termos *atos imperados e elícitos* tão inteligíveis como aqueles, admitirei que não tenho razão para considerá-los defeituosos.

Mas meu ato de esbravejar contra essa distinção famosa e bastante necessária entre os atos elícitos e imperados da vontade seria, segundo ele, apenas para esconder dos olhos do leitor uma tergiversação ao não responder ao seu argumento: "aquele que determina de modo necessário a vontade ao mal é a verdadeira causa do mal; mas Deus não é causa do mal; portanto, ele não determina de modo necessário a vontade ao mal". Esse argumento não pode ser encontrado neste N. 20, ao qual respondi aqui;

---

152 "[...] in one that divineth." Há aqui um jogo de palavras que não pode ser traduzido para o português entre o verbo "to divine" (adivinhar ou prever com base em práticas de adivinhação) e o substantivo "divine", que significa "teólogo".

tampouco disse alguma vez que a vontade era compelida. Mas ele, tomando toda necessitação por compulsão, introduz nesta passagem, que trata simplesmente da necessitação, essa inferência concernente à causa do mal e pensa que pode me forçar a dizer que Deus é a causa do pecado. Direi apenas o que é dito nas Escrituras: *"non est malum, quod ego non feci"*.[153] Direi o que Miqueias disse a Acab (1 Reis, 22, 23): "Olhai, o Senhor infundiu um espírito de mentira na boca de todos esses teus profetas". Direi que é verdadeiro o que o profeta Davi disse (2 Samuel, 16, 10): "Deixe-o amaldiçoar; porque o Senhor lhe disse 'amaldiçoe Davi'". Mas sobre o que o próprio Deus disse a si mesmo – (1 Reis, 12, 15) "O rei não ouviu o povo, pois a causa provinha do senhor" – não direi nada, para que o bispo não exclame contra mim, mas deixe isso ser interpretado por aqueles que possuem autoridade para interpretar as Escrituras. Digo, ademais, que causar o pecado nem sempre é pecado, tampouco pode haver pecado naquele que não está sujeito a algum poder superior ao seu. Mas não posso jamais ser forçado a empregar uma frase tão indecente, como dizer que Deus é a causa do pecado, porque soa dizer que Deus peca, por um argumento tão fraco como este seu. Lutero diz que "agimos necessariamente; necessariamente por necessidade de imutabilidade, não de coação",[154] isso significa, em lingua-

---

153 "Não há mal que eu não tenha feito." Amós, 3, 6.
154 "Pois se não somos nós, e, sim, tão somente Deus que opera a salvação em nós, não operamos nada de salutar antes da obra dele, quer queiramos, quer não. Digo 'necessariamente', não 'por coação', mas, como dizem eles, 'por necessidade de imutabilidade, não de coação'. Isso é: quando o ser humano está sem o Espírito de Deus, não faz o mal por violência, contra a vontade, como se fosse arrastado

gem clara: necessariamente, mas não contra nossas vontades. Zanchius diz em seu *Tract. theol*, cap. 6, tese I:[155] "A liberdade de nossa vontade não consiste nisto, de que não há necessidade em nós pecarmos, mas nisto: que não há coação". Em seu *Lib. de Concordia*, Martin Bucer[156] afirma: "Quando os católicos dizem que o homem tem livre-arbítrio, devemos entender isso a respeito da liberdade de coação e não da liberdade da necessidade". Calvino em seu *Instutas*, cap. 2, seção 6:[157] "Portanto, deve-se dizer que o homem tem livre-arbítrio não porque possui igual liberdade para fazer o bem e o mal, mas porque faz o mal que faz não por coação, mas querendo". O senhor Pierre du Moulin,[158] em seu *Escudo da Fé*, art. 9: "A necessidade de pecar não é incompatível com a liberdade da vontade. Indício disso são os demônios, que são necessariamente maus e, não obstante, pecam livremente, sem coação". E o Sínodo de Dort: "A liberdade não se opõe a todos os tipos de necessida-

---

pelo pescoço, do mesmo modo que um ladrão ou bandido é levado para o castigo contra a vontade, mas o faz espontaneamente, com vontade e com prazer." Lutero, *Da vontade cativa* (*De servo arbitrio*), 1ª parte, 6. In: Lutero, *Obras selecionadas*, vol IV. Trad. L. M. Sander, L. H. Dreher e I. Kayser. São Leopoldo: Editora Sinodal, p.48.

155 Zanchius, *Tract. theol*, cap. 6, tese I. Hieronymus Zanchius ou Girolamo Zanchi (1516-1590) foi um reformador italiano muito influenciado por Calvino.

156 Bucer, *Lib. de Concordia*. Martin Bucer (1490-1551), originalmente membro da ordem dominicana, tornou-se um importante reformador após sofrer influência de Lutero.

157 Calvino, *Instutas da religião cristã*, cap. 2, seção 6.

158 Pierre du Moulin (1568-1658) foi um ministro huguenote. O *Bouclier de la foi ou défense de la Confession de la Foi des Églises réformées du royaume de France* foi publicado em 1619.

de e determinação. É deveras oposta à necessidade de coação; mas coexiste suficientemente bem com a necessidade de infalibilidade". Poderia acrescentar mais, pois todos os doutores famosos das Igrejas reformadas e, com eles, Santo Agostinho, são da mesma opinião. Nenhum deles negava que Deus era a causa de todo movimento e ação ou que Deus é a causa de todas as leis; e, não obstante, eles nunca foram forçados a dizer que Deus é a causa do pecado.

(o) "'Aqueles que inventaram este termo de *actus imperatus* não entendem nada o que significa'. Não; por que não? Parece-me que eles entendem-no melhor do que aqueles que lhe fazem objeções. Eles sabiam que há *termos mentais*, que são apenas concebidos na mente, bem como *termos vocais*, que são expressos com a língua" etc.

Neste lugar o bispo descobriu o fundamento de todos os seus erros em filosofia, que é este: ele pensa que, quando repete as palavras de uma proposição em sua mente, isto é, quando fantasia as palavras sem pronunciá-las, concebe as coisas que as palavras significam: e esta é a causa mais geral das opiniões falsas. Pois os homens nunca podem se enganar nas concepções das coisas, embora possam se enganar, e frequentemente se enganem, ao lhes dar termos ou denominações incorretas, diferentemente daquelas que são geralmente usadas e estabelecidas para significar suas concepções. Assim, aqueles que estudam para obter certo conhecimento da verdade costumam estabelecer previamente todos os termos que utilizam e declaram em qual sentido eles os empregarão constantemente. E, por esse meio, o leitor, tendo uma ideia de tudo que está nomeado, não pode conceber erroneamente. Mas quando um homem, ao ouvir uma palavra, não tem a ideia da coisa significada, mas apenas do som e das letras com as quais a palavra é feita, o que é aqui denominado por ele *termos mentais*, é impossível que ele conceba corretamente ou gere algo além de absurdidades, como ele faz aqui quando diz "que, quando Tarquino dava ordens ao seu filho apenas cortando as cabeças das papoulas, e era entendido e obedecido por ele, ele o fazia por meio de *termos mentais*" — como se cortar a cabeça de uma papoula fosse um termo mental. O som e as letras fazem que ele pense que *elicitus* e *imperatus* são algo. E é a mesma coisa que o faz dizer — pois pensar ele não pode — que querer ou escolher é atraído, seduzido ou extraído do poder da vontade. Pois a atração só pode ser imaginada a respeito de corpos; portanto, não se pode dizer de maneira inteligível que querer, falar, escrever, dançar, saltar ou se mover de qualquer maneira são *atraídos*, muito menos dizer que são extraídos de um poder, isto é, de uma capacidade; pois o que quer que seja extraído, é extraído de um lugar para o outro. Aquele que pode discursar dessa maneira em filosofia provavelmente não pode ser considerado capaz de discursar racionalmente sobre nada.

(p) "Sua outra objeção contra a distinção dos atos da vontade em *elícitos* e *ordenados* é a de obscuridade. 'Não se poderia', diz ele, 'facilmente denominá-lo em nossa língua uma ação voluntária?' Sim, poder-se-ia facilmente, mas não de maneira verdadeira nem adequada."

Ele diz que se trata de *actus imperatus* quando um homem abre e fecha os olhos a partir da ordem da vontade. Digo que quando um homem abre e fecha os olhos de acordo com sua vontade, trata-se de uma ação voluntária; e acredito que nos referimos a uma e mesma coisa. Que o leitor julgue quem de nós fala de maneira mais adequada e verdadeira.

(q) "Mas seus erros são tão grosseiros etc. Cumprirei o meu dever de mostrar-lhe o caminho correto. Em primeiro lugar, nenhum dos atos que propriamente se diz serem compelidos são voluntários. Em segundo lugar, os atos de terror" etc.

Isso não passa de *tohu* e *bohu*.

N. 21

J.D. O restante são vultos rapidamente dissipados. Primeiro, o astrólogo sobe e sujeita a liberdade aos movimentos do céu, aos aspectos e ascensões das estrelas:

> Plus etenim fati valet hora benigni,
> Quam si nos Veneris commendet epistola Marti.[159]

Não me fio muito naqueles que não conseguem ver os peixes nadando a seu lado nos rios, mas acreditam ver aqueles que estão no céu; que prometem grandes tesouros para outros e imploram por uma moeda para si mesmos. As estrelas no máximo inclinam, mas não podem necessitar.

Segundo, os médicos sujeitam a liberdade à compleição e ao temperamento do corpo, mas isso não fundamenta uma necessidade. Sócrates e muitos outros, por meio de cuidado constante, corrigiram propensões perniciosas que decorriam de seus temperamentos.

T.H. No restante de seu discurso ele reúne as opiniões de certas profissões de homens sobre as causas que constituem

---

[159] "Felice uma hora vale mais que quanto / De empenho Vênus escreve a Marte". (Cf. Juvenal, *Sátiras*, XVI, versos 4 e 5, op. cit., p.136.)

a necessidade das coisas. Primeiro, diz ele, o astrólogo deriva sua necessidade das estrelas. Segundo, o médico a atribui ao temperamento do corpo. De minha parte, não sou de sua opinião, porque nem as estrelas nem o temperamento por si só são capazes de produzir qualquer efeito sem o concurso de todos os outros agentes. Pois dificilmente há alguma ação, por mais casual que pareça, para cuja causação não concorra tudo o que está *in rerum natura*. O que, por ser um grande paradoxo e depender de muitas especulações precedentes, é um ponto sobre o qual não insistirei aqui.

J.D. Perto do fim do meu discurso respondi a alguma alegações capciosas contra a liberdade. As duas primeiras eram as do astrólogo e do médico, um sujeitando a liberdade aos movimentos e às influências dos corpos celestes, e o outro às compleições dos homens. (a) A síntese de minha resposta era que as estrelas e as compleições inclinam, mas não determinam de modo nenhum a vontade necessariamente – com o que todo astrônomo e médico judicioso está de acordo. E o próprio T.H. não discorda disso. Portanto, com relação a essa parte, não há necessidade de réplica. (b) Mas quando ele menciona um "grande paradoxo dele próprio, de que dificilmente há alguma ação, por mais casual que pareça, para cuja causação não concorra tudo que está *in rerum natura*", não posso senão sorrir ao ver quanta ambição nossos maiores inovadores têm para serem considerados os primeiros fundadores de opiniões estranhas, como se a invenção de paradoxos mal fundados fosse uma honra tão grande como a invenção da agulha ou a descoberta do novo mundo. E quanto a esse paradoxo em particular, não me ocupo de atos naturais, porque o assunto do meu discurso é a liberdade moral. Mas se ele não se refere apenas a certos tipos de coisa, mas a toda criatura individual, e não apenas em atos naturais, mas também voluntários, gostaria de saber como o Preste João,[160] ou o grande mongol, ou o rei da China ou qualquer um dos seus milhares de súditos concorrem para meu ato de escrever essa réplica. Se eles não concorrem, espero que ele, entre outras especulações suas concernentes a essa matéria, nos indique algumas restrições. Seria problemático fazer todos os negros cúmplices de todos os assassinatos que são cometidos na Europa.

CRÍTICA DA RÉPLICA DO BISPO N. 21

Não há muito nessa parte de sua réplica que necessite de crítica. Mas devo observar que, quando ele diz "(a) a súmula da minha resposta era que as estrelas e as compleições inclinam, mas não determinam de nenhum modo a vontade necessariamente", ele não responde absolutamente nada a mim, que não atribuo a necessitação da vontade às estrelas e compleições, mas ao agregado de todas as coisas que estão em movimento. Não digo que as estrelas ou compleições inclinam por si mesmas os homens a quererem; mas quando os homens são inclinados, devo dizer que aquela inclinação foi tornada necessária por algumas causas.

(b) "Mas quando ele menciona um 'grande paradoxo dele próprio, de que dificilmente há alguma ação, por mais casual que pareça, para cuja causação não concorra tudo que está *in rerum natura*', não posso senão sorrir ao ver quanta ambição nossos maiores inovadores têm para serem considerados os primeiros fundadores de opiniões estranhas" etc.

---

[160] Preste João foi, de acordo com relatos de peregrinos do século XII, um soberano cristão do Oriente.

O bispo fala sempre de paradoxos com tanto desprezo e execração que um leitor crédulo poderia tomar um paradoxo por felonia ou algum outro crime hediondo ou ainda por alguma torpeza ridícula, ao passo que um leitor judicioso talvez saiba o que a palavra significa e que um paradoxo é uma opinião que ainda não é geralmente aceita. A religião cristã foi outrora um paradoxo e muitas das opiniões que o bispo agora sustenta eram antes paradoxos. De maneira que, quando um homem chama uma opinião de paradoxo, ele não diz que não é verdadeira, mas se refere a sua própria ignorância. Pois se a compreendesse, ele a chamaria de verdadeira ou de um erro. Ele não observa que, se não fossem pelos paradoxos, estaríamos naquela ignorância selvagem na qual se encontram aqueles homens que não possuem, ou há muito não possuem, leis e república, das quais nascem a ciência e a civilidade. Não faz muito tempo que um estudioso sustentou que, se a menor coisa provida de peso fosse colocada sobre o corpo mais duro que possa haver, supondo-se que fosse uma bigorna de diamante, este iria ceder ao primeiro contato daquele. Considerei isso um paradoxo, e o bispo o consideraria muito mais. Mas quando ele me disse que ou bem esse corpo leve faria o corpo duro ceder ou bem todo o peso do mundo não o faria, porque, se o peso inteiro o fez, cada uma de suas menores partes faz a sua parte, não vi nenhuma razão para discordar. Da mesma maneira, parece um grande paradoxo ao bispo quando digo que "dificilmente há alguma ação, por mais casual que pareça, para cuja causação não concorra tudo que está *in rerum natura*". E se eu dissesse que toda ação é o efeito do movimento, e que não pode haver um único movimento em uma parte do mundo que não se comunique ao restante do mundo, ele diria que não se trata de um paradoxo menor. Mas se eu dissesse que um corpo menor, como uma esfera côncava ou um tonel, estivesse cheio de ar ou de algum líquido, e que, se cada pequena partícula dele se movesse, todo o restante se moveria também, ele o julgaria verdadeiro, ou, se não o julgasse, um leitor judicioso o faria. Não é a dimensão do tonel que altera a situação, e, assim, o mesmo seria também verdadeiro se o mundo inteiro fosse o tonel, pois é a grandiosidade desse tonel que o bispo não compreende. Mas a verdade é suficientemente compreensível e pode se dizer que é a fundadora sem ambição de estranhas opiniões. E embora um homem sério possa rir diante disso, aquele que é tanto sério como sábio não rirá.

N. 22

J.D. Terceiro, o filósofo moral nos conta como somos içados de um lado a outro pelos objetos externos. A isso respondo que, em primeiro lugar, o poder que os objetos externos têm sobre nós se deve na maioria das vezes a nossa própria falta, em razão daqueles hábitos viciosos que contraímos. Assim, embora as ações pareçam conter uma espécie de violência, eram, não obstante, livres e voluntárias em sua primeira origem. Assim, para usar a comparação de Aristóteles,[161] um homem paralítico

---

161 O exemplo que Aristóteles apresenta no tratamento de vícios corporais voluntários é o do cego. "Não somente os vícios da alma são voluntários, mas, para algumas pessoas, são também voluntários os do corpo, os quais censuramos; com efeito ninguém censura os que são feios por natureza, mas os que são por falta de exercício e por negligência. Similarmente quanto à fraqueza e à mutilação: com efeito, ninguém quererá reprovar quem é cego por natureza, por uma doença ou por uma batida, mas terá antes piedade; todo

que verte bebidas alcoólicas merece ser punido, pois, embora seu ato seja involuntário, sua intemperança, por meio da qual contraiu a enfermidade, foi voluntária.

Em segundo lugar, respondo que a concupiscência, o costume, a má companhia e os objetos externos constituem de fato uma propensão, mas não uma necessidade. Por meio de preces, lágrimas, meditações, votos, vigílias, jejuns e prosternações um homem pode adquirir o hábito contrário e obter vitória não apenas sobre os objetos externos, mas também sobre suas corrupções, e se tornar o rei de seu próprio microcosmos.

> Si metius, si prava cupis, si duceris irà,
> Servitii patiere jugum, tolerabis iniquas,
> Interius leges. Tunc omnia jure tenebis,
> Cum poteris rex esse tui.[162]

Em terceiro lugar, uma mente resoluta, que pondere todas as coisas judiciosamente e esteja preparada para todas as ocasiões, não é tão facilmente surpreendida pelos objetos externos. Apenas Ulisses não chorou ao encontrar sua esposa e seu filho.[163]

---

mundo, porém, recriminará quem o é por alcoolismo ou por outra intemperança." (Aristóteles, *Ética a Nicômaco*, III, 7, 1114a 22-30, 2008, p.72-73).

162 "Se receias, se tens desejos depravados, sob a cólera e o julgo das paixões, alimentas em ti um caráter iníquo. Mas terás tudo sob controle quando puderes reinar a ti mesmo." (Cláudio Cladiano, *Panegyricus de Quarto Consulatu Honorii Augusti*.)

163 Bramhall está se referindo ao episódio da *Odisseia*, no qual Ulisses retorna a Ítaca, uma década depois do fim da Guerra de Troia (que também durara dez anos), disfarçado como um ancião mendicante. Primeiro, ele encontra Telêmaco, seu filho, na casa de Eumeu e lhe

"Queria bater em ti", disse o filósofo, "mas estou em cólera."[164] Um falou o mais baixo possível quando estava muito emocionado. Outro despejou a água quando estava com sede.[165] Outro ainda fez um pacto com seus olhos.[166] Nenhuma oportunidade ou sedução podia triunfar sobre José.[167] Nem a música ou o fogo, sobre as três crianças.[168] Não é a força do vento, mas a leveza da palha que a faz ser levada para longe. Objetos externos não impõem uma necessidade moral, muito menos física: eles podem ser perigosos, mas não destrutivos para a verdadeira liberdade.

T.H. Em terceiro lugar, ele contesta a opinião daqueles que dizem que os objetos externos apresentados aos homens de

---

revela sua identidade para juntos tramarem um plano contra os pretendentes de sua esposa, Penélope (canto XVI, versos 187-191). Nesse momento da narrativa, ao contrário do que alega Bramhall, Ulisses não consegue conter o pranto que até o momento represara. A continência exemplificada se aplica mais ao episódio narrado na canto XIX (versos 185-212), quando Ulisses, ainda disfarçado e não reconhecido, conta a Penélope que encontrara seu consorte e esta se desfaz em lágrimas, enquanto ele "muito sentia por ver a mulher, desse modo, chorando, mas conseguiu manter firmes os olhos nas pálpebras firmes, como se fosse de chifre ou de ferro, a emoção escondendo" (Homero, *Odisseia*. Trad. Carlos Alberto Nunes. Rio de Janeiro: Ediouro, 2002, p.325).

164 "Um dia Xenócrates o visitou e Platão pediu-lhe que castigasse seu escravo, alegando que se sentia impossibilitado de fazê-lo por estar encolerizado. Conta-se também que ele disse a um de seus servos: 'Eu te açoitaria se não estivesse encolerizado'" (Diógenes Laércio, *Vidas e doutrinas dos filósofos ilustres*, III, 38-39, op. cit., p.94.)
165 2 Samuel, 23, 17.
166 Jó, 31, 1.
167 Gênesis, 39, 7.
168 Daniel, 3, 13.

determinados temperamentos tornam suas ações necessárias; e diz que o poder que tais objetos têm em relação a nós tem origem em nossa própria falta. Mas isso de nada serve para sua posição, se essa falta nossa provier de causas que não estão em nosso poder. Portanto, aquela opinião pode ser considerada verdadeira a despeito de sua resposta. Adiante ele diz que a prece, o jejum etc. podem alterar nossos hábitos. É verdade: mas quando assim fazem são causas do hábito contrário e o tornam necessário; assim como o hábito precedente teria sido necessário se não houvesse a prece, o jejum etc. Ademais, somos movidos ou dispostos à prece ou a qualquer outra ação exclusivamente por objetos externos, como uma companhia piedosa, pregadores devotos ou algo equivalente. Na próxima passagem, ele diz que uma mente resoluta não é facilmente surpreendida. Como a mente de Ulisses, que era o único a não chorar quando outros choravam. E o filósofo que se absteve de bater, porque estava em cólera. E aquele que despejou a água quando estava com sede, e coisas semelhantes. Admito que tais coisas ocorreram ou podem ter ocorrido, e que provam apenas que não era necessário Ulisses chorar nem o filósofo bater, nem aquele outro homem beber; mas não provam que não era necessário que Ulisses se abstivesse de chorar, como fez; nem que o filósofo se abstivesse, como fez, de bater; nem que o outro homem se abstivesse de beber. Não obstante, era isso que ele deveria ter provado.

Por fim, ele admite que a disposição dos objetos pode ser perigosa para a liberdade, mas não pode ser destrutiva. A isso respondo que se trata de algo impossível, pois o único perigo para a liberdade é ser perdida. E se não pode ser perdida, que é o que ele admite, posso inferir que não pode correr nenhum perigo.

J.D. (a) A terceira alegação era proveniente de uma má compreensão da filosofia moral, de que os objetos externos determinam de modo necessário a vontade. Não preciso repetir o que ele omitiu, mas apenas o suficiente para satisfazer suas objeções. (b) A primeira é que "não é pertinente dizer que o poder dos objetos externos provenha de nossas faltas, se essas faltas nossas provierem de causas que não estão em nosso próprio poder". Bem, mas se elas provierem de causas que estão em nosso poder, como, de fato, provêm, sua resposta é um mero subterfúgio. Se nossas faltas provêm de causas que não estão nem estavam em nosso poder, então não são absolutamente faltas nossas. Não constitui uma falta nossa não fazer as coisas que nunca estiveram em nosso poder fazer, mas a falta é das causas a partir das quais elas se originaram. (c) A seguir ele admite que está em nosso poder, por meio de bons esforços, alterar esses hábitos viciosos que contraímos, e adquirir o hábito contrário. "Verdade", diz ele, "mas então o hábito contrário necessita num sentido, assim como o hábito precedente necessitava em outro". Com base nessa consideração, aparece que o que ele denomina uma necessidade não passa de uma propensão. Se fosse uma necessidade verdadeira, não poderia ser evitada nem alterada por nossos esforços. A verdade é que hábitos adquiridos auxiliam e assistem a faculdade, mas não a determinam de modo necessário. Aquele que adquiriu para si um hábito de temperança pode, não obstante, de acordo com a ocasião, cometer um ato intemperante. E da mesma forma, pode ocorrer o contrário. A hábitos não se opõem atos, mas outros hábitos. (d) Ele acrescenta "que somos movidos para a prece ou para outra ação qualquer exclusivamente por objetos externos, como uma companhia piedosa, pregadores devotos, ou algo equivalente". Nisso residem dois outros erros: primeiro, considerar os pregadores devotos e a companhia piedosa, que são agentes externos, como objetos externos. Segundo, afirmar que a vontade só é movida por objetos externos. A vontade é movida por si mesma, pelo entendimento, pelas paixões sensíveis, pelos anjos bons e maus, pelos homens, e, de modo mais eficaz, pelos atos ou hábitos infundidos por Deus, pelos quais a vontade é excitada deveras extraordinariamente, mas de maneira eficaz e determinada. Isso não é simplesmente equivalente a objetos externos.

Outra ramificação da minha resposta era que uma mente resoluta e preparada é capaz de resistir tanto à apetência dos objetos como à indisciplina das paixões, como mostrei pelos exemplos. (e) Ele responde que provo que Ulisses não foi determinado de maneira necessária a chorar, nem o filósofo a bater, mas não provo que eles não foram determinados de maneira necessária a se absterem. Ele disse a verdade. Não estou agora provando, mas respondendo. Não obstante, minha resposta prova de maneira suficiente aquilo que pretendo provar, que a vontade racional tem poder tanto para desdenhar os objetos mais apetecíveis como para controlar a paixão mais indisciplinada. Apenas depois que tiver dado uma solução clara a essas provas apresentadas por mim, será o momento para ele clamar por mais trabalho.

Por fim, quando digo que os objetos externos podem ser perigosos, mas não destrutivos para a verdadeira liberdade, ele assume isso (f) e objeta que "o único perigo para a liberdade é ser perdida, mas digo que não pode ser perdida; portanto", infere ele, "ela não corre nenhum perigo". Respondo, em primeiro lugar, que a liberdade corre mais perigo de ser abusada do que de ser perdida. Há muitos mais homens que abusam de sua inteligência do que homens que a perdem. Em segundo lugar, a liberdade corre igualmente perigo de ser enfraquecida ou diminuída, como quando é obstruída por hábitos viciosos contraídos por nós próprios, e não obstante, não é totalmente perdida. Em terceiro lugar, embora a liberdade não possa ser completamente perdida no mundo, pode, não obstante, ser totalmente perdida para este ou aquele homem particular quanto a seu exercício. A razão é a raiz da liberdade; e embora nada seja mais natural a um homem do que a razão, muitos, não obstante, por excesso de estudo ou por contínua glutonaria ou por alguma paixão extravagante que nutriram em si mesmos ou por ter apego excessivo a algum objeto de seu afeto, tornam-se embriagados e privam-se do uso da razão e, por conseguinte, da liberdade. E mesmo quando o benefício da liberdade não é assim universalmente perdido, pode, não obstante, ser perdido relativamente a essa ou aquela ocasião particular. E aquele que faz a escolha por uma má esposa perde sua liberdade precedente de escolher uma boa.

CRÍTICA DA RÉPLICA DO BISPO N. 22

(a) "A terceira alegação era proveniente de uma má compreensão da filosofia moral, de que objetos externos a vontade."

Não consigo imaginar como a questão de saber se os objetos externos determinam necessariamente ou não a vontade possa, de alguma maneira, ser referida à filosofia moral. Os princípios da filosofia moral são as leis, com os quais os objetos externos não têm muito a ver, por serem, em sua maior parte, inanimados, e seguirem sempre a força da natureza sem respeito às leis morais. Tampouco posso conceber com que propósito ele trouxe isso para sua réplica à minha resposta, na qual não atribuo qualquer moralidade à ação dos objetos externos.

(b) "A sua primeira objeção é que 'não é pertinente dizer que o poder dos objetos externos provenha de nossas próprias faltas, se essas faltas nossas provierem de causas que não estão em nosso próprio poder'. Bem, mas se elas provierem de causas que estão em nosso próprio poder, como, de fato, provêm, sua resposta é um mero subterfúgio."

Mas como ele prova que elas em verdade o são? "Porque de outro modo", diz ele, "elas não seriam absolutamente faltas nossas." Muito bem raciocinado. Um cavalo é coxo em razão de uma causa que não estava em seu poder; portanto, a coxeadura não é uma falta no cavalo. Mas o que ele pretende afirmar é que não haveria injustiça a menos que as causas estivessem em seu próprio poder – como se não fosse injustiça tudo o que é feito voluntariamente contra a lei, qualquer que seja a causa da vontade para fazê-lo.

(c) "A seguir ele admite que está em nosso poder, por meio de bons esforços, alterar esses hábitos viciosos que contraímos e adquirir os hábitos contrários."

Não há tal admissão em minha resposta. Disse que preces, jejum etc. podem alterar nossos hábitos.

"'Verdade', diz ele, 'mas então o hábito contrário determina necessariamente num sentido, assim como o hábito precedente determinava em outro'. A partir dessa consideração mesma, parece que o que ele denomina uma necessidade não passa de uma propensão. Se fosse uma necessidade verdadeira, não poderia ser evitada nem alterada por nossos esforços."

Novamente ele erra: pois disse que prece, jejum etc., quando alteram nossos hábitos, necessariamente causam os hábitos contrários, o que não é dizer que o hábito determina de maneira necessária, mas que é determinado de maneira necessária.

Mas isso é um procedimento comum dele: fazer que eu diga aquilo que ele, a partir de leitura e não de meditação, diz. Mas como a prece e jejum etc. podem constituir apenas uma propensão nos homens a fazer o que fazem? Pois se fosse apenas uma propensão, então não fariam o que fazem. Por conseguinte, ou bem eles determinam a vontade de maneira necessária ou bem a vontade não se produz. Defendo apenas a verdade disto: quando a vontade os segue, eles determinam a vontade de maneira necessária; e quando uma propensão se segue, eles determinam a propensão de maneira necessária. Mas o bispo acha que afirmo que também é produzido necessariamente o que absolutamente não é produzido.

(d) "Ele acrescenta 'que somos movidos para a prece ou para outra ação qualquer exclusivamente por objetos externos, como companhia piedosa, pregadores devotos, ou algo equivalente'. Nisso residem dois outros erros: primeiro, considerar os pregadores devotos e a companhia piedosa, que são agentes externos, como objetos externos. Segundo, afirmar que a vontade só é movida por objetos externos. A vontade é movida por si mesma etc."

O primeiro erro, adverte ele, é que considero objetos pregadores e companhia. Não é o pregador para o ouvido o objeto de sua audição? Não, talvez ele diga que é a voz que é o objeto e que não ouvimos o pregador, mas sua voz, como antes ele disse que o objeto da vista não era causa da vista. Devo, assim, fazê-lo sorrir mais uma vez com um grande paradoxo, que é este: que, para todos os sentidos, o objeto é o agente, e que, quando ouvimos um pregador, é o pregador que ouvimos; e que a sua voz é a mesma coisa que a audição e uma imaginação no ouvinte, embora o movimento dos lábios e de outros órgãos da fala pertença ao falante. Mas sobre isso escrevi mais extensamente num lugar mais apropriado.[169]

Meu segundo erro, ao afirmar que a vontade só é movida por objetos externos, é um erro dele próprio. Pois não disse que a vontade é movida, mas que nós somos movidos, pois sempre evito atribuir movimento a qualquer coisa que não seja corpo. A vontade é produzida, gerada, formada e criada da mesma maneira como os acidentes são produzidos num sujeito corporal, mas movida não pode ser porque não anda de um lugar para o outro. E quando ele diz que "a vontade é movida por si mesma", se ele tivesse falado da maneira apropriada como deveria, e dito que a vontade é feita ou criada por si mesma, ele teria imediatamente reconhecido que isso é impossível. Assim, não é sem causa que os homens usam linguagem inadequada quando querem evitar que seus erros sejam detectados. E porque nenhuma coisa pode mover sem ser ela própria movida, diz-se falsamente que a vontade ou qualquer outra coisa é movida por si mesma, pelo entendimento, pelas paixões sensitivas ou pelos atos ou hábitos; ou que atos ou hábitos são infundidos por Deus. Pois infusão é movimento e nada é movido senão corpos.

(e) "Ele responde que provo que Ulisses não foi determinado de maneira necessária a chorar, nem o filósofo a bater, mas não provo que eles não foram determinados de maneira necessária a se abster. Ele disse a verdade. Não estou agora provando, mas respondendo."

Com sua licença, embora ele estivesse respondendo agora, estava provando. E o que ele responde agora não acrescenta em nada para a prova precedente. Pois estas palavras "a von-

---

169 Cf. Hobbes, *Do corpo*, parte IV ("Da física ou dos fenômenos da natureza").

tade racional tem poder tanto para desdenhar os objetos mais apetecíveis como controlar a paixão mais indisciplinada", ao serem colocadas em seus termos adequados, reduzem-se a isto: o apetite tem o poder de existir sem apetite em direção aos objetos mais apetitosos e de querer contrariamente à vontade mais indisciplinada, o que constitui um jargão.

(f) "Ele objeta que 'o único perigo para a liberdade é ser perdida, mas digo que não pode ser perdida'; portanto, ele infere que 'ela não corre nenhum perigo'. Respondo, em primeiro lugar, que a liberdade corre mais perigo de ser abusada do que de ser perdida etc. Em segundo lugar, a liberdade corre igualmente perigo de ser enfraquecida ou diminuída por hábitos viciosos. Em terceiro lugar, pode ser totalmente perdida."

É verdade que um homem tem mais liberdade em um momento do que em outro e tem mais liberdade em um lugar do que em outro, o que é uma diferença de liberdade quanto ao corpo. Mas quanto à liberdade de fazer o que queremos, no que diz respeito às coisas que somos capazes de fazer, ela não pode ser maior num momento do que no outro. Por conseguinte, objetos externos não podem colocar a liberdade em perigo, muito menos destruí-la. E sua resposta, de que a liberdade corre mais perigo de ser abusada do que de ser perdida, não acrescenta nada à questão, mas é apenas mero desvio para que se pense que ele não foi silenciado. E quando ele diz que a liberdade é diminuída por hábitos viciosos, só se pode entender que aqueles hábitos viciosos tornam um homem menos livre para cometer ações viciosas, o que, acredito, não era o que ele queria dizer. Por fim, quanto ao que ele diz, que "a liberdade é perdida quando a razão é perdida e que aqueles que, por excesso de estudo ou por contínua glutonaria ou por alguma paixão extraordinária etc. tornam-se embriagados, e, por conseguinte, perdem sua liberdade", isso requer prova. Pois, tanto quanto posso observar, no que diz respeito às coisas que estão em seu poder fazer, loucos e tolos têm a mesma liberdade que outros homens.

N. 23

J.D. Em quarto lugar, o filósofo natural ensina que a vontade necessariamente segue o último ditado do entendimento. É verdade, de fato, que a vontade deve seguir a direção do entendimento; mas não estou convencido de que ela sempre o siga. Algumas vezes, esse dito se realiza: *"video meliora proboque, deteriora sequor"*[170] — como o grande romano disse a respeito de dois pretendentes: que um produzia as melhores razões, mas que o outro devia obter o cargo.[171] Assim, a razão frequentemente esmorece aos pés do afeto. As coisas mais próximas dos sentidos movem de maneira mais poderosa. Não importa o que um homem faça, ele se entristecerá mais com a morte de seu filho do que com o pecado de sua alma. Não obstante, na apreciação do juízo, ele considera a ofensa a Deus um mal maior do que qualquer perda temporal.

---

170 "Sei onde está o bem e como tal o reconheço, mas prefiro fazer o mal" (Ovídio, *Metamorfoses*, VII, 20, op. cit., p.363). Essa é uma fala de Medeia, concernente ao conflito entre razão e paixão.

171 "Com efeito, segundo se conta, César dissera que Cássio reunia mais méritos, mas, nem por isso, passaria na frente de Brutus" (Plutarco, *Vida de César*, in: *Vidas paralelas*, op. cit., vol. VI, p.200). Trata-se do momento em que César seleciona qual dos dois rivais deveria obter a primeira pretura da república romana.

Em seguida, não acredito que um homem esteja sujeito a ponderar a conveniência e a inconveniência de cada ação ordinária e trivial até o último grão na balança de seu entendimento; ou a subir em sua torre de observação com sua luneta para observar cada gralha que voa perto por receio de algum perigo escondido. Para mim, isso parece ser a prostituição da razão a pequenas observações, como aquelas que concernem a cada trapo que um homem usa ou a cada gota de bebida, cada pedaço de pão que ele come, cada passo que dá. Assim, ele precisaria dar um tal número de passos, não mais nem menos, sob pena de pecado mortal. O que é isso senão uma roda e uma forca para a consciência? Mas Deus deixa muitas coisas indiferentes, embora o homem seja tão curioso para saber o que ele não fará. Um bom arquiteto assegurará o provimento de materiais suficientes para sua construção, embora não se preocupe com o número particular de pedras ou árvores que utilizará. E suponha-se que ele *pondere* cada ação dessa maneira: apesar disso, ele não a *realiza*; então, ainda há liberdade. Em terceiro lugar, julgo ser possível que, na névoa e na fraqueza da compreensão humana, duas ações apresentem circunstâncias tão similares que nenhuma diferença discernível entre elas possa aparecer a partir de uma discussão. Como no caso de um cirurgião que entregue dois emplastros a seu paciente e lhe ordene aplicar um deles à sua ferida: o que pode induzir sua razão a utilizar um de preferência a outro senão o acaso, ao qual ele se refere para determinar qual utilizará?

Mas, deixando de lado essas especulações prováveis, que submeto a melhores julgamentos, respondo brevemente ao filósofo deste modo: admitindo que a vontade necessariamente seguiu o último ditado do entendimento, como certamente faz em muitas coisas, todavia, em primeiro lugar, isso não é uma determinação extrínseca e a resolução do próprio homem não é destrutiva para sua própria liberdade, mas depende dela. Então, a pessoa ainda é livre.

Em segundo lugar, essa determinação não é antecedente, mas unida à ação. O entendimento e a vontade não são agentes diferentes, mas configuram distintas faculdades da mesma alma. Neste ponto ocorre uma infalibilidade ou uma necessidade hipotética, como quando dizemos *"quicquid est, quando est, necesse est esse"*:[172] uma necessidade de consequência, mas não uma necessidade do consequente. Mesmo que um agente tenha sido determinado de maneira certa e que a ação tenha, assim, se tornado infalível, não obstante, se o agente se determinou livremente, a ação é igualmente livre.

T.H. A quarta opinião que ele rejeita é aquela que é defendida por alguns que fazem a vontade necessariamente seguir o último ditado do entendimento; mas parece que ele entende essa doutrina em um sentido diferente do que eu entendo. Pois ele fala como se aqueles que a sustentam supusessem que os homens devessem discutir a consequência de cada ação realizada, grande e pequena, até o último grão: o que é algo que ele, com razão, julga não ser verdadeiro. Mas eu compreendo que essa doutrina significa que a vontade segue a última opinião ou julgamento que precede imediatamente a ação e que diz respeito a se é bom ou não realizá-la, independentemente de ele ter ponderado longamente ou não. E é isso que aqueles que a sustentam pretendem dizer. Por exemplo, quando um homem golpeia algo ou alguém, sua vontade de golpear de-

---

[172] "É necessário então ser isso o que é, quando é" (Aristóteles, *Da interpretação*, IX, 19 a 25, op. cit., p.21).

corre necessariamente do pensamento que tinha a respeito da consequência do seu golpe imediatamente antes de levantar a mão. Ora, se se entender nesse sentido, o último ditado do entendimento certamente determina necessariamente a ação, embora não como a causa inteira, mas como a última causa; como a última pena determina necessariamente a fratura do dorso de um cavalo quando há tanto peso depositado nele anteriormente a ponto de ser preciso apenas o acréscimo daquela para tornar o peso suficiente.

O que ele alega contrariamente a isso é, primeiro, proveniente de um poeta que diz na pessoa de Medeia: *"video meliora proboque, deteriora sequor"*.[173] Mas esse ditado, por mais belo que seja, não é verdadeiro. Pois embora Medeia tenha visto muitas razões para não assassinar seus filhos, não obstante o último ditado de seu julgamento era que a vingança presente de seu marido prevalecia sobre todas elas; e então a má ação sucedeu necessariamente. E, a seguir, a história do romano, que a respeito de dois competidores disse que um deles tinha as melhores razões, mas que o outro deveria obter o cargo.[174] Esse exemplo também é contrário à sua causa, pois o último ditado de seu julgamento quanto à outorga do ofício foi este: que era melhor receber um grande suborno do que recompensar um grande mérito. Em terceiro lugar, ele objeta que as coisas mais próximas dos sentidos movem de maneira mais poderosa que a razão. O que decorre disso senão que a sensação de um bem presente é geralmente mais imediata em relação à ação do que a previsão das más consequências vindouras? Em quarto lugar,

---

173 Ver a nota 170.
174 Ver a nota 171.

quanto ao que ele diz que, não importa o que homem faça, ele se entristecerá mais com a morte de seu filho do que com o pecado de sua alma: não contraria em nada o último ditado do entendimento, mas concorda plenamente com a afirmação de que o sofrimento pelo pecado não é voluntário e que, por conseguinte, o arrependimento resulta de causas.

J.D. A quarta alegação contrária à liberdade era que a vontade necessariamente segue o último ditado do entendimento. Essa objeção foi amplamente respondida anteriormente em várias partes desta réplica, em especial no N. 7. No discurso anterior dei duas respostas a ela: uma delas, certa e inquestionável, que (a) supondo que o último ditado do entendimento sempre tenha determinado a vontade, se essa determinação não for, contudo, antecedente no tempo, nem proveniente de causas extrínsecas, mas da resolução do agente, que agora determinou a si mesmo livremente, isso não constitui uma necessidade absoluta, mas apenas hipotética, com base na suposição de que o agente determinou sua vontade desta ou daquela maneira. T.H. está tão longe de refutar esse argumento, que constitui a principal resposta, que ele nem toma nota dele. A outra parte de minha resposta era provável: que não é sempre certo que a vontade sempre siga efetivamente o último ditado do entendimento, embora devesse segui-lo sempre. (b) A respeito disso dei três razões. Uma era que as ações podem se encontrar em circunstâncias tão similares ou o caso ser tão intricado que a razão não poderia dar uma sentença positiva, mas lega a escolha à liberdade ou ao acaso. A isso ele não responde uma palavra. Outra razão minha era que a razão não pondera nem tem de ponderar a conveniência ou inconveniência de cada ação individual até o mais remoto grão na balança do julgamento verdadeiro. A verdade dessa razão é admitida por T.H., embora ele possa ter tido mais colaboradores nessa parte do que nas outras de seu discurso, quando diz que nada é indiferente, que um homem não pode afagar sua barba para um lado, mas ou era necessário fazê-lo ou pecaminoso omiti-lo. Dessa sua admissão decorre que, em todas as ações nas quais a razão não define o que é mais conveniente, a vontade é livre da determinação do entendimento e, por conseguinte, falta a última pena para fraturar o dorso do cavalo. Uma terceira razão era que as paixões e os afetos algumas vezes triunfam sobre o julgamento, como provei pelo exemplo de Medeia e de César, em razão da proximidade dos objetos dos sentidos e da estimação maior de uma perda temporal do que do pecado. Em primeiro lugar, (c) ele explica o sentido da asserção pela comparação com a última pena – com a qual ele parece se regozijar, visto que ele a utiliza pela segunda vez. Que ele goste dela quanto queira, ela é inadequada por três razões. Em primeiro lugar, a determinação do julgamento não faz parte do peso, mas é a sentença daquele que julga. O entendimento pondera todas as coisas, objetos, meios, circunstâncias, conveniência, inconveniência, mas ele próprio não é ponderado. Em segundo lugar, a paixão sensitiva pode, em casos extraordinários, dar um peso falso a um objeto se conseguir impedir ou desviar a razão do equilíbrio. Mas, geralmente, os meios, as circunstâncias e as causas concorrentes adquirem todo seu peso pelo entendimento, de modo que não pressionam o dorso do cavalo de modo nenhum até que a razão os coloque.

Em terceiro lugar, ele julga que, assim como cada pena tem certo peso natural, pelo qual concorre não de maneira arbitrária, mas necessária ao sobrecarregamento do cavalo, todos os objetos e causas têm uma eficiência natural pela qual determinam fisicamente a vontade, o que constitui um grande erro. Seus objetos, agentes, motivos, paixões e todas as suas causas concorrentes ordinariamente movem a vontade apenas moralmente, mas não a determinam naturalmente. Então ela possui em todas as ações ordinárias um domínio livre sobre si mesma.

Seu outro exemplo, de um homem que golpeia algo ou alguém, "cuja vontade de golpear decorre necessariamente do pensamento que ele tinha a respeito da consequência do seu golpe imediatamente antes de levantar sua mão", é muito precário, uma vez que confunde os pensamentos apaixonados e indeliberados com os ditames da reta razão. Pois da mão à boca se perde a sopa, e, entre o levantamento da mão e o golpe, a vontade e o julgamento também podem se alterar. Por fim, é impertinente, pois essa necessidade de golpear é proveniente da determinação livre do agente e não da influência especial de alguma causa externa determinante. Portanto, é apenas uma necessidade de suposição.

No que diz respeito à escolha de Medeia, a força do argumento não reside nem no fato de ser Medeia, que é apenas uma ficção, ou na autoridade do poeta, que escreve coisas mais para serem admiradas do que serem tomadas como críveis, mas na experiência de todos os homens que julgam ser verdadeiro em si mesmos que às vezes a razão mostra ao homem a exorbitância de suas paixões, que o que ele deseja não passa de um bem agradável e que o que perde com tal escolha é um bem honesto, e que o que é honesto deve ser preferido em relação ao que é prazeroso; não obstante, a vontade persegue o que é agradável e negligencia o que é honesto. São Paulo (Romanos, 7, 15) disse seriamente o que é inventado em Medeia: que "ele não aprovou o que fez" e que "fez o que odiava". A história romana é mal compreendida: não houve suborno no caso, mas afeto. Quando advirto que as coisas mais próximas dos sentidos movem mais poderosamente, ele se apropria disso e, sem responder àquilo que coloquei, infere "que a sensação de um bem presente é mais imediata em relação à ação do que a previsão das más consequências", o que é verdadeiro, mas não é absolutamente verdadeiro a partir de uma necessidade antecedente. Que um homem faça o que ele pode e deve fazer e os objetos sensíveis perderão aquele poder que possuem por sua própria culpa e negligência. A concupiscência antecedente ou indeliberada surpreende de fato um homem algumas vezes, mas raramente, e torna a ação não livre. Mas a concupiscência consequente e deliberada, que é proveniente da vontade racional, torna a ação mais livre e não menos livre, e introduz uma necessidade apenas de suposição.

"Por fim", diz ele, "o luto de um homem maior pela perda de seu filho do que por seu pecado não contraria em nada o último ditado do entendimento." Sim, muito. A razão dita que o pecado cometido é um mal maior do que a perda de um filho e deve ser mais lamentado; não obstante, vemos diariamente como o afeto prevalece sobre o ditado da razão. O que ele infere disso, que "o sofrimento pelo pecado não é voluntário e que, por conseguinte, o arrependimento resulta de causas", é verdadeiro relativamente à sua última parte, mas não como ele o compreende. As causas a partir das quais o arrependimento se produz são a graça de Deus preveniente[175] e a vontade do homem concorrente. Deus previne livremente, o homem con-

---

175 Sobre a distinção entre graça preveniente e subsequente, cf. Tomás de Aquino, *Suma teológica*, Seção I, 2ª parte, Questão 111, art. 3.

corre livremente. Os agentes inferiores que às vezes concorrem como agentes subordinados à graça divina não determinam a vontade naturalmente nem podem fazê-lo. Portanto, a primeira parte de sua inferência, de que o sofrimento pelo pecado não é voluntário, não é verdadeira e é inteiramente sem fundamento. Diz-se com muito mais verdade e propriedade ser voluntário o que se origina do julgamento e da vontade racional do que o que se origina da paixão e da vontade sensível. Um dos principais alicerces de todos os erros de T.H. nessa questão é que ele atribui eficácia apenas ao que é natural. Donde advém esta conclusão desvairada: "o arrependimento tem causas", e, portanto, "não é voluntário". Efeitos livres têm causas livres, efeitos necessários têm causas necessárias; efeitos voluntários têm por vezes causas livres, por vezes causas necessárias.

CRÍTICA DA RÉPLICA DO BISPO N. 23

(a) "Supondo que o último ditado do entendimento sempre tenha determinado a vontade, se essa determinação não for, contudo, antecedente no tempo, nem proveniente de causas extrínsecas, mas da resolução própria do agente, que agora determinou a si mesmo livremente, isso não constitui uma necessidade absoluta, mas apenas hipotética" etc.

Essa é a resposta do bispo à necessidade inferida do fato de que a vontade necessariamente segue o último ditado do entendimento; resposta que ele julga não ser suficientemente refutada porque o último ato do entendimento é concomitante com a própria vontade e não é, portanto, antecedente. É verdade que a vontade só é produzida no mesmo instante do último ditado do entendimento; contudo a necessidade da vontade e a necessidade do último ditado do entendimento podem ter sido antecedentes. Pois o último ditado do entendimento foi produzido por causas antecedentes e era então necessário, embora não tivesse ainda sido produzido; assim como no caso de uma pedra que está caindo, a necessidade de tocar a terra é antecedente ao próprio contato. Pois todo movimento em algum espaço determinado necessariamente continuará o movimento no próximo espaço, a menos que seja impedido por algum movimento externo contrário; e então a parada é tão necessária como a continuação teria sido. Dessa maneira, o argumento do último ditado do entendimento fundamenta suficientemente uma necessidade antecedente tão grande como a necessidade de que uma pedra cairá quando já está caindo. Quanto à sua outra resposta de que "não é certo que a vontade siga o último ditado do entendimento, embora devesse segui-lo sempre", ele próprio diz que é apenas provável; mas qualquer homem que não fala pelo mero hábito, mas pensa no que diz, a julgará falsa e que é impossível querer algo que não pareça de início ao seu entendimento ser bom para ele. E, quanto ao que ele diz, que a vontade deveria seguir o último ditado do entendimento, trata-se de um discurso insignificante, a menos que ele queira dizer que o homem deveria segui-lo; pois os deveres são os deveres do homem e não da vontade; e se ele pretende dizer isso, então é falso, pois um homem não deveria seguir o ditame do entendimento quando é errôneo.

(b) "A respeito disso dei três razões. Uma era que as ações podem se encontrar em circunstâncias tão similares ou o caso ser tão intricado que a razão não poderia dar uma sentença positiva, mas lega a escolha à liberdade ou ao acaso. A isso ele não responde uma palavra."

Não havia necessidade de resposta, pois amiúde ele se contradisse neste discurso, na medida em que afirma que "a razão é a verdadeira raiz da liberdade e que os homens têm mais ou menos liberdade na medida em que têm mais ou menos razão". Como então um homem pode legá-la à liberdade quando sua razão não consegue dar nenhuma sentença? E quanto a legá-la ao acaso, se por acaso ele entende o que não possui causas, ele destrói a Providência; e se ele se refere ao que possui causas, mas é desconhecido de nós, ele a lega à necessidade. Ademais, é falso que "as ações podem se encontrar em circunstâncias tão similares que a razão não poderia dar uma sentença positiva". Pois, embora nas coisas a serem escolhidas possa haver uma igualdade exata, pode haver, não obstante, circunstâncias naquele que escolhe que o fazem se decidir por uma das duas coisas que considera no presente e a cessar todas as deliberações ulteriores por essa razão de que não deve (para usar seu próprio exemplo), ao perder tempo, não aplicar nenhum dos emplastros que o cirurgião lhe dá para a sua ferida. Outra razão sua era "que a razão não pondera cada ação individual até o mais remoto grão". Verdadeiro. Mas disso decorre que um homem não dá nenhuma sentença? A vontade, portanto, pode seguir o ditado do julgamento, tendo o homem ponderado tudo o que pode ser ponderado ou não.

Sua terceira razão era "que as paixões e os afetos algumas vezes triunfam sobre o julgamento". Admito que eles frequentemente triunfam sobre a *sabedoria*, que é o que ele pretende dizer aqui por "julgamento". Mas não triunfam sobre o *ditame do entendimento*, que ele sabe ser o significado de *julgamento* nessa passagem. E a vontade de um tolo impulsivo e irascível não segue menos o ditado daquele pequeno entendimento que possui do que a vontade do homem mais sábio segue sua sabedoria.

(c) "Ele explica o sentido da asserção pela comparação com a última pena, com a qual ele parece se regozijar, visto que ele a utiliza pela segunda vez. Que ele goste dela como quer, ela é inadequada por três razões."

A mim essa comparação parece muito adequada e, por isso, não hesitei em utilizá-la novamente quando foi preciso novamente, embora não me regozije com ela, já que não se trata de uma nova comparação. Pois no exame da verdade busco mais por perspicuidade do que elegância. Mas o bispo, com seus termos escolásticos, está distante da perspicuidade. Quão próximo ele está da elegância não esquecerei de examinar no devido momento. Mas por que essa comparação é inadequada? "Em primeiro lugar, a determinação do julgamento não faz parte do peso, pois o entendimento pondera todas as coisas, objetos, meios, circunstâncias, conveniência, inconveniência, mas não é ele próprio ponderado." Nessa comparação os objetos, os meios etc. são os pesos, o homem é a balança, o entendimento da conveniência ou inconveniência é a pressão desses pesos que o inclinam ora de um lado, ora de outro, e essa inclinação é a vontade. Ora, os objetos, meios etc. são as penas que pressionam o cavalo, e o sentimento dessa pressão é o entendimento, e sua paciência ou impaciência, a vontade de suportá-las, se não são muitas, ou se são muitas, de sucumbir sob elas. Portanto, foi sem muita serventia que ele disse que o entendimento não é ponderado. "Em segundo lugar", ele diz que a comparação é inadequada "porque geralmente os meios, as circunstâncias e as causas concorrentes adquirem todo seu peso pelo entendimento; de modo que não pressionam o dorso do cavalo de modo nenhum até que a razão os coloque". Isso e o que se segue, "que meus objetos, agentes, motivos, paixões e todas as minhas causas concorrentes ordinariamente movem a vontade apenas *moralmente*, não a determinam naturalmente, de modo, então, que ela possui, em todas as ações ordinárias, um domínio livre sobre si mesma" é sem sentido, pois ninguém pode entender como o entendimento faz alguma alteração no objeto quanto a seu *peso* ou *leveza*; nem que *a razão coloque objetos sobre o entendimento*; nem que a vontade *seja movida*; nem que algum movimento *seja moral*; tampouco essas palavras *"a vontade tem um livre domínio sobre si mesma"* significam alguma coisa. Deixo o restante dessa réplica a cargo do leitor, comentando apenas as últimas palavras, por meio das quais ele me faz dizer que "o arrependimento tem causas" e, portanto, "não é voluntário". Contudo, o que eu disse é que o arrependimento tem causa *e que* não é voluntário. Ele introduz "e portanto", extraindo uma consequência absurda que ele gostaria que o leitor acreditasse ser minha e então a refuta com estas palavras sem sentido: "efeitos livres têm causas livres, efeitos necessários têm causas necessárias; efeitos voluntários têm por vezes causas livres, por vezes causas necessárias". Excetuando um escolástico, pode alguém pensar que a vontade é voluntária? Mas, não obstante, a vontade é a causa das ações voluntárias.

N. 24

J.D. Em quinto lugar e por fim, o teólogo se esforça para encontrar uma maneira de conciliar a liberdade com a presciência e os decretos de Deus. Mas há pouco tive ocasião de escrever um discurso inteiro a respeito disso em resposta a um tratado contra a presciência das coisas contingentes.[176] Por ora repetirei apenas estas duas coisas. Em primeiro lugar, não devemos renunciar a certa verdade porque não somos capazes de compreender de maneira determinada. Deus seria um deus pobre se fôssemos perfeitamente capazes de compreender todas as suas ações e todos os seus atributos.

Em segundo lugar, de acordo com meu pobre juízo, que sempre submeti e submeterei a um juízo melhor, a maneira mais fácil de conciliar contingência e liberdade com os decretos e presciência de Deus e a mais distante das altercações deste tempo é submeter os futuros contingentes ao aspecto de Deus[177] em virtude daquela presencialidade que eles têm

---

[176] Reproduzo aqui a nota de Franck Lessay que consta na tradução francesa do presente texto: "Segundo as indicações apresentadas por Bramhall a Hobbes (ver página 383-4), o texto mencionado era uma réplica a um tratado francês transmitido ao bispo por Charles Cavendish, o irmão do marquês de Newcastle, quando ambos se encontravam em York (portanto entre 1642 e 1644). Esse tratado era dirigido 'contra a presciência das coisas contingentes'. Talvez se tratasse de uma obra de inspiração jansenista. Dois elementos levam a supô-lo: o conteúdo mesmo dos argumentos de Bramhall, que parecem visar um adversário da contingência e a alusão que o bispo faz, na passagem retomada por Hobbes, às 'altercações de nossa época' (Bramhall, *A Defense of True Liberty*, p.191). De qualquer forma, a réplica de Bramhall não foi impressa: não encontrei qualquer traço seu nas edições de Dublin e de Oxford de suas obras completas" (Hobbes, *De la liberté et de la nécessité*, op. cit., p.102).

[177] "Aspect of God". Bramhall define assim o termo em *A Defense of True Liberty* (p.196): "As first, where I speak of the aspect of God, that is his view, his knowledge, by which the most free and contingent actions were manifest to him from eternity, (Heb. 4.11) '*All things are naked and open to his eyes*', and this not discursively, but intuitively,

na eternidade. Não que as coisas futuras, que agora ainda não existem, sejam coexistentes com Deus, mas porque o infinito conhecimento de Deus, envolvendo todos os tempos no ponto da eternidade, alcança seu ser futuro do qual advém seu ser objetivo e inteligível. O principal obstáculo que impede os homens de subscreverem a essa via é o fato de eles conceberem a eternidade como uma sucessão infindável e não um ponto indivisível. Mas se considerarem que tudo o que está em Deus é Deus, que não há acidentes nele (pois o que é infinitamente perfeito não pode ser mais aperfeiçoado), que, da mesma maneira que Deus não é sábio, mas sim a própria sabedoria, não justo, mas a própria justiça, ele não é eterno, mas a própria eternidade, precisam concluir que essa eternidade é indivisível, porque Deus é indivisível, e, portanto, não é sucessiva, mas no todo um ponto infinito compreendendo todos os tempos em si.

T.H. A última parte de seu discurso contém sua opinião sobre a conciliação da liberdade com a presciência e os decretos de Deus, que é diferente daquela de certos teólogos, contra quem ele escrevera anteriormente um tratado, do qual ele repete apenas duas coisas. Uma é que "não devemos renunciar a uma verdade determinada porque não somos capazes de compreender de maneira determinada". E eu digo o mesmo, por exemplo, que ele não deve renunciar a essa verdade determinada: que há causas determinadas e necessárias que fazem todo

---

not by externall species, but by his internall Essence". No uso mais corrente, "aspects of God" indica seus atributos e parece que é assim que Hobbes compreende o termo em sua resposta.

homem querer o que quer, embora ele não conceba ainda de que maneira a vontade do homem é causada. Penso, contudo, que não é difícil de conceber como isso ocorre, visto que vemos diariamente que o elogio, a censura, a recompensa, a punição e as consequências boas e ruins das ações dos homens retidas na memória nos fazem escolher tudo que escolhemos, e que a memória de tais coisas é proveniente dos sentidos, e os sentidos, das operações dos objetos dos sentidos, que são externos a nós e governados exclusivamente por Deus Todo-Poderoso; por conseguinte, todas as ações, incluindo a de agentes livres e voluntários, são necessárias.

A outra coisa que ele repete é que "a melhor maneira de conciliar a contingência e a liberdade com os decretos e presciência de Deus é submeter os futuros contingentes ao aspecto de Deus". A minha opinião é a mesma, mas contrária ao que ele se empenhou em provar todo esse tempo, pois até o momento ele sustentou que a liberdade e a necessidade, isto é, a liberdade e os decretos de Deus são inconciliáveis; a menos que o aspecto de Deus – palavra que aparece pela primeira vez neste discurso – signifique outra coisa além da vontade e dos decretos de Deus, o que não consigo entender. Mas ele acrescenta que devemos submetê-los "em virtude daquela presencialidade que possuem na eternidade", o que, diz ele, não pode ser feito por aqueles que concebem a eternidade como uma sucessão infindável, mas apenas por aqueles que a concebem como um ponto indivisível. A isso respondo que, assim que eu conseguir conceber a eternidade como um ponto indivisível ou algo que não seja uma sucessão infindável, renunciarei a tudo o que escrevi sobre este assunto. Sei que Santo Tomás de Aquino denomina a eternidade *nunc stans*,[178] um *presente permanente*, o que é fácil de dizer, mas, por mais que quisesse, nunca consegui concebê-lo; aqueles que conseguem, são mais felizes que eu. Mas nesse meio-tempo, ele admite por ora que todos os homens são da minha opinião, exceto aqueles que concebem em sua mente um *nunc stans*, o que, penso eu, não é ninguém. Compreendo igualmente pouco como pode ser verdadeiro que "Deus não seja justo, mas a própria justiça, não sábio, mas a própria sabedoria, não eterno, mas a própria eternidade"; nem como ele conclui a partir disso que "a eternidade é um ponto indivisível e não uma sucessão", tampouco em que sentido se pode dizer que um "ponto infinito" etc., no qual não há sucessão, pode "compreender todos os tempos", embora o tempo seja sucessivo.

Não encontro essas expressões nas Escrituras. Pergunto-me qual era o desígnio daqueles escolásticos ao estabelecê-las, a menos que eles pensassem que um homem só poderia ser um verdadeiro cristão se o seu entendimento fosse estrangulado com tais maneiras de falar difíceis.

Eis o que tenho a dizer em resposta a seu discurso, pelo que julgo que não apenas seus esquadrões, mas também suas reservas de distinções foram vencidas. E agora vossa senhoria disporá de minha doutrina concernente à mesma questão com as minhas razões, apresentadas positivamente e o mais brevemente que posso, sem nenhum termo de arte, em linguagem clara.

J.D. (a) Esse pobre discurso que menciono não foi escrito contra nenhum teólogo, mas para examinar um tratado francês

---

178 Tomás de Aquino, *Suma teológica*, seção I, 1ª parte, questão 10, art. 2.

que o irmão de vossa Senhoria fez-me a honra de apresentar em York. (b) Minha asserção de que não devemos renunciar a uma verdade determinada porque não somos capazes de compreender de maneira determinada é bem verdadeira. É tal verdade que sustento ao afirmar que a vontade do homem nas ações ordinárias é livre de determinação extrínseca — uma verdade demonstrável pela razão, aceita e acreditada por todo o mundo. Assim, embora eu não seja capaz de compreender ou expressar exatamente a maneira determinada como isso é compatível com a presciência eterna e os decretos de Deus, o que excede a minha fraca capacidade, devo, não obstante, concordar com essa verdade, que é manifesta. Mas a opinião de T.H. da absoluta necessidade de todos os eventos em virtude de sua determinação antecedente pelas causas extrínsecas e necessárias não consiste nessa verdade certa, mas é uma inovação, um estranho paradoxo desprovido de fundamentos prováveis, rejeitado por todos os autores, na verdade, pelo mundo inteiro. Tampouco é verdade que a maneira pela qual as causas segundas operam é tão obscura ou transcende tanto o alcance da razão como os decretos de Deus. E assim, com relação a esses dois pontos, ele não pode reivindicar o mesmo privilégio. Estou de posse de uma velha verdade, obtida por herança ou sucessão de meus antepassados. Dessa forma, embora eu não seja capaz de esclarecer cada peculiaridade da lei, posso, não obstante, manter minha posse de modo justo até que um título melhor seja exibido por outro. Ele não é um antigo detentor, mas um novo pretendente, e deve tornar suas alegações válidas por meio de provas evidentes e não por suposições ou induções fracas e inconsequentes, como as que ele usa aqui, de "elogios, censuras, recompensas, punições, memória de boas e más consequências e eventos", que podem inclinar a vontade, mas não necessitam nem podem determinar de modo necessário a vontade; nem por inferências incertas e acidentais, como esta: "a memória de elogios, censuras, recompensas, punições, boas e más consequências nos fazem" (ele deveria dizer "nos *dispõem*") "a escolher o que escolhemos; mas a memória de tais coisas são provenientes dos sentidos e os sentidos, das operações dos objetos externos e o agenciamento dos objetos externos é proveniente exclusivamente de Deus; por conseguinte, todas as ações, incluindo a de agentes livres e voluntários, são necessárias." (c) Para deixar de lado todas as outras grandes imperfeições que se encontram neste sorites, ele é semelhante àquela antiga peça sofística: aquele que bebe bem, dorme bem, aquele que dorme bem não pensa em fazer o mal, aquele que não pensa em fazer o mal vive bem; portanto, aquele que bebe bem vive bem.

(d) Na última parte do meu discurso propus minha opinião privada de como se pode mostrar que a presciência eterna e os decretos de Deus são compatíveis com a verdadeira liberdade e a contingência. E expus isso nos termos mais claros que pude ou tanto quanto uma especulação tão profunda como essa permite, o que foi mal compreendido por T.H. quase por completo e muitas das minhas palavras foram distorcidas e adquiriram um sentido incorreto. Como no primeiro ponto, no qual falo do aspecto de Deus, isto é, sua vista, seu conhecimento, pelo qual as ações mais livres e contingentes lhe são manifestas desde a eternidade: "todas as coisas são nuas e descobertas aos seus olhos" (Hebreus, 4, 13). E isso não de maneira discursiva, mas intuitivamente, não a partir de espécies externas, mas de sua essência interna. Ele confunde-o com a vontade e os decretos de Deus; embora ele não tenha encontrado antes a palavra "aspecto" neste discurso, ele poderia ter encontrado "presciência".

(e) Em segundo lugar, ele me acusa de ter sustentado até aqui que "a liberdade e os decretos de Deus são inconciliáveis". Se disse tal coisa, meu coração nunca concordou com a minha pena. Não, mas a sua razão para me acusar dessa maneira é que sustentei que "a liberdade e a necessidade absoluta de todas as coisas" são inconciliáveis. Isso é de fato verdadeiro. E por que então? "Porque", diz ele, "a necessidade e os decretos de Deus são a mesma coisa." Como assim uma mesma coisa? Isso seria estranho, de fato. A necessidade pode ser uma consequência dos decretos de Deus, mas não pode ser o próprio decreto.

(f) Mas para acabar com o seu argumento: Deus decretou todos os efeitos que ocorrerão no tempo, porém não todos da mesma maneira, mas de acordo com as distintas naturezas, capacidades e condições de suas criaturas, que ele não destrói por seu decreto. Em algumas ele age, em outras coopera, por meio de influência especial, e em algumas apenas permite. Não se trata, contudo, de uma permissão vã ou vazia, já que ele concorre tanto por meio da influência geral, dando o poder para agir, como também dispondo todos os eventos necessários, livres e contingentes para a sua própria glória.

(g) Em terceiro lugar ele me acusa de "admitir que todos os homens são de sua opinião, exceto aqueles que concebem em sua mente um *nunc stans* ou como a eternidade é um ponto indivisível e não uma sucessão incessante". Mas não admiti tal coisa. Sei que há muitas outras vias propostas pelos teólogos para conciliar a presciência eterna e os decretos de Deus com a liberdade e a contingência das causas segundas, entre as quais algumas podem agradar mais outros juízos do que a minha.

Como quer que seja, mesmo se um homem não puder compreender nenhuma dessas vias, lembremos do que eu disse, que uma verdade determinada não deve ser rejeitada por não sermos capazes, em virtude de nossa fraqueza, de compreendê-la de maneira determinada ou sua razão. Sei que o ímã possui um poder atrativo de atrair o ferro; não obstante, não sei como ele vem a ter tal poder.

Mas a principal dificuldade que se apresenta nesta seção é se a eternidade é um ponto indivisível, como defendo, ou uma sucessão infindável, como ele gostaria. De acordo com seu costume, ele não responde ao que instei, mas se lhe opõe alegando sua própria incapacidade. "Nunca consegui conceber", diz ele, "como a eternidade pode ser um ponto indivisível." Creio que nem nós, nem nenhum homem, podemos concebê-lo tão claramente como concebemos essas coisas inferiores. Quanto mais próximo algo está da essência de Deus mais remoto está de nossa compreensão. Mas iremos por isso atribuir a Deus potencialidades, duração sucessiva, antes e depois ou uma parte exterior a outra parte, como dizem? Se não somos capazes de compreender claramente a perfeição divina nem por isso devemos lhe atribuir alguma imperfeição.

(h) Ele diz, além disso, que "compreende igualmente pouco como pode ser verdadeiro o que digo, que Deus não é justo, mas a própria justiça, não eterno, mas a própria eternidade". Parece que, por mais que ele seja versado nessa questão, não se deu ao trabalho de ler os teólogos escolásticos ou metafísicos, se atribui faculdades ou qualidades a Deus que sejam distintas de sua essência. Deus é o ato mais simples e puro, que não admite composição de substância e acidentes. Ele pensa que a essência sumamente perfeita de Deus não pode agir suficientemente sem faculdades e qualidades? A perfeição infinita da essência divina exclui todas as potências passivas e receptivas e não pode se tornar mais perfeita do que é por meio de acidentes. Os atributos de Deus não são nele diversas virtudes ou qualidades, como são nas criaturas, mas realmente um e o mesmo que a essência divina e o mesmo entre si. São atribuídos a Deus para suprir o defeito da nossa capacidade, nós que não somos capazes de compreender o que deve ser conhecido de Deus sob um nome ou um ato do entendimento.

Ademais, ele diz que "não compreende como concluo a partir disso que a eternidade é um ponto indivisível e não uma sucessão". (i) Auxiliá-lo-ei. A substância divina é indivisível, mas a eternidade é a substância divina. A maior é evidente, porque Deus é *actus simplicissimus*, um ato simplíssimo. Por isso, não há nenhuma espécie de composição, nem de matéria e forma, nem de sujeito e acidentes, nem de partes etc.; e, por conseguinte, nenhuma divisibilidade. A menor foi claramente demonstrada em minha resposta a sua última dúvida, e é admitido por todos os homens, a saber, que tudo o que está em Deus é Deus.

Por fim, ele diz que não concebe "como pode ser dito que um ponto infinito, no qual não há sucessão, pode compreender todo o tempo, que é sucessivo". Respondo que não o compreende formalmente, dado que o tempo é sucessivo, mas eminentemente e virtualmente, dado que a eternidade é infinita. Hoje toda a eternidade é coexistente com este dia; amanhã toda a eternidade será coexistente com amanhã; e de maneira semelhante com todas as partes do tempo, sendo ela própria sem partes. Ele diz que "não encontra essas expressões nas Escrituras". Não, mas ele pode encontrar nas Escrituras que

Deus é infinito em todos os seus atributos e incapaz de qualquer imperfeição.

E para mostrar sua antipatia contra os escolásticos, como ele não tem liberdade ou poder para conter a si mesmo quando se depara com alguma de suas expressões ou princípios, ele cai em outro paroxismo ou inventiva contra eles, e assim conclui sua resposta com um *aplauso* para si mesmo porque teria vencido tanto os meus esquadrões de argumentos como as minhas reservas de distinções.

Dicite Io paean, et Io bis dicite paean.[179]

Mas porque sua visão era fraca e eles lhe voltaram as costas, ele se enganou completamente a respeito do assunto. Aqueles que ele viu destroçados e fugindo eram suas próprias forças armadas derrotadas.

CRÍTICA DA RÉPLICA DO BISPO N. 24

(a) "Esse pobre discurso que menciono não foi escrito contra nenhum teólogo, mas para examinar um tratado francês" etc.

Isso é uma réplica às minhas palavras de que "este discurso contém sua opinião sobre a conciliação da liberdade com a presciência e os decretos de Deus, discurso que é diferente daquele de certos teólogos, contra quem ele escrevera ante-

---

[179] "Clamai 'Io Péan!' e clamai duas vezes: 'Io Péan!'" (Ovídio, *A arte da amar*. Trad. Carlos Ascenso André. São Paulo: Schwarcz, 2006, p.260).

riormente um tratado". Se o tratado francês estava de acordo com sua opinião, por que ele precisava escrever o seu exame? Se não era conforme a sua opinião, era em confutação a ele, isto é, escrito contra seu autor; a não ser que o bispo pense que só escreva contra um homem quando o acusa de blasfêmia e ateísmo, como faz comigo.

(b) "Minha asserção de que não devemos renunciar a uma verdade determinada porque não somos capazes de compreender de maneira determinada é bem verdadeira."

A isso respondi que era verdadeira, e assim como ele a alegou como razão pela qual não concordava com minha opinião, eu a alego como razão pela qual não concordo com a dele. Mas agora em sua réplica ele diz que sua opinião é

> uma verdade demonstrável pela razão, aceita e acreditada por todo o mundo. Assim, embora ele não seja capaz de compreender ou expressar exatamente a maneira determinada como isso é compatível com a presciência eterna e os decretos de Deus, deve, não obstante, concordar com essa verdade, que é manifesta.

Mas por que ele deve concordar com ela se não lhe é manifesta? E se lhe for manifesta, por que nega que seja capaz de compreendê-la? E se ele não é capaz de compreendê-la, como sabe que é demonstrável? Ora, por que ele diz de maneira tão confiante aquilo que não sabe? Parece-me que o que eu disse – a saber, que "aquilo que Deus conhece previamente que será no futuro não pode senão ser, e no momento mesmo que ele sabia que seria; mas aquilo que não pode senão ser é necessário; portanto, o que Deus conhece previamente será necessariamente e no momento previsto" – é de alguma maneira mais semelhante a uma demonstração do que qualquer outra coisa que ele apresentou até agora para provar o livre-arbítrio. Outra razão pela qual eu deveria ter a mesma opinião que a dele é que ele "está de posse de uma velha verdade, obtida por herança ou sucessão de seus antepassados". Ao que respondo, em primeiro lugar, que estou de posse de uma verdade que foi recebida por mim da luz da razão. Em segundo lugar, enquanto ele não sabe se é a verdade que ele possui, porque admite não saber como pode ser compatível com a presciência e os decretos de Deus, mostrei suficientemente que a minha opinião da necessidade não apenas concorda, mas necessariamente decorre da presciência e dos decretos eternos de Deus. Ademais, é algo deselegante para um homem receber sua opinião concernente à verdade da sucessão de seus antepassados, pois nossos antepassados, os primeiros cristãos, não recebiam sua verdade dos gentis por serem eles seus antepassados.

c) "Para deixar de lado todas as outras grandes imperfeições que se encontram neste sorites, ele é semelhante àquela antiga peça sofística: aquele que bebe bem, dorme bem, aquele que dorme bem não pensa em fazer o mal, aquele que não pensa em fazer o mal vive bem; portanto, aquele que bebe bem vive bem."

Meu argumento era este: "a escolha é sempre proveniente da memória das consequências boas e ruins; a memória é sempre proveniente dos sentidos; e os sentidos, sempre da ação dos corpos externos, e todas as ações, de Deus; portanto, todas as ações, incluindo a de agentes livres e voluntários, são provenientes de Deus, e, por conseguinte, necessárias". Que o bispo compare agora suas argumentações difamatórias com essas minhas e me diga se aquele que dorme bem não pensa em fazer o mal por toda a sua vida.

(d) "Bem na última passagem do meu discurso propus minha opinião privada de como se pode mostrar que a presciência eterna e os decretos de Deus são compatíveis com a verdadeira liberdade e a contingência" etc.

Se por liberdade ele tivesse entendido, como os outros homens, a liberdade de ação, isto é, das coisas que estão em seu poder fazer se quiser, teria sido fácil conciliá-la com a presciência e os decretos de Deus; mas entendendo-a como a liberdade da vontade isso era impossível. Do mesmo modo, se por contingência ele tivesse entendido simplesmente o futuro, ela teria sido conciliável com os decretos de Deus; mas entendendo-a como futuro sem necessidade, isso era impossível. Assim, embora seja verdadeiro o que diz, que "expôs isso nos termos mais claros que pôde", era impossível expor isso em termos claros. Tampouco deveria ele me acusar de entendê-lo mal e distorcer suas palavras, dando-lhes um sentido incorreto. Pois a verdade é que não as compreendi em nada – tampouco julgava que ele próprio as compreendia –, mas estava querendo lhes dar a melhor interpretação que poderiam comportar, o que ele diz ser uma distorção delas num sentido incorreto. E, em primeiro lugar, não compreendo ao que ele se refere por "aspecto" de Deus. Pois, se ele se referia a sua presciência – palavra que ele usou com frequência anteriormente –, por que precisou denominá-la "aspecto" nessa passagem? Por que precisa denominá-la aqui sua *vista* ou dizer que todas as coisas estão expostas aos olhos de Deus não de maneira *discursiva*, mas *intuitiva*; o que é o mesmo que interpretar *olhos* nesse texto de Hebreus (6, 13) não figurativamente, mas literalmente, excluindo, contudo, as *espécies externas*, que os escolásticos dizem ser a causa do ato de ver? Mas foi um bom feito excluir tais discursos insignificantes em qualquer ocasião. E embora eu não afirme que a presciência de Deus consista em *discurso*, nunca serei levado a dizer que se dá por *intuição*, na medida em que sei que mesmo um homem que tem presciência de todas as coisas que ele próprio pretende fazer tem presciência não pelo discurso, mas pelo conhecimento de seu próprio desígnio, a não ser que haja um poder superior acima deste homem que possa mudar seu desígnio, o que não há quanto a Deus. Quando ele diz que confundo esse aspecto com a vontade e os decretos de Deus, acusa-me erroneamente. Pois como eu poderia fazer essa confusão, se não entendo o que significa?

(e) "Em segundo lugar, ele me acusa de que até aqui sustentei que 'a liberdade e os decretos de Deus são inconciliáveis'. E a razão pela qual o faço é que sustentei que a liberdade e a necessidade absoluta de todas as coisas são inconciliáveis."

Se a liberdade não é compatível com a necessidade, ela não é compatível com os decretos de Deus, dos quais a necessidade é uma consequência. Não precisava dizer, tampouco disse, que a necessidade e os decretos de Deus são uma mesma coisa. Contudo se eu tivesse dito isso não teria sido sem a autoridade de homens sábios, em cujos escritos frequentemente se encontra esta sentença: *"voluntas Dei, necessitas rerum"*.[180]

(f) "Mas para acabar com seu argumento: Deus decretou todos os efeitos que ocorrerão no tempo, mas não todos da mesma maneira, mas de acordo com as distintas naturezas,

---

180 "A vontade de Deus é a necessidade das coisas." (Santo Agostinho, *Sobre o Gênesis em Sentido Literal*, livro IV, cap.15, 26; João Calvino, *Instituições da religião cristã*, livro cap.III, 23, § 8).

capacidades e condições de suas criaturas, que ele não destrói pelo seu decreto. Em algumas ele age." Até aqui é verdadeiro. Então ele acrescenta: "em outras coopera, por meio de influência especial, e em algumas apenas permite. Não se trata, contudo, de uma permissão vã ou vazia".

Isso é falso. Pois nada opera por sua própria potência original, a não ser o próprio Deus. O homem não opera senão por uma potência especial (digo potência especial, não influência especial) proveniente de Deus. Tampouco é pela permissão de Deus apenas, como já mostrei várias vezes e como o bispo admite, contradizendo aqui suas palavras anteriores. Pois *permitir apenas* e *só permitir* significam a mesma coisa.[181] E o que ele diz, a saber, que Deus *concorre por meio de influência geral*, é jargão. Pois todo concurso é um concurso singular e individual; e nada no mundo, salvo o significado das palavras e outros signos, é geral.

(g) "Em terceiro lugar ele me acusa de 'admitir que todos os homens são de sua opinião, exceto aqueles que concebem em sua mente um *nunc stans* ou como a eternidade é um ponto indivisível e não uma sucessão incessante'. Mas não admiti tal coisa."

Certamente, se a razão pela qual a minha opinião é falsa for o fato de que não concebo que a eternidade seja *nunc stans*, mas uma sucessão incessante, tenho a permissão de sustentar minha opinião até que eu conceba a eternidade de outra maneira: ao menos até lá ele permite que os homens não tenham a mesma opinião que a sua. Pois ele disse "que o principal obstáculo que impede os homens de concordarem com essa maneira de

---

181 "For to *permit only*, and *barely to permit* signify the same thing."

compreender é o fato de conceberem a eternidade como sendo uma sucessão infindável e não um ponto indivisível". Quanto às várias outras maneiras que ele diz serem "propostas pelos teólogos para conciliar a presciência eterna e os decretos de Deus com a liberdade e a contingência das causas segundas", se elas dizem respeito à mesma liberdade e contingência como o bispo as entende, são propostas em vão, pois a verdade e o erro nunca podem ser conciliados. Mas, "como quer que seja", diz ele, "mesmo se um homem não puder compreender nenhuma dessas vias, lembremos do que eu disse, que uma verdade determinada não deve ser rejeitada por não sermos capazes, em virtude de nossa fraqueza, de compreendê-la de maneira determinada ou sua razão". Pois "ele sabe", diz ele, "que o ímã possui um poder atrativo de atrair o ferro; não obstante, não sabe como ele vem a ter tal poder". Sei que o ímã não tem esse poder atrativo; não obstante, sei que o ferro se conduz até ele ou ele ao ferro; portanto, não me espanto que o bispo não saiba como ele vem a ter esse poder.

Na próxima passagem ele diz que não apresento nada para provar que a eternidade não é um ponto indivisível, mas apenas provo minha própria incapacidade de "concebê-la". A verdade é que não consigo, tal como ele, discutir nem a favor nem contra as posições que não compreendo. Tampouco compreendo que aviltamento para a perfeição divina decorre de lhe atribuir potencialidade – isto é "potência"[182] – e duração sucessiva, pois tais atributos lhe são outorgados amiúde nas Escrituras.

(h) "Ele diz, além disso, que 'compreende igualmente pouco como pode ser verdadeiro o que digo, que Deus não seja justo,

---

182 "Power". Cf. nota 73.

mas a própria justiça, não eterno, mas a própria eternidade'. Parece que, por mais que ele seja versado nessa questão, não se deu ao trabalho de ler os teólogos escolásticos ou metafísicos."

Essas são palavras inadequadas a se dizer a respeito de Deus. Não direi que são blasfemas e ateístas, que são os atributos que ele dá às minhas opiniões, porque não julgo que sejam faladas em razão de uma mente má, mas por erro: elas são, digo, palavras inadequadas a serem ditas a respeito de Deus, de que não é justo, que não é eterno, e (como ele também disse) que não é sábio; e não pode ser escusado por nenhum "mas" subsequente, especialmente quando o "mas" é seguido por algo que não pode ser compreendido. Pode algum homem compreender como a justiça é justa ou a sabedoria, sábia? E dado que a justiça é um acidente, uma das virtudes morais, e que a sabedoria, outra, como Deus pode ser um acidente ou uma virtude moral? É mais do que os escolásticos ou metafísicos conseguem compreender, cujos textos perturbaram minha mente mais do que teriam, se eu tivesse tomado conhecimento de que, entre tantas disputas sem sentido, havia tão poucos intervalos de lucidez. Mas a partir de então considerei que sempre que os homens tratam de raciocinar a partir da filosofia natural sobre a natureza incompreensível de Deus é impossível falarem de maneira inteligível ou em outra linguagem que não a metafísica, por meio da qual podem se contradizer e não tomar nota disso, como ele faz aqui quando diz que "os atributos de Deus não são nele diversas virtudes ou qualidades, como são nas criaturas, mas realmente um e o mesmo que a essência divina e o mesmo entre si, e são atribuídos a Deus para suprir o defeito da nossa capacidade". Atributos são nomes e, portanto, é uma contradição dizer que eles são realmente um e o mesmo com a essência divina. Mas

se ele se refere às virtudes significadas pelos atributos, como
justiça, sabedoria, eternidade, divindade etc., então eles também
são virtudes e não uma virtude (o que ainda é uma contradição). E outorgamos esses atributos a Deus não para mostrar
que compreendemos como são nele, mas para significar como
pensamos que isso o honra mais.

(i) Na próxima passagem ele me auxiliará a compreender,
diz ele, como a eternidade é um ponto indivisível.

> A substância divina é indivisível, mas a eternidade é a substância divina. A maior é evidente, porque Deus é *actus simplicissimus*, um ato simplíssimo. Por isso, não há nenhuma espécie de composição, nem de matéria e forma, nem de sujeito e acidentes, nem de partes etc.; e, por conseguinte, nenhuma divisibilidade. A menor foi claramente demonstrada em minha resposta a sua última dúvida e é admitido por todos os homens que tudo o que está em Deus é Deus.

A maior está longe de ser evidente, pois *actus simplicissimus* não
significa nada. A menor é dita por alguns homens, mas pensada
por ninguém; pois tudo o que é pensado é compreendido. E tudo
o que ele desenvolveu a esse respeito aqui e em outras partes é a
coisa mais desprovida de sentido que alguém já escreveu com o
propósito de se divertir. E é assim que ele responde a minha objeção de que um ponto não pode compreender todo o tempo, que
é sucessivo, a saber: sua distinção de que "um ponto não compreende todo o tempo *formalmente*, dado que o tempo é sucessivo,
mas *eminentemente* e *virtualmente*, dado que a eternidade é infinita".
E isto: "hoje toda a eternidade é coexistente com este dia; amanhã toda a eternidade será coexistente com amanhã". Está bem

que sua eternidade passou agora de um *nunc stans* para um *nunc fluens*, fluindo deste dia para o próximo, e assim por diante. Esse tipo de linguagem nunca é encontrado nas Escrituras. Não, mas a coisa que se encontra lá, diz ele, é que Deus é infinito em todos os seus atributos. Gostaria que ele me mostrasse a passagem na qual se diz que Deus é infinito em todos os seus atributos. Não faltam passagens para mostrar que Deus é infinito em poder, sabedoria, misericórdia etc., mas em nenhuma se diz que ele é infinito em nomes (o que, na nossa língua, é o equivalente de "atributos"), nem que ele é um ponto indivisível, nem que um ponto compreende o tempo eminente e virtualmente, nem que hoje toda a eternidade é coexistente com hoje etc. Eis minha resposta à sua réplica à minha resposta. O que resta é minha réplica à sua resposta à minha doutrina positiva nesse assunto.

N. 25

MINHA OPINIÃO SOBRE A LIBERDADE E A NECESSIDADE

T.H. Em primeiro lugar, julgo que, quando vem à mente de um homem realizar ou não determinada ação, se ele não tiver tempo para deliberar, o ato de realizar ou não realizar necessariamente se origina do pensamento presente que possui de suas boas ou más consequências para si. Assim, por exemplo, sob cólera repentina, a ação seguirá o pensamento de vingança, sob medo repentino, o pensamento de fuga. Também quando um homem tem tempo para deliberar, mas não delibera, porque nada apareceu que poderia fazê-lo duvidar da consequência, a ação se origina de sua opinião do bem e do mal da coisa em questão. Denomino essas ações voluntárias. Ele, se compreendi bem, denomina-as espontâneas. Denomino-as voluntárias, porque as ações que se originam imediatamente do último apetite são voluntárias. E aqui, onde há um único apetite, este único é o último.

Ademais, considero razoável punir uma ação precipitada, o que não poderia ser feito de maneira justa pelo homem se ela não fosse voluntária, pois não se pode dizer, a respeito de qualquer ação humana, que seja realizada sem deliberação, por mais repentina que seja, porque se supõe que teve tempo durante todo o tempo precedente de sua vida para deliberar se realizaria tal tipo de ação ou não. Por isso, aquele que matou sob repentina paixão de cólera pode, não obstante, ser condenado à morte de modo justo, pois todo o tempo durante o qual era capaz de considerar se matar era bom ou mau deve ser considerado uma deliberação contínua; por conseguinte, deve se julgar que o assassinato resultou da escolha.

J.D. Esta parte do discurso de T.H. tem a mesma coerência que os sonhos de um homem doente. (a) Mesmo agora ele nos diz que "um homem pode ter tempo para deliberar e, não obstante, não deliberar". Um pouco depois diz que "não se pode dizer, a respeito de qualquer ação humana, que seja realizada sem deliberação, por mais repentina que seja". Ele nos diz no número 33 que "o escopo desta seção é mostrar o que é espontâneo". Não obstante, ele apenas mostrou o que é voluntário, (b) tornando voluntário e espontâneo a mesma coisa; ao passo que anteriormente[183] nos dissera que "nenhuma ação

---

183 Bramhall se refere ao que Hobbes expusera no debate N. 8.

espontânea é voluntária, porque não é deliberada; assim como nenhuma ação voluntária é espontânea, se nasce do medo". (c) Agora ele nos diz que "as ações que se originam do último apetite são voluntárias. E aqui, onde há um único apetite, esse único é o último". Mas antes ele nos dissera que "o voluntário pressupõe alguma deliberação precedente e meditação do que provavelmente se seguirá da ação ou abstenção da ação". (d) Ele define a liberdade no N. 29 como sendo "a ausência de impedimentos extrínsecos à ação". Não obstante, em todo seu discurso ele se esforça para mostrar que tudo o que não é feito não é feito porque o agente foi determinado de modo necessário a partir de causas extrínsecas a não fazer. As causas extrínsecas que o determinam a não fazer não são impedimentos à ação? Assim, todo homem só será livre para fazer aquilo que ele atualmente faz. Ele define o agente livre como aquele que "não deu cabo à sua deliberação". E, não obstante, define a liberdade como "uma ausência de impedimentos externos". Pode haver impedimentos externos mesmo quando se está deliberando, como no caso de um homem que delibera se jogará tênis, e, ao mesmo tempo, a porta da quadra de tênis é fechada na sua cara. E depois que um homem cessou de deliberar, pode não haver impedimentos externos, como é o caso de um homem que resolve não jogar tênis, porque se encontra maldisposto ou porque não quer arriscar seu dinheiro. Assim, uma mesma pessoa, ao mesmo tempo, será livre e não livre, não livre e livre. E como ele não se mantém firme em seus próprios fundamentos, confunde todas as coisas: a mente com a vontade, a faculdade apreciativa com o entendimento, a imaginação com a deliberação, o fim com os meios, a vontade humana com o apetite sensitivo, a esperança ou o medo racionais com as paixões irracionais, as inclinações com as intenções, um começo de existência com um começo de ação, a suficiência com a eficiência. Assim, a maior dificuldade é descobrir o que ele pretende. Por isso, embora eu tivesse resolvido outrora não responder a esta parte de seu discurso, após ponderar melhor, farei um breve exame dela e mostrarei até que ponto concordo ou discordo do que concebo ser o sentido de suas afirmações.

Em primeiro lugar, quanto às paixões repentinas, como a cólera e outras semelhantes, (e) o que ele disse — que "a ação necessariamente segue o pensamento" — é verdadeiro apenas para aquelas ações que são completamente indeliberadas e se originam de paixões repentinas e violentas, ou *motus primo primi*, que surpreendem um homem, e não lhe dão tempo para refletir pela razão, e que não são propriamente e efetivamente livres em si mesmas, mas antes ações necessárias, como quando um homem foge de um gato ou do creme inglês por causa de uma antipatia secreta.

(f) Em segundo lugar, quanto àquelas ações "nas quais a deliberação atual não parece ser necessária porque nada apareceu que poderia fazer um homem duvidar da consequência", admito que ações realizadas em virtude de uma deliberação precedente, ainda que sem nenhuma deliberação atual no presente, quando o ato é realizado, podem ser ações verdadeiramente voluntárias e livres, e até mesmo mais livres, em alguns casos e em certo sentido, do que se tivessem sido atualmente deliberadas no presente. É o caso de alguém que, por ter adquirido, por meio de uma deliberação anterior e da experiência, o hábito de tocar o virginal, não precisa deliberar sobre cada uma das cordas que precisa tocar, nem qual dedo de sua mão precisa movimentar para tocar determinada lição. Certamente, se sua mente tiver de se fixar ou pensar em cada movimento de sua mão ou cada toque na corda, isso estorvaria sua execução e tornaria a ação mais incômoda para ele. Por isso acredito que não apenas sua execução em geral, mas cada movimento de sua mão, embora não seja presentemente deliberado, é um ato livre em virtude de sua deliberação precedente. Dessa forma, tirando as impropriedades do discurso, como denominar voluntário o que é livre, limitar a vontade ao último apetite, e outros erros, como dizer que nenhuma ação pode ocorrer sem deliberação, concordamos com grande parte dessa segunda observação.

(g) Em terceiro lugar, quanto ao que ele diz, que "alguns atos repentinos provenientes de paixões violentas, que surpreendem um homem, são punidos de modo justo", concordo que o são algumas vezes, mas não por causa do que ele argumentou, a saber, porque foram precedentemente objeto de deliberação atual, mas porque foram objeto de deliberação virtual ou porque é por nossa culpa que não foram objeto de deliberação atual, quer fosse por uma falta de pura negação — isto é, apenas por não fazermos nosso dever — quer fosse, ademais, por uma falta de má disposição, em razão de algum hábito vicioso que contraímos em nossas ações precedentes. Cometer um ato necessário nunca é uma falta, tampouco é punível de modo justo quando a necessidade é inevitavelmente imposta a nós pelas causas extrínsecas. Se uma criança, por exemplo, antes de ter o uso da razão, mata um homem sob a paixão, pelo fato de não ter tido nenhuma intenção criminosa que a incitou a isso e não ter a razão para impedi-la, ela não deve morrer por causa disso de acordo com as regras estritas da justiça particular, a não ser que a justiça pública se imiscua no caso.

(h) Mas se a necessidade for produzida por nós mesmos e pelas nossas próprias faltas, é punível de maneira justa. Como aquele que, por seus pensamentos libertinos durante o dia, proporciona sua própria conspurcação noturna: um homem não pode deliberar em seu sono; não obstante, é considerado um ato pecaminoso e, por conseguinte, um ato livre, isto é, não atualmente livre em si mesmo, mas virtualmente livre em suas causas. E, embora não seja expressamente querido e escolhido, não obstante, é querido e escolhido tácita e implicitamente quando é querido e escolhido, a partir do que é necessariamente produzido. Segundo a lei levítica, se um homem cava uma fossa e a deixa descoberta, e o boi ou jumento de seu vizinho cai nela, ele é obrigado a fazer a reparação; não porque ele escolheu deixá-la descoberta com o propósito de que tal infortúnio acontecesse, mas porque livremente deixou de fazer o que deveria ter feito, cujo dano recaiu em seu vizinho. Por fim, há uma grande diferença entre os primeiros movimentos, que algumas vezes não estão em nosso poder, e os atos subsequentes de assassinar, roubar ou semelhantes, que sempre estão em nosso poder, se possuímos o uso da razão, ou, então, é por nossa culpa que não estão em nosso poder. Contudo, no que diz respeito a tais atos precipitados, cometidos a sangue quente, a lei não é tão severa como com aqueles que são cometidos após longa deliberação e com intenção criminosa premeditada, a menos que, como disse, a justiça pública se imiscua no caso. Quem rouba um cavalo deliberadamente é passível de sofrer maiores punições pela lei do que quem mata o dono acidentalmente. Não obstante, a morte do dono é mais nociva (para usar a sua frase) e mais danosa à família do que o roubo do cavalo. Assim, T.H. erra também nisto: "que o direito de matar os homens é proveniente meramente do fato de eles serem nocivos" (N. 14).

CRÍTICA DA RESPOSTA DO BISPO À MINHA OPINIÃO SOBRE A LIBERDADE E A NECESSIDADE N. 25

(a) "Mesmo agora ele nos diz que 'um homem pode ter tempo para deliberar e, não obstante, não deliberar'. Um pouco depois ele diz que 'não se pode dizer, a respeito de qualquer ação humana, que seja realizada sem deliberação, por mais repentina que seja'."

Ele acha que me pegou aqui em uma contradição, mas se engana. E a causa disso é que não observa que pode haver uma diferença entre a deliberação e o que será considerado deliberação por um juiz. Pois um homem pode cometer um ato precipitado sem deliberação; não obstante, como ele deveria ter deliberado e teve tempo suficiente para deliberar se a ação era legítima ou não, o juiz, que supõe que depois que a lei é conhecida todo o tempo seguinte foi tempo de deliberação, não dirá que foi sem deliberação. Portanto, não é contraditório dizer que um homem não delibera e que aquele que é o juiz das ações voluntárias afirme que delibera.

(b) "Novamente ele diz que 'considera voluntário e espontâneo a mesma coisa'; ao passo que anteriormente nos dissera que 'nenhuma ação espontânea é voluntária, porque não é deliberada; assim como nenhuma ação voluntária é espontânea, se nasce do medo.'"

Ele acha que viu nisso outra contradição. Não admira que, ao falar de espontâneo, que não significa em latim (pois não é palavra da nossa língua) senão o que é feito deliberadamente ou não deliberadamente sem compulsão, eu pareça, aos olhos do bispo, que nunca deu nenhuma definição dessa palavra, não usá-la como ele gostaria que eu a usasse. E é fácil para ele atribuir-lhe o significado que lhe apraz, se a ocasião servir para me acusar de contradição. O sentido no qual usei essa palavra naquela ocasião é o mesmo no qual eu sempre a usei, denominando espontâneo o que é sem coação ou compulsão pelo terror.

(c) "Agora ele nos diz que 'as ações que se originam do último apetite são voluntárias. E aqui, onde há um único apetite, esse único é o último'. Mas antes ele nos dissera que 'o voluntário pressupõe alguma deliberação precedente e meditação do que provavelmente se seguirá da ação ou abstenção da *ação*'."

Essa é a terceira contradição que ele supõe ter encontrado, mas novamente ele se engana. Pois quando os homens devem julgar as ações, se são voluntárias ou não, não podem denominar tal ação voluntária senão quando se origina do último apetite. Mas os mesmos homens, mesmo que não tenha havido deliberação, julgarão que houve deliberação porque deveria ter havido e isso desde o momento que a lei foi conhecida até o tempo da própria ação. Dessa forma, ambos são verdadeiros: que o voluntário pode ocorrer sem deliberação e que, não obstante, pressupõe-se pela lei não ocorrer sem deliberação.

(d) "Ele define a liberdade no número 29 como sendo 'a ausência de impedimentos extrínsecos à ação'. Não obstante, em seu discurso inteiro ele se esforça para mostrar que tudo o que não é feito, não é feito porque o agente foi determinado de maneira necessária por causas extrínsecas a não fazê-lo. As causas extrínsecas, que o determinam a não fazê-lo, não são impedimentos à ação?"

Ele julga que refutou suficientemente essa definição de liberdade, isto é, "a ausência de todos os impedimentos extrínsecos à ação", ao questionar se as causas extrínsecas, que determinam um homem a não realizar uma ação, não seriam impedimentos extrínsecos à ação. Parece, por sua questão, que ele não tem dúvida a esse respeito, mas é enganado por uma consideração muito superficial do que a palavra *impedimento* significa. Pois impedimento ou obstáculo significa uma oposição ao esforço. Assim, se um homem for determinado de maneira necessária pelas causas extrínsecas a não se esforçar para realizar uma ação, aquelas causas não se opõem a seu esforço para realizá-la, porque ele não faz tal esforço para sofrer oposição. Portanto, causas extrínsecas que eliminam o esforço não devem ser denominadas impedimentos; tampouco se pode dizer que algum homem é impedido de fazer o que ele não tinha nenhum intuito de fazer. Então essa sua objeção advém apenas de ele não entender suficientemente a nossa língua. Pela mesma razão ele pensa que é uma contradição denominar agente livre aquele que ainda não encerrou sua deliberação e denominar liberdade a ausência de impedimentos externos. "Pois", diz ele, "pode haver impedimentos externos mesmo quando ele está deliberando." No que ele se engana. Pois embora ele possa deliberar sobre aquilo que lhe é impossível fazer, como no exemplo apresentado por ele daquele que delibera se jogará tênis ou não, sem saber que a porta da quadra de tênis estava trancada para ele, não lhe é impedimento que a porta esteja trancada até que ele tenha a vontade de jogar, o que ele não terá até que tenha deliberado se jogará ou não.

A respeito do que se segue sobre minha confusão da mente com a vontade, da faculdade apreciativa com o entendimento, da imaginação com a deliberação, do fim com os meios, da vontade humana com o apetite sensitivo, da esperança racional ou do medo com as paixões irracionais, das inclinações com as intenções, de um começo de existência com um começo de ação, da suficiência com a eficiência, não encontro nenhuma impropriedade no uso dessas ou qualquer outra palavra que escrevi; tampouco duvido que um leitor de nossa língua, que não tenha se perdido na teologia escolástica, não conceberá mui facilmente o que eu disse. Mas disto tenho certeza: que jamais confundi começo de existência com começo de ação, a suficiência com a eficiência, tampouco jamais utilizei estas palavras: apetite sensitivo, esperança racional, medo irracional ou paixões irracionais. É, portanto, impossível que eu os confunda. Mas ou bem o bispo está enganado, ou bem não tem escrúpulo em dizer o que sabe ser falso quando julga que servirá para o seu propósito.

(e) "Aquilo que ele disse – que 'a ação necessariamente segue o pensamento' – é verdadeiro apenas para aquelas ações que são completamente indeliberadas e se originam de paixões repentinas e violentas etc., que não são propriamente e efetivamente livres em si mesmas, mas antes ações necessárias, como quando um homem foge de um gato ou do creme inglês por causa de uma antipatia secreta."

Até aqui o que ele diz é verdadeiro. Mas quando ele chama as paixões repentinas de *motus primo primi*, não posso dizer se o que ele diz é verdadeiro ou não porque não o compreendo, nem entendo como ele torna seu significado mais claro com seus exemplos do gato e do creme inglês, porque não compreendo o que ele pretende dizer com "uma antipatia secreta". Pois ao denominá-la "secreta", ele não explica o que é essa antipatia, mas antes admite que não sabe explicá-la. E porque ele disse que isso é "até certo ponto verdadeiro", espero que ele me diga até onde é falso.

(f) "Em segundo lugar, quanto àquelas ações nas quais a deliberação atual não parece ser necessária 'porque nada apareceu que poderia fazer um homem duvidar da consequência', admito que ações realizadas em virtude de uma deliberação precedente, ainda que sem nenhuma deliberação atual no presente, quando o ato é realizado, podem ser ações verdadeiramente voluntárias e livres."

Quanto a esse ponto, ele concorda comigo. Mas, quando acrescenta "em alguns casos e em certo sentido, até mesmo mais livres do que se tivessem sido atualmente deliberadas no presente", não concordo com ele. E o exemplo que apresentou para prová-lo de um homem que toca um instrumento com sua mão não contribui em nada para sua causa, pois prova apenas que o hábito torna o movimento de sua mão mais pronto e rápido, mas não prova que o torna mais voluntário, e sim menos, porque o restante dos movimentos segue o primeiro pela facilidade adquirida de um longo hábito, no qual a vontade não acompanha todos os toques da mão, mas lhes dá um começo apenas no primeiro. Aqui, como esperava, não se encontra nada que indique em que medida seja falso aquilo que eu dissera, a saber, que a ação segue necessariamente o pensamento, a menos que sejam "impropriedades do discurso, como denominar voluntário o que é livre, limitar a vontade ao último apetite, e outros erros, como dizer que nenhum ato é sem deliberação". A respeito de impropriedades da linguagem não vou discutir com alguém que consegue usar *"motus primo primi"*, *"practice practicum"*, *"actus elicitus"* e muitas outras frases do mesmo tipo. Mas dizer que as ações livres são voluntárias, e que a vontade que causa uma ação voluntária é o último apetite, e que esse apetite foi imediatamente seguido pela ação, e que não se pode dizer, no que diz respeito ao julgamento da lei, que a ação de um homem seja sem deliberação, não são erros, pois ele não provou nada que fosse contrário a essas afirmações.

(g) "Em terceiro lugar, quanto ao que ele diz, que 'alguns atos repentinos provenientes de paixões violentas, que surpreendem um homem, são punidos de maneira justa', concordo que o são algumas vezes, mas não por causa do que ele argumentou" etc.

Meu argumento era "porque ele tinha tempo para deliberar desde o momento que a lei foi conhecida até o momento de sua ação, e deveria ter deliberado", ele poderia ser punido de maneira justa. O bispo concorda que eles são punidos de maneira justa e seu argumento é "porque foram objeto de deliberação virtual" ou "porque é por nossa culpa que não foram objeto de deliberação atual". Como um homem delibera e, não obstante, não delibera atualmente, não entendo. Se uma deliberação virtual não for uma deliberação atual, não é uma deliberação. Mas ele chama deliberação virtual o que deveria ter ocorrido e não ocorreu, e diz a mesma coisa que ele condena em mim. E seu outro argumento, a saber, que é por culpa nossa que não deliberamos, é o mesmo que eu disse: que deveríamos ter deliberado e não deliberamos. De modo, então, que sua repreensão aqui é uma repreensão de si mesmo, que se deve ao fato de que o hábito da linguagem escolástica fê-lo esquecer a língua de seu país. E quanto ao que ele acrescenta, "que cometer uma ação necessária nunca é uma falta, nem é punível de maneira justa quando a necessidade é inevitavelmente imposta a nós pelas causas extrínsecas", já respondi suficientemente em diversas passagens precedentes, mostrando que uma falta pode ser necessária em virtude de causas extrínsecas e ser, não obstante, voluntária, e que faltas voluntárias são puníveis de maneira justa.

(h) "Mas, se a necessidade for produzida por nós próprios e pelas nossas próprias faltas, é punível de maneira justa. Como aquele que, por seus pensamentos libertinos durante o dia, proporciona sua própria conspurcação noturna."

Esse exemplo, porque não vai contra nada que eu tinha sustentado, e em parte porque também é uma passagem fétida (pois, como ele atribui olhos ao entendimento, permite-me dizer que, se o entendimento tivesse um nariz, certamente feder-lhe-ia), deixo de lado, observando apenas os jargões: "*atualmente não livre em si mesmo*, mas *virtualmente livre em suas causas*". No restante de sua resposta a esse N. 25 não encontro nenhuma alegação que refute nada que eu tenha dito, exceto que suas últimas palavras são que "T.H. erra também nisto: que o direito de matar os homens é proveniente meramente do fato de eles serem nocivos (N. 14)". Mas a isso já respondi no mesmo N. 14. Não devo omitir essas palavras, que foram introduzidas um pouco antes: "se uma criança, antes de ter o uso da razão, mata um homem sob a paixão, pelo fato de não ter tido uma intenção criminosa que a incitou a isso e não ter a razão para impedi-la, ela não deve morrer por isso de acordo com as regras estritas da justiça particular, a não ser que a justiça pública se imiscua no caso". O bispo seria um mau juiz de crianças inocentes, pois são tais aquelas que, por falta de idade, não têm uso suficiente da razão para se impedir de matar. Pois a carência de razão, sendo resultante da falta de idade, elimina a punição, porque elimina o crime e as torna inocentes. Mas ele introduz outra justiça, que ele denomina *pública*, enquanto denominava a outra *particular*. E por essa justiça pública, diz ele, a criança, embora seja inocente, pode ser morta. Espero que a administração da justiça pública nunca esteja em mãos como as dele ou nas mãos daqueles que se aconselham com ele. Mas a distinção que ele faz não é compreendida por ele próprio. Há causas públicas e privadas. Privadas são aquelas nas quais ambas as partes da causa são homens particulares. Públicas são aquelas nas quais uma das partes é a república ou a pessoa que a representa, e na qual a causa é criminal. Mas não há distinção da justiça em pública e privada. Podemos ler relatos sobre homens que, tendo poder soberano, condenaram por vezes um inocente à morte, seja graças a um voto, como Jefté fez ao sacrificar sua filha, seja quando se julgou apropriado que uma pessoa inocente fosse morta para salvar um grande número de pessoas. Mas sobre condenar uma criança, não pela razão de Estado, que ele de maneira inapropriada denomina justiça pública, mas por matar um homem, e ao mesmo tempo reconhecer que tal ato de matar não é um crime, acho que nunca se ouviu falar.

N. 26

T.H. Em segundo lugar, considero que, quando um homem delibera se fará algo ou não, não faz senão considerar se é melhor para ele fazê-lo ou não. E considerar uma ação é imaginar as suas consequências, tanto boas como más. Com base nisso se deduz que a deliberação não é senão a imaginação alternada das consequências boas e más de uma ação ou, o que é o mesmo, esperança e medo alternados, ou apetites alternados para fazer ou abandonar a ação deliberada.

J.D. (a) Se eu não soubesse o que é deliberação, estaria pouco assistido em meu conhecimento por essa descrição. Por vezes, ele faz dela uma consideração, um ato do entendimento; por vezes, uma imaginação ou um ato da imaginação; por vezes, ele faz dela uma alternância de paixões, esperança e medo. Por vezes, ele a refere ao fim e, por vezes, aos meios. Dessa maneira, ele faz dela não sei o quê. A verdade é esta, em suma: deliberação é um exame feito pela razão de se isto ou aquilo é, de modo determinado, um meio bom e adequado, ou, de modo indeterminado, quais meios são bons e adequados para serem escolhidos para obter algum fim desejado.

CRÍTICA DA RESPOSTA N. 26

(a) "Se eu não soubesse o que é deliberação, estaria pouco assistido em meu conhecimento por essa descrição. Por vezes ele faz dela uma consideração, um ato do entendimento; por vezes, uma imaginação ou um ato da imaginação etc. Dessa maneira, ele faz dela não sei o quê."

Se o bispo tivesse observado o que ele próprio faz quando delibera, raciocina, entende ou imagina, saberia interpretar tudo o que disse neste número. Ele saberia que o ato de considerar, o entendimento, a razão e todas as paixões da mente são imaginações. Que considerar algo é imaginá-lo; que entender algo é imaginá-lo; que ter esperança e medo é imaginar coisas esperadas e temidas. A diferença entre eles é que, quando imaginamos a consequência de alguma coisa, diz-se que consideramos essa coisa; e quando imaginamos algo a partir de um signo, e especialmente dos signos que chamamos nomes, diz-se que entendemos o significado do signo; e quando raciocinamos, imaginamos as consequências das afirmações e negações coligadas; e quando temos esperança ou medo, imaginamos coisas boas ou danosas a nós. Desse modo, todos esses casos não são senão imaginações denominadas diversamente a partir das diferentes circunstâncias, o que qualquer um pode perceber facilmente se puder observar seus próprios pensamentos. Mas, para aquele que não pensa por si mesmo com base nas coisas, e sim a partir das palavras por meio das quais fala, e acredita nessas palavras enigmáticas dos escolásticos, não apenas é difícil, mas impossível sabê-lo. E é essa a razão pela qual diz que faço da deliberação não sei o quê. Mas como a deliberação é definida por ele? "É", diz ele, "um exame feito pela razão de se isto ou aquilo é, de modo determinado, um meio bom e adequado, ou, de modo indeterminado, quais meios são bons e adequados para serem escolhidos para a obtenção de algum fim desejado." Se não fosse seu hábito dizer que o entendimento entende, a vontade quer, e o mesmo do restante das faculdades, eu teria acreditado que, quando diz que a deliberação é um exame feito pela razão, ele pretendia dizer um exame feito pelo homem que raciocina, pois tal teria sentido. Mas, na medida em que a razão que um homem usa na deliberação é a mesma coisa que é denominada deliberação, sua definição de que a deliberação é um exame feito pela razão equivale a dizer que a deliberação é um exame feito pela deliberação — uma definição digna de ser feita por um escolástico. Tampouco o restante da definição como um todo é como deveria ser, pois não há tal coisa como "uma consideração indefinida de quais meios são bons e adequados", mas um homem, imaginando primeiro uma coisa, depois a outra, considera, sucessiva e singularmente, se cada uma delas conduz aos seus fins ou não.

N. 27

T.H. Em terceiro lugar, considero que em todas as deliberações, isto é, em todas as sucessões alternadas de apetites contrários, o último é o que denominamos vontade e ocorre imediatamente antes da execução da ação ou logo antes de sua execução se tornar impossível. Todos os outros apetites para fazer ou abandonar a ação que ocorrem a um homem durante sua deliberação são geralmente chamados intenções e inclinações, mas não vontades, não havendo senão uma vontade, que pode também, neste caso, ser chamada a última vontade, embora a intenção mude constantemente.

J.D. (a) Ainda aqui não há nada senão confusão: ele confunde a faculdade da vontade com o ato da volição; ele faz da vontade a última parte da deliberação; ele faz a intenção, que é o ato mais próprio e elícito da vontade, ou o querer de um fim, a ser atingido por determinados meios, não ser absolutamente nenhum querer, mas apenas certa *inclinação* ou propensão antecedora.[184] Ele poderia igualmente dizer que a agitação incerta da agulha para cá e para lá para encontrar o polo e a parada ou fixação da mesma em direção ao polo são a mesma coisa. Mas o erro mais grosseiro é que ele não reconhece nenhum ato da vontade humana como sendo sua vontade, e sim apenas o último ato, que ele denomina a última vontade. Se o primeiro não é vontade, como pode este ser a última vontade? De acordo com sua doutrina, a vontade de um homem deveria ser tão imutável quanto a vontade de Deus, pelo menos enquanto houver uma possibilidade de efetivá-la.

(b) De acordo com essa doutrina, a concupiscência com consentimento não deveria ser um pecado, pois o que não é

---

[184] Bramhall utiliza aqui o neologismo, em inglês, *"antecedaneous"*.

verdadeiramente querido não é pecado, ou melhor, não deveria ser absolutamente, a menos que o ato sucedesse ou se tornasse impossível em virtude de algumas circunstâncias que interviessem. De acordo com essa doutrina, ninguém pode dizer "esta é a minha vontade", porque ele ainda não sabe se isso será seu último recurso. A verdade é que pode haver muitos atos da vontade, tanto em relação aos meios como ao fim. Mas o ato que torna verdadeiramente livres as ações do homem é a eleição, que é a escolha ou rejeição deliberada deste ou daquele meio ou a aceitação de um meio de preferência a outro, em que diversos meios são representados pelo entendimento.

CRÍTICA DA RESPOSTA AO N. 27

(a) "Ainda aqui não há nada senão confusão: ele confunde a faculdade da vontade com o ato da volição; ele faz da vontade a última parte da deliberação; ele faz a intenção, que é o ato mais próprio e elícito da vontade, ou o querer de um fim, a ser atingido por certos meios, não ser absolutamente nenhum querer, mas apenas certa *inclinação* ou propensão antecedora (ele poderia ter dito 'antecedente')."

Confundir a faculdade da vontade com a vontade seria confundir a vontade com a não vontade; pois a faculdade da vontade não é vontade; apenas o ato que ele chama volição é a vontade. Assim como um homem que dorme e que possui a *potência de ver* e *não vê*, não possui, por ora, nenhuma *visão*, aquele que possui a *potência* de querer, mas *não quer nada*, não possui por ora nenhuma *vontade*. Devo, portanto, ter me afastado muito de meus próprios princípios se confundi a *faculdade* da *vontade* com o *ato* da *volição*. Ele teria feito bem em me mostrar em que ponto eu os confundo. É verdade que, para mim, a vontade é a última parte da deliberação, mas é essa vontade que torna a ação voluntária, e, portanto, precisa ser a última. Mas quanto às variações precedentes da vontade para fazer ou não, embora sejam várias vontades, que são contrárias e destrutivas umas em relação às outras, são geralmente chamadas *intenções*, e, portanto, não têm nada a ver com a vontade, sobre a qual debatemos e que torna uma ação voluntária. Embora um homem tenha numa deliberação muito longa muitos quereres e não quereres, estes são geralmente chamados inclinações, e apenas o último é denominado *vontade*, que é imediatamente seguida pela ação voluntária. Mas, não obstante, tanto aquele que possui essas intenções como Deus, que os vê, conta-os como muitas vontades.

(b) "De acordo com essa doutrina, concupiscência com consentimento não deveria ser um pecado, pois o que não é verdadeiramente querido não é pecado."

Isso não é uma consequência de minha doutrina, pois sustento que há, aos olhos de Deus, tantos consentimentos e tantos quereres que teriam sido sucedidos por ações, se as ações estivessem em seu poder. Teria sido mais adequado para um homem de quem se requer mais gravidade e santidade do que o ordinário ter escolhido outro tipo de exemplo. Mas o que ele pretende dizer com "concupiscência com consentimento"? Pode haver concupiscência sem consentimento? Trata-se do próprio consentimento. Pode haver também uma concupiscência legítima com consentimento, pois a concupiscência não constitui o pecado, mas sim a ilegitimidade de satisfazer tal concupiscência; não o consentimento, mas a vontade e o desígnio de executar o que um homem sabe ser ilegítimo.

O apetite pelo pão de outrem é concupiscência, e, mesmo que seja acompanhado com o consentimento para comer, não é pecado; mas o desígnio de tomá-lo de outrem, mesmo que ele possa não consegui-lo, é pecado. E esse exemplo poderia ter servido sua causa assim como a outra; e quanto ao consentimento, se ele tivesse compreendido a verdade, ele teria colocado em seu lugar "desígnio".

N. 28

T.H. Em quarto lugar, sustento que as ações a respeito das quais se diz que o homem realiza a partir de uma deliberação são ditas voluntárias e realizadas a partir de escolha e eleição, de tal maneira que ação voluntária e ação resultante de escolha são a mesma coisa. E, no que diz respeito a um agente voluntário, é o mesmo dizer que ele é livre e dizer que não pôs fim à deliberação.

J.D. (a) Essa curta seção pode ficar sem crítica, exceto por duas coisas. A primeira é que ele confunde um ato voluntário com um ato livre. Só é um ato livre aquele que resulta da escolha livre da vontade racional após a deliberação; mas é verdadeiramente voluntário todo ato que resulta do apetite sensitivo do homem ou da besta, sem deliberação ou escolha. (b) A outra coisa a ser observada em sua conclusão é que "é o mesmo dizer que ele é livre e dizer que não pôs fim à deliberação" — admissão que invalida sua doutrina inteira da necessidade absoluta. Pois se todo agente for determinado de maneira necessária a agir como age por um fluxo necessário e natural das causas extrínsecas, então ele não é mais livre antes de deliberar ou enquanto delibera do que é após deliberar; mas, de acordo com a admissão de T.H. incluída aqui, ele é mais livre enquanto delibera do que é depois. Assim, depois de todos os seus floreios em favor de uma necessidade absoluta e extrínseca, ele se satisfaz em se curvar e se contentar com uma necessidade hipotética, que ninguém jamais negou ou colocou em dúvida, ao atribuir a necessitação de um homem, nos atos livres, a sua própria deliberação e, em atos indeliberados, a seu último pensamento (N. 25). Que relação tem isso com uma influência especial das causas extrínsecas?

(c) Novamente ele diz que "a liberdade é a ausência de impedimentos extrínsecos", mas a deliberação não produz novos impedimentos extrínsecos; assim, deixe-o escolher que partido tomar: ou ele é livre depois da deliberação, de acordo com sua doutrina, ou ele não era livre antes. Nossa própria deliberação, o direcionamento de nosso próprio entendimento e a escolha de nossa própria vontade produzem, de fato, uma necessidade hipotética de que o evento seja tal como o entendimento direcionou e a vontade escolheu. Mas, na medida em que o entendimento tinha direcionado de outra maneira, e a vontade, escolhido outra coisa, isso está longe de constituir uma necessidade absoluta. Tampouco a liberdade diz respeito apenas a atos futuros, mas também a atos presentes. Caso contrário, Deus não teria criado o mundo livremente. No instante mesmo em que a vontade elege, ela é livre, de acordo com uma prioridade de natureza, embora não de tempo, para escolher outra coisa. E, assim, em um sentido dividido, a vontade é livre enquanto age, embora não o seja em um sentido composto. Certamente a deliberação constitui e não destrói a liberdade.

CRÍTICA DA RESPOSTA AO N. 28

(a) "Essa curta seção pode ficar sem crítica, exceto por duas coisas; a primeira é que ele confunde um ato voluntário com um ato livre."

De fato, considero todos os atos voluntários livres, e todos os atos livres voluntários; mas, considero, ademais, que todos os atos, sejam eles livres ou voluntários, se são atos, eram necessários antes de serem atos. Mas onde está o erro? "Só é um ato livre", diz ele, "aquele que resulta da escolha livre da vontade racional após a deliberação; mas é verdadeiramente voluntário todo ato que resulta do apetite sensitivo do homem ou da besta, sem deliberação ou escolha." De modo, então, que meu erro reside nisto: que não distingo entre uma vontade racional e um apetite sensível num mesmo homem. Como se o apetite e a vontade num homem ou numa besta não fosse o mesmo ou que homens e bestas sensuais não deliberassem e escolhessem uma coisa de preferência a outra, da mesma maneira que os homens sábios fazem. Tampouco se pode dizer dos quereres que um é racional e o outro sensível, mas só se pode dizer isso a respeito de homens. E se for concedido que a deliberação é sempre (o que não é) racional, não haveria razão para dizer que os homens são mais racionais que as bestas. Pois é evidente, por uma experiência constante, que as bestas deliberam.

(b) "A outra coisa a ser observada em sua conclusão é que 'é o mesmo dizer que ele é livre e dizer que não pôs fim à deliberação' – admissão que invalida sua doutrina inteira da necessidade absoluta." Por quê? "Porque", diz ele, "se todo agente for determinado de maneira necessária a agir como age por um fluxo necessário e natural das causas extrínsecas, então ele não é mais livre antes de deliberar ou enquanto delibera do que é após deliberar."

Mas se trata de uma conclusão falsa; ele deveria ter concluído assim: "então ele não é menos determinado de maneira necessária antes de deliberar do que é depois", o que é verdadeiro; e, não obstante, ele é mais livre. Mas como ele considera que a necessidade é incompatível com a liberdade – que é a questão debatida por nós –, em vez de "determinado de maneira necessária", ele coloca *não livre*. Portanto, dizer que "um homem é livre até que ele tenha terminado a deliberação" não é contraditório com a necessidade absoluta e antecedente. E quando ele acrescenta logo depois que atribuo a necessitação de um homem, nos atos livres, a sua própria deliberação, e, nos atos indeliberados, a seus últimos pensamentos, ele se engana, pois atribuo toda necessidade às séries ou à ordem universal de causas, que dependem da primeira causa eterna, o que o bispo compreende como se eu tivesse dito, segundo a sua locução, que a atribuo a uma influência especial das causas extrínsecas – ou seja, ele não compreende de modo nenhum o que eu disse.

(c) "Novamente, ele diz que 'a liberdade é a ausência de impedimentos extrínsecos', mas a deliberação não produz novos impedimentos extrínsecos; portanto, ou ele é livre depois da deliberação, ou ele não era livre antes."

Não consigo perceber nessas palavras mais força de inferência do que haveria em várias palavras quaisquer unidas por acaso. Mas, independentemente do que ele pretende dizer, não digo que a deliberação produz quaisquer impedimentos, pois só há impedimentos para a ação enquanto nos esforçamos para realizá-la, o que só ocorre quando já fizemos a deliberação. Mas durante a deliberação ocorre àquele que delibera pensamentos acerca das consequências da ação sobre a qual delibera que causam a ação que se produz – o que não constituem impedimentos à ação que não foi realizada, mas sim às causas do que foi feito.

O que se segue neste número não é inteligível em virtude da ausência de significado destas palavras: "o entendimento direciona", "a vontade escolhe", "necessidade hipotética" – que não passam de jargões – e seus "sentido dividido" e "sentido composto", que são sem sentido. E isto também, "a liberdade diz respeito não apenas a atos futuros, mas também a atos presentes", é ininteligível. Pois como um homem pode ter liberdade para fazer ou não o que, no mesmo instante, já foi feito? Assim, não prova nada o que ele acrescenta: "caso contrário, Deus não teria criado o mundo livremente", porque ele tinha liberdade para criá-lo antes que fosse criado. Ademais, é profanar o nome de Deus dar exemplos com base em sua obra incompreensível numa questão como esta, que é meramente natural.

N. 29

T.H. Em quinto lugar, julgo que a liberdade é definida corretamente desta maneira: a liberdade é a ausência de quaisquer impedimentos para a ação que não estejam contidos na natureza e na qualidade intrínseca do agente. Por exemplo, se diz que a água desce livremente ou tem a liberdade para descer o leito do rio, porque não há impedimentos nesse caminho; mas não de um lado para o outro, porque as margens são impedimentos. E, embora a água não possa subir, não obstante, jamais alguém dirá que lhe falta a liberdade para subir, mas a faculdade ou potência, porque o impedimento está na natureza da água e é intrínseco. Da mesma maneira, dizemos que aquele que está amarrado não tem a liberdade para andar, porque o impedimento não está nele, mas nas amarras; ao passo que não dizemos isso a respeito daquele que está doente ou é coxo, porque o impedimento está nele próprio.

J.D. (a) Como pode ser correta a definição de liberdade que não inclui nem o gênero nem a diferença, nem a matéria, nem a forma de liberdade, que descreve a liberdade acidentalmente por meio de suas marcas e sinais? Como uma faculdade real ou a potência eletiva pode ser definida por uma negação ou ausência é algo que ultrapassa minha compreensão e é contrário a todas as regras da reta razão que aprendi. Negações não podem explicar a natureza das coisas definidas. De acordo com essa definição, uma pedra tem a liberdade de subir no ar, porque não há impedimento externo para impedi-la, e, assim, um ato violento poderia ser um ato livre. O mesmo que disse das definições se aplica a seus exemplos da liberdade da água para descer o leito e da liberdade do homem doente ou coxo para andar. O último exemplo é uma impotência e não uma potência ou uma liberdade. O primeiro exemplo está tão longe de ser um ato livre que mal é um ato natural. Certamente, o movimento natural próprio da água, assim como de todos os corpos pesados, é descer diretamente para baixo, em direção ao centro; como vemos na chuva, que cai para baixo perpendicularmente. Embora isso esteja longe de ser um ato livre, que procede de um apetite racional, é, não obstante, um ato natural, e nasce de um apetite natural, e tem sua razão em si mesmo. Não ocorre o mesmo para o curso do rio em seu leito, que não precisa ser atribuído à natureza própria da água, mas sim tanto à ordem geral do Universo, para o maior bem-estar e preservação das criaturas (de outro modo, as águas não se moveriam para os mares e rios como o fazem, mas teriam como lugar próprio um lugar entre o ar e a terra, de acordo com a grau de sua gravidade), como a um princípio extrínseco, quando uma partícula de água impulsiona e força outra para a frente, de modo a se formar um fluxo ou, pelo menos, tornar o fluxo mais impetuoso, movimento para o qual a posição da terra contribui muito, tanto restringindo o corpo fluido e o impedindo de se dispersar com suas margens como propiciando um caminho para a descida regular e fácil por sua inclinação. Lamentavelmente, ele nos diz que "a água carece de liberdade para subir as margens, porque há um impedimento extrínseco; mas para subir o leito não lhe falta a liberdade, e sim a potência". Por quê? A liberdade é uma potência; se lhe falta potência para subir, lhe falta liberdade para subir. Mas, segundo ele, a razão pela qual a água não sobe o leito é intrínseca e a razão pela qual não sobe as margens, extrínseca, como se não houvesse uma elevação do fundo do leito, assim como das margens, embora não seja tão discernível nem tão repentino na maior parte das vezes. E o impedimento extrínseco é igual na ascensão do leito como das margens, ou até mesmo maior, porque a água deve avançar não apenas contra o solo elevado, como também contra as águas que lhe sucedem, que pressionam as precedentes. Ou bem o rio carece de liberdade em ambos os casos, ou bem em nenhum deles.

Mas para deixar de lado suas faculdades metafóricas e sua liberdade de fazer catacreses: quão longe está seu discurso da verdadeira liberdade moral, que é a questão debatida por nós? Sua descrição precedente de um agente livre, isto é, "aquele que não terminou de deliberar", embora estivesse longe do objetivo, aproximava-se muito mais da verdade do que essa definição de liberdade; a menos que ele pense, talvez, que a água tenha deliberado se subirá as margens, mas não tenha deliberado se subirá o leito.

CRÍTICA DA RESPOSTA AO N. 29

(a) "Como pode ser correta a definição de liberdade que não inclui nem o gênero nem a diferença, nem a matéria, nem a forma de liberdade etc.; como uma faculdade real ou a potência eletiva pode ser definida por uma negação ou ausência é algo que ultrapassa minha compreensão e é contrário a todas as regras da reta razão que aprendi."

Uma definição correta é aquela que determina o significado da palavra definida a fim de que seu significado seja constante e sem equívoco no discurso no qual é utilizada. Essa é a medida de uma definição e é inteligível para um leitor da nossa língua. Mas o bispo, que a avalia pelo gênero e pela diferença, embora escreva na nossa língua, pensa, parece, que escreve não para um leitor da nossa língua, a menos que também seja um escolástico. Admito que é boa a regra de que devemos, quando isso pode ser feito, definir usando algum gênero mais geral e, então, restringindo o significado desse termo geral até que seja o mesmo da palavra definida. E é esse termo geral que a escola denomina *gênero* e a restrição, *diferença*. Essa é, digo, uma boa regra quando pode ser empregada, pois algumas palavras são tão gerais que não podem admitir uma mais geral em sua definição. Mas duvido que ele se daria ao trabalho de encontrar a razão pela qual isso deve ser uma lei da definição, e, assim, indico-lhe (ele deve me permitir citar algumas vezes, assim como ele) os décimo quarto e décimo quinto artigos do sexto capítulo do meu livro *De corpore*. Mas é despropositado ele exigir numa definição exatamente o gênero e a diferença, visto que ele não os reconhece quando estão presentes. Pois, nessa minha definição de liberdade, o gênero é a ausência de impedimentos à ação, e a diferença ou restrição, que eles não podem estar contidos na natureza do agente. Portanto, embora o bispo fale de gênero e de diferença, não entende o que são, mas exige a matéria e a forma da coisa na definição. A matéria é o corpo, isto é, a substância corporal, sujeita a dimensões, tais como os elementos e as coisas compostas pelos elementos. Mas é impossível que a matéria seja parte da definição, cujas partes são exclusivamente palavras; ou colocar o nome de matéria na definição de liberdade, que é imaterial. "Como uma faculdade real pode ser definida por uma ausência", diz ele, "é algo que ultrapassa minha compreensão." A menos que ele pretenda dizer com *"faculdade real"* uma *faculdade em seu sentido próprio*, não sei como uma faculdade pode ser real. Se ele pretende dizer isso, então uma ausência em sentido próprio é tão real como uma faculdade em sentido próprio. E se a palavra definida significa uma ausência ou negação, espero que ele não queira que eu a defina por uma presença ou afirmação. Uma palavra desse tipo é "liberdade", pois significa liberdade[185] em relação a impedimentos, o que é o mesmo que ausência de impedimentos, como eu a defini. E se isso for contrário a todas as regras da reta razão, isto é, da lógica que ele aprendeu, aconselho-o a ler alguma outra lógica diferente da que leu até agora, ou a examinar melhor as regras que leu

---

[185] Hobbes utiliza aqui o termo *"freedom"*, em vez de *"liberty"*, que é o termo empregado tanto por Hobbes como Bramhall em toda a controvérsia para significar "liberdade".

quando era jovem e podia entender menos. Ele acrescenta que, "de acordo com essa definição, uma pedra tem a liberdade de subir no ar, porque não há impedimento externo para impedi--la". Como ele sabe se há impedimentos para impedi-la ou não? Certamente, se uma pedra fosse jogada para o alto, ou ela iria subir eternamente, ou seria detida por algum impedimento externo, ou iria parar por si mesma. Ele admitiu que nenhuma coisa pode se mover por si mesma; não duvido, assim, que ele admitirá também que ela não pode se deter por si mesma. Mas detida vemos que é – é, portanto, detida por impedimentos externos. Nesta parte de sua resposta ele se aventurou um pouco longe demais a falar de definição, impedimento e movimento, e revelou demasiadamente sua ignorância em lógica e filosofia. Falou de maneira tão absurda do curso dos rios, do movimento dos mares e do peso da água, que esse discurso não pode ser corrigido senão eliminando-o completamente.

N. 30

T.H. Em sexto lugar, concebo que nada se inicia por si mesmo, mas a partir da ação de algum outro agente imediato externo; e que, por conseguinte, quando um homem começa a ter um apetite ou vontade para algo que ele não tinha imediatamente antes, a causa de sua vontade não é a própria vontade, mas algo diferente que não está sob seu próprio controle. De modo que, então, posto que está fora de toda controvérsia que a vontade é uma causa necessária de todas as ações voluntárias, e que, a partir do que se diz, a vontade também é causada por outras coisas que não controla, segue-se que todas as ações voluntárias têm causas necessárias e são, portanto, determinadas de modo necessário.

J.D. Este sexto ponto não consiste em explicação de termos, como o anterior, mas em duas provas de que as ações voluntárias são determinadas de maneira necessária. A primeira prova estabelece-se assim: "nada se inicia por si mesmo, mas a partir da ação de algum outro agente imediato externo, que não está sob nosso controle, portanto" etc. *Concedo omnia*; (a) concedo tudo que ele disse. A vontade não se inicia por si mesma. Tanto se ele compreende por *vontade* a faculdade da vontade, que é uma potência da alma racional, ela não se inicia por si mesma, mas a partir de Deus, que criou e infundiu a alma no homem, e conferiu-lhe essa potência; como se ele compreende por *vontade* o ato de querer, ela não se inicia por si mesma, mas a partir da faculdade ou dessa potência de querer, que reside na alma. Isto é certo: as coisas finitas e participadas não podem existir a partir de si mesmas, nem se produzir a si próprias. O que ele deveria concluir disso? Que o ato de querer não se inicia a partir da faculdade de querer? Ou que essa faculdade é sempre determinada antecedentemente e extrinsecamente a querer o que quer? Ele pode tanto tirar leite de pedra como extrair tal conclusão a partir de tais premissas. Em segundo lugar, quanto a seu "se iniciar", ou bem ele compreende um *começo de existência*, ou um *começo de operação e ação*. Se ele compreende um começo de existência, disse com toda a verdade que nada tem um começo de existência no tempo a partir de si mesmo. Contudo, isso de nada adianta para seu propósito: a questão debatida por nós não é se a alma ou a vontade do homem é eterna. Mas se ele entende um *começo de operação ou movimento atual*, comete um erro grosseiro. Todos os homens sabem que quando uma pedra cai ou o fogo sobe, ou quando a água, que tinha sido aquecida, volta à sua temperatura precedente, o começo ou a razão é intrínseca, e uma e mesma coisa se move e é movida sob diferentes relações. Move-se em relação à forma, e é movida em relação à matéria. Tanto mais se pode dizer que o homem que tem um conhecimento perfeito e uma noção prévia do fim move-se por si mesmo. Contudo, não nego que há outros começos de ações humanas que concorrem com a vontade: alguns externos, como a causa primeira, por influência geral, que é sempre requisitada; anjos ou homens, ao persuadir; espíritos maus, ao tentar; o objeto ou o fim, por sua apetibilidade; e o entendimento, ao direcionar. O mesmo se dá com as paixões e os hábitos adquiridos. Mas nego que qualquer um desses determine ou possa determinar de modo necessário a vontade do homem, determinando-a fisicamente a uma única coisa, exceto Deus apenas, que o faz raramente e em casos extraordinários. E onde não há determinação antecedente a uma única coisa, não há necessidade absoluta, mas liberdade verdadeira.

(b) Seu segundo argumento é *ex concessis*: "está fora de toda controvérsia", diz ele, "que a vontade é uma causa necessária das ações voluntárias". O argumento pode ser assim reformulado: causas necessárias produzem efeitos necessários; mas a vontade é uma causa necessária de ações voluntárias. Posso negar sua premissa maior. Causas necessárias nem sempre produzem efeitos necessários, a não ser que eles também sejam produzidos necessariamente, como mostrei anteriormente pelo exemplo do livro de Protágoras.[186] Mas respondo claramente à premissa menor de que a vontade não é uma causa necessária do que quer em ações particulares. Está, de fato, fora de toda *controvér-*

---

186 Cf. N. 20, página 320.

sia, pois está fora de toda probabilidade. Que ela queira quando quer, isso é necessário; mas que queira isto ou aquilo, agora ou depois, isso é livre. Mais expressamente, o ato da vontade pode ser considerado de três maneiras: seja em relação à sua natureza, ou em relação ao seu exercício, ou em relação ao seu objeto. Em primeiro lugar, quanto à natureza do ato: o que a vontade quer é necessariamente voluntário, porque a vontade não pode ser compelida. E, nesse sentido, "está fora de toda controvérsia que a vontade é uma causa necessária das ações voluntárias". Em segundo lugar, quanto ao exercício de seus atos, não é necessária: a vontade pode tanto querer como suspender seu ato. Em terceiro lugar, quanto ao objeto, isso não é necessário, mas livre: a vontade não é determinada extrinsecamente para seus objetos. Assim, por exemplo, quando os cardeais se reúnem em um conclave para escolher um papa, aquele que é escolhido é necessariamente o papa. Mas não é necessário que eles escolham neste ou naquele dia. Antes de se reunirem, eles podem adiar a sua reunião; quando se reúnem, podem suspender sua eleição por um dia ou uma semana. Por fim, quanto à pessoa que escolherão, é algo que está livremente em seu próprio poder; caso contrário, se a eleição não fosse livre, seria inválida e não seria absolutamente uma eleição. De maneira, então, que o que se inicia a partir da vontade é necessariamente voluntário; mas não é necessário que a vontade quererá isto ou aquilo em particular, como era necessário que a pessoa livremente eleita se torne o papa — mas não era necessário sequer que a eleição fosse neste ou naquele momento, nem que este homem fosse eleito. Portanto, os atos voluntários em particular não possuem causas necessárias, isto é, não são determinados de maneira necessária.

CRÍTICAS DA RESPOSTA AO N. 30

Disse que nada se inicia por si mesmo e que a causa da vontade não é a própria vontade, mas outra coisa que não controla. Ao responder a isso, ele se empenha em nos mostrar a causa da *vontade*.

(a) "Concedo", diz ele, "que a vontade não se inicia por si mesma, pois a faculdade da vontade se inicia a partir de Deus, que criou a alma e a colocou no homem e conferiu-lhe essa potência; e que o ato de querer não se inicia por si mesmo, mas a partir da faculdade ou da potência de querer, que reside na alma. Isto é certo: coisas finitas e participadas não podem existir a partir de si mesmas, nem produzir-se a si mesmas. O que ele deveria concluir a partir disso? Que, por conseguinte, o ato de querer não se inicia a partir da faculdade de querer?"

Que bom que ele concede que coisas finitas (seu "participado" não significa nada aqui) não podem se produzir por si mesmas, pois, com base nisso, posso concluir que o ato de querer não é produzido pela faculdade de querer. Aquele que tem a faculdade de querer tem a faculdade de querer algo em particular. E, ao mesmo tempo, tem a faculdade de não querê-lo. Portanto, se a faculdade de querer for a causa pela qual ele quer algo qualquer, pela mesma razão a faculdade de não querer será a causa de não querê-lo ao mesmo tempo; e ele poderá, então, querer e não querer a mesma coisa, ao mesmo tempo, o que é absurdo. Parece que o bispo esqueceu que a *matéria* e a *potência* são indiferentes a *formas* e *atos* contrários. É algo externo à matéria que a determina para certa forma, e é algo externo à potência que produz certo ato. E é partir disso que se deduz o que ele concedeu, que nada pode ser produzido por si mesmo, o que ele, contudo, agora contradiz, ao dizer que "todos os homens sabem que, quando uma pedra cai, o começo é intrínseco" e que "a pedra se move em relação à forma". O que equivale a dizer que a forma move a matéria ou que a pedra se move por si mesma, o que ele negara anteriormente. Quando uma pedra sobe, o início do movimento da pedra residia nela própria, isto é, era intrínseco, porque só passa a ser o movimento da pedra quando a pedra começa a se mover; mas o movimento que fez com que ela começasse a subir era um movimento precedente e extrínseco da mão ou de outro motor que a lançou para cima. Então, quando cai, o começo do movimento da pedra reside na pedra, mas, não obstante, há um movimento anterior no corpo circundante, ar ou água, que faz com que a pedra caia. Mas, porque nenhum homem pode vê-lo, a maioria dos homens acha que não há nenhum movimento, embora a razão — com a qual o bispo não se preocupa, ao se apoiar apenas na autoridade dos livros — convença que há.

(b) "Seu segundo argumento é *ex concessis*: 'está fora de toda controvérsia que a vontade é uma causa necessária das ações voluntárias'. O argumento pode ser assim reformulado: causas necessárias produzem efeitos necessários; mas a vontade é uma causa necessária de ações voluntárias. Posso negar a sua premissa maior. Causas necessárias nem sempre produzem efeitos necessários, a não ser que eles também sejam produzidos necessariamente."

Ele reformulou o argumento em algo sem sentido, ao dizer que causas necessárias não produzem efeitos necessários. Pois "efeitos necessários" é uma expressão insignificante se não disser respeito a tais efeitos que serão necessariamente produzidos. Que ele considere, portanto, com quanta graça ele pode dizer que causas necessárias não produzem sempre seus efeitos, salvo quando esses efeitos sejam também necessariamente produzidos. Mas sua resposta é principalmente direcionada à premissa menor, e ele nega que a vontade não seja uma causa necessária do que quer em ações particulares. Que ela queira quando quer, diz ele, é necessário, mas que queira isto ou aquilo, isso é livre. É possível para qualquer um conceber que aquele que quer possa querer outra coisa senão esta ou aquela coisa particular? É, portanto, patente que ou a vontade é uma causa necessária desta ou daquela ação particular ou não é causa necessária de nenhuma ação voluntária. Pois não há ações universais. A seguir, ele trata de tornar essa doutrina mais expressamente compreensível, ao considerar o ato da vontade de três maneiras: "em relação à sua natureza, em relação a seu exercício e em relação a seu objeto". Quanto à natureza do ato, diz ele, que "o que a vontade quer é necessariamente voluntário", e que, nesse sentido, ele concede que está fora de controvérsia que a vontade é uma causa necessária das ações voluntárias. Em vez de "o que a vontade quer", para fazer sentido, leia-se "o que o homem quer". Assim, se a vontade do homem for, como ele admite, uma causa necessária das ações voluntárias, ela não é menos uma causa necessária de que sejam ações do que é de que sejam voluntárias. Quanto ao exercício do ato, ele diz que "a vontade pode tanto querer como suspender seu ato". Esse é um velho jargão, que já foi suficientemente detectado. Mas, para torná-lo algo, leiamo-no assim: o homem que quer pode tanto querer ou suspender sua vontade. E assim é inteligível, mas falso: pois como aquele que quer pode, ao mesmo tempo, suspender sua vontade? E quanto ao objeto, ele diz que "não é necessário, mas livre" etc. Seu argumento é que, diz ele, não era necessário, por exemplo, na escolha de um papa, escolher neste ou naquele dia, ou escolher este ou aquele homem. Ficaria contente em saber a partir de qual argumento ele pode provar que a eleição não foi determinada de maneira necessária, pois não basta ele dizer "não percebo nenhuma necessidade nela", nem dizer "eles poderiam ter escolhido outro", porque não sabe se podiam ou não, nem dizer que, se ele não tivesse sido eleito livremente, a eleição teria sido inválida ou nula. Pois, embora isso seja verdadeiro, não se deduz disso que a eleição não foi necessária, pois não há incompatibilidade entre a eleição ou a liberdade e a necessidade. E, quando ele conclui "portanto, os atos voluntários em particular não são determinados de maneira necessária", eu teria ficado contente se ele tivesse indicado quais atos voluntários não particulares, com base em sua restrição, ele reconhece serem determinados de maneira necessária.

N. 31

Em sétimo lugar, sustento ser uma causa suficiente aquela para a qual nada que seja indispensável para produzir o efeito esteja faltando. A mesma é também uma causa necessária, pois, se for possível que uma causa suficiente não produza o efeito, então faltava algo que era indispensável para a sua produção; e assim a causa não era suficiente. Mas se for impossível que uma causa suficiente não produza o efeito, então uma causa suficiente é uma causa necessária, pois se diz que produz um efeito necessariamente o que não pode senão o produzir. Assim, é evidente que tudo o que se produz é produzido necessariamente, pois tudo o que é produzido tem uma causa suficiente para produzi-lo ou, então, não teria sido produzido.

Por conseguinte, as ações voluntárias também são determinadas de maneira necessária.

J.D. Esta seção contém um terceiro argumento para provar que todos os efeitos são necessários. Para elucidá-lo é indispensável considerar sob quais condições se pode dizer que uma causa é suficiente ou insuficiente.

Em primeiro lugar, muitas causas, quando consideradas isoladamente, podem ser insuficientes para produzir um efeito e suficientes, quando tomadas em conjunto. Assim, (a) dois cavalos juntos são suficientes para puxar uma carruagem, o que qualquer um deles, tomado isoladamente, é insuficiente para fazer. Ora, para tornar o efeito, isto é, a tração da carruagem, necessário, não se requer apenas que os dois cavalos sejam suficientes para puxá-la, mas também que sua conjunção seja necessária, e seu hábito de tal ordem que eles possam puxá-la. Se o dono de um desses cavalos não lhe permitir puxar; se o ferreiro colocou a ferradura no outro e o feriu na carne, tornando-o coxo; se o cavalo se livrou da ferradura ou for um cavalo já desgastado e preguiçoso, e só puxa a carruagem quando lhe apraz, então o efeito não é produzido necessariamente, mas mais ou menos contingentemente, já que o concurso das causas é mais ou menos contingente.

(b) Em segundo lugar, pode se dizer que uma causa é suficiente tanto porque produziu o efeito pretendido, como na geração de um homem, ou porque é suficiente para produzir o que é produzido, como na geração de um monstro. Aquela é propriamente chamada uma causa suficiente, esta, uma causa fraca e insuficiente. Ora, se a debilidade da causa não for necessária, mas contingente, então o efeito não é necessário, mas contingente. É uma regra em lógica que a conclusão deve sempre seguir a parte mais fraca. Se as premissas forem apenas prováveis, a conclusão não pode ser demonstrativa. Isso é válido tanto para as causas como para as proposições. Nenhum efeito pode exceder a virtude de sua causa. Se a capacidade ou debilidade das causas for contingente, o efeito não pode ser necessário.

Em terceiro lugar, o que mais concerne a essa questão da liberdade em relação à necessidade é que (c) se diz que uma causa é suficiente em relação a sua capacidade para agir, não em relação a sua vontade de agir. O concurso da vontade é necessário para a produção de um efeito livre. Mas a causa pode ser suficiente, embora a vontade não concorra. Assim, Deus, por exemplo, é suficiente para produzir mil mundos; mas disso não decorre nem que ele os produziu, nem que os produzirá. O sangue de Cristo é suficiente para resgatar toda a humanidade; mas não decorre disso que toda a humanidade será efetivamente salva em virtude de seu sangue. Um homem pode ser um tutor suficiente, mesmo que não ensine a todos os alunos, e um médico suficiente, mesmo que não administre medicamentos a todos os pacientes. Pois, visto que o concurso da vontade é indispensável para a produção de todos os efeitos livres e que, mesmo assim, a causa pode ser suficiente *in sensu diviso*, embora a vontade não concorra, decorre evidentemente que a causa pode ser suficiente e, não obstante, estar faltando algo que seja indispensável para a produção do efeito, e que nenhuma causa suficiente é uma causa necessária.

Por fim, se alguém estiver disposto a contestar uma luz tão clara e dizer que, embora o agente livre seja suficiente *in sensu diviso*, não obstante, ele não é suficiente *in sensu composito* para produzir o efeito sem o concurso da vontade, diz algo verdadeiro. Mas, em primeiro lugar, ele revela a fraqueza e a falácia do primeiro argumento, que consiste em mera frivolidade entre a suficiência em sentido dividido e em sentido composto. E, visto que o concurso da vontade não é predeterminado, não há necessidade antecedente antes que ela concorra; e, quando concorre, a necessidade é apenas hipotética, que é compatível com a liberdade.

CRÍTICA DA RESPOSTA AO N. 31

Nesta seção ele contesta minha definição de *causa suficiente*, a saber, a causa para a qual nada está faltando que seja indispensável para a produção do efeito. Pensei que essa definição não pudesse provocar desgosto em ninguém que conhecesse suficientemente a linguagem para saber que *uma causa suficiente e uma causa que basta*[187] significam a mesma coisa. E ninguém dirá que há uma causa que basta para produzir um efeito quando algo indispensável para sua produção estiver faltando. Mas o bispo acha que, se ele estipular o que compreende por *suficiente*, isso serviria para refutar a minha definição, e assim diz: (a) "Dois cavalos juntos são suficientes para puxar uma carruagem, o que qualquer um deles, isoladamente, é insuficiente para fazer. Ora, para tornar o efeito, isto é, a tração da carruagem, necessário, não é apenas requerido que os dois cavalos sejam suficientes para puxá-la, mas também que sua conjunção seja necessária, que o dono dos cavalos permita que eles puxem a carruagem, que o ferreiro não os tenha tornado coxos, que não sejam preguiçosos e que não

---

187 "*Sufficient cause*" e "*cause enough*", respectivamente.

puxem a carruagem apenas quando lhes apraz: caso contrário, o efeito é contingente".

Parece que o bispo considera que dois cavalos podem ser suficientes para puxar uma carruagem, mesmo se eles não puxarem ou forem mancos ou nunca forem postos para puxá-la; e eu penso que eles nunca poderão produzir o efeito de puxá-la sem essas circunstâncias indispensáveis de serem fortes, obedientes e terem a carruagem atada a eles de alguma forma. Ele os considera uma causa suficiente do ato de puxar pelo fato de serem cavalos de carruagem, mesmo que sejam mancos ou não queiram puxar. Mas digo que não são absolutamente suficientes, mas condicionalmente, se não forem mancos ou preguiçosos. Que o leitor julgue qual causa suficiente pode propriamente ser denominada uma causa que basta: a minha ou a sua.

(b) "Em segundo lugar, pode se dizer que uma causa é suficiente tanto porque produziu o efeito pretendido, como na geração de um homem, ou porque é suficiente para produzir o que é produzido, como na geração de um monstro. Aquela é propriamente chamada uma causa suficiente, esta, uma causa fraca e insuficiente."

Nessas poucas linhas, ele disse que a causa da geração de um monstro é suficiente para produzir um monstro e que é insuficiente para produzir um monstro. Quão rápido um homem que não compreende suas palavras pode esquecê-las! Este termo *"causa insuficiente"*, que a Escola também chama *"deficiente"*, não é inteligível, mas uma palavra inventada como *abracadabra*, para fazer uma dificuldade desaparecer por meio de truques. O que é suficiente para produzir um monstro não deve, portanto, ser denominado uma causa insuficiente para produzir um homem, não mais do que aquilo que é suficiente para produzir um homem deve ser denominado uma causa insuficiente para produzir um monstro.

(c) "Em terceiro lugar, diz-se que uma causa é suficiente em relação a sua capacidade para agir, não em relação a sua vontade de agir etc. Assim, Deus, por exemplo, é suficiente para produzir mil mundos."

Ele compreende mal quando os homens dizem que Deus é suficiente para produzir muitos mundos, se não compreende que isso significa que ele é suficiente para produzi-los se quiser. Sem essa suposição, *se ele quiser*, um homem não é suficiente para produzir nenhuma ação voluntária, nem mesmo caminhar, mesmo que tenha saúde e esteja em liberdade. A vontade é uma causa tão suficiente sem a força para fazer quanto a força sem a vontade. A isso ele acrescenta que minha definição é "uma mera frivolidade entre a suficiência em sentido dividido e em sentido composto". Não posso dar nenhuma resposta, porque não compreendo o que ele pretende dizer com "suficiência em sentido dividido" e "suficiência em sentido composto" melhor do que se tivesse dito "suficiência em um sem sentido[188] dividido", e "suficiência em um sem sentido composto".

N. 32

T.H. Por fim, defendo que a definição corrente de agente livre, a saber, que um agente livre é aquele que, estando presentes todas as coisas que são indispensáveis para a produção

---

188 *"Divided nonsense"* e *"compounded nonsense"* são jogos de palavras a partir da distinção empregada por Bramhall entre *"divided sense"* (em sentido diviso) e *"compounded sense"* (sentido composto).

do efeito, pode, não obstante, não produzi-lo, implica contradição e é sem sentido, sendo o mesmo que dizer que a causa pode ser suficiente, isto é, necessária, e que, mesmo assim, o efeito não se siga.

J.D. Esse último ponto é apenas um corolário ou inferência da doutrina precedente de que "toda causa suficiente produz seu efeito necessariamente", cujo edifício deve cair por terra quando seu fundamento for eliminado, não tendo nada para sustentá-lo. "Por fim, defendo", diz ele. É notável o tanto que ele é capaz de provar – tanta razão, tanta confiança! Mas o que ele defende diz respeito a si próprio e não a outros. Mas o que ele defende? "Defendo", diz ele, "que a definição corrente de um agente livre implica contradição e é sem sentido." O que ele chama de "definição corrente" da liberdade é a definição mesma que é dada por grande parte dos filósofos e escolásticos. E ele pensa que todos esses falavam coisas sem sentido ou lhe faltavam tanto juízo a ponto de se contradizerem numa definição? Seria muito melhor ele suspeitar de si mesmo do que censurar tantos. Vejamos a definição em si mesma: "um agente livre é aquele que, estando todas as coisas presentes que são indispensáveis para a produção do efeito, pode, não obstante, não produzi-lo". Admito a antiga definição de liberdade com uma pequena variação. Mas não consigo ver essa falta de sentido nem descobrir essa contradição. Pois (a) nestas palavras "todas as coisas indispensáveis" ou "todas as coisas requisitadas" não se inclui a determinação atual da vontade. Mas "por todas as coisas indispensáveis ou requisitadas" se compreende toda a potência necessária, tanto operativa como eletiva, todos os instrumentos necessários e coadjuvantes, extrínsecos e intrínsecos, e todas as condições. Assim, quem tem pena, tinta, papel, mesa, escritório, lazer, a arte da escrita e o uso livre de suas mãos tem todas as coisas requisitadas para escrever, se quiser, e pode, não obstante, abster-se de fazê-lo, se quiser. Ou quem tem homens, dinheiro, armas, munições, navios e uma causa justa tem todas as coisas requisitadas para a guerra; não obstante, ele pode fazer a paz, se quiser. Ou, ainda, como o rei proclamou no evangelho (Mateus, 22, 4): "Preparei minha ceia: meus bois e cevados foram abatidos e todas as coisas estão prontas. Vinde às núpcias". De acordo com a doutrina de T.H., os convidados poderiam ter-lhe dito que ele não disse a verdade, pois as suas vontades não estavam prontas. (b) E, de fato, se a vontade fosse, como ele pensa, determinada de maneira necessária e extrínseca para cada ato de querer, se não tivesse a potência para se abster de querer o que quer nem para querer o que não quer, então, algo requisitado para a produção do efeito estaria faltando, se a vontade estivesse faltando. Mas, agora, se a ciência e a consciência, a razão e a religião, nossa experiência e a de outros nos ensinam que a vontade tem um domínio sobre seus próprios atos para querer ou não querer, sem nenhuma necessitação extrínseca, se a potência de querer estiver presente *in actu primo*, determinável por nós mesmos, então não há nenhuma potência necessária que falta a esse respeito para a produção do efeito.

Em segundo lugar, estas palavras "agir ou não agir, operar ou não operar, produzir ou não produzir" referem-se ao efeito não como algo que já foi feito ou está sendo feito, mas como algo a ser feito. Elas implicam não a produção atual, mas a produtibilidade do efeito. Mas, uma vez que a vontade atualmente concorre com todas as outras causas, condições e circunstâncias, então o efeito não é mais possível nem produtível, mas existe e é produzido atualmente. Assim, ele suprime o problema que está em questão. A questão é saber se os efeitos que podem ser produzidos são livres em relação à necessidade. Ele faz os "efeitos que podem ser produzidos" desaparecerem, e coloca em seus lugares os "efeitos produzidos" ou que estão no ato de produção. Disso concluo que não é sem sentido nem implica contradição dizer que um agente livre, quando todas as coisas requisitadas para produzir o efeito estão presentes, pode, não obstante, não produzi-lo.

CRÍTICA DA RESPOSTA AO N. 32

A questão aqui é se estas palavras "um agente livre é aquele que, estando presentes todas as coisas indispensáveis para a produção do efeito, pode, não obstante, não produzi-lo" implicam uma contradição, pois digo que implicam. Para fazer que não pareça uma contradição, ele diz: (a) "Nestas palavras 'todas as coisas indispensáveis' ou 'todas as coisas requisitadas', a determinação atual da vontade não está incluída" — como se a vontade não fosse indispensável ou um requisito para a produção de uma ação voluntária. Pois, para a produção de qualquer ato, são indispensáveis não apenas as coisas que são oriundas do agente, mas também aquelas que estão na disposição do paciente. E, para usar seu próprio exemplo, é necessário para escrever não apenas que haja pena, tinta, papel etc., mas também uma vontade para escrever. Quem tem os primeiros tem todas as coisas requisitadas para escrever, se quiser, mas não todas as coisas necessárias para a escrita. O mesmo se aplica a seus outros exemplos: quem tem homens e dinheiro etc. (sem mencionar todas as coisas que ele coloca como requisito) tem todas as coisas requisitadas para fazer a guerra, se quiser, mas não simplesmente para fazer a guerra. E aquele que no evangelho preparou sua ceia tem todas as coisas requisitadas para seus convidados, se forem, mas não todas as coisas requisitadas para fazê-los vir. Portanto, "todas as coisas requisitadas" é uma expressão que ele define mal.

(b) "E, de fato, se a vontade fosse, como ele pensa, determinada de maneira necessária e extrínseca para cada ato de querer, se não tivesse a potência para se abster de querer o que quer nem para querer o que não quer, então, algo requisitado para a produção do efeito estaria faltando, se a vontade estivesse faltando. Mas, agora, se a ciência e a consciência, a razão e a religião, a nossa experiência própria e a de outros nos ensinam que a vontade tem um domínio sobre seus próprios atos para querer ou não querer, sem nenhuma necessitação extrínseca, se a potência de querer estiver presente *in actu primo*, determinável por nós mesmos, então não há nenhuma potência necessária que falta a esse respeito para a produção do efeito."

Estas palavras "a vontade tem a potência para se abster de querer o que quer" e estas "a vontade tem um domínio sobre seus próprios atos" e estas "a potência para querer está presente *in actu primo*, determinável por nós próprios" são mais delirantes do que qualquer uma que tenha sido pronunciada entre os muros de Bedlam;[189] e se a ciência, a consciência, a razão e a religião nos ensinam a falar assim, elas nos tornam loucos.

---

189 O Bethlem Royal Hospital ou St. Mary Bethlem, que posteriormente se tornou mais conhecido sob o nome de "Bedlam", foi fundado em 1247 em Londres, durante o reinado de Henrique III. Originalmente foi construído como priorado para freiras, mas acabou se transformando em um hospital, e, depois, passou a admitir doentes mentais, tornando-se o hospital psiquiátrico mais antigo da Europa.

E o que segue é falso: "agir ou não agir, operar ou não operar, produzir ou não produzir referem-se ao efeito, não como algo que já foi feito ou está sendo feito, mas como algo a ser feito". Pois agir, operar, produzir são o mesmo que "estar fazendo". Não é o ato, mas a potência que se refere ao futuro, pois ato e potência não diferem senão nisto: que aquele denota o tempo presente, e esta, o tempo futuro. Quanto ao que ele acrescenta, que faço desaparecer os efeitos que podem ser produzidos e coloco em seus lugares os efeitos produzidos, devo considerá-lo uma inverdade até que ele cite a passagem na qual eu tenha feito isso.

N. 33

T.H. Quanto a meus cinco pontos, nos quais se explicam, primeiro, o que é a espontaneidade; segundo, o que é a deliberação; terceiro, o que é a vontade, a propensão e o apetite; quarto, o que é um agente livre; quinto, o que é a liberdade, não se podem apresentar outras provas senão a partir da experiência de cada um ao refletir sobre si mesmo e lembrar o que costuma ter em sua mente, isto é, o que ele próprio compreende quando diz que uma ação é espontânea, que um homem delibera, que tal é sua vontade, que o agente ou que a ação é livre. Ora, aquele que reflete sobre si mesmo não pode senão convencer-se que a *deliberação* é a consideração das boas e más consequências vindouras da ação; que por *espontaneidade* se compreende um proceder irrefletido, pois nada além disso é indicado por esse termo; que a *vontade* é o último ato de nossa deliberação; que um *agente livre* é aquele que pode fazer, se quiser, e se abster de fazer, se quiser; e que a *liberdade* é a ausência de impedimentos externos.

Mas para aqueles que, pelo hábito, falam não o que concebem, mas o que ouvem, e não são capazes ou não querem fazer o esforço de considerar o que pensam quando ouvem tais palavras, nenhum argumento é suficiente, porque a experiência e os fatos não são averiguados pelos argumentos dos outros, mas pelos sentidos e a memória de cada um. Por exemplo, como se pode provar que amar uma coisa e considerá-la boa são o mesmo para um homem que não utiliza tais palavras para marcar o que ele próprio entende por meio delas? Ou como pode ser provado que a eternidade não é *nunc stans* a um homem que enuncia essas palavras por hábito, e nunca considera como pode conceber a coisa mesma em sua mente? O mesmo se aplica ao sexto ponto, que um homem não pode imaginar nada começando sem uma causa, o qual só pode ser mostrado pela tentativa de imaginá-lo. Mas, se ele tentar fazê-lo, encontrará razões iguais para conceber que a coisa deveria começar tanto num determinado momento como em outro, se não houver causa para ela. Isto é, ele teria razões iguais para pensar que ela deveria começar em todos os momentos, o que é impossível. Por conseguinte, deve-se pensar que houve alguma causa especial em virtude da qual ela começou em tal momento em vez de antes ou depois; ou, então, que a coisa nunca começou, mas era eterna.

J.D. Agora, enfim, ele chega a suas provas principais. Quem com tanta segurança censurou toda a corrente de escolásticos e filósofos por falarem de coisas sem sentido precisa produzir uma evidência forte para si mesmo. Assim, ele chama as suas razões no N. 26 de *provas demonstrativas*. Todas as demonstrações se realizam com base ou na causa ou no efeito, não em noções e concepções privadas que temos em nossa mente. O que ele chama de demonstração não merece sequer o nome de insinuação. Ele argumenta assim: "o que um homem concebe em sua mente a partir destas palavras 'espontaneidade', 'deliberação' etc. são tais". Essa é a sua proposição, o que nego. (a) A verdadeira natureza das coisas não deve ser julgada pelas *ideias* privadas ou concepções dos homens, mas por suas causas e razões formais. Pergunte a uma pessoa comum o que significa *para cima* e se as nossas antípodas têm suas cabeças voltadas para cima ou para baixo, e ela não hesitará em lhe dizer que, se sua cabeça estiver voltada para cima, as delas têm de estar voltadas para baixo. E isso ocorre porque ele não sabe a razão formal disso – que o céu circunda a Terra e que o que está na direção do céu está para cima. Até que a verdadeira razão fosse totalmente descoberta, essa mesma noção errônea de *para cima* e *para baixo* enganou capacidades acima das ordinárias, como se observa por seus argumentos de *penduli homines* e *pendulae arbores*.[190] Ademais, o que os homens ordinariamente compreendem pela palavra *vazio*, como quando falam de um vaso vazio, ou pela palavra *corpo*, como quando dizem que não há corpo nesta sala? Eles não pretendem excluir o ar, nem do vaso nem da sala; não obstante, a razão nos diz que o vaso não está verdadeiramente vazio e que o ar é um verdadeiro corpo. Poderia dar centenas de exemplos como esses. Quem deixa seu entendimento seguir noções vulgares cairá em milhares de erros, assim como aque-

---

190 Talvez Bramhall estivesse se referindo a Santo Agostinho, que responde de modo negativo à questão "Será de admitir que, na parte inferior da Terra, contrária à que habitamos, há antípodas?" (In: Santo Agostinho, *Cidade de Deus*, livro XVI, cap. 9. Trad. J. Dias Pereira. Lisboa: Calouste Gulbenkian, 2018, vol III, p.1.477).

le que deixa um guia seguro para seguir um *ignus fatuus* ou um fogo fátuo. Sua proposição é, portanto, falsa.

(b) Seu argumento de que "os fatos não são averiguados pelos argumentos de outros homens, mas pelos sentidos e memória de cada um" é igualmente mutilado dos dois lados. Independentemente se ouvirmos ou não tais palavras, esses são fatos, e os sentidos são seu juiz adequado. Mas o que essas palavras verdadeiramente significam ou devem significar não deve ser julgado pelos sentidos, mas pela razão. Em segundo lugar, a razão pode e, muitas vezes, corrige os sentidos, até mesmo relativamente a seu objeto próprio. Os sentidos nos dizem que o Sol não é maior que uma bola de bom tamanho; mas a razão demonstra que é muito maior que o globo inteiro da Terra. Quanto a seu exemplo, "como se pode provar que amar uma coisa e considerá-la boa são o mesmo para um homem que não utiliza tais palavras para marcar o que ele próprio entende por meio delas?", admito que não pode ser provado, pois não é verdadeiro. A beleza, a semelhança e o amor conciliam o amor com a bondade, *cos amoris amor*.[191] O amor é uma paixão da vontade, mas julgar a bondade é um ato do entendimento. Um pai pode amar uma criança má e, não obstante, não considerá-la boa. Um homem ama sua própria casa mais do que a de outrem; não obstante, ele não pode deixar de considerar muitas outras melhores do que sua. Seu outro exemplo "como pode ser provado que a eternidade não é *nunc stans* a um homem que enuncia essas palavras por hábito, e nunca considera como pode conceber a coisa mesma em sua mente?" é igual ao precedente: não deve

---

191 "A pedra de toque do amor é o amor."

ser provado pela razão, mas pela imaginação, que é o caminho que ele toma. E não é diferente do conselho que alguém deu a um noivo sobre a escolha de sua esposa, para que tomasse a recomendação dos sinos conforme imaginasse que soassem dizendo para esposá-la ou não.

(c) A seguir, quanto a sua suposição, ela é tão defeituosa quanto a sua proposição de que "por essas palavras 'espontaneidade' etc. os homens compreendem como ele as concebe". Nenhum homem racional concebe que uma ação espontânea e uma ação *indeliberada* são a mesma coisa. Nem toda ação *indeliberada é espontânea*: o fogo não considera se deve queimar; não obstante, sua queima não é *espontânea*. Da mesma maneira, nem toda ação *espontânea é indeliberada*: um homem pode deliberar o que comerá e, não obstante, comer é *espontâneo*.

(d) Tampouco a *deliberação* designa propriamente a consideração das consequências boas e más de uma ação futura, mas sim a consideração de se isto é um meio bom e adequado ou o melhor e mais adequado para obter determinado fim. O médico não delibera se deve curar seu paciente, mas por quais meios ele o curará. A deliberação diz respeito aos meios e não ao fim.

(e) Muito menos alguém concebe, junto com T.H., que a deliberação é uma *imaginação*, ou um ato da imaginação e não da razão, comum aos homens de discernimento e aos loucos, os tolos naturais, as crianças e as bestas.

(f) Em terceiro lugar, tampouco qualquer homem de razão concebe ou pode conceber que "a vontade é um ato de nossa deliberação" (o entendimento e a vontade são duas faculdades distintas) ou que "apenas o último apetite deve ser chamado nossa vontade". Assim ninguém seria capaz de dizer "essa é a minha vontade", porque não sabe se perseverará nela ou não.

(g) No que diz respeito ao quarto ponto, concordamos que "é um agente livre aquele que pode fazer, se quiser, e se abster de fazer, se quiser". Mas me pergunto como isso saiu de sua pena. O que ocorre com a sua necessidade absoluta de todas as coisas se um homem for livre para fazer e se abster de fazer algo? Ele vai se tornar culpado dos *absurdos* dos escolásticos e incorrer em contradições com eles a fim de ter companhia? Pode ser que ele diga que pode fazer, se quiser, e se abster de fazer, se quiser, mas não pode querer, se quiser. Isso não servirá à sua causa, pois se a causa de uma ação livre – isto é, a vontade de fazer – for determinada, o efeito ou a ação em si mesma é igualmente determinada; uma causa determinada não pode produzir um efeito indeterminado. Ou bem o agente pode querer e se abster de querer ou não pode fazer e se abster de fazer.

(h) Mas discordamos completamente quanto ao quinto ponto. Quem concebe a *liberdade* corretamente concebe tanto a *liberdade no sujeito* para querer ou não querer como uma *liberdade quanto ao objeto*, para querer isto ou aquilo, e uma *liberdade de impedimentos*. T.H., por uma nova via que é só dele, elimina a *liberdade do sujeito*, como se uma pedra fosse livre para subir ou descer porque não tem impedimentos externos, e a *liberdade em relação ao objeto*, como se uma agulha tocada pelo ímã fosse livre para apontar tanto para o norte como para o sul, porque não há nenhuma barreira no seu caminho para impedi-la. Na verdade, ele elimina a *liberdade de impedimentos internos* também, como se um falcão tivesse liberdade para voar quando suas asas estão arrancadas, mas não quando estão amarradas. E assim ele faz da *liberdade de impedimentos extrínsecos* a liberdade total; assim ele atribui *liberdade* a bestas brutas, a rios, tornando, por conseguinte, bestas e rios capazes de pecado e de punição. Certamente,

Xerxes, que fez Helesponto ser açoitado com tantos chicotes, era dessa opinião.[192]

Por fim, o raciocínio de T.H. de que "é o hábito, ou a falta de capacidade, ou a negligência que faz um homem conceber de outro modo" não passa de uma petição de princípio. Outros homens ponderam tão seriamente como ele próprio, com tanto juízo e menos preconceito que ele, e, não obstante, não conseguem depreender esses sentidos dessas palavras. Será que ele queria que os outros fingissem ver dragões ardentes no céu, porque afirma com convicção que os vê, e se admira de que os outros sejam tão cegos a ponto de não vê-los?

(i) A razão do sexto ponto é igual à do ponto precedente: uma razão fantástica ou imaginativa. "Como um homem pode imaginar algo começando sem uma causa, ou, se algo começasse sem uma causa, por que começaria neste momento em vez de outro?" Ele disse verdadeiramente que nada pode *começar*

---

192 No século V a.C., Xerxes I, rei da Pérsia, ordenou a construção de uma ponte sobre o Helesponto (no atual Estreito de Dardanelos, na Turquia), mas uma forte tempestade a destruiu. Encolerizado por esse fato, o rei ordenou que o rio fosse açoitado, como é relatado por Heródoto: "Sabedor do ocorrido, Xerxes, indignado, mandou aplicar trezentas chicotadas no Helesponto e lançar ali um par de cadeias. Ouvi dizer que ele 'ordenou também aos executores que marcassem as águas com um ferro em brasa'; mas o que é certo é que, juntamente com as chicotadas, ordenou a um dos executores que proferisse este discurso bárbaro e insensato: 'Onda traiçoeira, teu senhor assim te pune porque o ofendeste sem que ele te houvesse dado motivo para isso. O rei Xerxes passará por ti, quer queiras, quer não. É com razão que ninguém te oferece sacrifícios, pois que és um rio traidor e vil'." (Heródoto, *História*, livro VII, 35. Trad. J. Brito Broca. Rio de Janeiro: Clássicos Jackson, 1950, vol. XXIII, p.992-993).

sem uma causa, isto é, *a existir*; mas uma coisa pode *começar a agir* por si mesma sem nenhuma outra causa. Nada pode começar sem uma causa, mas muitas coisas podem começar e começam sem causas necessárias. Uma causa livre pode muito bem escolher o momento quando começará, assim como uma causa necessária é determinada extrinsecamente quando deve começar. E, embora os efeitos livres não possam ser preditos, porque não são predeterminados com certeza em suas causas, não obstante, quando as causas livres determinam a si mesmas, são tão certos quanto os outros. Desse modo, quando vejo um sino tocando, posso conceber sua causa, bem como por que toca agora, assim como sei que a interposição da Terra é a causa do eclipse da Lua ou a ocorrência mais certa na natureza das coisas.

(k) E agora que respondi aos argumentos de T.H. extraídos das concepções privadas dos homens a respeito dos sentidos das palavras, gostaria que ele examinasse, seriamente e sem preconceito, a si mesmo e essas noções naturais que encontra em si (não das palavras, mas das coisas; estas são provenientes da natureza, aquelas, da imposição); se não descobre por experiência que faz muitas coisas que poderia não ter feito, se quisesse, e deixa de fazer muitas coisas que poderia ter feito, se quisesse; se não faz algumas coisas apenas por pura animosidade e vontade, sem considerar a direção da reta razão ou o respeito sério ao que é honesto ou útil, apenas para mostrar que quer ter domínio sobre suas próprias ações; como vemos corriqueiramente em crianças, e que homens sábios encontram em si mesmos algumas vezes por experiência (e eu considero que essa defesa mesma da necessidade contra a liberdade é, em parte, desse tipo); se não se zanga com aqueles que o desviam de seus estudos ou contrariam seus desejos (se eles são determinados de maneira necessária a fazer isso, por que deveria se zangar com eles mais do que se zanga com um inverno rigoroso ou um dia chuvoso, que o mantém em casa, contra a sua vontade antecedente?); se ele não se culpa por vezes e diz "oh, que tolo fui de fazer isso e aquilo!" ou deseja "oh, se eu tivesse sido sensato!", ou "oh, se eu não tivesse feito tal coisa!". Se ele não tiver domínio sobre suas ações, se for determinado de maneira necessária e irresistível a fazer todas as coisas que faz, poderia da mesma forma desejar "oh, se eu não tivesse respirado!", ou se culpar por envelhecer: "oh, que tolo fui de envelhecer!".

CRÍTICA DA RESPOSTA AO N. 33

Disse, no início deste número, que, para definir o que é espontaneidade, deliberação, vontade, propensão, apetite, agente livre e liberdade, e provar que estão bem definidos, não se pode apresentar outra prova senão a experiência de cada homem e a lembrança do que compreende por tais palavras. Pois as definições, na medida em que constituem o início de todas as demonstrações, não podem ser elas próprias demonstradas, isto é, provadas a outrem. Tudo o que pode ser feito é trazer à mente o que essas palavras geralmente significam nas matérias em que são tratadas, ou, se as palavras forem incomuns, tornar suas definições verdadeiras a partir do consentimento mútuo a respeito de seu significado. E, embora isso seja evidentemente verdadeiro, não há nada disso entre os escolásticos, que costumam debater não com base em regras, mas como esgrimistas que ensinam a manusear armas, apenas com a rapidez da mão e do olho. Por isso, o bispo fica confuso com esse tipo de prova, e diz: (a) "As verdadeiras naturezas das coisas não devem ser julgadas pelas *ideias* privadas ou concepções dos homens, mas pelas suas causas e razões formais. Pergunte a uma pessoa comum o que significa *para cima*" etc.

Mas o que ele responderá se eu lhe perguntar o que julga a respeito das causas das coisas das quais não possui nenhuma ideia ou concepção em sua mente? Ora, é impossível dar uma definição verdadeira de qualquer palavra sem a ideia da coisa que a palavra significa ou que não esteja de acordo com essa ideia ou concepção. Neste ponto, novamente, ele descobre a causa verdadeira pela qual ele e outros escolásticos falam tão frequentemente de maneira absurda. Pois eles falam sem a concepção das coisas e de cor, um recebendo o que ele diz de outro, por meio da tradição, de acordo com algum teólogo ou filósofo confuso, que, para ocultar uma dificuldade, fala de maneira tal que não seja compreendido. E quando ele nos propõe perguntar a uma pessoa comum o que "para cima" significa, ouso responder que a pessoa comum nos dirá algo tão pertinente quanto qualquer letrado, e dizer que é em direção ao céu; e, assim que souber que a Terra é redonda, não hesitará em acreditar que há antípodas, sendo, neste ponto, mais sábia do que eram aqueles que ele disse serem de capacidade maior que a ordinária. Ademais, homens comuns não compreendem, diz ele, as palavras "*vazio*" e "*corpo*"; sim, mas eles as compreendem tão bem quanto os homens cultos. Quando ouvem falar de um vaso vazio, tanto o homem culto como o homem inculto compreendem a mesma coisa, a saber, que não há nada que possa ser visto; e, quanto a saber se está verdadeiramente vazio ou não, o lavrador e o escolástico sabem o mesmo. "Poderia dar", diz ele, "centenas de exemplos como esses." Isso é verdadeiro: um homem pode dar mil exemplos tolos e impertinentes de homens ignorantes em tais questões de filosofia sobre o vácuo, corpo, para cima e para baixo, e outras coisas semelhantes. Mas a questão não é se esta ou aquela doutrina é verdadeira, mas se esta e aquela palavra pode ser bem definida sem pensar nas coisas que elas significam, como o bispo pensa que pode, quando conclui com estas palavras: "sua proposição é, portanto, falsa".

(b) "Seu argumento de que 'os fatos não são averiguados pelos argumentos de outros homens, mas pelos sentidos e memória de cada um' é igualmente mutilado dos dois lados. Independentemente se ouvirmos ou não tais palavras, esses são fatos, e os sentidos são seu juiz adequado. Mas o que essas palavras verdadeiramente significam ou devem significar não deve ser julgado pelos sentidos, mas pela razão."

Um homem nasce com uma capacidade de raciocinar verdadeiramente, após o devido tempo e experiência. Mesmo se a essa capacidade natural não se acrescentar nenhuma disciplina, ele raciocinará verdadeiramente na medida em que raciocina, embora pudesse, com uma disciplina adequada, raciocinar verdadeiramente em matérias mais numerosas e variadas. Mas quem se deparou com mestres enganados ou enganadores, que ensinam como verdade tudo o que lhe foi ditado por seu próprio interesse, ou foi bajulado por outros professores desse tipo, costuma ter sua razão natural, no que diz respeito à verdade da doutrina, inteiramente desfigurada ou muito enfraquecida, tornando-se imbecis por meio dos encantamentos das palavras não compreendidas. Isso me vem à mente com base nessa afirmação do bispo de que os fatos não devem ser verificados pelos sentidos e pela memória, mas pelos argumentos. Como é possível que, sem ter sido instruído, um homem venha a pensar que o relato de uma testemunha, que é o único meio de verificar uma questão de fato, não consista em dados dos sentidos e da memória, ao dizer que viu e se lembra da coisa feita, mas em argumentos ou silogismos? Ou como um homem inculto é levado a pensar que, quando fala francamente, as palavras que ele pronuncia devem significar outra coisa que não seja o que ele próprio entende por elas? Ou como alguém inculto pode considerar uma questão de fato a questão de se o Sol é maior ou não que uma bola ou a Terra? Tampouco penso que alguém seja tão simplório a ponto de não considerar boa a coisa que ele ama; boa, digo eu, a ponto de fazê-lo amá-la. Ou será que há algum homem inculto tão estúpido a ponto de pensar que a eternidade é o instante presente do tempo permanecendo parado, e que a mesma eternidade é o instante posterior que se segue e que, por conseguinte, há tantas eternidades quanto instantes de tempo que se pode supor? Não: é preciso certo saber escolástico para tornar alguém louco.

(c) "Quanto a sua suposição, ela é tão defeituosa quanto sua proposição de que por essas palavras espontaneidade etc. os homens compreendem como ele as concebe etc. Nenhum homem racional concebe que uma ação espontânea e uma ação indeliberada são a mesma coisa. Nem toda ação indeliberada é espontânea" etc.

Nem toda ação *espontânea* é *indeliberada*? Eis o que consigo extrair ao me empenhar em dar sentido ao que ele se empenha em tornar sem sentido. Nunca pensei que a palavra *"espontaneidade"* fosse de nossa língua. Contudo, porque ele a utiliza, dou-lhe um significado que ela poderia ter, e disse que "significa procedimento irrefletido ou então nada". E, em resposta a essa prestimosidade de minha parte, recebo como recompensa ser considerado por ele um homem não racional. Sei que no latim de todos os autores, excetuando os escolásticos, *actio spontanea* significa a ação na qual não há uma causa aparente que não se origine do próprio agente, e é considerado em todas as coisas que possuem sentidos o mesmo que voluntário, seja deliberado ou não. E, assim, quando ele o distingue de voluntário, pensei que ele pudesse querer dizer "indeliberado". Independentemente de seu significado, desde que seja inteligível, é um ponto contrário a ele.

(d) "Tampouco a *deliberação* designa propriamente 'a consideração das consequências boas e más de uma ação futura', mas sim a consideração de se isto é um meio bom e adequado ou o melhor e mais adequado para obter um determinado fim."

Se as palavras do bispo fossem oriundas não da escuta e da leitura dos outros, mas de seus próprios pensamentos, ele nunca poderia repreender essa definição de deliberação, especialmente na maneira como ele o faz. Pois ele diz que é a consideração de se isso ou aquilo é um meio bom e adequado para obter tal fim, como se a consideração de se um fim é bom ou não não fosse o mesmo que considerar se a consequência de usar esses meios é boa ou ruim.

e) "Muito menos alguém concebe, junto com T.H., que 'a deliberação é um ato da imaginação' e não da razão, comum aos homens de discernimento e aos loucos, os tolos naturais, as crianças e as bestas."

De fato, concebo que a deliberação é um ato da imaginação ou fantasia, e, mais ainda, que a razão e o entendimento também são atos da imaginação, isto é, são imaginações. Descubro isso ao considerar meu próprio raciocínio, e ele poderia descobrir o mesmo em seu próprio se considerasse seus próprios pensamentos, e não falasse como faz, de cor. De cor, digo eu, quando debate; não de cor, quando lida com essas bagatelas que ele chama de negócios, pois então, quando fala, pensa, isto é, imagina seus negócios; mas aqui ele pensa apenas nas palavras de outros homens que o precederam nesta questão, transcrevendo suas conclusões e argumentos, não seus próprios pensamentos.

(f) "Em terceiro lugar, tampouco qualquer homem de razão concebe ou pode conceber que 'a vontade é um ato de nossa deliberação' (o entendimento e a vontade são duas faculdades distintas) ou que 'apenas o último apetite deve ser chamado nossa vontade'."

Embora o entendimento e a vontade sejam duas faculdades distintas, não decorre disso que a vontade e a deliberação sejam duas faculdades distintas. Pois a deliberação completa não é senão diversas vontades alternadas, que dependem de como um homem entende ou imagina as consequências boas e más da coisa sobre a qual ele delibera, para saber se deve persegui-la ou não, ou os meios, para saber se conduzem ou não ao fim que procura obter, independentemente de qual seja. De modo que na deliberação há diversas vontades, das quais apenas a última é a causa da ação voluntária, como disse anteriormente, ao responder a essa objeção em outro lugar.

(g) "No que diz respeito ao quarto ponto, concordamos que 'é um agente livre aquele que pode fazer, se quiser, e se abster de fazer, se quiser'. Mas me pergunto como isso saiu de sua pena etc. Pode ser que ele diga que pode fazer, se quiser, e se abster de fazer, se quiser, mas não pode querer, se quiser."

Ele não tem motivo para se perguntar como isso saiu de minha pena. Ele encontrou essa afirmação em minha resposta N. 3, e passou todo esse tempo refutando-a, por tanto tempo, com efeito, que ele esqueceu que eu a tinha proferido; e agora, novamente, apresenta outro argumento para provar que um homem é livre para querer, que é o seguinte: "ou o agente pode querer e se abster de querer ou então não pode fazer e se abster de fazer". Não há dúvida de que um homem pode querer uma coisa ou outra, e se abster de querê-la. Pois os homens, se estiverem despertos, estão sempre querendo uma coisa ou outra. Mas admitamos que um homem tem uma vontade hoje de realizar certa ação amanhã; ele tem a certeza de ter a mesma vontade amanhã, quando estiver prestes a realizá-la? Ele é livre hoje para escolher a vontade de amanhã? É isso que está agora em questão, e esse argumento não conta a favor nem para a afirmativa nem para a negativa.

(h) "Mas discordamos completamente quanto ao quinto ponto. Quem concebe a *liberdade* corretamente concebe tanto uma *liberdade no sujeito* para querer ou não querer, como uma *liberdade quanto ao objeto*, para querer isto ou aquilo, e uma *liberdade de impedimentos*. T.H., por uma nova via que é só sua, elimina a *liberdade do sujeito*, como se uma pedra fosse livre para subir ou descer porque não tem impedimentos externos, e a *liberdade em relação ao objeto*, como se uma agulha tocada pelo ímã fosse livre para apontar tanto para o norte como para o sul, porque não há nenhuma barreira no seu caminho para impedi-la."

Como aquele que concebe corretamente a liberdade pode conceber uma liberdade no sujeito para querer ou não querer, a menos que se refira à liberdade para fazer, se quiser, ou não fazer, se não quiser, o que nunca foi negado? Ou como se segue que uma pedra é tão livre para subir como para descer, a menos que ele prove que não há impedimento externo para sua subida, o que não pode ser provado, pois o contrário é verdadeiro? Ou como ele prova que não há impedimento externo que impeça aquela ponta do ímã que se posiciona em direção ao norte de apontar para o sul? Sua ignorância das causas externas não é um argumento suficiente de que não há nenhuma.

Quanto ao que diz, que, de acordo com a minha definição de liberdade, "um falcão teria liberdade para voar quando suas asas estivessem arrancadas, mas não quando estão amarradas", respondo que ele não tem liberdade para voar quando suas asas estão amarradas, mas dizer que carece da liberdade para voar quando suas asas estão arrancadas é falar de maneira abusiva e absurda, pois, nesse caso, homens que falam a nossa língua costumam dizer que ele não pode voar. E, quanto à sua repreensão a mim por atribuir liberdade a bestas e a rios, gostaria de saber se é falar de maneira abusiva dizer que um pássaro ou uma besta podem ser libertados da jaula na qual estavam presos ou dizer que um rio, que foi detido, recuperou seu livre curso? E como advém que uma besta ou um rio que recupera essa liberdade deve, por causa disso, "ser capaz de pecado e punição"?

(i) "A razão do sexto ponto é igual à do ponto precedente: uma razão fantástica ou imaginativa. 'Como um homem pode imaginar algo começando sem uma causa, ou, se algo começasse sem uma causa, por que começaria neste momento em vez de outro?' Ele disse verdadeiramente que nada pode *começar* sem uma causa, isto é, *a existir*; mas pode *começar a agir* por si mesma sem nenhuma outra causa. Nada pode *começar* sem uma causa, mas muitas coisas podem começar sem uma causa necessária."

Ele admite que nada pode *começar* sem uma causa; e admitiu anteriormente que nada pode causar a si mesmo. E agora ele diz que algo pode começar a *agir* por si mesmo. A ação, desta forma, *começa a existir* sem nenhuma causa, o que, segundo ele, nada poderia fazer, contradizendo o que ele tinha dito na linha precedente. E o que ele disse, que "muitas coisas podem começar não sem uma causa, mas sem uma causa necessária", já foi discutido anteriormente. E foi provado que todas as causas, se forem inteiras e suficientes, são necessárias. E o que ele repete aqui, a saber, que "uma causa livre pode escolher o momento quando começará a operar" e que "embora os efeitos livres não possam ser preditos, porque não são predeterminados com certeza em suas causas, não obstante, quando as causas livres determinam a si mesmas, são tão certos quanto os outros", não passa de jargão, como já foi bem mostrado precedentemente, sendo as palavras "causa livre" e "determinando a si mesmas" sem significado e não havendo nada na mente do homem que lhes corresponda.

(k) "E agora que respondi aos argumentos de T.H. extraídos das concepções privadas dos homens a respeito dos sentidos das palavras, gostaria que ele examinasse, seriamente e sem preconceito, a si mesmo" etc.

Um de seus questionamentos é este, "se não descubro por experiência que faço muitas coisas que poderia não ter feito, se quisesse". Essa questão é desnecessária, porque o tempo todo lhe concedi que os homens têm liberdade para fazer muitas coisas, se quiserem, que eles não fazem porque não tiveram a vontade de fazê-las. Outro questionamento é este: "se não faço algumas coisas sem considerar a direção da reta razão ou o respeito sério ao que é honesto ou útil". Essa questão é vã, a não ser que ele considere a si mesmo como meu confessor. Outra é "se não escrevo essa defesa contra a liberdade apenas para mostrar que quero ter domínio sobre minhas ações". A isso respondo que não, mas para mostrar que não tenho domínio sobre minha vontade, e isso também a seu pedido. Contudo todas essas questões não servem aqui para nada, a não ser para ele dar à luz uma troça que lhe estava causando dores de parto. Sua última questão é, assim, "se não digo algumas vezes 'oh, que tolo fui de fazer isso e aquilo!' ou 'oh, se eu tivesse sido sensato!', ou 'oh, que tolo fui de envelhecer!'". Questões sutis e repletas de gravidade episcopal! Gostaria que ele não tivesse me acusado de opiniões *blasfemas, desoladoras, perniciosas e ateias*. Deveria, então, perdoá-lo por me chamar de "tolo", tanto porque faço muitas coisas tolas como porque, nesta questão debatida por nós, penso que ele parecerá ser alguém mais tolo do que eu.

N. 34

Quanto ao sétimo ponto, de que todos os eventos têm causas necessárias, é provado aqui que eles têm causas suficientes. Ademais, suponhamos também algum evento bem fortuito, como o lançamento de duas faces com o número um num par de dados, e vejamos se não era necessário antes de ser lançado. Pois, visto que foi lançado, tinha um início, e, por conseguinte, uma causa suficiente para produzi-lo, consistindo em parte no dado, em parte nas coisas externas, como a posição das partes da mão, a quantidade de força aplicada pelo jogador, a posição das partes da mesa e outras coisas semelhantes. Em suma, não havia nada faltando que era necessariamente requisitado para a produção desse lançamento singular; por conseguinte, esse lançamento ocorreu necessariamente. Pois, se não tivesse sido lançado, teria faltado algo que é requisitado para seu lançamento, e, então, a causa não teria sido suficiente. Da mesma maneira, pode ser provado que todo acidente, por mais contigente ou voluntário que seja, é produzido necessariamente; que é o que J.D. contesta. O mesmo pode também ser provado desta maneira. Peguemos o caso, por exemplo, do tempo. *É necessário que amanhã chova ou não chova.* Se, portanto, não for necessário que chova, é necessário que não chova. Caso contrário, não é necessário que a proposição "choverá ou não choverá" seja verdadeira. Sei que há alguns que dizem que pode ser necessariamente verdadeiro que um dos dois ocorrerá, mas não singularmente que choverá ou não choverá. O que é o mesmo que dizer que uma das duas é necessária, mas que nenhuma delas o é. Assim, para parecer evitar esse absurdo, eles fazem uma distinção pela qual nenhuma delas é verdadeira de maneira *determinada*, mas *indeterminada*. Distinção que só pode significar uma destas coisas: uma delas é verdadeira, mas não sabemos qual, e, assim, a necessidade permanece, embora não a conheçamos; ou, se o sentido dessa distinção não for esse, ela não tem sentido nenhum. E eles poderiam ter da mesma forma dito que uma delas é verdadeira *tytyrice*, mas nenhuma delas *tupatulice*.[193]

J.D. (a) Sua prova precedente, de que todas as causas suficientes são causas necessárias, foi respondida anteriormente.

---

[193] Esses termos remetem ao primeiro verso das *Bucólicas*, de Virgílio: "*Tityre tu patulae recubans sub tegmine fagi*" (em tradução livre: "Tu, Títiro, estirado sob a sombra de uma vultosa faia"). Além disso, "Tityre-tu", nome derivado desse verso de Virgílio, designava os membros de uma sociedade do século XVII de jovens aristocratas conhecidos em Londres por seu comportamento violento.

(b) E seus dois exemplos, do lançamento de um par de dados com o número um e da chuva de amanhã, são completamente impertinentes para a questão debatida agora por nós, por duas razões. Em primeiro lugar, nossa presente controvérsia diz respeito a ações livres que advêm da liberdade da vontade do homem. Seus dois exemplos são de ações contingentes que advêm da indeterminação ou do concurso contingente das causas naturais.

Em primeiro lugar, que há ações livres que advêm tão somente da escolha, sem qualquer necessitação externa, é uma verdade tão evidente como a de que há um Sol no céu. E aquele que duvida disso poderia da mesma forma duvidar se há casca sem a noz ou o caroço na azeitona. Um homem divide seu tempo a cada dia e reparte um tanto para seus cultos, um tanto para seus estudos, um tanto para sua alimentação, um tanto para suas recreações, um tanto para visitas necessárias ou de cortesia, um tanto para seu repouso; aquele que procura por não sei quais causas de tudo isso que sejam externas a si mesmo, exceto aquele bom Deus, que lhe dotou de alma racional, pode da mesma forma procurar pela causa das pirâmides egípcias nos crocodilos do Nilo.

(c) Em segundo lugar, quanto às ações mistas que advêm do concurso de agentes livres e naturais, embora não sejam livres, não são, contudo, necessárias. Assim, para manter meu exemplo precedente, um homem anda em uma rua da cidade para resolver seus negócios e uma telha cai de uma casa e fratura sua cabeça. O fraturamento de sua cabeça não era necessário, pois ele escolheu livremente ir por aquele caminho sem nenhuma necessitação; tampouco foi livre, pois ele não deliberou sobre aquele acidente; portanto, foi contingente. Por conseguinte há, sem dúvida, ações contingentes no mundo que não são livres. Certamente, a partir do concurso de causas livres – como Deus, os anjos bons e maus e os homens – com agentes naturais, algumas vezes com propósito e algumas vezes por acidente, muitos eventos ocorrem que de outro modo não teriam ocorrido e muitos efeitos são produzidos que de outro modo nunca teriam sido produzidos. E assumindo-se que tais coisas são contingentes, não necessárias, todos os seus efeitos, não apenas imediatos, mas mediatos, devem ser igualmente contingentes, isto é, tais que não advenham de uma conexão e sucessão contínuas de causas necessárias; o que é diretamente contrário à opinião de T.H.

(d) Em terceiro lugar, quanto às ações das bestas, embora não sejam livres, nem tenham o uso da razão para controlar seus apetites do que é sensivelmente bom pela consideração do que é racionalmente bom ou do que é honesto, e suas imaginações sejam determinadas pela natureza a alguns tipos de tarefa, não vejo nenhum fundamento para pensar que toda ação individual e todo movimento animal delas, até o último murmúrio ou gesto, são ligados pela cadeia da necessidade inalterável a causas ou objetos extrínsecos. Cristo disse: "nenhum desses pardais cai no chão sem vosso Pai celeste",[194] isto é, sem a influência de sua potência ou estando imune à sua disposição. Ele não diz: "nenhum desses pardais cai sem que vosso Pai celeste os precipite."

Por fim, quanto às ações naturais das criaturas inanimadas nas quais não há nenhum concurso de agentes livres ou voluntários, a questão é ainda mais duvidosa. Pois muitas coisas são chamadas contingentes com relação a nós, porque não conhe-

---

[194] Matheus, 10, 29.

cemos suas causas, que não são na realidade e nelas mesmas contingentes, mas necessárias. Da mesma maneira, muitas coisas que são contingentes em relação a uma única causa, por estar atualmente impedida ou estar na possibilidade de ser impedida, são necessárias em relação ao concurso conjunto de todas as causas colaterais. (e) Mas para saber se há ou não uma conexão necessária de todas as causas naturais desde o início, de tal maneira que todas devem ter concorrido como concorreram, e no mesmo grau de potência, e tenham sido deficientes como foram em todos os eventos, seria requerido um exame adicional, se fosse pertinente para essa questão da liberdade, o que não é. É suficiente, para o meu propósito, ter mostrado que todas as ações eletivas são livres de necessidade absoluta; e, ademais, que o concurso de agentes voluntários e livres com as causas naturais, tanto proposital como acidentalmente, auxiliou-as a produzir muitos efeitos que, de outro modo, não teriam produzido, e as impediu de produzir muitos efeitos que, de outro modo, teriam produzido; e que se essa intervenção de agentes voluntários e livres tivesse sido mais frequente do que foi, como poderia ter sido sem dúvida, muitos eventos naturais seriam diferentes do que são. Assim, ele poderia ter passado sem o seu exemplo do lançamento de um par de dados com o número um e da chuva de amanhã. Primeiro, quanto ao seu lançamento de dados, se forem lançados por um jogador honesto com dados normais, trata-se de uma ação mista: o lançamento de dados é livre, mas o lançamento de um par de dados com o número um é contingente. Um homem pode deliberar se lançará os dados ou não, mas seria tolo deliberar se lançará o par com o lado um ou não, porque isso não está em seu poder, a menos que ele seja um trapaceiro, ou possa fazer batota nos dados, ou os dados serem adulterados; e, dessa forma, a contingência ou o grau de contingência cessa dependendo se o jogador tem mais ou menos astúcia, se a figura ou confecção dos dados os inclinam mais à face com o número um do que outras faces, ou os necessita para esse lançamento e não outro. Seja como for, na medida em que o lançamento é livre ou contingente, não é necessário; e onde a necessidade começa, a liberdade e a contingência cessam.

Do mesmo modo, seu outro exemplo da chuva ou não amanhã não é o exemplo de um ato livre eletivo, tampouco se trata sempre de um ato contingente. Em alguns países, assim como há *stati venti*, seus ventos certos em determinadas estações, há chuvas certas e determinadas. Supõe-se que as chuvas etiópicas sejam a causa de certas inundações do rio Nilo. Em alguns países orientais, há chuvas apenas duas vezes ao ano, e isso constantemente, o que as Escrituras chamam *a chuva temporã e a serôdia*.[195] Em tais lugares, não apenas as causas agem de maneira determinada e necessária, mas também a determinação ou necessidade do evento é conhecida previamente pelos habitantes. No nosso clima, as causas naturais celestiais e sublunares não produzem chuva tão necessariamente em épocas determinadas. Tampouco podemos dizer de maneira tão certa e infalível que choverá amanhã ou não choverá amanhã. Não obstante, pode acontecer que as causas estejam dispostas e determinadas de tal maneira, mesmo em nosso clima, que esta proposição "choverá amanhã ou não choverá amanhã" seja necessária em si mesma. E os prognósticos ou sinais podem ser tais no céu, em nossos corpos, nas criaturas, animadas ou inanimadas, nos

---

[195] Deuteronômio, 11, 14; Joel, 2, 23. Essas chuvas são também denominadas chuva de outono e chuva de primavera.

barômetros etc., de maneira a poder se tornar provavelmente verdadeiro para nós que amanhã choverá ou não choverá. Mas, ordinariamente, é uma proposição contingente para nós. Saber se é também contingente em si mesma, isto é, se o concurso das causas era absolutamente necessário ou não, se os vapores da matéria da chuva não podem ainda ser dispersados ou então consumados, ou levados para longe de nossa costa, é uma especulação que não diz respeito de maneira nenhuma a essa questão. Vemos, assim, uma razão pela qual seus dois exemplos são completamente impertinentes, porque são de ações que não são livres, nem eletivas, nem tais que sejam provenientes da liberdade da vontade do homem.

Em segundo lugar, nossa disputa é sobre a necessidade absoluta; suas provas só concernem a uma necessidade hipotética. Nossa questão é se o concurso e a determinação das causas eram necessários antes de concorrerem, ou se eram determinados. Ele prova que o efeito é necessário depois de as causas terem concorrido e serem determinadas. As ações mais livres de Deus e do homem são necessárias em virtude dessa necessidade de suposição, e os eventos mais contingentes também o são, como mostrei claramente no N. 3, onde respondo mais amplamente ao seu exemplo de lançamento de um par de dados com o número um. Assim, sua prova mira para uma direção diferente de sua proposição. Sua proposição é "que o lançamento de um par de dados com o lado um era necessário antes de ser lançado". Sua prova é que era necessário quando foi lançado. Examinai todas as suas causas repetidas vezes e elas não lhe fornecerão nenhum grão de necessidade antecedente. A primeira causa está nos dados: é verdade que, se forem dados adulterados, pode haver algo nisto, mas então a sua contingência é destruída; se forem dados quadrados, não possuem mais inclinação para a face um do que para cinco, quatro ou qualquer outro número. Sua segunda causa é "a posição das partes da mão". Mas que necessidade havia para que ele colocasse sua mão em tal posição? Nenhuma. A terceira causa é "a quantidade de força aplicada pelo jogador". Agora, para a defesa de sua causa, que ele cite — não direi uma razão convincente, tampouco uma razão provável — nem que seja uma aparência qualquer de razão de como o jogador foi determinado de maneira necessária a partir do exterior a aplicar exatamente tanta força, nem mais nem menos. Se ele não conseguir, sua causa é desesperada e ele pode se calar para sempre. Sua última causa é a posição da mesa. Mas nos diga seriamente que necessidade havia de que o jogador devesse jogar nessa mesa e não em outra, ou que os dados devessem cair naquela parte da mesa, antes que fossem lançados? Não me admiro que aquele que considera que essas são causas necessárias considere que todos os efeitos são efeitos necessários. Se uma dessas causas for contingente, isso basta para tornar o lançamento contingente. E agora, sendo todas elas contingentes, ele pretende, não obstante, que o efeito seja necessário. E assim é, quando o lançamento ocorre, mas não antes que o lançamento ocorra — que é o que ele se propôs a provar. Quem pode culpá-lo por ficar tão zangado com os escolásticos e suas distinções de necessidade em absoluta e hipotética, visto que elas afetam de tão perto seu domínio?

Mas, embora seu exemplo da chuva de amanhã seja impertinente, por não se tratar de uma ação livre, porque ele se sente tão triunfante com seu argumento, não hesitarei em desviar um pouco do meu caminho para encontrar um amigo. Pois admito que a validade da razão teria sido a mesma se ele a tivesse feito para uma ação livre, como esta: "terminarei esta réplica amanhã ou não terminarei esta réplica amanhã" é uma proposição necessária. Mas para que ele não reclame de nenhuma desvantagem na alteração de seus termos, vou me aventurar em seu aguaceiro. E, em primeiro lugar, admito prontamente sua maior, que esta proposição "choverá amanhã ou não choverá amanhã" é necessariamente verdadeira, pois, de duas proposições contraditórias, uma precisa ser necessariamente verdadeira, porque uma terceira não pode ser dada. Mas sua menor, que "essa proposição não poderia ser necessariamente verdadeira, a menos que um dos membros seja necessariamente verdadeiro" é completamente falsa. E também o é sua prova de que "se nenhum dos membros for necessariamente verdadeiro, não pode ser afirmado que ou um ou outro é verdadeiro". Ambas as partes de uma proposição condicional podem ser falsas, e, não obstante, a proposição ser verdadeira; assim, "se o Sol brilha, é dia" é uma proposição verdadeira à meia-noite. E T.H. admite, no N. 19, que "se eu viverei, comerei" é uma proposição necessária, isto é, é necessário que essa proposição seja verdadeira sempre que for proferida. Mas não se trata da necessidade da coisa, tampouco é necessário, então, que o homem viva ou que o homem coma. E assim T. H. continua: "Não costumo corroborar minhas distinções com tais razões". Mas parece que ele esqueceu disso e está satisfeito com essas fortificações fracas. E embora ambas as partes de uma proposição disjuntiva não possam ser falsas, pois, se for uma disjunção correta, os membros são incompatíveis, de modo que uma das partes é infalivelmente verdadeira; contudo, modificai um pouco a proposição apenas para diminuir a força das disjunções, e encontrareis que não é a necessidade da coisa que torna a proposição verdadeira, que é o que T. H. diz ser verdadeiro. Assim, por exemplo, modificai-a desta maneira: "sei que amanhã choverá ou não choverá" é uma proposição verdadeira; mas não é verdadeiro que eu sei que amanhã choverá, tampouco é verdadeiro que sei que amanhã não choverá; desse modo, a verdade certa da proposição não prova que nenhum dos membros é verdadeiro de maneira determinada no presente. A verdade é uma conformidade do entendimento com a coisa conhecida, da qual o discurso é um intérprete. Se o entendimento não concorda com a coisa, é um erro; se as palavras não concordam com o entendimento, é uma mentira. Ora, a coisa conhecida é conhecida ou em si mesma ou a partir de suas causas. Se for conhecida em si mesma tal como é, então expressamos nossa compreensão a seu respeito por palavras do tempo presente, como "o Sol nasceu". Se for conhecida a partir de sua causa, expressamo-nos por palavras do tempo futuro, como em "amanhã haverá um eclipse da Lua". Mas se não sabemos nem em si mesma, nem a partir de suas causas, então pode haver um fundamento de verdade, mas não uma verdade determinada a seu respeito que possamos converter em uma proposição verdadeira. Não podemos dizer que choverá amanhã ou não choverá amanhã, porque não o sabemos a partir de suas causas, nem como são determinadas ou que são determinadas. Disso decorre que a certeza e a evidência da proposição disjuntiva não se fundamentam nem no que de fato ocorrerá amanhã, pois é certo que não o sabemos, nem na determinação das causas, pois então não diríamos de maneira indiferente que choverá ou não choverá, mas positivamente que choverá ou positivamente que não choverá, mas se fundamentam num princípio inegável, a saber, que, de duas proposições contraditórias, uma deve ser necessariamente verdadeira. (f) Portanto, dizer "ou isso ou aquilo ocorrerá infalivelmente, mas ainda não está determinado se ocorrerá isso ou aquilo" não é uma asserção sem sentido que mereça um *tytyrice tupalice*, e sim uma verdade evidente, da qual nenhum homem que tenha seus olhos em sua cabeça pode duvidar.

(g) Se nada disso o satisfizer, apresentar-lhe-ei uma prova do seu tipo, isto é, um exemplo. O que necessita todas as coisas, de acordo com T.H. (N. 11), é o decreto de Deus ou aquela ordem que é determinada para todas as coisas pela causa eterna; ora, o próprio Deus, que fez esse decreto necessitante, não estava sujeito a ele ao fazê-lo; tampouco havia qualquer ordem precedente para obrigar a primeira causa a fazer necessariamente tal decreto; portanto, sendo esse decreto um ato *ad extra*, foi feito livremente por Deus sem nenhuma necessitação. Não obstante, essa proposição disjuntiva é necessariamente verdadeira: "ou Deus fez tal decreto, ou não fez tal decreto". De resto, mesmo que a opinião de T.H. de que todos os eventos são necessários fosse verdadeira e que o mundo cristão inteiro estivesse enganado de que alguns eventos são livres de necessitação, ele não negará que, se tivesse sido o bel-prazer de Deus, ele poderia ter feito com que algumas causas fossem livres de necessidade, visto que isso não indica nenhuma imperfeição, nem implica qualquer contradição. Supondo-se, portanto, que Deus tenha feito algumas causas segundas serem livres de qualquer determinação para uma única coisa, não obstante, a disjunção precedente seria necessariamente verdadeira: ou essa causa livre indeterminada agirá dessa maneira ou não agirá dessa maneira. Deste modo, a verdade necessária de tal proposição disjuntiva não prova que um dos membros dessa disjunção considerado singularmente é verdadeiro de maneira determinada no presente, mas prova apenas que uma delas será verdadeira de maneira determinada amanhã.

CRÍTICA À RESPOSTA AO N. 34

(a) "Sua prova precedente, de que todas as causas suficientes são causas necessárias, foi respondida anteriormente (N. 31)."

Não importa o que ele diga, ele pensará de outro modo, quando tiver lido minhas críticas à sua resposta.

(b) "E seus dois exemplos, do lançamento de um par de dados com o número um e da chuva de amanhã, são completamente impertinentes para a questão, por duas razões."

Sua primeira razão é "porque", diz ele, "nossa presente controvérsia diz respeito a ações livres que advêm da liberdade da vontade do homem; e seus dois exemplos são de ações contingentes que advêm da indeterminação ou concurso contingente das causas naturais". Ele sabe que essa parte do meu discurso, que começa no N. 25, não faz parte da disputa com ele, mas é um mero estabelecimento da minha opinião concernente à necessidade natural de todas as coisas, que é oposta não apenas à liberdade da vontade, mas também a toda contingência que não é necessária. Portanto, esses exemplos não eram impertinentes para o meu propósito; e se eles forem impertinentes para a sua opinião da liberdade da vontade do homem, ele age de maneira impertinente ao se ocupar com elas. Contudo, a despeito de todas as suas pretensões aqui de que a questão é apenas sobre a liberdade da vontade, em seu primeiro discurso (N. 16), ele afirma que "a ordem, beleza, e perfeição do mundo requer que haja no Universo agentes de todos os tipos, alguns necessários, alguns livres e alguns contingentes". E meu propósito é mostrar por meio desses exemplos que as coisas que consideramos serem as mais contingentes são, não obstante, necessárias. Ademais, a controvérsia não é se as ações livres que advêm da liberdade da vontade do homem são necessárias ou não; pois não conheço nenhuma ação que advenha da liberdade da vontade do homem. Mas a questão é se as ações que advêm da vontade do homem são necessárias ou não. A vontade do homem é algo, mas a liberdade de sua vontade não é nada. Novamente, a questão não é se as ações contingentes advêm da indeterminação ou do concurso contingente das causas naturais (pois não há nada que possa advir da indeterminação), mas se as ações contingentes são necessárias antes de serem realizadas; ou se o concurso das causas naturais, quando calham de concorrer, não foi determinado necessariamente a se produzir assim; ou se tudo que ocorre por acaso não foi determinado necessariamente a ocorrer assim por acaso. E que elas sejam determinadas necessariamente dessa maneira, já provei com argumentos aos quais o bispo, pelo que vejo, não consegue responder. Pois dizer, como ele diz, "que há ações livres que advêm tão somente da escolha, sem nenhuma necessitação externa, é uma verdade tão evidente como a de que há um sol no céu", não é prova nenhuma. É, de fato, claro como o sol que há ações livres que advêm da escolha, mas que haja escolha sem nenhuma necessitação externa é bastante obscuro.

(c) "Em segundo lugar, quanto às ações mistas que advêm do concurso de agentes livres e naturais, embora não sejam livres, não são, contudo, necessárias etc."

Para provar isso ele dá o exemplo de uma telha que, caindo de uma casa, fratura a cabeça de um homem de uma maneira que não é nem necessária nem livre, ocorrendo, portanto, de maneira contingente. Não de maneira necessária, "pois", diz ele, "ele escolheu livremente ir por aquele caminho sem nenhuma necessitação". O que é o mesmo que tomar a própria questão como uma prova. Pois o que é a questão senão se um homem é determinado de maneira necessária ou não a escolher o que escolhe? "Novamente", diz ele, "não era uma ação livre, porque ele não deliberou se sua cabeça seria fraturada ou não", e conclui "portanto, era uma ação contingente; e, por conseguinte há, sem dúvida, ações contingentes no mundo que não são livres". Isso é verdadeiro e não é negado por ninguém; mas ele deveria ter provado que tais ações contingentes não são necessárias de maneira antecedente a partir de um concurso de causas naturais; embora um pouco antes ele tenha concedido que fossem. Pois tudo o que é produzido a partir de um concurso de causas naturais foi determinado de maneira antecedente na causa desse concurso, embora ele o chame de concurso contingente, sem perceber que "concurso" e "concurso contingente" são o mesmo e supõem uma conexão e sucessão contínua de causas que tornam o efeito futuro necessário. Assim, até o momento, ele não provou outra contingência senão aquela que é necessária.

(d) "Em terceiro lugar, quanto às ações das bestas etc., não vejo fundamento para pensar que todos os seus movimentos animais sejam ligados pela cadeia da necessidade inalterável etc."

Isso não afeta em nada a verdade, cujo fundamento ele não vê. Indiquei o fundamento no meu discurso precedente e não sou obrigado a encontrar olhos para ele. Ele próprio cita imediatamente depois uma passagem das Escrituras que a prova, onde Cristo diz: "nenhum desses pardais cai no chão sem vós, Pai do céu", passagem que, se não houvesse outras, seria um fundamento suficiente para a asserção da necessidade de todas essas mudanças do movimento animal em pássaros e outras criaturas vivas, que parecem tão incertas para nós. Mas quando um homem está atordoado com *influência de potência*, *atos elicit*, *vontade permissiva*, *necessidade hipotética*, e termos igualmente ininteligíveis, o fundamento lhe escapa. No final, ele admite que "muitas coisas que são chamadas contingentes em relação a nós, porque não sabemos suas causas, não são realmente e em si mesmas contingentes, mas necessárias", e comete um erro inverso, pois diz, com efeito, que muitas coisas que não são são; pois é o mesmo dizer que não são contingentes e que não são. Ele deveria ter dito que há muitas coisas a respeito das quais não podemos conhecer ou não conhecemos a necessidade de sua contingência.

(e) "Mas se há ou não uma conexão necessária de todas as causas naturais desde o início, de tal maneira que todas devem ter concorrido como concorreram etc., isso requereria um exame adicional, se fosse pertinente para essa questão da liberdade, o que não é. É suficiente, para meu propósito, ter mostrado etc."

Se houver uma conexão necessária de todas as causas naturais desde o início, então não há dúvida de que todas as coisas ocorrem necessariamente, que é o que sustentei todo esse tempo. Mas se há ou não, diz ele, isso requer um exame adicional. Assim, até o momento, ele não sabe se isso é verdadeiro ou não, e, desta forma, todos os seus argumentos até aqui foram inúteis; tampouco ele mostrou alguma coisa para provar o que propôs, a saber, que as ações eletivas não são determinadas de maneira necessária. Se um pouco antes ele diz que já respondera aos meus argumentos para provar que as causas suficientes são necessárias, parece que põe em descrédito sua própria resposta, e responde novamente aos dois exemplos do *lançamento de um par de dados com o número um* e da *chuva ou a não chuva de amanhã*, mas não apresenta nenhum outro argumento para provar que o lançamento realizado não tenha sido realizado de maneira necessária, mas apenas para provar que ele não delibera se fará esse lançamento ou não — argumento que pode talvez provar que o seu lançamento não seja proveniente do livre-arbítrio, mas não prova nada contrário a sua necessidade antecedente. E provar que não é necessário que chova ou não chova amanhã, depois de nos dizer que a chuva etiópica causa a inundação do Nilo, que em alguns países orientais só há chuva apenas duas vezes ao ano, o que as Escrituras, diz ele, denominam *a chuva temporã e a serôdia* (pensei que ele tivesse tomado conhecimento disso pela experiência de alguns viajantes, mas vejo que retirou daquela frase das Escrituras sobre *a chuva temporã e a serôdia*); digo, depois de nos dizer isso, a fim de provar que não é necessário que chova ou não chova amanhã, ele diz que "no nosso clima, as causas naturais celestiais e sublunares não produzem chuva tão necessariamente em épocas determinadas, como nos países orientais; tampouco podemos dizer de maneira tão certa e infalível que choverá amanhã ou não choverá amanhã". A partir desse argumento, pode-se avaliar a lógica do bispo. "No nosso clima, as causas naturais não produzem chuva tão necessariamente em épocas determinadas, como nos países orientais. Portanto, elas não produzem chuva necessariamente no nosso clima quando a produzem." Novamente: "não podemos dizer com tanta certeza e infalibilidade que choverá amanhã ou não choverá amanhã; portanto, não é necessário nem que chova nem que não chova amanhã" — como se nenhuma coisa cuja necessidade não conhecemos fosse necessária. Outra razão, diz ele, por que meus exemplos são impertinentes é que "eles só concernem a uma necessidade hipotética", isto é, que a necessidade não está nas causas antecedentes. E, logo em seguida, desafia-me a dar alguma razão a favor de minha causa de "como o jogador foi determinado de maneira necessária do exterior a aplicar exatamente tanta força no lançamento, nem mais, nem menos; ou qual necessidade havia de que o jogador lançasse naquela mesa e não em outra, ou que o dado caísse exatamente naquela parte da mesa antes de o lançamento ser realizado". Aqui novamente, a partir da nossa ignorância das causas particulares que, ao concorrerem, produzem a necessidade, ele infere que não havia tal necessidade. O que, de fato, é o que o enganou em toda essa questão e todos os outros homens que atribuem eventos à fortuna. Mas suponho que ele não negará que esse evento é necessário quando todas as causas do lançamento, seu concurso, bem como a causa daquele concurso são conhecidos previamente e poderiam ser-lhe indicados, embora eu não possa indicar-lhos. Visto que Deus conhece todas elas previamente, o lançamento era necessário, e isso a partir de causas antecedentes desde a eternidade – o que não é uma necessidade hipotética.

E, ao meu argumento para provar que "a chuva de amanhã, se chover, e a ausência de chuva, se não chover" era necessária, porque, "caso contrário, essa proposição disjuntiva 'choverá ou não choverá' não seria necessária", ele respondeu que "ambas as partes de uma proposição condicional podem ser falsas, e, não obstante, a proposição ser verdadeira; como, por exemplo, 'se o sol brilha, é dia' é uma proposição verdadeira à meia-noite". O que uma proposição condicional tem a ver com uma proposição disjuntiva, que é o que está em questão? Ou o que são as partes dessa proposição 'se o sol brilha, é dia'? Não é composta de duas proposições, como a disjuntiva, mas é uma proposição simples, a saber, *o brilho do sol faz o dia*. Ou ele não tem nenhuma lógica ou pensa que todos os seus leitores não têm nenhuma razão. Mas ele tem um truque, diz ele, para diminuir a força da disjunção por meio da seguinte modificação da proposição: "sei que *choverá ou não choverá amanhã* é uma proposição verdadeira"; e, não obstante, diz ele, "não é verdadeiro que eu saiba que amanhã choverá nem tampouco é verdadeiro que eu saiba que amanhã não choverá". Que enganação ou ignorância infantil é esta: quando deve provar que nenhum dos membros de uma proposição disjuntiva é verdadeiro de maneira determinada, apresenta um exemplo de uma proposição que não é disjuntiva! Teria sido disjuntiva se fosse assim: "sei que amanhã choverá ou sei que amanhã não choverá". Mas, então, ele saberia com certeza e de maneira determinada uma das duas.

(f) "Portanto, dizer 'ou isso ou aquilo ocorrerá infalivelmente, mas ainda não está determinado se ocorrerá isso ou aquilo' não é uma asserção sem sentido que mereça um *tytyrice tupalice*."

Mas é uma asserção sem sentido – independentemente do que ela mereça – dizer que esta proposição "choverá ou não choverá" é verdadeira de maneira *indeterminada*, e nenhuma delas verdadeira de maneira *determinada*; e é um pouco melhor dizer, como ele a formulou agora, "que ocorrerá infalivelmente, mesmo que ainda não esteja determinado se ocorrerá ou não".

(g) "Se nada disso satisfizê-lo, apresentar-lhe-ei uma prova do seu tipo, isto é, um exemplo. O que necessita todas as coisas, de acordo com T.H., é o decreto de Deus" etc. Seu exemplo é que "o próprio Deus fez esse decreto necessitante, e que, assim, sendo esse decreto um ato *ad extra*, foi feito livremente por Deus, sem nenhuma necessitação".

Creio que o próprio bispo acredita que todos os decretos de Deus existiram desde toda a eternidade, e, por conseguinte, não se oporá a isto, que os decretos de Deus foram feitos; pois tudo o que foi feito teve um começo. Ademais, o decreto de Deus é sua vontade, e o bispo disse anteriormente que a vontade de Deus é Deus, a justiça de Deus, Deus etc. Se, portanto, Deus faz um decreto, de acordo com a opinião do bispo, Deus fez a si mesmo. Por meio disso podemos ver que coisa boa surge da disputa em torno de coisas incompreensíveis. Ademais, ele diz que "se tivesse sido o bel-prazer de Deus, ele poderia ter feito com que algumas causas fossem livres de necessidade, visto que isso não indica nenhuma imperfeição, nem implica qualquer contradição". Se Deus tivesse feito causas ou efeitos livres da necessidade, ele as teria tornado livres de sua própria presciência, o que teria sido uma imperfeição. Talvez ele diga que nessas suas palavras o *decreto, sendo um ato ad extra, foi feito livremente por Deus*, não tomei nota daquele ato *ad extra*, por ser quente demais para os meus dedos. Assim, tomo nota dele e digo que não é latim, nem inglês, tampouco é provido de sentido.

N. 35

T.H. A última coisa, na qual igualmente toda a controvérsia consiste, a saber, que não há tal coisa como um agente que, quando todas as coisas requisitadas para a ação estão presentes, pode, não obstante, deixar de produzi-la, ou, o que é o mesmo, que não há algo como liberdade em relação à necessidade, infere-se facilmente a partir do que foi anteriormente afirmado. Pois, se houver um agente, pode operar; e se opera, não há nada faltando do que é requisitado para produzir a ação;

por conseguinte, a causa da ação é suficiente; e se é suficiente, então também é necessária, como foi provado anteriormente.

J.D. Admiro-me que T.H. admita que todo o peso dessa controvérsia repousa nesta proposição: "que não há tal coisa como um agente que, quando todas as coisas requisitadas para a ação estão presentes, pode, não obstante, deixar de produzi-la" e, ainda assim, apresentar apenas juncos tão frágeis para embasá-la. (a) "Se houver um agente", diz ele, "pode operar." O que é isso? *A posse ad esse non valet argumentum*:[196] de *pode operar* para *operar* é uma inferência fraca. E de *operará* a *operar por uma necessidade absoluta* é outra inconsequência grosseira. Ele procede assim: "se opera, não há nada faltando do que é requisitado para produzir a ação". Verdadeiro – não falta nada para produzir o que é produzido; mas pode estar faltando muito para produzir o que era pretendido. Um cavalo pode estar com o coração saindo pela boca e, ainda assim, não puxar a carruagem para onde deveria ser puxada, se lhe falta a ajuda ou o concurso de seus companheiros. "E, por conseguinte", diz ele, "a causa da ação é suficiente." Sim, suficiente para fazer o que faz, mesmo que talvez com grande prejuízo para si mesmo, mas nem sempre suficiente para fazer o que deveria fazer ou o que faria. Como, por exemplo, aquele que gesta um monstro, deveria gestar um homem e gestaria um homem, se pudesse. O último elo de seu argumento continua assim: (b) "e, se suficiente, então também necessário". Parai aí! Com sua licença, não há conexão necessária entre suficiência e eficiência; caso contrário, Deus mesmo não seria todo-suficiente. Assim, seu

---

196 "De poder a ser o argumento não é válido."

argumento desaparece. Mas vou tratá-lo mais favoravelmente e admitir tudo aquilo que ele tenta tanto provar em vão, a saber, que todo efeito no mundo tem causas suficientes; na verdade, mais que isso, que, supondo-se a determinação das causas livres e contingentes, todo efeito no mundo é necessário. (c) Mas tudo isso não lhe trará a vantagem de nem sequer um milímetro; pois isto resulta apenas numa necessidade hipotética e difere tanto da necessidade absoluta que ele sustenta tanto quanto um gentil-homem que viaja para seu prazer difere de um degredado, ou um súdito livre, de um escravo.

CRÍTICA À RESPOSTA AO N. 35

(a) "'Se houver um agente', diz ele, 'pode operar'. O que é isso? *A posse ad esse non valet argumentum*: De *pode operar* para *operar* é uma inferência fraca. E de *operar* a *operar por uma necessidade absoluta* é outra inconsequência grosseira."

Aqui ele tomou uma vantagem justa; pois eu deveria ter dito: "se houver um agente, ele age", e não "pode agir". Mas é uma vantagem que é de pouco proveito para sua causa. Pois, se repito meu argumento novamente desta maneira: o que é um agente opera; no que opera não falta nada que é requisitado para produzir a ação ou o efeito que produz, e, por conseguinte, é uma causa suficiente disso; e, se é uma causa suficiente, então também é uma causa necessária, então, sua resposta não adiantará nada para o seu objetivo. Pois, a estas palavras "no que age não falta nada que é requisitado para produzir a ação ou o efeito que produz" ele responde "é verdadeiro, mas pode estar faltando muito para produzir o que era pretendido" – isso não é contrário a nada que eu tenha dito. Pois nunca sustentei que tudo o que alguém pretende é necessariamente realizado; mas sim que tudo que alguém realiza é necessariamente realizado, e o que pretende, necessariamente pretendido, e isso a partir de causas antecedentes. E, assim, dizer, como ele o faz, que a causa é suficiente para fazer o que faz, mas nem sempre suficiente para fazer o que um homem deveria ou queria fazer, é dizer o mesmo que eu. Pois não digo que a causa que produz um monstro é suficiente para produzir um homem, mas que toda causa é suficiente para produzir apenas o efeito que produz; e, se suficiente, então também necessário.

(b) "'E, se suficiente, então também necessário'. Parai aí! Com sua licença, não há conexão necessária entre suficiência e eficiência; caso contrário, Deus mesmo não seria todo-suficiente."

Toda-suficiência não significa senão, quando atribuída a Deus, onipotência; e onipotência não significa senão a potência para fazer todas as coisas que quer. Mas para a produção de qualquer coisa que é produzida a vontade de Deus é tão requisito como o restante de sua potência e suficiência. E, por conseguinte, sua toda-suficiência não significa uma suficiência ou potência para fazer as coisas que ele não quer. Mas ele me tratará, diz ele, de maneira tão favorável a ponto de admitir tudo isso que tento tanto, diz ele, provar em vão; e adiciona: (c) "Mas tudo isso não lhe trará a vantagem de nem sequer um milímetro; pois isto resulta apenas numa necessidade hipotética."

Se não prova mais do que isso, não prova necessidade alguma; pois, por necessidade hipotética, ele entende a necessidade desta proposição "o efeito ocorre quando ocorre", ao passo que a necessidade é apenas afirmada verdadeiramente de algo no futuro. Pois *necessário* é o que não pode absolutamente ser de outro modo, e a *possibilidade* é sempre compreendida de algo no futuro. Mas, visto que ele admite de maneira tão favorável que as causas suficientes são causas necessárias, concluo facilmente disto que tudo o que essas causas causam são necessárias de maneira antecedente. Pois se a necessidade da coisa produzida, quando produzida, for simultânea com a existência de sua causa imediata, então também essa causa imediata e a causa pela qual foi imediatamente produzida foram simultâneas; o mesmo pode ser dito a respeito da causa dessa causa, e assim retroativamente eternamente. Disto decorre que toda a conexão das causas de algum efeito desde o começo do mundo existiam conjuntamente em um e mesmo instante; e, por conseguinte, todo o tempo, desde o começo do mundo, ou da eternidade até este dia, não é senão um instante, ou um *nunc stans*, o que ele sabe agora não ser assim.

N. 36

T.H. E, assim, vedes como as inconveniências que ele afirma serem decorrentes da defesa da necessidade são evitadas e a necessidade mesma é provada de maneira demonstrativa. Ao que eu poderia acrescentar, se considerasse uma boa lógica, a inconveniência de negar a necessidade, na medida em que destrói tanto os decretos e a presciência de Deus Todo-Poderoso. Pois, caso o homem tivesse a liberdade em relação à necessitação, tal como ele afirma, um homem poderia frustrar e fazer com que não ocorresse tudo o que Deus tinha o desígnio de produzir por meio dele como instrumento ou que prevê que ocorrerá; e Deus ou bem não teria a presciência a esse respeito e não teria decretado o evento, ou bem teria presciência de coisas que nunca existiriam e decretaria o que nunca ocorreria.

J.D. Assim, ele tentou em vão satisfazer as minhas razões e provar sua própria asserção. Mas quanto à demonstração, não há nada em seus argumentos. Agora ele diz (a) que poderia acrescentar outros argumentos, se considerasse uma boa lógica. Em lógica não há nada que impeça um homem de pressionar seu adversário por meio de absurdos que decorrem de sua opinião; *argumentum ducens ad impossibile* ou *ad absurdum*[197] é uma boa forma de raciocínio. Mas há outra razão para a sua abstenção, embora ele relute em expressá-la. "*Haeret lateri laethalis arundu.*"[198] Os argumentos extraídos dos atributos de Deus tocam de tão perto sua causa que ele não tem disposição para tratar desse tema. A propósito, observai sua própria confissão de que "ele poderia acrescentar outras razões, se considerasse uma boa lógica". Se estivesse predeterminado pelas causas externas que ele fizesse precisamente essa defesa e não outra, como poderia estar em seu poder acrescentar ou subtrair algo? Seria como se um cego falasse seriamente que "poderia ver se eu tivesse meus olhos". A verdade sempre irrompe quando se procura abafá-la. (b) Mas vejamos seu argumento: "se um homem tivesse liberdade da necessitação, ele poderia frustrar os decretos de Deus e tornar sua presciência falsa". Em primeiro lugar, quanto aos decretos de Deus, é seu decreto que o homem seja um agente livre; se ele considerasse Deus como o ato mais simples, sem prioridade ou posteridade de tempo, ou

---

197 "Argumento que leva ao impossível ou ao absurdo."
198 "A letal cana ao lado se lhe aferra" (Virgílio, *Eneida*, livro IV, verso 79, op. cit., p.103).

qualquer composição, ele não conceberia seus decretos como as leis dos medos e dos persas,[199] promulgadas e sancionadas muito antes de nascermos, mas sim como sendo coexistentes conosco e com os atos que realizamos em virtude desses decretos. Decretos e atributos não são senão noções para auxiliar o nosso débil entendimento a conceber Deus. Os decretos de Deus são o próprio Deus, e, portanto, se diz corretamente existirem antes do estabelecimento da fundação do mundo; e, não obstante, são coexistentes conosco, por causa do ser infinito e eterno de Deus. Em suma, o decreto de Deus ou o próprio Deus eternamente constitui ou ordena todos os efeitos que ocorrerão no tempo, de acordo com as distintas naturezas ou capacidades de suas criaturas. Uma ordenação eterna não é nem passada, nem futura, mas sempre presente. Assim, as ações livres advêm do decreto eterno de Deus e daquela ordem que ele estabeleceu no mundo tanto quanto as ações necessárias.

Assim como o decreto de Deus, seu conhecimento é eterno. Portanto, para falar própria e verdadeiramente, não há nem pré, nem pós-ciência[200] nele. O conhecimento de Deus compreende todos os instantes num ponto em razão da eminência e virtude de sua perfeição infinita. E, não obstante, admito que ela é denominada presciência com relação a nós. Mas essa pres-

---

199 Essas são leis que, uma vez promulgadas, não podiam ser alteradas. Cf. Daniel, 6, 9.
200 "There is neither fore-knowledge nor after-knowledge in him." Optei por traduzir "knowledge" nesta passagem por "ciência" em vez de "conhecimento", para manter a correspondência com o termo "presciência" ("foreknowledge"). Isso também se aplica à "knowledge of vision", que aparece logo depois, e que traduzo por "ciência de visão".

ciência não produz necessidade absoluta. Portanto, as coisas não ocorrem porque foram objeto de presciência; mas são objeto de presciência porque ocorrerão. Se algo viesse a ocorrer diferentemente do que ocorre, a presciência de Deus não poderia ser invalidada por isso; pois Ele não sabia então que esse evento ocorreria como ocorre agora. Uma vez que toda ciência de visão[201] pressupõe seu objeto, Deus sabia que Judas trairia Cristo; mas Judas não foi determinado de maneira necessária a ser um traidor pelo conhecimento de Deus. Se Judas não tivesse traído Cristo, Deus não teria tido a presciência de que Judas o trairia. O caso é o seguinte: um guarda no topo de uma torre, como é o costume na Alemanha, relata aos que estão embaixo, que não veem tais coisas, que homens estão vindo e quantos são; sua predição é certa, pois ele os vê. Como seria sem fundamento alguém embaixo dizer que, se eles não vierem, então uma predição certa poderia falhar! Poderia ser advertido que há uma diferença nesses dois casos. Neste caso, a vinda é presente em relação ao guarda; mas aquilo de que Deus tem presciência é futuro. Deus sabe o que será; o guarda sabe apenas o que é. Respondo que isso não faz nenhuma diferença no caso, pela razão da disparidade entre o conhecimento de Deus e o nosso. Assim como a vinda é presente ao guarda, o que é futuro para aqueles que estão embaixo, todas as coisas que são futuro para nós são presentes para Deus, porque seu conhecimento infinito e eterno alcança a existência futura de todos os agentes e eventos. Isso é claramente reconhecido por T.H. no N. 11: que "a presciência é conhecimento, e conhecimento depende da existência das coisas conhecidas e não elas dele". Para concluir, a presciência de Deus não faz as coisas

---

201 Ver a nota 75.

mais necessárias do que a produção das coisas mesmas; mas se os agentes forem agentes livres, a produção das coisas não faz os eventos serem absolutamente necessários, mas apenas a partir da suposição de que as causas eram assim determinadas. A presciência de Deus prova uma necessidade de infalibilidade, mas não a determinação antecedente e extrínseca a uma única coisa. Se algum evento não ocorresse, Deus nunca teria a presciência de que ocorreria. Pois todo conhecimento pressupõe necessariamente seu objeto.

CRÍTICA À RESPOSTA N. 36

(a) "'Ele poderia acrescentar', diz ele, 'outros argumentos, se considerasse uma boa lógica' etc. Em lógica não há nada que impeça um homem de pressionar seu adversário por meio de absurdos que decorrem de sua opinião."

Aqui ele reporta erroneamente minhas palavras, que são: "eu poderia acrescentar, se considerasse uma boa lógica, a inconveniência de negar a necessidade, na medida em que destrói tanto os decretos como a presciência de Deus Todo-Poderoso". Mas ele me faz dizer que eu poderia acrescentar outros argumentos; depois infere que em lógica não há nada que impeça um homem de pressionar seu adversário por meio de absurdos que decorrem de sua opinião, porque *"argumentum ducens ad impossibile* ou *ad absurdum"* é uma boa forma de raciocínio, sem diferenciar entre *absurdos*, que são impossibilidades, e *inconveniências*, que não apenas são possíveis, mas frequentes. E embora seja uma boa forma de raciocínio argumentar a partir de absurdos, não é uma boa forma de raciocínio argumentar a partir de inconveniências; pois a inconveniência pode ser suficientemente compatível com a verdade.

(b) "Mas vejamos seu argumento: 'se um homem tivesse liberdade da necessitação, ele poderia frustrar os decretos de Deus e tornar sua presciência falsa'. É seu decreto que o homem seja um agente livre; se ele considerasse Deus como o ato mais simples, sem prioridade ou posteridade de tempo, ou qualquer composição, ele não conceberia seus decretos como sendo promulgados há muito tempo, mas como coexistentes conosco."

Aqui novamente ele gostaria que eu concebesse a eternidade como sendo *nunc stans*, isto é, um instante no tempo, e este instante de tempo como sendo Deus, o que nem ele nem eu podemos conceber, nem tampouco dizer sem impiedade, como ele faz aqui, que os decretos de Deus são Deus. E é nisto que consiste todo o resto de sua resposta a este número, salvo que ele coloca, algumas vezes, que "a presciência de Deus não produz necessidade", o que admito, mas que se possa ter presciência de algo que não ocorrerá necessariamente, o que não admito, ele prova apenas por meio dessa asserção de "que todo instante de tempo é Deus", o que nego.

N. 37

T.H. Isso é tudo o que veio à minha mente no que diz respeito a essa questão, desde que a examinei pela última vez. E eu humildemente imploro a vossa senhoria que comunique este discurso apenas a J.D. E, assim, orando a Deus para que a vossa Senhoria prospere em todos os vossos desígnios, despeço-me e sou, meu nobilíssimo e amabilíssimo senhor, vosso mais humilde servente,

T.H.

J.D. Ele se preocupa bastante com que este discurso seja mantido secreto, como aparece nesta seção, e nas seções 14 e 15. Se a sua resposta tivesse se mantido privada, eu teria poupado o trabalho de uma réplica. Mas, tendo escutado que ela tinha sido comunicada, achei que estava obrigado a defender tanto a verdade como a mim mesmo. Não o culpo de ser cauteloso, pois, a bem da verdade, essa asserção tem consequências terríveis e destrutivas para a piedade, a ordem pública e a moralidade.

(a) Se ele desejava mantê-lo secreto, o caminho teria sido tê-lo mantido secreto para si mesmo. Não adiantará dizer, como no N. 14, que "a verdade é a verdade": essa é a pretensão comum a todo homem. Tampouco basta ele dizer, como no N. 15, que isso era desejado por mim muito antes de ele ter exposto sua opinião pela palavra da boca. Meu desejo era permitir a alguns de meus nobres amigos ver a fraqueza de seus fundamentos e as consequências perniciosas desta opinião. (b) Mas, se ele acredita que essa divulgação da questão entre nós pode trazer danos, espero sinceramente que não. O gume de seu discurso está tão reduzido que não pode facilmente causar danos a nenhum homem racional que não esteja excessivamente tomado por preconceitos.

CRÍTICAS À RESPOSTA AO N. 37

Aqui eu disse apenas que gostaria que meu senhor de Newcastle comunicasse meu discurso apenas ao bispo. E, em sua resposta, ele diz (a) "Se ele desejava mantê-lo secreto, o caminho teria sido tê-lo mantido secreto para si mesmo".

Meu desejo era que meu escrito não fosse transmitido pelo meu senhor de Newcastle a todos os homens indiferentemente. Mas não me impedi de mostrá-lo privadamente aos meus amigos, embora nunca tivesse sido minha intenção publicá-lo, até ser provocado pelo triunfo descortês do bispo, construído sobre seus próprios erros, para a minha desvantagem.

(b) "Mas, se ele acredita que essa divulgação da questão entre nós pode trazer danos, espero sinceramente que não. O gume de seu discurso está tão reduzido que não pode facilmente causar danos a nenhum homem racional que não esteja excessivamente tomado por preconceitos."

Isso é dito de maneira confiante, mas não de maneira muito pertinente no que diz respeito ao dano que pensei que poderia ser produzido por um discurso desta natureza. Pois nunca concebi que meu escrito pudesse causar dano a um homem racional, mas apenas aos homens que não conseguem raciocinar nestes pontos que são de difícil consideração. Pois um homem racional dirá consigo mesmo que "aqueles a quem Deus trará um fim abençoado e feliz serão colocados por ele num caminho humilde, piedoso e correto; e, quanto àqueles que ele quer destruir, ele endurecerá seus corações". E, assim, examinando-se a si mesmo para saber se está em tal caminho ou não, o próprio exame seria, se for eleito, uma causa necessária pela qual produz sua própria salvação com temor e tremor.[202] Mas os homens que pensei que podiam ser afetados com o meu discurso são aqueles que raciocinam erroneamente, ao dizer para si mesmos "se eu for salvo, serei salvo tanto se caminhar ereto ou não"; e, assim, se comportarão de maneira negligente e seguirão o caminho prazeroso dos pecados dos quais estão enamorados — inconveniente que não é reduzido por esse dis-

---

[202] Filipenses, 2, 12.

curso do bispo, porque eles não compreendem os fundamentos que ele utiliza de *nunc stans, motus primo primi, atos elícitos, atos ordenados*, e muitas outras palavras ininteligíveis como essas.

N. 38

T.H. *Postscriptum*. Os argumentos raramente operam em homens de espírito e saber, uma vez que tenham se engajado em uma opinião contrária. Se há algo que o faz é mostrar-lhes as causas de seus erros, que são estas: os homens pios atribuem a Deus Todo-Poderoso, a fim de honrá-lo, tudo o que veem que é honroso no mundo, como a vista, a audição, o querer, o saber, a justiça, a sabedoria etc. Mas negam-lhe coisas tão baixas como olhos, cérebro e outros órgãos, sem os quais, nós, vermes, não possuímos tais faculdades, nem podemos conceber como elas poderiam ser. Mas, quando debatem filosoficamente as ações de Deus, consideram novamente que ele possui tais faculdades, e da mesma maneira que as possuímos. Isso não é bom e é em virtude disso que caem em tantas dificuldades. Não devemos debater sobre a natureza de Deus – ele não é tema que convém a nossa filosofia. A verdadeira religião consiste na obediência aos lugar-tenentes de Cristo e na atribuição da honra a Deus, tanto em atributos como em ações, tal como é ordenado por aqueles em seus respectivos postos.

J.D. Embora sofismas raramente operem em homens de espírito e saber, porque "pelo uso constante exercitaram seus juízos para discernir o bem do mal" (Hebreus, 5, 14), (a) as razões sólidas e substanciais operam mais rápido neles do que em juízos mais fracos. Quanto mais exata for a balança, mais rápido descobre o peso real do que é posto nela; especialmente se as provas forem apresentadas sem paixão ou hostilidade. Que os oradores sofistas e sediciosos se dirijam à multidão de cabeças numerosas, porque não têm esperança de ter sucesso junto a homens de espírito e saber. Aqueles que possuem um ouro que é verdadeiro não temem que seja testado pelo toque. Uma vez que a via anterior não foi bem-sucedida, T.H. tem outra para mostrar as causas de nossos erros, o que espera provar de maneira mais bem-sucedida. Quando vê que não conseguirá pelo olho nu, procura nos iludir com as cores da cortesia: "*Fistula dulce canit, volucrem dum decipit auceps*".[203] Do mesmo modo como aqueles que se observam no espelho tomam a mão direita pela esquerda, e a esquerda, pela direita (T.H. conhece a comparação), tomamos nossos erros como verdades, e as verdades de outrem, como erros.

(b) Se incorrermos no erro com relação a isso, é um erro que adquirimos da própria natureza; um erro que é confirmado pela razão e experiência; um erro que o próprio Deus revelou por meio de sua palavra sagrada; um erro que os padres e doutores da Igreja proferiram em todos os tempos; um erro que tem a concordância de todos os melhores filósofos, tanto naturais, como morais; um erro que proporciona a Deus a glória da justiça, a sabedoria, a bondade, e a verdade; um erro que torna os homens mais devotos, piedosos, industriosos, humildes e penitentes por seus pecados. Será que ele queria

---

[203] "Com o som doce da flauta o passarinheiro ilude a ave" (*Dísticos de Catão*, livro I, dístico 27). Trata-se de uma coletânea de sentenças morais escritas em dísticos que foi atribuída a Dionísio Catão (que presumivelmente viveu no século III d.C.). Sua leitura foi muito difundida nas escolas durante a Idade Média tanto para o aprendizado de latim como por seu ensinamento moral.

que abríssemos mão de todas essas vantagens para dançarmos às cegas de acordo com a sua música? Não, ele nos exorta excessivamente para que nos encaminhemos para essa perda. Mas vejamos qual é a causa imaginária do nosso erro imaginário. Na verdade, é porque "atribuímos a Deus tudo o que é honroso no mundo, como a vista, a audição, o querer, o saber, a justiça, a sabedoria; mas negamos-lhe coisas tão baixas como olhos, ouvidos e cérebro"; até aqui ele diz que "fazemos bem". Ele tem razão, pois, visto que não somos capazes de conceber Deus tal como ele é, a maneira mais fácil que temos é eliminar toda imperfeição que está nas criaturas de Deus – denominamo-lo, assim, infinito, imortal, independente – ou atribuir-lhe todas as perfeições que estão nas criaturas da maneira mais eminente – denominamo-lo, assim, o melhor, o maior, o mais sábio, o mais justo, o mais santo.

(c) Mas, diz ele, "quando debatem filosoficamente as ações de Deus, consideram novamente que ele possui tais faculdades, e da mesma maneira que as possuímos". E isso é a causa do nosso erro? Isso seria estranho, de fato, pois aqueles que debatem filosoficamente Deus não lhe atribuem faculdades como aquelas que possuímos, nem lhe atribuem qualquer faculdade propriamente. O entendimento de Deus e sua vontade são a sua essência mesma, a qual, em virtude da eminência de sua infinita perfeição, realiza todas essas coisas por si só, de uma maneira completamente transcendente, aquilo que criaturas racionais realizam de maneira imperfeita e por meio de faculdades distintas. Assim, debater sobre Deus com modéstia e reverência, e eximir Deus da imputação de tirania, injustiça e dissimulação – imputação que ninguém faz com tanta presunção como os patronos da necessidade absoluta –, é tanto decente como cristão.

Questões sobre a liberdade, a necessidade e o acaso

Não é o desejo de descobrir a origem de um suposto erro que geralmente os conduz a essas exclamações contra aqueles que debatem sobre a divindade – pois alguns deles próprios ousam fazer a anatomia de Deus e publicar seus decretos eternos de maneira tão confiante como se tivessem estado em seu conselho durante toda sua vida –, mas é por medo que as consequências perniciosas que se seguem essencialmente dessa doutrina e que afetam tão gravemente a suprema bondade sejam expostas à vista do mundo, assim como os turcos, que primeiro estabeleceram por sua própria invenção uma religião falsa, e então proibiram todos os homens, sob pena de morte, a debater sobre a religião; ou como os padres de Moloque, a abominação dos amonitas,[204] que faziam um barulho com seus tambores durante todo o tempo no qual as pobres crianças estavam atravessando o fogo em Tofete, para esconder seus tristes gritos dos ouvidos de seus pais. Da mesma maneira, (d) eles fazem barulho com suas declamações contra aqueles que ousam debater sobre a natureza de Deus, isto é, quem ousa mostrar sua justiça, sua bondade, sua verdade e sua filantropia, apenas para ensurdecer os ouvidos e turvar os olhos do mundo cristão, para evitar que ouçam os deploráveis lamentos e gritos ou que vejam o pesaroso espetáculo de milhões de almas atormentadas para sempre (e) nas chamas do verdadeiro Tofete, isto é, o inferno, apenas porque fizeram aquilo que, de acordo com a doutrina de T.H., nunca esteve em seu poder não fazer, mas só podiam fazer aquilo para que foram ordenados e determinados de maneira necessária e inevitável, apenas para expressar a onipotência e o domínio, e satisfazer o prazer daquele que é,

---

[204] I Reis, 11, 7.

na verdade, o pai de todas as misericórdias e o Deus de toda consolação.²⁰⁵ (f) "Esta é a vida eterna", diz nosso Salvador: "conhecer o único Deus verdadeiro, e aquele que ele enviou, Jesus Cristo" (João, 17, 3). "A religião pura e imaculada ante Deus e o pai é esta: visitar os órfãos e as viúvas em suas aflições e manter-se incorrupto pelo mundo", disse São Tiago (Tiago, 1, 27). "Teme a Deus e observa seus mandamentos, pois nisto consiste todo o dever do homem", disse Salomão (Eclesiastes, 12, 23). Mas T.H. encontrou um caminho mais curto para o céu: "a verdadeira religião", diz ele, "consiste na obediência aos lugar-tenentes de Cristo e na atribuição de honra a Deus, tanto em atributos como em ações, tal como é ordenado por aqueles em seus respectivos postos". Isto é o mesmo que dizer: "adotai a religião de cada país cristão em que chegais". Fazer do magistrado civil o lugar-tenente de Cristo na Terra, em questões de religião, e torná-lo o juiz supremo de todas as controvérsias, a quem todos devem obedecer, é uma doutrina tão estranha e soa uma frase tão bizarra a ouvidos cristãos que eu não teria compreendido o que afirma se não tivesse consultado seu livro *De Cive*, cap. XV, seção 16 e cap. CVII, seção 28. E se o magistrado não for ele próprio um cristão? E se ele ordenar algo contrário à lei de Deus e da natureza? "Devemos obedecer-lhe mais do que a Deus?" (Atos, 4,19). Será que o magistrado civil tornou-se agora o único fundamento e pilar da verdade? Pergunto, então, por que T.H. é de opinião diferente de seu soberano e das leis do país concernentes aos atributos de Deus e seus decretos. Este é um novo paradoxo e não diz respeito a

---

205 2 Coríntios, 1, 3.

essa questão da liberdade e da necessidade. Por essa razão, abstenho-me de prosseguir e concluo assim minha réplica com as palavras do poeta Cristão:

Jussum est Caesaris ore Gallieni,
Quod princeps colit ut colamus omnes.
Aeternum colo Principem, dierum
Factorem, Dominunque Gallieni.[206]

CRÍTICAS À RESPOSTA AO POSTSCRIPTUM *N. 38*

Ele se incomoda com a minha afirmação de que os argumentos raramente funcionam em homens de espírito e saber, uma vez que se engajaram em uma opinião contrária. Não obstante, isso não apenas é certo pela experiência, mas também há razão para tanto, e isso fundamentado na disposição natural da humanidade. Pois é natural para todos os homens defenderem as opiniões com as quais já se engajaram publicamente, já que nunca é sem alguma desonra, algumas vezes mais, outras menos, ter aquilo que se sustentou publicamente como verdadeiro denunciado como um erro. E descobrir em relação a si próprio que gastou uma grande quantidade de tempo e esforço em se enganar é algo tão desconfortável que não admira

---

[206] "É ordenado pela boca do imperador Galiano que todos nós adoremos o que o príncipe adora. [A essas palavras o sacerdote responde tranquilamente:] Adoro o príncipe eterno, criador dos dias e mestre de Galiano." Prudêncio, *Liber Peristephanon* (*O livro das coroas*), Hino VI, versos 41-42 e 44-45. O verso 43, omitido por Bramhall, está entre colchetes.

que empreguem seu espírito e saber, se os possuem, em tornar os seus erros corretos. E, assim, quando ele diz que: (a) "As razões sólidas e substanciais operam mais rápido neles do que em juízos mais fracos; quanto mais exata for a balança, mais rápido descobre o peso real do que é posto nela", admito que quanto mais sólido for o espírito de um homem, tanto melhor as razões sólidas funcionarão nele. Mas, se ele acrescenta a isso o que ele chama de saber, isto é, muita leitura das doutrinas de outros homens sem ponderá-las com seus próprios pensamentos, então, seus juízos se tornam mais fracos e a balança, menos exata. E quando diz que "aqueles que possuem um ouro que é verdadeiro não temem que seja testado pelo toque", fala como se eu temesse que minha doutrina fosse testada pelo toque de homens de espírito e saber – a esse respeito não está muito enganado se por homens de saber entende, como disse anteriormente, aqueles que leram outros homens, mas não a si mesmos. Pois, ao ler outros, os homens geralmente obstruem o caminho de seu próprio juízo exato e natural, e usam seu espírito tanto para enganar a si mesmos com falácias como para retribuir com insultos aqueles que tentam, por sua própria solicitação, instruí-los.

(b) "Se estivermos no erro com relação a isso, é um erro que adquirimos da própria natureza; um erro que é confirmado pela razão e experiência e pelas Escrituras; um erro que os padres e doutores da Igreja proferiram em todos os tempos; um erro que tem a concordância de todos os melhores filósofos; um erro que proporciona a Deus a glória da justiça etc.; um erro que torna os homens mais devotos, piedosos, industriosos, humildes e penitentes por seus pecados."

Tudo isso é apenas afirmado, e o que foi apresentado como sua prova até aqui foi suficientemente refutado e o contrário, provado, a saber, que é um erro contrário à natureza da vontade, contrário à razão e à experiência; contrário às Escrituras; contrário à doutrina de São Paulo (e é uma pena que os padres e doutores da Igreja não tenham seguido São Paulo neste ponto); um erro que não é defendido pelos melhores filósofos (pois não são os melhores filósofos os que o bispo assim considera); um erro que retira de Deus a glória de sua presciência e que tampouco lhe traz a glória de seus outros atributos; um erro que faz os homens, ao imaginar que podem se arrepender quando querem, negligenciar seus deveres; e que torna os homens ingratos em relação às graças de Deus, ao pensar que elas advêm da capacidade natural de sua própria vontade.

(c) "'Mas', diz ele, 'quando debatem filosoficamente as ações de Deus, consideram novamente que ele possui tais faculdades, e da mesma maneira que as possuímos'. E isso é a causa do nosso erro? Isso seria estranho, de fato, pois aqueles que debatem filosoficamente Deus não lhe atribuem faculdades como aquelas que possuímos, nem lhe atribuem qualquer faculdade propriamente. O entendimento de Deus e sua vontade são a sua essência mesma etc."

Parece-me que ele deveria saber que, neste tempo, debater filosoficamente é debater pela razão natural e a partir de princípios evidentes de acordo com a luz natural, e debater sobre as faculdades e propriedades do tema tratado. Assim, é de maneira inepta que ele diz que quem debate filosoficamente Deus não lhe atribui faculdades próprias. Se não são faculdades próprias, gostaria que ele me contasse que faculdades impróprias atribui a Deus. Suponho que ele fará do entendimento, da vontade, e de seus outros atributos faculdades impróprias em Deus porque não pode propriamente chamá-las faculdades, isto é, não sabe como fundamentar a afirmação de que são faculdades, e, não obstante, quer que estas palavras "o entendimento de Deus e sua vontade são sua essência mesma" passem por um axioma de filosofia. E, quanto ao que eu disse, que não devemos debater sobre a natureza de Deus e que ele não é um tema adequado para a nossa filosofia, ele não nega, mas apenas diz que eu digo.

(d) "Com o propósito de fazer barulho com a declamação contra aqueles que ousam debater sobre a natureza de Deus, isto é, que ousam mostrar sua justiça e sua bondade etc."

O bispo terá muito trabalho para justificar a afirmação de que debater sobre a natureza de Deus é o mesmo que mostrar sua justiça e bondade. Ele não toma nota das minhas palavras de que "os homens pios atribuem a Deus Todo-Poderoso, a fim de honrá-lo, tudo o que veem que é honroso no mundo"; não obstante, elas expõem a justiça e a bondade de Deus etc., sem debater sobre a natureza de Deus.

(e) "Nas chamas do verdadeiro Tofete, isto é, o inferno."

O verdadeiro Tofete era um lugar não muito distante dos muros de Jerusalém, e, por conseguinte, na Terra. Não consigo imaginar o que ele dirá a respeito disso em sua resposta ao meu *Leviatã*, se encontrar nele o mesmo,[207] a menos que diga que compreende aqui por *verdadeiro* Tofete um Tofete *não verdadeiro*.

(f) "Esta é a vida eterna", diz nosso Salvador: "conhecer o único Deus verdadeiro e Jesus Cristo" etc.

---

207 Cf. *Leviatã*, cap. 38.

Isso que é apresentado em seguida até o fim de sua resposta e do livro é uma repreensão a mim por dizer que "a verdadeira religião consiste na obediência aos lugar-tenentes de Cristo". Se for legítimo para os cristãos instituírem entre si uma república e magistrados, para que se tornem capazes de viver em paz uns com os outros e de se unirem para a defesa contra o inimigo estrangeiro, será certamente necessário estabelecer alguns juízes supremos em todas as controvérsias a quem devam obediência. E isso não constitui uma doutrina estranha nem uma frase tão bizarra para os ouvidos cristãos, como o bispo a apresenta, independentemente do que pensam aqueles que fazem de si mesmos juízes do próprio juiz supremo. Não, mas, diz ele, Cristo é o juiz supremo e não devemos obedecer mais aos homens que a Deus. Será que há algum cristão que não reconheça que devemos ser julgados por Cristo ou que devemos lhe obedecer mais que a qualquer homem que seja seu lugar-tenente na Terra? A questão, portanto, não é a quem se deve obedecer, mas quais são as suas ordens. Se as Escrituras contêm as suas ordens, então todo cristão pode saber quais são por meio delas. E o que o bispo tem a ver com o que Deus me diz quando as leio, mais do que eu teria com o que Deus lhe diz quando as lê, a menos que ele tenha recebido a autoridade daquele que Cristo tornou seu lugar-tenente? Esse lugar-tenente na Terra, digo eu, é o magistrado civil supremo, a quem cabe o cuidado e o encargo de assegurar que nenhuma doutrina possa ser ensinada ao povo que não seja compatível com a paz geral deles todos e com a obediência que é devida ao soberano civil. Em quem o bispo gostaria que residisse a autoridade de proibir opiniões sediciosas quando são ensinadas (como frequentemente o são) em livros de teologia e nos púlpitos? Seria difícil adivinhar se eu não me lembrasse que houve livros escritos para outorgar aos bispos um *direito divino* que não é proveniente da soberania civil. Mas, dado que considera algo tão hediondo que o magistrado civil supremo deva ser o lugar-tenente de Cristo na Terra, suponhamos que um bispo ou um sínodo de bispos fosse (o que espero que nunca ocorra) designado como nosso soberano civil: então eu poderia objetar-lhe o que ele objeta aqui com as mesmas palavras. Pois eu poderia dizer, de acordo com as suas próprias palavras, "esta é a vida eterna: conhecer o único e verdadeiro Deus e Jesus Cristo" (João, 17, 3). "A religião pura e imaculada ante Deus é esta: visitar os órfãos" etc. (Tiago, 1, 27). "Teme a Deus e observa seus mandamentos" (Eclesiastes, 12, 13). Mas o bispo encontrou um caminho mais curto para o céu, a saber, que a verdadeira religião consiste na obediência aos lugar-tenentes de Cristo, isto é, de acordo com a presente suposição, aos bispos. Isto é o mesmo que dizer que todo cristão de qualquer nação, ao chegar ao país onde os bispos governam, deve ser de sua religião. Ele gostaria de fazer do magistrado civil o lugar-tenente de Cristo na Terra em questões de religião e o juiz supremo em todas as controvérsias, e diz que eles deveriam ser obedecidos por todos, por mais estranho e bizarro que isso lhe pareça agora, visto que a soberania reside em outros. E eu poderia lhe dizer: e se o próprio magistrado, quero dizer, pela suposição, os bispos, forem homens maus? E se – o que é muito possível – ordenarem coisas mais contrárias às leis de Deus ou de natureza do que qualquer rei cristão já fez? Devemos obedecer-lhes mais do que a Deus? O magistrado civil tornou-se agora o único fundamento e pilar da verdade? Não:

> Synedri jussum est voce episcoporum,
> Ipsum quod colit ut colamus omnes.
> Aeternum colo Principem, dierum
> Factorem, Dominunque episcoporum.[208]

E assim o bispo pode ver que há pouca diferença entre sua ode e minha paródia dela; e que ambas são de força igual e não concluem nada.

O bispo sabe que os reis da Inglaterra, desde o tempo de Henrique VIII, foram declarados, por ato do parlamento, os governadores supremos da Igreja da Inglaterra em todas as causas, tanto civis como eclesiásticas, isto é, em todas as questões tanto eclesiásticas como civis, e, por conseguinte, são chefes desta Igreja suprema na Terra;[209] mesmo que talvez ele não admita este nome de *chefe*. Eu deveria me perguntar, assim, quem o bispo gostaria que fosse o lugar-tenente de Cristo aqui na Inglaterra para questões de religião senão o supremo governante e chefe da Igreja da Inglaterra, seja o homem, seja a mulher que possui o poder soberano, se não soubesse que ele reivindica essa função para os bispos e que pensa que o rei Henrique VIII retirou o poder eclesiástico do Papa para atribuí-lo não a si mesmo, mas a eles. Mas ele deveria saber que a jurisdição

---

208 "É ordenado pela boca dos bispos que todos nós adoremos o que eles adoram. Adoro o príncipe eterno, criador dos dias e mestre dos bispos." Hobbes parodia os versos de Prudêncio citados por Bramhall neste número (cf. nota 207).

209 Os Atos de Supremacia designam dois atos do Parlamento inglês, em 1534, sob o reinado de Henrique VIII, e em 1559, sob a regência de Maria I, que estabelecem o monarca como o chefe da Igreja da Inglaterra, revogando a autoridade do Papa sobre esta.

ou poder para ordenar ministros que os Papas tinham aqui no tempo dos predecessores do rei, até Henrique VIII, provinha inteiramente do poder do rei, embora eles não o admitam. E os reis foram coniventes com isso, ou porque não conheciam seu próprio direito, ou não ousavam reivindicá-lo, até que o comportamento do clero romano abriu os olhos do povo, que, de outro modo, os teria apoiado. Tampouco era ilegítimo o rei retirar deles a autoridade que lhes deu, já que era suficientemente Papa em seu próprio reino, sem depender de um Papa estrangeiro. Tampouco deve ser chamado de cisma, a menos que seja cisma também um chefe de família despedir os preceptores que designou para ensinar seus filhos, quando considera que há causa para fazê-lo. Se o bispo e o Dr. Hammond,[210] quando escreveram em defesa da Igreja da Inglaterra contra a imputação de cisma, deixando suas próprias pretensões de jurisdição e de *jus divinum*, tivessem se baseado nesses meus princípios, não teriam sido manipulados de maneira tão astuciosa, como foram, pelo papista inglês que escreveu contra eles.[211]

---

210 Henry Hammond (1605-1660) foi um capelão real que teve um papel ativo na defesa da causa realista, organizando tropas em favor de Carlos I durante a guerra civil. Como Bramhall, foi defensor do direito divino dos bispos. Publica *Of Schisme. A defence of the Church of England against the exceptions of the Romanists*, em 1653.

211 Como Hammond, Bramhall defende a Igreja da Inglaterra da acusação de cisma, publicando em 1654 *A Just Vindication of the Church of England, from the Unjust Aspersion of Criminal Schisme wherein the Nature of Criminal Schisme, the Divers Sorts of Schismaticks, the Liberties and Priviledges of National Churches, the Rights of Sovereign Magistrates, the Tyranny, Extortion and Schisme of the Roman Communion of Old, and at this Very Day, are Manifested to the View of the World*. Em resposta a essa obra, John Sergeant (1623-1707 ou 1710) escreveu, sob pseudônimo, *Schism*

E, agora que respondi aos seus argumentos, tomarei aqui, no fim de tudo, aquela liberdade de censurar seu livro inteiro que ele tomou, no começo, de censurar o meu. "Ponderei", diz ele (N. 1), "as respostas de T.H., considerei suas razões, e concluí que ele perdeu de vista a questão e a desviou, que as respostas são evasões, que seus argumentos são paralogismos, que a opinião da necessidade absoluta e universal não passa do resultado de alguns princípios sem fundamento e mal escolhidos." Agora é a minha vez de censurar. Em primeiro lugar, quanto à força de seu discurso e conhecimento do ponto em questão, julgo-o muito inferior ao que poderia ser escrito por qualquer homem vivo que não tivesse outro saber além da capacidade de escrever sua opinião, mas tão bom quanto, talvez, ao que este mesmo homem teria escrito, se, a essa capacidade de escrever sua opinião, se acrescentasse o estudo da teologia escolástica.

Em segundo lugar, quanto às suas maneiras (pois a um escrito público cabem também boas maneiras), essa consiste em injúrias, exclamações e troças caluniosas, com exemplos obscuros e vis aqui e lá. Por fim, quanto a sua eloquência, cuja virtude consiste não no fluxo das palavras, mas na perspicuidade, a linguagem é a mesma daquela do reino da escuridão. Nela se encontra, especialmente quando ele deveria tratar a questão mais rigorosamente, palavras como estas: "sentido dividido", "sentido composto", "liberdade de especificação", "liberdade de contradição", "liberdade de contrariedade", "conhecimento de aprovação", "conhecimento prático", "influên-

---

Disarmed of the Defensive Weapons lent it by Doctor Hammond and the Bishop of Derry. By S. W. (1655), sendo esse autor o provável papista inglês ao qual Hobbes se refere.

cia geral", "influência especial", "instinto", "qualidades infundidas", "escolha eficaz", "eficácia moral", "movimento moral", "movimento metafórico", *pratice practicum*", "*motus primo primi*", "*actus eliciti*", "*actus imperati*", "vontade permissiva", "vontade consequente", "obduração negativa" do "causa deficiente", "ato simples", "*nunc stans*", e outras palavras "sem sentido dividido", além de muitas proposições como estas: "a vontade é a mestra das ações humanas", "o entendimento é seu conselheiro", "a vontade escolhe", "a vontade quer", "a vontade suspende seu ato", "o entendimento entende" (admiro-me que ele tenha dito que o entendimento suspende seu ato), "a vontade põe o entendimento para deliberar", "a vontade requer do entendimento uma revisão", "a vontade determina a si mesma", "uma mudança pode ser querida sem mudar a vontade", "o homem concorre com Deus ao causar sua própria vontade", "a vontade causa o querer", "os motivos determinam a vontade não naturalmente, mas moralmente", "a mesma ação pode ser tanto futura como não futura", "Deus não é justo, mas a justiça; não eterno, mas a eternidade", "a eternidade é um *nunc stans*", "a eternidade é um ponto infinito que compreende todo o tempo, não formalmente, mas eminentemente", "toda a eternidade é coexistente com o dia de hoje, e a mesma é coexistente com o dia de amanhã", e muitos outros discursos semelhantes "sem sentido composto", dos quais a verdade nunca terá necessidade. Talvez o bispo diga que esses termos e frases são suficientemente inteligíveis, pois ele disse em sua réplica do N. 24 que sua opinião é demonstrável pela razão, embora não seja capaz de compreender como é compatível com a presciência eterna de Deus, e que deveria, não obstante, aderir a essa verdade, que é evidente, embora exceda sua fraca capacidade.

Assim, do mesmo modo que considera que aquela verdade que está acima de sua capacidade é evidente e demonstrável pela razão, considera que as palavras que estão acima de toda capacidade são suficientemente inteligíveis.

Mas é o leitor que deve ser o juiz disso. Poderia acrescentar muitas outras passagens que revelam tanto sua lógica limitada – a ponto de tomar as palavras desprovidas de sentido citadas acima como termos de arte – como sua falta de filosofia, ao distinguir movimento natural de moral e denominar alguns movimentos metafóricos, e pelos seus disparates sobre as causas da vista e da queda dos corpos pesados, sua fala sobre a inclinação do ímã e diversas outras passagens em seu livro.

Mas, para concluir, esboçarei brevemente o resumo do que ambos dissemos. O que defendi é que ninguém tem sua vontade futura em seu poder presente. Que ela pode ser alterada por outros e pela alteração das coisas externas a ela; e, quando é alterada, não é alterada nem determinada a algo por si mesma; e que, quando é indeterminada, não é vontade, porque todo mundo que quer quer algo em particular. Que a deliberação é comum aos homens e às bestas, visto que é apetite alternado e não raciocínio, e que o último ato ou apetite nessa alternância e que é imediatamente seguida pela ação é a única vontade que pode ser observada pelos outros e a única que torna voluntária uma ação em julgamento público. Que ser livre não é senão fazer quando se quer, e quando se quer se abster; e, por conseguinte, que essa liberdade é a liberdade do homem e não da vontade. Que a vontade não é livre, mas sujeita a alteração pela operação das causas externas. Que todas as causas externas dependem necessariamente da primeira causa eterna, Deus Todo-Poderoso, que nos faz tanto querer como fazer pela mediação das causas segundas. Que, visto que nem o homem nem qualquer outra coisa pode agir sobre si mesmo, é impossível que qualquer homem, ao formar sua própria vontade, concorra com Deus, seja como ator seja como instrumento. Que nada se produz pela fortuna enquanto causa, nem qualquer coisa sem uma causa ou concurso de causas suficientes para produzi-la; e que toda causa e seu concurso advêm da providência, bel--prazer e operação de Deus; e que, por conseguinte, embora eu, junto com outros, chame muitos eventos de *contingentes*, e diga que *aconteçam*, não obstante, porque todos têm suas várias causas suficientes, e essas causas, novamente, suas causas precedentes, digo que *acontecem* necessariamente. E, embora não percebamos o que são, há, para esses eventos mais contingentes, causas tão necessárias quanto desses eventos cujas causas percebemos; caso contrário, eles não poderiam ser objetos de presciência, como o são por aquele que tem presciência de todas as coisas.

Ao contrário, o bispo defende que a vontade é livre de necessitação, e que, para tanto, o julgamento do entendimento não é sempre *practice practicum*, nem de tal natureza em si mesmo que obrigue e determine a vontade a uma única coisa, embora seja verdadeiro que a espontaneidade e a determinação para uma única coisa sejam compatíveis. Que a vontade determina a si mesma e que as coisas externas, quando alteram a vontade, operam nela não naturalmente, mas moralmente, não por movimento natural, mas por movimento moral e metafórico. Que, quando a vontade é determinada naturalmente, não o é pela influência geral de Deus, da qual dependem todas as causas segundas, mas por meio de influência especial, Deus prestando seu concurso e vertendo algo na vontade. Que a vontade, quando não suspende seu ato, torna o ato necessário; mas, porque pode suspendê-lo e não assentir, não é absolutamente necessária. Que atos pecaminosos não são provenientes da vontade de Deus, mas são queridos por ele por uma vontade *permissiva*, e não *operativa*, e que ele endurece o coração do homem por uma obduração negativa. Que a vontade do homem está em seu próprio poder, mas seu *motus primo primi* não está em seu próprio poder, nem é necessário senão por uma necessidade meramente hipotética. Que a vontade de mudança nem sempre é uma mudança da vontade. Que nem todas as coisas que são produzidas são produzidas a partir de causas *suficientes*, mas algumas o são a partir de causas *deficientes*. Que, se a potência da vontade estiver presente *in actu primo*, então não falta nada para a produção do efeito. Que uma causa pode ser suficiente para a produção de um efeito, embora falte algo necessário para a sua produção, porque a vontade pode estar faltando. Que uma causa necessária não produz sempre seu efeito necessariamente, mas apenas quando o efeito é necessariamente produzido. Ele prova também que a vontade é livre por por meio daquela noção universal que o mundo tem de eleição: pois quando, de seis eleitores, os votos são igualmente divididos, o rei da Boêmia tinha a voz decisiva. Que a presciência de Deus não supõe a necessidade da existência futura das coisas das quais tem presciência, porque Deus não é eterno, mas a eternidade, e a eternidade é um *agora permanente*, sem sucessão no tempo; portanto, Deus prevê todas as coisas intuitivamente pela presencialidade que elas possuem *in nunc stans*, que compreende em si todo o tempo passado, presente e futuro, não formalmente, mas eminentemente e virtualmente. Que a vontade é livre mesmo quando age, mas apenas num sentido composto e não dividido.

Que ser feito e ser eterno são compatíveis porque os decretos divinos são feitos e são, não obstante, eternos. Que a ordem, a beleza e a perfeição do mundo requerem que no universo haja agentes de todos os tipos, alguns necessários, alguns livres e alguns contingentes. Que, embora seja verdadeiro que amanhã chova ou não chova, nenhuma delas é verdadeira de maneira *determinante*. Que a doutrina da necessidade é uma doutrina blasfema, escandalosa e perniciosa. Que seria melhor ser ateu do que defendê-la; e que é mais apropriado refutar quem a sustenta com um açoite do que com argumentos. E agora, quanto a saber se essa sua doutrina ou a minha é mais inteligível, racional ou conforme às palavras de Deus, deixo-o ao julgamento do leitor.

Mas, qualquer que seja a verdade da questão debatida, o leitor pode porventura pensar que não tratei o bispo com o respeito que eu lhe deveria, ou que poderia tê-lo feito sem desvantagem para a minha causa. Em relação a isso, farei uma curta apologia. Um pouco antes do último parlamento do falecido rei,[212] momento em que todos falavam livremente contra o governo de então, pensei que seria digno de meu estudo considerar os fundamentos e as consequências de tal comportamento, e se era conforme ou contrário à razão e à palavra de Deus. Depois de algum tempo, organizei e publiquei meus pensamentos a esse respeito, primeiro em latim, e depois novamente em inglês,[213] nos quais procurei provar tanto pela razão como pelas Escrituras que aqueles que uma vez submeteram a

---

212 Trata-se do Longo Parlamento, convocado por Carlos I, em 1640.
213 Trata-se do *De Cive*, que foi publicado em Paris em 1642. A sua tradução inglesa é publicada em 1651 em Londres com o título *Philosophicall Rudments Concerning Gouvernement and Society*.

si próprios a algum governante soberano, seja pelo reconhecimento expresso de seu poder seja recebendo proteção de suas leis, estão obrigados a lhe serem leais e fiéis e a não reconhecer outro poder supremo senão este em qualquer questão, tanto civil como eclesiástica. Nesses livros meus explorei meu tema sem levar em consideração nenhum homem particular que tivesse uma opinião contrária àquela que escrevi então. Defendi em geral que o ofício do clero, em relação ao poder civil supremo, não era magistral, mas ministerial e que seu ensinamento ao povo não era respaldado em outra autoridade senão naquela do soberano civil, e tudo isso sem qualquer palavra destinada ao desprestígio seja do episcopado seja do presbitério. Contudo, descobri a partir de então que vários deles, dentre os quais está o bispo de Derry, ofenderam-se especialmente com relação a duas coisas; uma, que eu faço a supremacia em questões de religião residir no soberano civil; a outra é que, não sendo clérigo, profiro doutrinas e as fundamento em palavras das Escrituras, doutrinas que eles, que são teólogos por profissão, nunca ensinaram. E nessa sua desaprovação, vários deles, em seus livros e sermões, sem responder a nenhum dos meus argumentos, não apenas esbravejaram contra minha doutrina, mas insultaram-me e empenharam-se em tornar-me odioso por razões que, se conhecessem o seu bem próprio e o público, deveriam fazê-los me agradecer. Há também um deles que, ofendendo-se comigo por culpar em parte a disciplina que foi instituída até o presente nas universidades e regulamentada pela autoridade do Papa, não apenas me coloca entre aqueles que defendem a diminuição da renda das universidades e diz abertamente que não tenho religião, mas também me considera tão simplório e ignorante a respeito do mundo a ponto de acreditar que as nossas universidades sustentam o papismo. Trata-se do autor do livro chamado *Vindiciae Academiarum*.[214] Se qualquer uma das universidades se considerou lesada, creio que poderia ter autorizado ou designado algum membro seu, dentre os quais há vários mais capazes do que ele, para fazer sua defesa. Mas esse vingador — semelhante aos cãezinhos que, para agradar seus mestres, costumam latir indiferentemente para os estranhos em sinal de sua diligência, até que sejam repreendidos — não foi provocado por mim e caiu sobre mim sem o meu convite. Fui lesado publicamente por vários que não levei em consideração, supondo que aquele humor se gastaria por si mesmo; mas, visto que ele perdura e se acirra nesse escrito que agora respondo, penso que é enfim necessário fazer alguns deles um exemplo, sendo este bispo o primeiro.

---

214 Ward e Wilkins, *Vindiciæ academiarum: Containing, Some Briefe Animadversions upon Mr Websters Book, Stiled, The Examination of Academies. Together with an Appendix concerning what M. Hobbs, and M. Dell have Published on this Argument.* Oxford: 1654.

SOBRE O LIVRO

Formato: 13,7 x 21 cm
Mancha: 23 x 44 paicas
Tipologia: Venetian 301 12,5/16
Papel: Off-white 80 g/m² (miolo)
Cartão Supremo 250 g/m² (capa)

1ª edição Editora Unesp: 2022

EQUIPE DE REALIZAÇÃO

Edição de texto
Sandra Brazil (Copidesque)
Carmen T. S. Costa (Revisão)

Capa
Vicente Pimenta

Editoração eletrônica
Eduardo Seiji Seki

Assistência editorial
Alberto Bononi
Gabriel Joppert

Rua Xavier Curado, 388 • Ipiranga - SP • 04210 100
Tel.: (11) 2063 7000 • Fax: (11) 2061 8709
rettec@rettec.com.br • www.rettec.com.br